講座・大乘佛教 7

中觀思想

平川 彰・梶山雄一・高崎直道 編
윤 종 갑 譯

경 서 원

이 책은

平川彰·梶山雄一·高崎直道가 편저한

《講座·大乘佛敎 7 — 中觀思想》(東京：春秋社, 1983)을

온전히 번역한 것입니다.

머 리 말

이 책은 인도 중관파의 역사와 문헌, 그리고 사상적 발전을 한권으로 간추려 엮은 것이다. 중관파는 인도 불교의 제학파 가운데에서 가장 긴 역사와 풍부한 문헌을 지니고 있다. 또한 그 발전의 과정에서도 설일체유부(說一切有部), 경량부(經量部), 유가행 유식학파(瑜伽行唯識學派)의 철학을 적극적으로 흡수하여, 마침내 인도 불교 철학을 종합하기에 이르렀다. 이와 같은 중관사상의 역사와 문헌의 전모를 한정된 지면 내에 수록하기에는 많은 어려움이 있었지만, 그러한 지면의 제약에도 불구하고 독자들의 이익과 편의를 고려하여 최신 정보를 수집하고 최고 수준의 중관사상 개설을 제공하고자 노력했다.

기본적 체계로서, 인도 중관파를 초기(2-5세기), 중기(5-7세기), 후기(8-11세기)로 나누어 각 시대를 대표하는 사상가에 대한 전문가의 해설을 제2장(초기), 제3·4장(중기), 제5장(후기)에 수록하였다. 그리고 제7장에서는 이론가가 많은 중관사상가 가운데 실천 철학자로서 특색이 강한 샨티데바(寂天)를 취급하였다. 후기 중관학파의 많은 학자들이 실제로 티벳에 들어가 활약하였으며, 그들의 사상은 티벳 불교에 커다란 영향을 끼쳤다. 또한 티벳 불교 학자들의 해석이 인도 중관사상의 해명에 크게 공헌하였다는 특수한 사정도 감안하여, 제6·8장에서는 중관사상에 있어 인도와 티벳과의 관계를 취급한 논고를 수록했다.

제1장은 총론적 의미로 그 제1부에서는 인도 중관파의 주요 문헌을

역사적 순서에 따라서 간결하게 해설하고 문헌 목록을 수록하였다. 교정이 끝난 후에 David Seyfort Ruegg, *The Literature of the Madhyamaka School of Philosophy in India*, A history of Indian Literature, Vol. VII, Fasc. 1(Otto Harrassowitz:Wieshaden, 1981)을 입수하였지만, 본 책에서는 데비드의 견해에 관해서는 언급하지 못하였다. 제1장 제2부에서는, 오늘날 중관사상 연구의 중심과제의 하나인 중관사상가의 지말분류를 취급하였으며, 가장 중요한 몇 명의 중관사상가를 어느 분파에 배속할 것인가에 대해 학계의 권위있는 제학자의 견해를 소개·비판했다.

제2장의 우리우쯔(瓜生津)의 논고는 나가르쥬나(龍樹)와 아리야데바(提婆)의 중심사상을 평이하고도 명확하게 해설하여 이 책 전체를 일관하는 중관사상의 철학적 개설을 제공하고 있다. 붇다파리타(佛護)와 챤드라키르티(月稱)를 주축으로 하는 이른바 귀류논증파(歸謬論證派)와 바바비베카(淸辯)에 의해 형성된 자립논증파(自立論證派)와의 대결은 중기 중관파의 최대의 특색이다. 제각기 중관의 진리를 논증하는 방법에 지대한 관심을 갖고 있지만, 자립논증파는 특정한 제약 하에서 정언적 논증식(定言的論證式)을 채용하고, 귀류논증파는 귀류라는 인도 논리학의 틀을 초월하는 방법을 주장하면서 초논리적 입장에 도달한다. 제3장의 타지카와(立川)의 논고와 제4장의 애찌마(江島)의 논고는 각각 귀류법과 자립논증의 논리형식을 정확하게 해명하면서도 그러한 논증형식의 기저에 흐르고 있는 두 학파의 철학적이고도 종교적인 입장을 명확히 하는 데에 충분한 주의를 기울이고 있다.

제5장의 이찌고우(一鄕)의 논고는 티벳의 학설강요서의 하나인 《종의보환(宗義寶環)》의 기술에 의거하여 유가행 중관파, 즉 후기중관파의 역사적·사상적 윤곽을 설명하고, 이어서 산타락시타(寂護)를 중심으로 이 학파의 사상을 철저히 해명하고 있다. 이찌고우(一鄕)는

이 학파가 전개한 고도의 인식론을 규명하면서, 중관과 유식 두 사상이 어떻게 종합되는가를 설명하고 있다. 또한 이제론(二諦論)의 틀 속에서 유식사상이 중관의 한 요소로서 자리잡아가는 과정을 서술하면서 이 학파의 사상을 체계적으로 파악하고 있다.

후기중관파 및 티벳 불교의 역사에서 간과할 수 없는 사건으로서 샨타락시타의 제자인 카마라실라(蓮華戒)와 중국의 선승(禪僧) 마하연(摩訶衍)과의 논쟁이 있다. 제6장 미마끼(御牧)의 논고는 이 '삼예의 종론(宗論)'에 관한 자료와 종래의 연구사를 망라하여 정리하고, 종론의 추이, 마하연 및 카마라실라의 사상을 명확하게 소개하고 있다.

제7장 타무라(田村)의 논고는 '경건한 신앙과 예민한 도덕적 정조'로 인하여 중관파의 제학자 가운데 특수한 지위를 차지하고 있는 샨티데바(寂天)의 사상을 주로 《학처요집(學處要集)》의 시구에 따라서 해설하고 있다. 독자는 여기서 중관의 윤리와 보살 수련(修練)의 손잡이를 발견할 수 있을 것이다.

티벳학은 최근에 급속히 성장하고 있는 학문분야로, 그 중에서도 특히 티벳 중관사상 연구는 큰 비중을 차지하고 있다. 실은 많은 지면이 티벳 중관사상 연구에 할애되었어야 함에도 불구하고 책의 구성상 그렇지 못했다. 그러나 제8장에 수록된 하라다(原田)의 논고는 중관파를 중심으로 티벳 불교사를 개설하고 있을 뿐만 아니라, 쫑카파의 사상을 명확하게 분석하고 있다. 또한 티벳 불교 연구를 위한 매우 유용한 문헌목록을 제공하고 있어 이 분야를 연구하는 이들에게 많은 도움을 줄것이다.

1983년 9월

카지야마 유이치(梶山 雄一) 씀

차　　례

Ⅰ. 中觀思想의 歷史와 文獻

카지야마 유이치(梶山 雄一)

1. 역사와 문헌*

1. 초기 중관파

인도 불교에서 중관파(Mādhyamika)의 역사는 나가르쥬나(Nāgaārjuna, 龍樹), 아르야데바(Āryadeva, 提婆), 라훌라바드라(Rāhulabhadra, 羅喉羅跋陀羅)가 활약한 초기 중관파(2-5세기)와 붇다파리타(Buddhapālita, 佛護), 바바비베카(Bhavaviveka, 清弁), 찬드라키리티(Candrakīrti, 月稱) 등의 《중론(中論)》 주석가(註釋家)들이 배출되어 중관파(中觀派)가 귀류논증파(歸謬論證派, Prāsaṅgika)와 자립논증파(自立論證派, Svātantrika)로 분열된 중기 중관파(5-7세기), 그리고 자립논증파 출신인 샨타락시타(Sāntaraksīta, 寂護), 카마라실라(Kamalaśīla, 蓮華戒) 등이 중관사상과 유가행파(瑜伽行派=唯識)의 사상을 종합한 후기 중관파(8-11세기)의 3기로 나누어 생각할 수 있다.

---

* 인용된 텍스트의 티벳譯·漢譯의 출전은 일일이 기록하지 않았다. 東北帝國大學法文學部 編, 《西藏大藏經總目錄》; 鈴木學術財團, 《北京版西藏大藏經總索引》·《大正新修大藏經目錄》 등을 참조하기 바람. 중관파 연구의 참고문헌에 대해서도 본고에서는 최소한에 그치고, 본권 각장의 집필자 注에 맡긴다. 由田龍城, 《梵語佛典の諸文獻》(平樂寺書店, 1958); 平川彰, 《インド佛教史(下)》(春秋社, 1979); 世界聖典刊行協會, 《デルゲ版テベ大藏經》 중관부 목차; H.Nakamura, *Indian Buddhism, a survey with bibliographical notes*(KUFS Publication, 1980) 등을 참조 바람.

(1) 나가르쥬나

나가르쥬나(Nāgārjuna:龍樹, 150-250년경)에 대해서는 중국에 구마라집(鳩摩羅什 : Kumārajīva, 350-409)역의 《용수보살전(龍樹菩薩傳)》과 길가야(吉迦夜), 담요(曇曜) 공역의 《부법장인연전(付法藏因緣傳)》 권5와 현장(玄奘)의 《대당서역기(大唐西域記)》 권10 등에 그 전기가 있으며, 티벳의 부뙨(Buston, 1290-1363) 및 타라나타(Tāranatha, 1575-1616)의 불교사와 순파겐포(1704-1776)의 《파그산죤산》 등에도 그 전기가 현존한다. 그러나 어느 것이나 허구에 지나지 않는 것으로 중국전과 티벳전에 실려 있는 나가르쥬나의 전기를 비교해 보면 유사한 면을 갖고도 있지만 서로 다른 이미지로 묘사되어 있기 때문에 그러한 기록을 역사적인 사실로서 그대로 인정할 수는 없다. 그렇지만 구마라집은 나가르쥬나와 비교적 가까운 시대에 살았으며 《반야경(般若經)》과 중관사상의 대가였기 때문에 그가 기록한 나가르쥬나의 인간상에 대해서는 어느 정도 신뢰를 할 만 하다.

나가르쥬나에 대한 비교적 확실한 사실은 그의 저서의 내용과 고고학적 자료를 일차적으로 참고하여 추정할 수 있다. 남인도 하이데라바드의 동남쪽 크리슈나강(江)의 오른쪽에 나가르쥬나콘다(Nāgārjunakoṇḍa)라는 지명(地名)이 남아 있다. 이 근처에는 최근에 대규모의 댐이 건설되었는데, 그 공사와 병행하여 유적의 고고학적 조사도 이루어졌다. 서력(西曆)기원 전후의 수세기 동안 샤타바하나(Śātavāhana) 왕조(안드라 왕국)가 남인도 일대에 군림하고 있었는데, 이때 나가르쥬나가 이 왕조의 한 왕과 친교가 있었다는 사실은 고고학적 발견에서 뿐만 아니라 그가 국왕에게 보낸 교훈적 서한(書翰)인 《용수보살권계왕송(龍樹菩薩勸誡王頌)》(*Suhrllekha*)과 다른 저서인 《보행왕정론(菩行王正論)》(*Ratnāvalī*) 등의 문헌에서도 추정할 수 있다.

나가르쥬나의 친구였던 샤타바하나 왕조의 왕이 누구였던가에 대해서는 여러가지 설이 있어 단정하기 어렵지만, 나가르쥬나의 저작 특히 《광파론(廣破論)》(*Vaidalyaprakar*)과 《회쟁론(廻諍論)》(*Vigrahavyāvartanī*)을 《정리경(正理經)》(*Nyayasutra*) 및 그 외의 문헌들과 비교해 보거나 구마라집이 기술한 "나가르쥬나가 입멸(入滅)하고 나서 백년 뒤, 사람들은 그를 불타(佛陀)와 같이 존경했다."라는 내용 및 구마라집과 동시대인이었던 혜원(慧遠), 승조(僧肇), 승예(僧叡) 등의 논의를 종합적으로 검토해 볼 때, 나가르쥬나는 대략 2-3세기에 활동했던 것으로 추정된다. 일본의 많은 학자들은 150-250년경으로 생각하고 있다.

또한 나가르쥬나가 남인도 출신이며, 말년(末年)에는 남인도의 길상산(吉祥山, Śrīparvata)에서 거주하였다는 사실과, 처음에는 소승불교를 배워서 설일체유부(設一切有部)계의 아비달마에 정통하였지만 후에는 대승불교를 배워 공사상을 철학적으로 대성시켰으며 당시에 홍기하고 있었던 논리학에 깊은 관심을 가짐과 동시에 공사상의 입장에서 그것을 비판하였다는 것 등은 거의 확실하다고 할 수 있다.[1)]

나가르쥬나의 저작

티벳전에는 중관 철학자로서의 나가르쥬나와 7·8세기 이후의 탄트라 불교행자로서의 나가르쥬나를 동일시하여 그에게 600여년의 수명을 부여하고 있다. 그리하여 수많은 저작이 그의 것으로 간주되고 있다. 중국 불교에서도 산스크리트나 티벳역(譯)으로는 남아 있지 않는 몇가지의 책을 나가르쥬나의 작품으로 여기고 있다.

비교적 신뢰할 만한 전승으로는 찬드라키르티가 들고 있는 8종과

---

1) 中村元, 《ナーガールジュナ》 제1장(人類の知的遺産 13)(講談社, 1980); 梶山雄一, 〈龍樹－その人と思想〉, 《アジア文化》 1호(1973), pp.94-102.

부뚠의 6종, 그리고 타라나타의 5이론서 등이 있다. 그 외에도 예전부터 나가르쥬나에게 귀속되고 있는 책을 포함하여, 현대 학자들의 검증을 거쳐 일반적으로 진작(眞作)으로 인정되고 있는 것은 다음과 같다.

(1) 《중론(中論)》(*Madhyamakakārikā*)(詩頌, 산스크리트 본, 티벳역, 한역이 존재한다)[2)]

(2) 《육십송여리론(六十頌如理論)》(*Yuktiṣaṣṭikā*)(시송, 티벳역, 한역)[3)]

(3) 《공칠십론(空七十論)》(*Śūnyatāsaptati*)(시송과 산문의 自注, 티벳역, 한역)[4)]

(4) 《회쟁론(廻諍論)》(*Vigrahavyāvartanī*)(시송과 자주, 산스크리트 본, 티벳역, 한역)[5)]

(5) 《광파론(廣破論)》(*Vaidalya-sūtra,- prakaraṇa*)(經과 자주, 티벳역)[6)]

---

2) 범본:J. W. de Jong, *Mūlamadhyamakakārikāḥ*, Adyar Library, 1977. 번역:宇井伯壽,《東洋の論理》제2부, 靑山書院, 1950; 中村元, 앞의 책, pp. 266-323; Frederick J. Streng, *Emptiness-A Study in Religious Meaning*, Abingdon Press, Nashville, 1967, Appendix A; Kenneth K. Inada, *Nāgārjuna, a translation of his Mulamadhyamakakārikā with an introductory essay*, Hokusedio Press, 1970. 연구:Richard H. Ribinson, *Early Mādhyamika in India and China*, The University of Wisconsin Press, 1967.

3) 4) 이 두 책은 瓜性律隆眞에 의하여《大乘佛典14(龍樹論集)》(中央公論社, 1974)속에 일일이 일역되어 있다.

5) 텍스트는 E. H. Johnston and Arnold Kunst, *The Vigrahavyāvartanī of Nāgārjuna With the Author's Commentary*, Mélanges chinois et bouddhiques, Vol IX(1951); K. Bhattacharya, *The Diaectical Method of Nāgārjuna*(Motilal Banarasidass, 1978). 번역: Susumu Yamaguchi, Traitéde Nāgārjuna-Pour écarter les vaines discussion, *Journal Asiatique*(1992)(《山口益佛教文學文集》上에 재수록); 梶山 역,《大乘佛典 14》에 수록. 밧타차리야 영역(英譯), 앞의 책(1978).

6) 텍스트는 Yuichi Kajiyama, 〈The Vaidalyaprakaraṇa of Nāgārjuna〉,《インド學試論集 6-7》(京都大學印度·佛教學會, 1964); 梶山 역,《大乘佛典 14》에

(6) 《보행왕정론(寶行王正論)》(*Ratnāvali*)(시송, 산스크리트본 부분, 티벳역, 한역)[7)]

(7) 《권계왕송(勸誡王頌)》(*Suhṛllekha*)(시송, 티벳역, 한역)[8)]

(8) 《인연심론송 · 석(因緣心論頌 · 釋)》(*Pratityasamutpādahṛdaya-kārikā°-vyākhyāna*)(시송과 자주, 대부분은 산스크리트로 현존, 티벳역, 한역)[9)]

이 외에 《사찬가(四讚歌)》(*Catuḥstava*)(시송, 산스크리트 단편, 티벳역 부분), 《대승파유론(大乘破有論)》(*Bhavasaṃkrānti*)(산문, 티벳역, 한역), 《대승이십송론(大乘二十頌論)》(*Mahāyānaviṃśika*)(시송, 산스크리트본, 티벳역, 한역) 등도 인도·티벳에서 나가르쥬나의 작품으로 널리 알려져 있으며, 현대의 학자 가운데에서도 여러학자가 나가르쥬나의 진작(眞作)으로 간주하고 있지만 아직 확증되지는 않았다.[10)]

챤드라키르티, 카마라실라, 부똔 등도 나가르쥬나의 작품이라고 인정하는 《대승보요의론(大乘寶要義論)》(*Sūtrasamuccaya*)은 약 60여권의 경전으로부터 인용한 것으로 후기 중관파에게는 중요한 책이지만, 진작(眞作) 여부는 확인되지 않았다[본장 1의 2, (7)샨티데바 항 참

수록.

7) 범본과 영역 : G. Tucci, The Ratnāvali of Nāgārjuna, *Journal of the Royal Asiatic Society*(1934·1936) ; 瓜性律 역, 《大乘佛典 14》에 수록.

8) 瓜性律 역, 《大乘佛典 14》에 수록.

9) 범본은 V. V. Gokhale, Encore:The Pratityasamutpā dahṛdayakārikā of Nāgārjuna, *V. S. Apte Commemoration Vdume*, ed. M. G. Dadphale, D. E. Society(Poona, 1978), pp.62-68(Vyākhyāna를 포함). 瓜性律 역, 《大乘佛典 14》에 수록 ; 梶山, 〈藏本因緣心論釋〉, 《日本佛教學會年譜》 46호(1981) ; 梶山, 〈中觀派の十二支緣起解釋〉, 《佛教思想史》 3(1980)에 일역됨.

10) 범본 : G. Tucci, Mahāyānaviṃśikaā of Nāgārjuna, *Minor Buddist Texts*, Part 1 (Roma, 1956). 티벳본·한역 텍스트와 영역 : S. Yamaguchi, Nāgārjuna's Mahāyānaviṃśikā, The Eastern Buddhist Vol. 4, Nos.1, 2(1925); Vol. 5, Nos. 2, 3(1930). 瓜性律 역, 《大乘佛典 14》에 수록.

조]. 한역만으로 현존하는 나가르쥬나의 작품으로 여겨지는 것 가운데 《보리자량론송(菩提資糧論頌)》, 《십이문론(十二門論)》, 《십주비바사론(十住毘婆沙論)》 등은[11] 어느 것이나 진위가 판가름나지 않고 있다. 앞에서 숫자[(1)-(8)]를 붙인 8종은 나가르쥬나의 작품이라고 인정해도 좋다. 그 외의 것, 특히 《십이문론》, 《대지도론》, 《십주비바사론》 등은 중국·한국·일본 불교에서 매우 중요한 책이기 때문에 그 진위 여부는 많은 학자들의 논란의 대상이 되고 있다.

나가르쥬나의 사상적 기반

나가르쥬나의 공사상의 성립과 전개에 있어 소극적·적극적인 전제가 되었던 여러 사상에 대하여 언급하고자 한다. 먼저 실재론철학(實在論哲學)은 나가르쥬나의 공사상의 직접적인 비판 대상이었다. 설일체유부의 범주론적(範疇論的) 실재론은 이미 형성되어 있었지만 《발지론(發智論)》(B.C. 2-1세기), 《대비바사론(大毘婆沙論)》(A.D. 2세기경)의 성립에 의하여 그 체계가 완성되었다. 나가르쥬나의 비판적 대상이 되었던 아비달마 사상은 유부(有部)의 법수(法數)와 정확하게 일치하지 않지만, 실재론적인 사고법 그 자체는 유부와 마찬가지이다. 불교 이외에도 상캬학파, 바이세시카학파 등의 이름이 나가르쥬나에 의해서 거론되며 그 실재론이 비판되고 있다. 이들 실재론에 공통하는 입장은 합리적인 관념의 대응물이 외계에 실재한다고 하는 것으로, 나가르쥬나의 비판은

---

11) 安井廣濟, 《中觀思想の硏究》(法藏館, 1961)(부록1, 〈12門論は果たして龍樹の著作か〉). 《大智度論》 31권까지의 불역(佛譯):É. Lamotte, *Le traité de la grand vertu sagesse de Nāgārjuna*, Tome Ⅰ-Ⅳ (Louvain, 1944, 1949, 1970, 1976). 연구:Ryusho Hikata: On the author of Ta-chin-to-lun, *Suvikrāntavikrāmi-paripraccha Prajñāpāramitāsūtra*(Fukuoka, 1958), Introductory Essay, p. Lll ff.;K. Venkata Ramanan, *Nāgārjuna's Philosophy as Presented in the Mahāprajñā pāramitāśāstra, Rutland(Vermont-Tokyo,* 1966); *M. Saigus, Studien zum Māhāprajñāpāramitā (upadeśa) śātra*(Hokuseido, 1969).

바로 이 점에 대한 것이다.[12]

인도 논리학은 나가르쥬나 논리의 모태임과 동시에 그 비판의 대상이기도 하였다. 고대 인도 논리학의 중요한 책으로 《송판대장경(宋版大藏經)》 이후 나가르쥬나에게 귀속되고 있는 《방편심론(方便心論)》은 우이 하쿠주(宇井伯壽)에 의하여 나가르쥬나 이전의 소승 교학자의 저작으로 정정되었다. 이 우이(宇井)설은 다시 한번 검토되어야 하겠지만, 설령 이 책이 나가르쥬나의 저작이 아니라고 하더라도, 확실히 그가 이 책에서 받은 영향은 지대하다. 나가르쥬나의 비판논증이 《방편심론》이나 《니야야 수트라》에 기술된 궤변(詭辯, chala)·오난(誤難, jāti)·패배(敗北)의 상태(nigrahasthanā) 등에서도 도출된 것임은 의심할 여지가 없다. 또한 그의 귀류논증(歸謬論證, prasanga) 역시 《니야야 수트라》에 기술되어 있는 귀류적 사고(tarka)를 논증에 적용한 것이다.[13]

궤변·오난·패배의 상태·귀류적 사고 등은 《니야야 수트라》 이전의 인도 논리학의 유산인데, 《니야야 수트라》는 이것을 '잘못된 논증' 내지는 '보조적 논증'으로 취급하여 자기의 논증체계 속에 편입시키지 않았다. 나가르쥬나는 오히려 이 '잘못된 논증', '보조적 논증'을 역으로 이용하여 발전시킴으로서 공의 논리를 완성하였으며, 《니야야 수트라》의 실재론적 사고와 그 위에서 구축된 논리체계를 비판했던 것이다. 이러한 고대 인도의 논리와 나가르쥬나의 논리와의 관계가 명확하게 해명되지 않는다면, 《니야야 수트라》가 논증방법으로서 인정하지 않는 가언적 추리(假言的推理), 특히 그 파괴식(破壞式)으로

---

12) 櫻部建, 《俱舍論の硏究》 제1부(法藏館, 1969); 櫻部建, 《存在の分析<アビダルマ>》(佛教の思想 2), 각천서점; 梶山, 〈存在と哲學－佛教哲學諸派の論争〉, 《哲學硏究》 500호(1966); 梶山, 〈イント論理學の基本性格〉, 《철학연구》 468－9호(1960).

13) 宇井伯壽, 〈方便心論の註釋的硏究〉, 《印度哲學硏究第二收錄》(1925).

서의 딜레마와 테트라렘마, 그리고 귀류논증이 왜 나가르쥬나에 의해 자주 사용되고 있는가라는 문제는 해결되지 않을 것이다. 지면의 제약상 나가르쥬나의 논리에 대해서는 강좌 대승불교 제9권, 《인식론과 논리학》 제1장에서 살펴볼 것이다.

인도의 실재론과 논리학이 나가르쥬나 사상의 소극적인 전제였던 반면에 《반야경(般若經)》(아마, 《이만오천송반야경(二万五千頌般若經)》)과 《십지경(十地經)》은 그의 적극적인 전제였다. 이 두 경전이 나가르쥬나 사상의 전거(典據)가 되고 있음은 챤드라키르티도 지적하고 있다.[14] 나가르쥬나의 공과 연기사상은 이 두 경전의 토대 위에서 전개된 것이며, 이 두 경전의 보살사상은 나가르쥬나의 《보행왕정론》과 《권계왕송》 등의 저서에 현저하게 반영되었다.

《중론(中論)》에 대하여

끝으로 나가르쥬나의 주저(主著)인 《중론(中論)》에 대하여 한마디 하고자 한다. 현재 우리가 보고 있는 산스크리트로 된 《중론송》은 챤드라키르티의 주석서인 《프라산나파다》에서 추출한 것이다. 그러나 《중론송》 자체의 산스크리트 사본은 아직 발견되지 않았다. 더구나 챤드라키르티가 인용한 《중론송》이 나가르쥬나의 《중론송》과 똑같다는 보증은 없다. 예컨대 바바비베카의 《반야등론》에 인용된 《중론송》은 《프라산나파다》에 인용된 시송과 세부적인 면에서 몇가지 차이점을 드러낸다. 따라서 시송을 해석할 때 조금 상이할 수도 있다. 이 점에 대해서는 일찌기 야마구찌 스스무(山口益)가 각종의 주석서에 인용된 《중론》 시송을 비교·연구하여 성과를 올렸지만,[15] 그것은 《중론》 시송의 극히 일부분에 지나지 않는 것으로, 그 후로는 이런 종

14) 《入中論》, 티벳본[각주(35) 참조], 75·6—76·9, 80·8—81·10.
15) 山口益, 〈中論偈の諸本對照硏究要論〉, 《中觀佛敎論考》(弘文堂, 1944).

류의 연구가 계속되지 못하였다.

티벳역의 여러 주석서에 인용된 《중론》 시송과 《프라산나파다》가 인용한 산스크리트 시송이 하루 빨리 비교·연구되어 《중론》의 정본(定本)이 제작되기를 바란다.

(2) 아리아데바

아리아데바(Ārya-Deva：聖·提婆, 170－270년경)는 남인도 실론 태생으로 나가르쥬나의 제자가 되어 남인도에서 활약했다. 나가르쥬나 이상으로 외교(外敎)를 비판하여, 마침내 외교도의 원한을 사 죽음을 당했다고 한다. 전기는 구마라집이 번역한 《제바보살전(提婆菩薩傳)》과 길가야·담요가 공역한 《부법장인연전(付法藏因緣傳)》 권10, 찬드라키르티의 《사백논주(四百論注)》 서문 등에 남아 있다. 아리아데바의 진작이라고 인정되는 저서는 3권 뿐이다.

(1) 《사백론(四百論)》(*Bodhisattvayogācāra*－, *Catuḥśataka*)(4백의 시송. 16장으로 분류됨. 산스크리트 단편, 현장 역 《광백론본(廣百論本)》은 제9－19장만을 포함함.)[16)]

(2) 《백론(百論)》(*Śataśāstra*)[바수(婆藪, Vasu)의 석론(釋論)을 가진 한역만 현존.]

(3) 《백자론·주(百字論·注)》(*Akṣaraśataka*)(산문 티벳역, 한역만 현존.)

---

16) 범본：Haraprasād Shāstri, Catuḥśātikā by Ārya Deva, *Memoirs of the Asiatic Society of Bengal*, Vol.Ⅲ, No. 8(Calcutta, 1914)(《チャンドラキールティ注》의 단편을 포함). 티벳본：Esho Sasaki, The Chapter Ⅴ of the Catuḥśatakaśāstra or the Four Hundred Treatise by Āryadeva－Indroduction & The Text with Candrakirti's Commentary, 《池坊短期大學紀要》 8호(1978)；佐佐木惠精, 〈菩薩の振舞い〉(Candrakīrti作, Catuḥśataka-tikā 제5장의 해설), 위의 책, 12호(1982).

《지심수집(智心髓集)》(*Jñānasārasamuccaya*) 등 몇가지 중요한 작품이 아리야데바의 저작으로 간주되고 있지만, 실은 모두 후대의 것으로 데바의 진작은 아니다.

구마라집에 의해 번역되어 한역만이 현존하는 《백론》은 삼론종(三論宗)에서 중시하였으므로 옛부터 중국·한국·일본에서 꾸준히 연구되어 왔다.[17] 《백자론》은 1백자의 소작(小作)으로서 자신의 주석을 넣더라도 티벳역으로 약 8매, 《대정대장경(大正大藏經)》으로는 2페이지 반을 차지하는데 불과한 것으로 야마구찌 스스무(山口益) 및 고카레(Cokhale)에 의해서 연구되었다.[18] 《사백론》에 대해서도 챤드라키르티의 주석이 티벳역으로 남아 있다.

한역으로 현존하는 현장역 《광백론본(廣百論本)》 및 다르마팔라(Dharmapāla:護法, 530－561)의 주석인 《대승광백론석론(大乘廣百論釋論)》은 모두 후반의 9장(章)만을 포함하며 산스크리트 단편 역시 전체의 약 3분의 1에 지나지 않는다. 티벳역은 특히 전반(前半)이 극히 난해한데 그 때문에 《사백론》에 대한 연구는 지금까지 극히 불충분한 단계이다. 서구에서는 메이(J. May)가 연구를 계속하고 있다고 한다.[19] 일본에서는 사사키 에쇼오(佐佐木慧精)가 제5장의 티벳역 일부를 일역(日譯)하여 출판하였다. 이것은 면밀한 교정본으로서 서문

---

17) 영역(英譯) : G. Tucci, *Pre-Diṅnāga Buddhist Texts on Logic from Chinese Sources*, Gaekwad's Orienta Series XLIX(Baroda, 1929)에 수록.

18) 山口益, 〈漢藏對照百字論及び譯注〉, 《大谷學報》 11권 2호(1932). V. Gokhale: Akṣaraśatakam, The Hundred Letters, A Madhyamaka Text by Āryadeva after Chinese and Tibetan Materials, *Materialien zur Kunde des Buddhismus* 14, Heft(Heidelberg, 1930).

19) J. May, Arydeva et Candrakirtī sur la permanence (Ⅰ), *Indianisme et bouddhisme, Mélanges offers a Mgretienne Lamotte*, Louvain-la-neuve(1980); (Ⅱ), *Bulletin de l'École Francaise d'Extreme-Orient tome* LXIX. A la mémoire de Paul Demiéville(1894－1979), pp.75-96(1981).

에 수록된 문헌 목록은 매우 유용한 것이다.[20)]

(3) 라훌라바드라

일반적으로 아리야데바의 제자로 알려지고 있는 라훌라바드라(Rāhulabhadra：羅睺羅跋陀羅, 200－300년경)에 대해서는 상세한 것은 알 수 없지만, 저작으로는 《찬반야바라밀게(讚般若波羅蜜偈)》(*Prajñā pramitā stotra*)[21)]와 《묘법연화찬(妙法蓮華讚)》(*Saddharmapuṇḍarikastava*)[22)] 등이 산스크리트로 남아 있다. 전자는 티벳 대장경에서는 나가르쥬나의 작품으로 취급되며(東北目錄 1127), 《대지도론》 권18에도 인용되고 있다. 이 외에도 몇개의 찬송(讚頌)을 지었던것 같은데, 무착(無着)의 《순중론(順中論)》과 진제(眞諦)역 《섭대승론석(攝大乘論釋)》 등에 그의 시가 인용되어 있다. 길장(吉藏)이 《중론소(中論疏)》에서 그에 관하여 언급한 것을 헤아려 볼 때, 그에게 《중론》을 주석한 저작이 있었다고도 생각되지만, 이른바 《중론》의 8대주석(八大註釋)속에는 포함되지 않는다. 眼 瞻

---

20) 각주 (16) 참조.

21) *P. L. Vaidya, Aṣṭasā hasrikā Prajñāpāramitā*, Buddhist Sanskrit Texts～No.4 (Darbhaṅga, 1960), pp.1－2의 각주에 범본 수록. 宇井百壽,《印度哲學硏究》 제19논문, p.341 이하 참조.

22) U. Wogihara & C. Tsuchida, *Saddharmapuṇḍarīkasutra*(Tokyo, 1935)(부록에 범본 수록).

2. 중기 중관파

(1) 《중론》의 주석가

아바로키타브라타(Avalokitavrata, 觀哲)의 《지혜의 등광주(燈廣注)》 제1장이나 《무외주(無畏注)》의 오서(奧書)에서는 《중론》에 대한 주석가로서 여덟 사람의 이름을 들고 있다(뒤에 것은 주석서의 이름이다.)

(1) Nāgārjuna, 《무외주(無畏注)》(*Akutobhayā*).
(2) Buddhapālita(佛護, 470－540경), 《붇다파리타 주(注)》.
(3) Candrakirti(月稱, 600－650), (*Prasannapadā*).
(4) Devaśarman (5－6세기), (*dKar po'char ba*).
(5) Guṇaśri(5－6세기).
(6) Guṇamati(德慧, 5－6세기).
(7) Sthiramati(安慧, 510－570경), 《대승중관석론(大乘中觀釋論)》.
(8) Bhavya(Bhāvaviveka)(淸辯, 500－570경), 《반야등론(般若燈論)》(*Prajñāpradipa*).

나가르쥬나의 저작이라는 《무외주(無畏注)》(티벳역만 현존)는 어구의 해석에만 일관하는 간단한 주석서이며 제23장 제17시(詩) 이하는 《붇다파리타 주(注)》와 같은 텍스트로 되어 있다. 그간의 사정은 알 수 없지만 《무외주》 자체는 그다지 유용하지 않는 것으로, 나가르쥬나의 저술이라고 하기에는 의심스럽다.[23]' 데바샤르만(Devaśarman)

---

23) 티벳역 텍스트 : 寺本婉雅, 《龍樹造中論無畏疎》(1937).
獨譯 : Max Walleser, *Die mittlere Lehre des Nāgārjuna*(*Heidlberg*, 1911). 日譯 : 池田燈達, 《根本中論疎無畏論譯注》(東洋文庫論叢 16)(1932).

의 주석은 현존하지는 않지만, 바바비베카는 《반야등론(般若燈論)》의 두 곳에서 그 단편을 인용하며 그것을 칭찬하고 있다. 유식(唯識家)인 구나마티(Gunamati)의 주석도 현존하지는 않지만 그 한 편이 바바비베카에 의하여 비판되고 있다. 이러한 단편과 바바비베카의 비평, 그리고 그에 대한 아바로키타브라타(觀誓)의 주기(注記) 등은 野澤靜燈에 의하여 일역(日譯)되었다.[24] 데바샤르만과 구나마티(Gunamati)에 대해서는 타라나타의 불교사에서 언급되고 있지만, 野澤에 의하면 그것은 신뢰할 수 없다고 한다. 구나슈리(Guṇaśrī)의 주석도 현존하지 않으며, 또한 확실한 정보도 전혀 없다.

스티라마티(Sthiramati：安慧, 510－570)는 유식파 학자였지만, 《중론》에 대한 뛰어난 주석을 썼다. 그의 《대승중관석론(大乘中觀釋論)》은 한역으로만 현존하는데, 《대정대장경(大正大藏經)》(권30)에는 본서의 제13장까지만 수록되어 있으며, 《만자장경(卍字藏經)》(26－1)에는 후반 14장도 갖추어져 있다. 스티라마티가 본서에서 바바비베카의 주석, 특히 그의 추론식을 비판하고 있는 것은 주목할 만하다.[25]

아바로키타브라타(觀誓)가 전하는 《중론》의 8가지 주석에는 포함되지 않지만, 한역으로만 현존하는 것으로 《청목주(靑目注)》와 《순중론(順中論)》(모두 《대정장(大正藏)》 권30에 수록)이 있다. 청목이 어떤 사람이었는지는 알 수 없지만, 적어도 《청목주》(내용적으로는 《무외주》와 유사함)는 구마라집이 번역한 이래 중국·한국·일본에서 《백론》, 《십이문론》과 더불어 삼론종(三論宗)의 기본논전(基本論

---

24) 野澤靜燈, 〈德慧・提婆設摩の中論疎殘簡〉, 《印度學佛敎學硏究》 2권 2호(1954).

25) Y. Kajiyama, Bhāvaviveka, Sthiramati and Dharmapāla, ***Wiener Zeitschrift für die Kunde Süd und Ostasiens*** XII－XIII(1968). 梶山雄一・上山春平, 《空の論理 <中論>》(佛敎思想 3)(각천서점, 1989), pp.161－162.

典)으로 널리 읽혀져 왔다. 《순종론》은 유식가인 아상가(Asaṅga:無着, 320—400?)의 저작이다. 이것은 《중론》의 전 게송(全偈頌)을 주석한 것이 아니라, 귀경게(歸敬偈)의 8불(八不)을 중심으로 하여 희론(戱論)·불생(不生) 등을 자의적으로 해석한 것이다. 특히 고대 인도 논리학을 언급하고 있는 것이 주목된다.

(2) 붇다파리타(Buddhapalita, 佛護)

《붇다파리타 주(注)》는 범본과 한역은 소실되었고, 단지 서장역만이 현존할 뿐이다.[26] 그러나 앞에서도 말하였듯이, 전(全) 27장 중 제23장 제17시(詩) 이하는 《무외주》와 일치한다. 《붇다파리타 주》는 제23장 제16시까지만 썼던가, 혹은 쓰기는 했지만 뒤의 5장을 소실하였기 때문에 《무외주》에서 보충한 것이라고 생각된다.[27] 이처럼 텍스트에 문제가 있기는 하지만 《붇다파리타 주》의 중요성은 그에 대한 바바비베카의 격렬한 비판과 챤드라키르티의 강력한 변호에서 충분히 인정할 수 있다.

이 책은 《중론》에 대한 비교적 간단한 주석이지만 나가르쥬나가 빈번히 사용한 딜레마와 테트라렘마를 둘 내지 넷의 귀류식으로 바꾸어서 주석하고 있다는 점이 최대의 특색이다. 붇다파리타를 귀류논증파의 주창자로 보는 이유도 이 점에 있으며, 또한 자립논증파의 창시자인 바바비베카가 붇다파리타를 비판한 것도

26) 티벳본:Max Walleser, *Buddhapālitā Mulamadhyamakavrtti*, Bibliotheca Buddhica XVI, 제13장 제2시까지(1913—14). 제2장(제6송까지)의 텍스트의 영역과 연구:Murashi Tachikawa, "A Study of Buddhapālita's Mūlamadhyamakavrtti", 《名古屋大學文學部硏究論集》 63호(1974). 연구; 梶山, 〈中觀哲學と歸類論證〉, 《日本佛敎學會年報》 26호(1961); 梶山·上山, 《空の論理 <中觀>》, pp.152—157.

27) 平野陸, 〈無畏註と佛護註との同異について〉, 《印度學佛敎學硏究》 3권 2호(1954).

붇다파리타가 나가르쥬나의 논리를 귀류논증화하는 방법론을 둘러싸고 일어난 것이다.

(3) 바바비베카(Bhāvaviveka)

바바비베카에 대해서는 수많은 이명(異名)이 전해지고 있지만, 현재는 바바비베카나 바비야(Bhavya)로 일컬어지고 있다. 여러 이름으로 불리어지다 보니, 전에는 바바비베카와 바비야를 다른 사람으로 보는 견해도 있었다. 찬드라키르티가 《프라산나파다》에서 《중론주》(즉, 《반야등론》)의 저자를 바바비베카라고 불렀기 때문에, 오늘날 일반적으로 이 이름을 사용하고 있다. 바바비베카의 저서로 확인된 것은 다음과 같은 4가지이다.

(1) 《반야등론(般若燈論)》(*Prajñā pradipa,-mūlamadhyamakavṛtti*)(《중론》 주석, 티벳역, 한역 현존)[28]

(2)《중관심론송(中觀心論頌)》(*Madhyamakahṛvdaya-kārikā*)(시송, 산스크리트 본, 티벳역 현존)[29]

---

28) M. 와레쟈가 티벳본 《般若證論》의 최초의 것만을 교정 출판하였다. 현재에는 직접 《西藏大藏經》을 보기가 쉬워졌다. 이러한 사정은 여타의 모든 티벳역에 대해서도 마찬가지이다. 번역은 Y. Kajiyama, Bhāvaviveka's Prajñāipradipaḥ (1.Kapitel), *Wiener Zeitschrift für die Kunde Süd— und Ostasiens* Ⅶ, Ⅷ(1963, 1964); 梶山 역, 〈知慧のともしび第十五章〉, 《藤眞城・田中順熙兩教授頌德記念佛教學論文集》, 1979;〈バーウァヴィヴェーカの業思想ー般若證論第十七章の和譯〉(雲井昭善편, 《業思想研究》)(1979);〈智慧のともしび-第十章〉, 세계의 명저 2 《大乘佛典》(중앙공론사, 1967);〈知慧のともしび 第二十五章〉(前段의 試譯) 《密教學》 제16・17 합본호(1980);〈中觀派の十二支緣起解釋(제26장의 일역을 포함함)》, 《佛教思想史》 3(1980);野澤靜證, 〈般若證論釋(第16品)〉(私家版);Ryushin Uryuzu, 〈Bhāvaviveka's Prajñā pradipa(Chapter 24)〉, 《近畿大學教養部研究紀要》 2권2호(1971);연구는 古坂紘一, 〈中觀における輪廻觀の否定〉, 《大阪教育大學紀要第1部門》 29권 2—3호, 30권 1—2호(1981).

29) 江島惠教, 《中觀思想の展開》(春秋史, 1980;《中觀心論頌》 제3장의 범・서

(3) 《중관심론주(中觀心論注)思澤炎》 (*Tarkajvālā, Madhyamakahṛdayavṛtti*)(산문, 티벳역만 현존)

(4) 《대승장진론(大乘章珍論)》 (한역만 현존)[30]

《반야등론》은 《중론》에 대한 최초의 본격적인 주석서라고 할 수 있는 것으로, 그 중요성은 다음과 같은 두 가지 점에 있다.

첫째로, 바바비베카는 이 주석에서 쥬나의 다양한 논증 즉, 귀류·딜

장문 텍스트와 일역을 포함). 《中觀心論》을 출발점으로 하는 바바비베카의 제 저작에 대한 목록 연구는, 江島씨의 저서에 소개되어 있기 때문에 참조하기 바란다. 여기에서는 《中觀心論》, 《思擇炎》의 텍스트 교정과 번역을 주로 한 것만을 든다. Shotaro Iida, ***Reason and Emptiness–a study in logic and mysticism***(Tokyo: Hokusedio, 1980), 《心論》, 《思擇炎》 제3장(1-136시)의 서장문 텍스트와 영역을 포함. V. V. Gokhale, Masters of Buddhism adore the Brahman through Non=Adoration, *Indo Iranian Journal*, V-4(1962), 제3장 275-285의 범본과 영역. 野澤靜證, 〈清弁造 ＜中觀學心髓の疏・思擇炎＞ 眞實智お求むる章第三〉, 《密教文化》 28-31, 34, 43-44, 66, 68, 74, 97, 100(1954-1972). 山口益, 《佛教における無と有との討論》, 《心論》 제5장 서장문 텍스트와 《思擇炎》 같은 장에 대한 의역과 연구(1941); N. Nakada, "The Sanskrit Text of the Madhyamaka-hṛdaya-kārikā and the Tibetan Text of the Madhyamaka-hṛdaya-vṛtti-Tarkajvālā, ṣaṣṭhaḥ paricchedaḥ/sāṃkhtatattvāvatāraḥ (Part1, pūrva-pakṣa)", 《鶴見女子大學短期大學部紀要》 6호(1972); 中田直道, 〈中觀心論頌第6章および論理の炎〉,-인도의 2원론 철학(상캬설)을 소개한 부분의 일역과 주-(같은 책의 같은 호)(1972). 宮坂宥勝, 〈論理の炎におけるヴァイシェーツカ哲學〉, 《高野山大學論叢》 1호(1958)(제7장 日譯). 中村元, 《初期 のヴェーダーンタ哲學》(岩波書店, 1950), 《心論》, 《思擇炎》 제8장의 일역과 연구를 포함. V. V. Gokhale, The Vedānta Philosophy described by Bhavya in his Madhyamaka-hṛdaya-kārikā, *Indo Iranian Journal*, Ⅱ-3(1958), 《心論》 제8장 1-16시의 범본과 영역. H. Nakamura, The Tibetan Text of the Madhyamaka-hrdaya-kārikā-vṛtti-Tarkajāvlā, corresponding to Prof. Gokhale's Translation, *Indo Iranian Journal* Ⅱ-3(1958). Shinjo Kawasaki, The Mimāmsā Chapter of Bhavya's Madhyamaka-hṛdaya-kārikā-Text and Translation-(1) pūrva-pakṣa, *Studies* 1976, Institute of philosophy(The University of Tsukuba, 1977), pp.1-16(《心論》 제9장 1-17시의 산스크리트 텍스트와 영역).

30) Louis de la Vallée Poussin, *Madhyamaka,* Ⅲ, *Le joyau dans la main,* Mélanges chinois et bouddhiques, Ⅱ(1932-22).

레마·테트라렘마·삼단논법 등을 디그나가(Dgnāga)에 의해 정비된 불교논리학의 정언적 추론식(自立的論證)으로 바꾸어 썼다는 점이다. 바바비베카는 시형(詩形)으로 표현된 나가르쥬나의 논증 속에는 명백히 또는 함의적으로 정언적 추론식의 구성 요소가 존재하기 때문에, 나가르쥬나의 의론을 확실한 정언적 추론식으로 이해하는 것이 가능하다고 믿었다. 바바비베카를 자립논증파라고 하는 이유가 바로 여기에 있다. 둘째로, 이 가언적인 간접논증에 지나지 않는 귀류논증을 중관론자의 방법으로서 채용한 붇다파리타를 정언적 입장에서 비판한 일이다. 이와 같은 바바비베카의 논리주의적인 자각은 니야야학파의 발전과 디그나가에 의하여 불교 논리학이 체계화된 6세기라는 논리학 홍륭의 시대를 배경으로 하여 가능하였던 것이다.

《중관심론송》은 11장으로 구성되어 있는데, 중관의 진리를 서술하는 제3장이 질량(質量)과 함께 본서의 중심이 되며, 제1, 2장은 그 서장(序章)이 된다. 제4장 이하에서는 성문(聲聞), 유가행파(瑜伽行派), 나아가 상캬, 바이세시카, 베단타, 미망사 등 불교 내외의 제학파의 교설을 소개하면서 그것을 비판하고 있다. 이와 같이 한편으로는 여러 학파의 철학적 교의를 소개·비판하면서 다른 한편으로는 중관의 진리를 철학의 궁극으로 선언하는 교상판석적 방법(教相判釋的方法)은 후에 산타락시타 등에 의해서도 계승·발전된 형식이다. 본서의 많은 장들이 제 학자들에 의하여 티벳역으로 연구되어 왔지만, 최근에 산스크리트 사본이 발견됨에 따라 산스크리트 원전의 교정·번역이 진행되고 있다.

《사택염》은 《중관심론》에 대한 바바비베카 자신의 주석으로서 티벳역만이 현존한다. 그런데 이 책 속에서 바바비베카는 자신을 《아차리아(論師)》라고 부르는 등 몇가지 미묘한 곳이 있다. 따라서 현존하는 본서가 바바비베카 자신의 주석 그대로는 아닐지라도,[31] 그렇다고 해서 바바비베카의 원작이 아니라는 것을 의심할 수는 없다.

《대승장진론》은 이미 라베라 푸셍(L.de la Vallée Poussin)에 의해서 불어로 번역(佛譯)되었지만, 그 한역은 상당히 난해할 뿐만 아니라 내용적으로도 《중관심론》·《반야등론》과 유사하기 때문에 그 연구가 결코 순조로운 것은 아니다.

위의 네 권 이외에도 《이부분파해설(異部分派解說)》(*Nikāyabhe da-vibhaṅga-vyākhyāna*)이 티벳역으로 남아 있으며, 바바비베카의 저작으로 간주되고 있다. 이것은 《사택염》 제4장에 소개되고 있는 소승부파분파(小乘部派分派)의 해설과 내용적으로 일치하고 있기 때문에 바바비베카가 소승학자의 설을 인용한 것일지도 모르며, 그가 독립적으로 저작한 것인지의 여부는 단정하기 힘들다. 그 외에도 바바비베카의 것으로 여겨지고 있는 저작으로는 《중관보등론(中觀寶燈論)》(*Madhyamakaratnapradipa*), 《중관의집(中觀義集)》(*Madhyamakārthasaṃgraha*) 등 두 권의 티벳역이 남아 있지만, 최근의 연구는 이 두 권을 바바비베카의 저작 목록에서 빼고 있다.[32]

(4) 챤드라키르티(Candrakirti)

챤드라키르티의 《명구(明句)》(*Prasannapadā*)는 산스크리트로 남아 있는 유일한 《중론》 주석서이며 나가르쥬나의 《중론송》 산스크리트본도 실은 《명구》에서 추출한 것에 지나지 않는다. 이 《명구》의 산스크리트본은 라바레 푸셍에 의해서 1903－10년에 걸쳐 티벳역을 참

31) 江島, 앞의 책, pp.13－14.
32) 山口益, 〈中觀派に於ける中觀學說の綱〉, 《大谷大學研究年報》 2(1943)(《山口益佛教學文集》 上(1972)에 재수록); 江島, 위의 책, pp.18-34.

고로 한 엄밀한 교정끝에 출판되었다.[33] 그 이래로 《중론》 연구는 이 책을 중심으로 행해졌었다고 해도 과언이 아니다. 《명구》는 산스크리트와 티벳역은 있지만, 한역으로는 존재하지 않는다. 《명구》는 많은 학자들에 의해서 부분적으로 번역되었기 때문에 영·불·독·일의 모든 번역을 모으면 전장(全章)의 현대어역을 얻을 수 있지만[34] 그러한 번역은 문제가 많다는 것 또한 부정할 수 없다. 챤드라키르티에게는 티벳역으로만 남아 있는 《입중론(入中論)》(*Madhyamakāvatāra*)이라는 대저(大著)가 있다.[35]

이것은 《중론》에 관한 주석이 아니라 챤드라키르티가 《십지경(十地經)》에 나오는 십바라밀의 계위(階位)에 의거하여 중관의 핵심(精要)을 설한 것으로 시송과 주석으로 이루어져 있다. 그에게는 이 외에

33) Louis de la Valée Poussin, *Madhyamakakārikās de Nāgārjuna avec la Prasannapadā commentaire de Candrakirti*, Bibliotheca Buddhica Ⅳ(1903-1910). 이 책에 근거한 최근의 간행본은 P. L. Vaidya, ed. *Madhyamakaśāstra of Nāgārjuna with the commentary Prasannapadā by Candrakīrti*, Buddhist Sanskrit Texts－No. 10(1960).

34) Th. Stcherbatsky, *The Conception of Buddhist Nirvāṇa*(Leningrad, 1927), Chaps. Ⅰ, 25;Stanislaw Schayer, *Feuer und Brennstoff*〔Rocznik Orientalist yczny 7(1929－30)〕, Chap.10;Schayer, *Ausgewählte Kapitle aus der Prasannapadā*(Krakowie, 1931), Chaps. 5, 12－16;É. Lamotte, Mélanges chinois et bouddhigues Ⅳ, Bruxelles(1936), Chap. 17;J. W. de Jong, *Cinq chapiters de la Prasannapadā*(Paris, 1949, Chaps. 18－22;Jacques May, *Candrakīrti, Prasannapādā Madhyamakavṛtti*(Paris, 1959), Chaps. 2－4, 6－9, 11, 23, 24, 26, 27. 일역:《荻原雲來文集》 11－17장(1738); 山口益, 《月造中論釋》 Ⅰ Ⅱ, 1－11장(弘文堂, 1949); 金倉圓熙, 〈觀時品日譯〉, 《福井博士頌頌壽記念東洋思想論集》(1970); 長尾雅人, 《世界の名著-Ⅱ, 大乘佛典》 15장(1967); 本田惠, 《同明大學論叢》 제37-41호, 18-27장(1977-1981). 또 색인으로는 S. Yamaguchi, *Index to the Prasannapadā Madhyamakavṛtti*, Part 1 Skt.－Tib, Part 2 Tib.-Skt(Heirakuji-Shoten, 1974);《プラサンナパダー》 1-6, 8-10, 13, 15, 18-19, 22-25의 자유譯으로서, Mervyin Sprung, *Lucid Exposition of the Middle Way*(Routledge & Kegan Paul, 1979)가 있다.

35) L. de la Vallée Poussin, *Madhyamakāvatāra*, Bibliotheca BuddhicaⅨ, 1907－1912. 같은 佛譯: Muséon, n. s.Ⅷ, Ⅺ, Ⅻ(1907－1911). 日譯: 小川一乘, 《空性思想研究－入中論の解讀》(제6장의 일역 연구)(文榮堂, 1976).

도 《오온론(五蘊論)》(*Pañcaskandhaprakaraṇa*)[36], 《공칠십론(空七十論)》, 《육십송여리론(六十頌如理論)》, 《사백론(四百論)》 등의 주석이 있으며 모두 티벳역으로 현존한다.

(5) 귀류논증파와 자립논증파

붇다파리타가 나가르쥬나의 딜레마와 테트라렘마를 각각 두 개와 네 개의 귀류법으로 나누어서 이해한 것은 앞에서 언급하였다. 그러나 니야야학파로 대표되는 전통적인 인도 논리학에서는 귀류를 정식의 논증방법으로 인정하지 않았기 때문에, 붇다파리타의 논의에는 몇 가지 의문점이 남아있다. 바바비베카는 붇다파리타의 귀류논증이 인도철학계에 있어 일반적으로 시인되는 것이 아니라고 생각하고, 붇다파리타의 귀류논증을 비판하면서 중관의 진리를 정언적 추론식에 의하여 논증하려고 하였다. 그래서 바바비베카는 나가르쥬나의 논증식과 마찬가지로, 특히 문제가 되는 딜레마와 테드라렘마를 2개 내지 4개의 정언추론식으로 바꾸어 썼다. 그러나 존재와 개념의 동일화라는 전제 위에서 구축되는 논리학, 특히 실재론적 형이상학의 기반 위에서 체계화된 전통적인 인도 논리학의 영역 내에서, 모든 존재를 비실재적인 개념으로 환원하여 모든 것의 공성을 선언하는 중관의 진리를 논증한다고 하는 것은 그 자체가 하나의 모순이다. 나가르쥬나와 붇다파리타가 귀류·딜레마·테드라렘마 등, 다시 말해 가언적·부정적 추리(假言的·否定的推理)라는 인도 논리학의 전통에서 배제된 논증방법을 사용할 수 밖

36) 山口益, 《チベット文月稱造五蘊論》, 龍谷大學東方聖典研究會(1952); 山口益, 〈龍樹造七十空性論について文獻學的研究〉, 《山口益佛敎學文集》에 재수록; 山口益, 〈龍樹造六十頌如理論の註釋的研究〉, 《中觀佛敎論攷》; 瓜性律隆眞역, 〈六十頌如理論〉(주석을 포함), 《大乘佛典14》. 《四百論注》에 대해서는 각주(16) 참조; 片野道雄, 〈大乘佛敎と他思想との對論 — 月稱造四白論釋破邊執品お中心に〉, 《佛敎思想史 2》(1980), pp. 63-91.

에 없었다는 사실이 그것을 단적으로 보여주는 것이다.

그리하여 바바비베카는 이른바 공성을 증명하는 정언적 논증에 몇가지 특수한 조건을 붙이지 않을 수 없었다. 그러나 그 특수한 조건 자체가 논리학을 이탈할 위험성을 내포하는 것이다. 이 점을 지적한 사람이 바로 스티라마티[37]였으며, 그리고 특히 챤드라키르티였다. 챤드라키르티는 정언적 추론식에 의한 공성의 논증을 포기해야 하며 그것은 오히려 귀류라는 초논리적 논증(超論理的論證)에 의해서만 가능하다고 주장했다.

바바비베카가 붇다파리타를 비판하고, 챤드라키르티가 붇다파리타를 변호하면서 바바비베카를 비판했다는 사실은 중관파가 두 파로 분열되었음을 의미한다. 후세에, 아마도 티벳인이 처음으로 붇다파리타와 챤드라키르티의 학통을 Jhal 'gyar ba(Prāsaṅgika), 바바비베카의 학통을 Raṅ rgyud pa(Svātantrika)라고 부르기 시작하였던 것 같다. 이 두 산스크리트어는 인도 원전에서는 확인되지 않지만, 후기의 불교 논리학에서 추론식을 둘로 나누어 전통적인 정언적 추리(定言的推理)를 svatantra-anumāna(自立論證), 귀류식에 의한 가언적 추리(假言的推理)를 prasaṅga-anumāna(歸謬論證)라고 부른 것에 의거하는 것임은 의심할 여지가 없다.[38] '프라상기카'(귀류논증파), '스바탄트리카'(자립논증파)라는 명칭은 티벳 뿐만이 아니라 현대의 학계에서도 널리 사용되고 있다.

귀류논증파와 자립논증파의 논쟁, 그리고 그 두 논증식의 성격 등은 극히 논리적인 문제이므로 자세한 것은 본 강좌 제9권 《인식론과 논리학》에 넘기기로 한다. 붇다파리타, 바바비베카, 챤드라키르티 이

37) 본장 1의 2① 및 각주(25) 참조.
38) 梶山, 〈ラトナキールティの歸類論證と內遍充論の生成〉, 《塚本博士頌壽記念佛教史學論集》(1961), p.256 및 그 각주 (2) 참조.

세 사람의 논쟁의 경과와 그 논리학적 의미에 대해서는 이 책의 각 분담 집필자의 논술에 맡긴다. 또 탄치 테루요시(丹治昭義)의 〈챤드라키르티 논리관의 일고찰〉[39] 이라는 뛰어난 논문이 있으므로 참조하기 바란다. 단지 한마디 부언하고 싶은 것은 자립논증과 귀류논증과의 대립문제는 챤드라키르티에 의해서 결말이 난 것이 아니라, 8세기 이후의 불교 논리학에 있어 귀류에 대한 논리학적 승인과 그 변격(變格)의 문제, 나아가서는 11세기의 불교 논리학에 의한 내편충론(內遍充論, antarvyāpti)의 도입 등과 깊이 관련되어 있으므로, 중관 양파의 논쟁을 논할 때에는 챤드라키르티 이후의 논리학적인 발전도 고려하지 않으면 안된다.[40]

(6) 아바로키타브라타(Avalokitavrata)

바바비베카의 《반야등론》에는 아바로키타브라타(7세기)에 의한 《반야등광주(般若燈廣注)》(*Prajñāpradipaṭikā*)라는 주석이 있으며, 티벳역으로 현존하고 있다. 이것은 데루게 판으로 3질(帙) 966엽(葉)에 이르는 방대하고도 뛰어난 주석이며, 특히 인도 철학·불교 각 학파에 대한 정보가 풍부하게 실려있는 귀중한 문헌이다. 아바로키타브라타는 챤드라키르티와 다르마키르티(600－660경)의 존재를 알고 있었으면서도 이 두 사람의 이론에 깊이 관여하지 않은 점으로 보아 이 두 사람과 거의 같은 시대, 즉 7세기 중엽에 활약한 것으로 생각된다.[41] 이 사람도 스바탄트리카의 계보에 넣어야만 한다.

---

39) 《關西大學東西學術硏究紀要》 12호에 수록(1979).

40) 각주 (38)의 梶山 논문, 그리고 梶山, 〈ラトナーカラシャーティの論理學書〉, 《佛敎史學》 8권 4호(1959), 그리고 본 강좌 제9권, 《認識論と論理學》 참조.

41) Y. Kajiyama, *WZKSO* Ⅶ(1963), S. 39; 梶山, 〈バーヴァヴィヴェーカの業思想〉〈雲井편, 《業思想硏究》(1979)〉, p. 308 참조.

(7) 샨티데바(Śāntideva)

부똔이나 타라나타의 불교사에 의하면, 샨티데바(650－700경)에게는 (1)《대승집보살학론(大乘集菩薩學論)》(*Śikṣāsamuccaya*), (2)《경집(經集)》(*Sūtrsamuccaya*), (3)《보리행경(菩提行經)》(*Bodhicaryāvatāra*)(《入菩提行論》)이라는 세 종류의 저술이 있었다고 한다. (1)과 (3)은 산스트리트 원전이 있으며, 오늘날 샨티데바의 작품임이 확인되었다. (2)는 산스크리트 원전을 구할 수가 없다. 티벳역으로 현존하는《경집》은 나가르쥬나의 작품으로 간주되고 있는데, 실역(失譯)《대승보요의론(大乘寶要義論)》이 이에 해당한다.《경집》은 약 60종의 경전 인용을 주체로 하고 있으며 나가르쥬나 이후에 성립한 경전도 포함하고 있기 때문에, 현재의 형태 그대로의 것을 나가르쥬나의 작이라고는 생각할 수 없다.

한편 (1)의《대승집보살학론》은 27시송과 그 주석, 그리고 그것의 근간이 되는 경전의 인용문으로 구성되어 있다. 그 경전 인용은 110여개로, 위의《경집》과 유사한 것이 많다. 그렇기 때문에《대승집보장학론》의 경전 인용 부분의 대부분이 샨티데바의《경집》으로서, 그것은 나가르쥬나의《경집》을 증보한 것이라는 상정도 가능하다. 현재의 단계로서는 티벳역《경집》을 나가르쥬나의 작품이라고도 샨티데바의 작품이라고도 단정 할 수 없다.[42]

《대승집보살학론》[43]은 육바라밀을 기준으로 하여 각 장을 분류한

---

42) P. L. Vaidya, Buddhist Sanskrit Texts－No.11, Introduction ; 佐佐木孝憲,〈シクシーサムツャヤとストーラサムャヤ關係について〉,《印度學佛教學研究》14권1호(1965)참조. 단, 一島正男氏는　《スートラサムッチャヤ》의 작가로서 무착과 같은 연대에 무상유식적 입장을 갖고 있는 또다른 용수라는 사람을 상정하고 있다.〈《印度學佛教學研究》 16권2호(1968), p.370〉

43) 梵本 :Cecil Bendall, *Skṣasamuccaya*, Bibliotheca Buddhica I (1897－1902);P. L. Vaidya, *Śikṣāsamuccaya of a Śāntideva*, Buddhist Sanskrit Texts－No. 11(1966). 英譯 :Cecil Bendall & W. H. Rouse, *Śiksha samuccaya, a compendium of Buddhist doctrine,*

것으로 보살학행의 가르침을 모은 것이다. 거기에 인용되는 경전의 대부분은 원전이 현존하지 않는 것이므로, 거기에 있는 산스크리트 경전의 인용문은 귀중한 자료가 되고 있다. 《입보리행론》은 초심자를 위하여, 육바라밀을 중심으로 해서 보리를 얻기 위한 보살의 수행을 설한 것인데, 10장으로 나누어진 900여개나 되는 시송으로 이루어져 있다. 지혜바라밀에 해당하는 제9장이 양적으로 가장 많으며, 또 가장 철학적인 부분이다. 티벳의 전승은 샨티데바를 프라상기카에 소속시키고 있지만, 그의 저작은 단지 종교적·실천적인 색채가 농후할 뿐 프라상기카의 특색은 그다지 뚜렷하지 않다. 산스크리트본이 있는 것도 그 이유 중의 하나이지만 그의 두 저작, 특히 《입보리행론》(*Bodhicaryāavatāra*)은 일찍부터 연구되어 불, 영, 독어로 번역되었으며, 최근의 번역으로는 카마쿠라 엔쇼우(金倉圓照), 마틱스(Marion L. Matics), 스타인켈러(E. Steinkellner) 등의 번역이 있다.[44]

(8) 프라즈냐카라마티(Prajñākaramati)

산티데바의 《입보리행론》은 널리 읽혀지는 책으로 인도와 티벳에서

---

tr. from the Skt.(London, 1922).

44) 梵文 텍스트는 미나에흐의 출판(1889), 하라프라사드샤스트리의 출판(1894)이 있으며, 라바레 푸셍은 1—9장의 《パンジカー》를 교정 출판했다. 그는 《パンジカー》에 없는 제10장의 저작성을 의심하였다. 완본은 P. L. Vaidya, *Bodhicaryāvatāra of Śāntideva with the Com. Pañjikā of Prajñākaramati*, Buddhist Sanskrit Texts—No.12(1960)이 있다. 번역에도 라바레 푸셍에도 라바레 푸셍의 불역(1907), 바벳트의 영역(1909), 휘노의 불역(1920), 슈밋트의 독역(1923) 등이 있다. 최근의 번역으로는 다음의 셋이 있다. 金倉圓照, 《悟りの道》(평락사서점, 1965). Marion L. Matics, *Entering the Path of Enlightenment*, George Allen & Unwin, (London, 1971); E. Steinkeller, *Śāntideva, Eintritt in das Leben zur Erleuchtung*, Eugen Diederichs Verlag, 1981. 이것은 모두 《入菩提行論》의 번역이며, 《細疏》에 대한 연구는 충분하지 못하다. 또 샨티데바의 생애·저작·사상 등에 관한 전반적 연구로서 뛰어난 것은, Amalia Pezzail, *Śāntideva, mystigue bouddhiste des VIIIᵉ et VIIIᵉ siècles*, Vallecchi Editore, Firenze, 1968이 있다.

많은 주석서가 쓰여졌으며, 그 중에서도 프라즈냐 카라마티(950－1030경)의 《입보리행론세소(入菩提行論細疏)》(*Bodhicaryāvatārapañjikā*)가 유명하다. 산스크리트본과 티벳역이 현존한다. 《입보리행론세소》는 《입보리행론》의 제1－9장에 대한 상세한 주석이 있지만 제10장에 대한 주석은 생략되어 있다. 사본(寫本)의 형태로 생각하여 프라즈냐카라마티는 처음에 제9장에 대한 주석을 독립적으로 쓰고, 후에 앞의 8장에 대한 주석은 하지 않았다고 추정된다.[45]

제9장에 대한 《입보리행론세소》의 주석은 후기 불교의 지식론을 담은 철학적으로 뛰어난 것으로, 야마구찌 스스무(山口益)·타무라 치쥰(田村智淳) 등에 의한 부분적인 연구는 있지만, 체계적인 형태로서의 번역·연구는 아직 이루어지지 않고 있다.[46] 프라즈냐카라마티는 챤드라키르티의 이론에 의거하여 논의한 것이 많지만, 또한 샨타락시타에 힘 입은 바도 크다. 경량부(經量部)와 유식파(唯識派)를 비판하는 것으로 보아, 그가 중관파인 것은 확인할 수 있지만, 중관파의 어느 분파에 속하는가는 확정할 수 없다.[47] 그는 연대적으로 후기 중관파에 속하지만, 여기에서는 샨티데바의 주석가로서 중기로 분류한다.

---

45) Vaidya: Buddhist Sanskrit Texts－No.12, Introduction.
46) 山口益, 《佛教における無と有との對論》 2·4·4; 田村智淳, 〈プラシュニャーカラマテの有神論批判〉, 《南都佛教》 27호(1971).
47) 江島惠教, 〈入菩提行論の注釋について〉, 《印度學佛教學硏究》 14권 2호 참조.

3. 후기 중관파

중기 중관파의 특색으로는 (1)《중론》의 주해를 그 기본적인 방법으로 했다는 점, (2) 논증방법의 차이점으로 인하여 귀류논증파와 자립논증파로 분열하였다는 점, (3) 유가행유식학파(瑜伽行唯識學派)에 대한 강렬한 대항의식을 가지고 있었다라는 점 등을 들 수 있다. 이에 반하여 샨타락시타로부터 시작되는 후기 중관파는 (1) 나가르쥬나를 기준으로 하는 것은 물론이지만, 그에 못지 않게 다르마키르티의 지식론의 영향을 지대하게 받았다는 점, (2) 프라즈냐카라마티 등 일부를 제외하고는 거의 대부분의 학자가 자립논증파의 계보에 속한다는 점, (3) 유가행파와 대결하기보다는 자신들의 학설을 유부나 경량부의 것보다 높이 평가하여 중관의 체계 속에 흡수하려고 한 점 등, 결국 후기 중관파는 유가행중관파라고도 할 수 있을 정도로 종합적인 학파가 되었다는 것이 가장 큰 특색이다.

(1) 즈냐나가르바(Jñānagarbha)

즈냐나가르바(8세기)는 샨타락시타의 스승으로, 《삼제분별론(三諦分別論)》(*Satyadvayavibhaṅga*)(46시송, 티벳역만 현존), 《삼제분별주(三諦分別注)》(*Satyadvayavibhaṅga-vṛtti*)(티벳역만 존재), 《유가수습도(瑜伽修習道)》(*Yogabhāvanāmārga*)(티벳역만 현존) 등을 저작했다. 중관과 지식론에 관한 10여종의 책을 티벳어로 번역하였기 때문에 샨타락시타보다 앞서 티벳에 입국하였다고도 생각되지만, 그에 대한 전기는 분명하지 않다.[48]

---

48) 즈냐나가르바의 연구는 현재 많은 학자들에 의해 진행중이다. 하지만 아직 그 성과는 발표되지 않았다. 현재까지는, 長澤實道, 《瑜伽行思想と密教の研究》(大東出版社, 1978)이 유일한 종합적 연구서이다. 그러나 연구 상황은 이 책의 내용보다 훨씬 진척되어 있다. 松本史朗, 〈Jñānagarbhaの二諦說〉, 《佛

(2) 산타락시타(Śāntarakṣita, 寂護)

산타락시타(725－784경)는 나란다승원(僧院)에서 활동하였던 학승으로, 진실요의《眞實要義》(*Tattvasaṃgraha*)(시송, 산스크리트 본, 티벳역 현존), 《중관장엄론(中觀莊嚴論)》(*Madhyamakākālaṃkāra*)(시송, 티벳역만 현존)과 그 주석인 《중관장엄주(中觀莊嚴注)》(*Madhyamakālaṃkāra-vṛtti*)(산문, 티벳역 현존) 등의 명저를 남겼으며, 즈냐나가르바의 《이제분별론》에 대한 주석도 썼다. 《진실요의》는 외교(外敎)의 여러 학파와 불교의 유부·경량부 등의 다양한 이론을 소개·비판하는 3645송(頌)으로 이루어져 있다.

특히 자아에 관한 외교의 제(諸)이론, 바이세시카의 범주론·인식론과 논리학, 그리고 유부(有部)의 삼세실유론(三世實有論)의 소개 비판 등에서 그의 해박한 지식과 깊은 통찰을 엿볼 수 있다. 그 외에도 다르마키르티의 영향을 깊이 받았다는 것과 유가행파에 동조하여 외계실재론을 비판하였다는 사실 등을 특색으로 들 수 있다. 이 책은 일종의 철학개론서로서, 중관파의 진리 표명을 목적으로 하고 있는 것은 아니다.[49)]

이에 비해서 《중관장엄론 · 주》는 모든 존재물은 일(一)과 다(多)

敎學》 5호(1978).

49) 梵本:Embar Krishnamācārya, *Tattvasaṃgraha of Śāntarakṣita with the commentary of Kamalaśīla*, 2 vols, Gaekwad's Oriental Series XXX, XXXI(1926);Swami D. shastri, *Tattvasaṃgraha of Śāntarakṣita with the Commentary of Kamaśīla*, 2 vols, Vārāṇasi (1968). 英譯:G. Jhā:Gaekwad's Oriente Series XXXL, XXXLIII, Baroda(1937, 1939). 번역:Arnold Kunst, *Probleme der buddhistischen Logik in der Darstellung des Tattvasaṅgraha, Krakóu*(1939)(Anumānaparīkṣā의 시송 및 細疏의 獨譯). 中村元, 《初期のウェベーダーンタ哲學》, 1950(〈プルシャの考察〉, 〈ウパニシャッド論者の想定するアートマンの考察〉의 2장, 시송및 細疏의 일역을 포함); 中村元, 《ことばの形而上學》(1956)(〈ラフマンの考察〉을 포함); 渡邊照宏, 〈攝眞實論序章の和譯研究〉, 《東洋學研究》 2호(1967). 그 외의 문헌을 참조 바람.

의 본성을 갖고 있지 않기 때문에 무자성(無自性)·공(空)이라는 일관된 논리를 가지고서 외교 제파(諸派)·유부·경량부·유가행 두 학파(형상진실파와 형상허위파)의 중심이론을 차례로 비판하고, 끝으로 중관을 최고의 철학으로서 논증하려는 절차를 밟고 있다. 말하자면 일종의 교상판석(教相判釋)적인 책이라고 할 수 있다. 샨타락시타는 유가행파의 철학을 높이 평가하여, 중관파는 최고의 진리로서는 공성을 직관하지만, 세간적 진리로서는 유식무경(有識無境)의 입장을 취해야 한다고 생각하였다. 이 점에서 그는 유가행중관파로 일컬어진다. 또한 바바비베카와 마찬가지로 중관의 진리는 정언적 추론식에 의해서 논증되어야만 하는 것으로 보아 논리학을 존중한다. 이 점에서 그는 자립논증파에 속하는 인물이라고 할 수 있다. 본서 및 카마라실라의 세소《(細疏)》의 텍스트에 대한 간행이 이치고우 마사미치(一鄉正道)에 의하여 준비되고 있다.[50)]

샨타락시타는 763년경 티벳에 입국하였다가 일단 귀국한 다음 다시 771년경에 티벳에 들어가서 파드마삼바바와 협력하여 사무에 사원의 기초를 세우고 티벳 최초의 불교승이 될 6인에게 수계를 하는 등 티벳에 불교를 도입함과 동시에 흥륭시키기 위하여 그의 만년(晩年)의 심혈을 다하다가 784년경 티벳에서 입적했다.

(3) 카마라실라(Kamalaśīla, 連華戒)

샨타락시타의 제자인 카마라실라(740-797경)는 스승의 저작인 《진실요의》 및 《중관장엄론》에 대한 뛰어난 주석서인 《진실요의세소》(*Tattvasamgraha-pañjikā*)와 《중관장엄론세소》(*Madhyamakālaṃkā*

50) 一鄉正道, 〈中觀莊嚴論註の日譯研究〉, (1)《京都產業大學論集》 2권(1972), (2)《밀교학》 9호(1972), 16-43시까지의 일역 : Y. Kajiyama, Later Mādhyamikas on Epistemology and Meditation, *Mahāyāna Buddhist Meditation: Theory and Practice, ed*, M. Kiyota(Honolulu, 1978)

ra-pañjikā)를 썼다. 《진실요의세소》는 산스크리트 원전도 현존하고 티벳역으로도 남아 있다.[51] 《중관장엄론세소》는 《중관장엄주》를 다시 주석한 것으로 티벳역만이 현존한다. 모두 샨타락시타의 원전을 이해하는데 필수적인 것이다.

이러한 주석서 외에도 카마라실라는 독립된 저서인 《중관명(中觀明)》(*Madhyamakāloka*), 《진실명(眞實明)》(*Tattvāloka*), 《일체법무자성론증(一切法無自性論證)》(*Sarvadharmaniḥsvabhāvasiddhi*) 등을 썼다. 《중관명》은 즈냐나갈바의 《이제분별론》, 샨타락시타의 《중관장엄론》과 더불어 후기 중관파의 기본적인 논서로 취급되고 있다. 《일체법무자성론증》은 《중관명》의 요약이다. 이들 카마라실라의 저서에 대한 연구는 현재 많은 학자들에 의해서 진행되고 있다.[52]

카마라실라는 샨타락시타 사후에 티벳왕 치손뎃센의 초대로 794년에 티벳으로 왔다. 그 당시 티벳에서 교세를 떨치고 있던 중국의 선승(禪僧)인 마하연(摩訶衍)과 사무애에서 대론(對論)하여 그를 논파함으로써 중관사상을 티벳에 확립하였다. 카마라실라는 티벳 불교도를 위하여 불교의 수행 단계와 중관의 진리를 알기 쉽게 설한 입문서 *Bhāvanākrama* Ⅰ, Ⅱ, Ⅲ의 《수습차제(修習次第)》 3편(篇)을 저작하였다. 《수습차제》 Ⅲ에는 마하연과의 논쟁이 일부 수록되어 있다. 《수습차제》 Ⅰ은 산스크리트, 티벳역, 한역(施護역, 《광석보리심론(廣釋菩提心論)》이 있으며, Ⅲ은 산스크리트, 티벳역이 있고, Ⅱ는 티벳역만이 현존한다. 이 3편의 《수습차제》는 선종의 돈오(頓悟)설을 비판하고 중관의 점오(漸悟)입장에서 수행과 철학의 단계를 설한 극히

---

51) 각주(49) 참조.

52) 森山清徹, 〈カマラシーラの Sarvadharmaniḥsvabhā vasiddhi の日譯研究 (1) (2)〉, 《佛教大學大學院研究紀要》 9·10호(1981·1982)(서장문 텍스트와 일역). 최근 《中觀莊嚴論》과 《同細疏》 연구는 성실하게 행해지고 있다. 이에 대해서는 본장 제2절에서 언급하겠다.

뛰어난 불교개론서이다. 카마라실라는 797년 티벳에서 입적했다.[53)]

(4) 비묵티세나 (Vimuktisena)

비묵티세나(8세기)는 하리바드라의 스승으로 일컬어지며, 티벳의 전승에 의하면 뛰어난 인물이지만 전기는 분명하지 않다. 저서로는 《현관장엄론주》(*Abhisamayālaṃkāra-vṛtti*)가 티벳대장경에 남아 있다. 《현관장엄론》(*Abhisamayālaṃkāra*)은 《이만오천송반야경》의 해설서로 마이트레야나타의 작품이라고 한다. 《이만오천송반야경》에 대하여 내용목차를 설정하고 불지(佛知)의 획득에 이르기까지 성문·독각·보살 등 불자의 실천도의 각 단계를 설정한 것이다. 이 책에 대하여 무착(無着)과 세친(世親) 등의 유식가(唯識家)도 주석을 썼지만, 비묵티세나와 하리바드라 등의 중관론자도 주석을 하였다. 비묵세티나의 주석은 《이만 오천송 반야경론인 현관장엄송(現觀莊嚴頌)의 평석(評釋)》이라고도 하는데 티벳역 외에 제1장의 산스크리트본이 교정·출판되었다.[54)] 아직 연구가 충분히 이루어진 상태가 아니기 때문에 중관자로서의 비묵티세나의 사상을 논할 수는 없지만 티벳의 전승은 그를

---

53) 텍스트 :G. Tucci, *Minor Buddhist Texts*, Part Ⅱ—First Bhāvanākrama of Kamalaśila, Sanskrit and Tibetan Texts with Introduction and English Summary. Serie Orientale Roma Ⅸ, 2(Roma, 1958). 이 책 서문에 있는 삼예의 논쟁에 대한 역사적 연구는 오늘날에 이르러서는 상당한 정정이 필요하다고 생각되지만, 아무튼 이 연구의 업적은 기념비적이다. Tucci, Third Bhāvanākrama (*Minor Buddhist Texts*, Part Ⅲ), Serie Orientale Roma XLⅢ(Roma, 1971);Shuki Yoshimura, *Tibetan Buddhistology*(Kyoto, 1953)(《修習次第第三篇》의 西藏文 텍스트와 일역). *Robert F.Olson & Masao Ichishima, The Third Process of Meditative Actualization by Kamalaśila* (《修習次第第三篇》의 영역), 《大正大學總合佛敎硏究所年報》 創刊號(1979). 그리고 산타락시타를 비롯하여 티벳왕조와 관계 있는 인물의 연대에 대해서는 山口瑞鳳, 〈吐蕃王國佛敎史年代考〉, 《成田山佛敎硏究所紀要》 제3호(1978)을 참조하기 바란다.

54) Corrado Pensa, *L'Ābhisamayālaṃkāravṛtti di Ārya-Vimuktisena, Serie* Orientale Roma XXXVII(Roma, 1967).

샨타락시타, 카마라실라와 같은 계통으로 분류하고 있다.

(5) 하리바드라 (Haribhadra)

하리바드라(－800경－)에게는《팔천송반야해설·현관장엄광명(八千頌般若解說·現觀莊嚴光明)》(*Aṣṭasā hasrikāprajñāpāramitāvyākhyā·Abhisamayālaṃkārālokā*)이라는 대작이 있다.《현관장엄론》은《이만오천송반야경》의 내용을 해설한 것이지만, 하리바드라는《팔천송반야경》을《현관장엄론》의 구분에 맞추어 분절(分節)하여 주해하고 있다. 이 책은 산스크리트 원전과 티벳역이 모두 남아 있다.[55] 하리바드라는 이 주석 속에서 샨타락시타의《중관장엄론》과 유사한 방법으로 유부·경량부·형상진실론 유가행파·형상허위론 유가행파를 비판하면서 중관의 진리인 일체법 무자성을 논증하고 있다. 또한 즈냐나갈바와 카마라실라에 의거하여 인과관계를 다인일과(多因一果)·다인다과(多因多果)·일인다과(一因多果)·일인일과(一因一果) 등 네 가지로 나누어 논하고서 어떠한 경우에도 인과관계가 성립되지 않음을 논증하고 있다.[56] 그는 샨타락시타나 카마라실라보다 약간 늦게 세상에 나와 그 영향 밑에서 활약한 중관자로서, 파라 왕조의 다르마파라왕 시대 사람이라고 한다. 하리바드라는《현관장엄광명》의 요약으로《소주(小注)》라고 통칭되는《현관장엄론소(現觀莊嚴論疏)》(*Abhisamayālaṃkārakārikāśāstra－vṛtti*)도 저술하였다.[57]

---

55) Untai Wogihara, *Abhisāmayālaṃkārālokā Prajñāpāramitavyākhyā*, The Toyo Bunko (Tyoko, 1932); P.L.Vaidya, *Aṣṭasāhasrikā Prajñāpāramitā*, with Haribhadra's Commentary called Āloka, Buddhist Sanskrit Texts-No. 4(Darbhanga, 1960).

56) 荻原本, pp. 624-642; pp. 969-976.

57) Hirobusa Amano, *A Study on the Abhisamaya-alaṃkāra-kārikā-śāstra-vṛtti*, Meihosha(Tokyo, 1975)(티벳어 텍스트와《현관장엄광명(現觀蔣嚴光明)》에서 추출한 이에 대응하는 산스크리트문을 병행해서 싣고 있다.)

(6) 학설강요서(學說綱要書)의 작자

지타리, 보디바트라, 아드바야바즈라(모두 10세기－11세기) 지타리(Jitāri, Jetāri-pa)는 아티샤의 스승 중의 한 사람으로 비크라마시라 승원(僧院)의 판디타(paṇḍita : 지혜와 학식을 겸비한 聖者)였다고 한다. 논리학과 밀교에 관한 저술이 많으며 《선서종의분별(善逝宗義分別)》(*Sugatamatavibhaṅga*)과 그 《주소(注疏)》(*S°-bhāsya*)를 저작하였다.(티벳역만 현존)

이것은 유부·경량부·유가행파·중관파 등 4학파의 중심적 교의를 순서대로 해설한 것이다. 이와 같은 학설강요서의 작은 중관파의 전통에 속하는 것이며, 또한 4학파를 단계적으로 배치하여 중관을 최고의 철학으로서 마지막에 설정한 것을 염두해 볼때 지타리가 중관학자였다는 것을 추정할 수 있다. 티벳의 학설강요서에는 그가 유가행중관파의 형상허위론자에 속하는 것으로 되어 있지만, 마쯔모토 시로(松本史朗)의 연구에 의하면 형상진실론자(形象眞實論者)로서 추정되고 있다.[58)]

보디바드라(Bodhibhadra)는 《지심수집주(智心髓集註)》(*Jñānasārasamuccaya-nibandhana*, 티벳역만 현존)를 저술한 것으로 알려지고 있다. 아리아데바(2－3세기의 聖·提婆와는 다른 사람)의 작품이라는 《지심수집》(시송)에 대한 주석으로, 외교(外敎) 및 불교의 4대 학파의 주요 교의를 서술·비판하고 있다. 뛰어난 학설강요서로서 야마구찌 스스무(山口益)가 연구를 시작했으며, 최근에는 마마키 카츠미(御

---

58) 지타리의 연대와 작품에 대해서는 田丸俊昭, 〈Jitāriの Anekāntavā danirāsa〉, 《佛教學硏究》 34호(1978)참조. 또한 白崎顯成, 〈Sugatamatavibhaṅgabhāsya 第二章 Sautrāntika 章和譯〉, 《佛敎論叢》21호 (1977)은 《善逝宗義分別注疏》의 경량부 장에 해당하는 일역이다. 松本씨의 연구는 Shiro Matsumoto, 〈On the philosophical positions of Dharmottara and Jitāri〉, 《印度學佛教學硏究》 29권 2호(1981);G. Bühnmann, Jitāri:Kleine Texte, *Wiener Studien zur Tibetologie und Buddhismuskunde*, Heft 8(1982).

牧克己)에 의해서 불교 네 개 학파의 부분적인 텍스트 교정과 불역(佛譯)이 이루어져 있다.[59]

아드바야바즈라(Advayavajra)는 밀교 학자로서 《진리의 보환(眞理寶環)》(*Tattvaratnāvalī*; 산스크리트본, 티벳역 현존)이라는 학설강요서를 저술하였다.[60] 이것은 성문승·독각승·대승·진언이취(眞言理趣)로 나누어서 그 학설을 개설하고 있으며, 그 사이에 유부·경량부·유가행파·중관파의 교의를 서술하고 있다. 경량부를 대승으로 보는 것과 중관파를 환유불이파(幻喩不二派, Māyopamādvayavādin)와 일체제법무주파(一切諸法無住派, Sarvadharmāpratiṣṭhānavādin)로 분류하는 것 등이 주목된다. 아드바야바즈라에게는 《십종진리(十種眞理)》(*Tattvadaśaka*)라는 소저(小著)가 있으며, 사하자바즈라(Sahajavajra)가 그것에 관한 주석인 *Tattvadaśakaṭīkā*를 쓰고 있다.[61] 여기에서도 학설강요(學說綱要)적인 기술을 엿볼 수 있다.

(7) 그 외의 중관자

캄바라, 라트나카라샨티, 아티샤

캄바라(Kambala, Kambalapāda, Law ba pa)는 타라나타에 따르면 다르마키르티와 즈냐나갈바의 중간, 즉 700년경의 인물이라고 하지만 확실하지는 않다. 마쯔모토 시로(松本史郎)에 의하면 사하자바즈라는

59) 山口益, 〈聖提婆に歸せられたる中觀論書〉, 《中觀佛敎論考》 收錄(1944);Katsumi Mimaki, *La Refutation bouddhiques de la permanence des choses (sthirasiddhidūṣaṇa)* et la preuve de la momentanéité des choses (kṣaṇabhaṅgasiddih)(Paris, 1976), Appendice Ⅱ.

60) Haraprasad Shāstri, *Advayavajra-samgraha*, Gackwad's Oriental Series 40(1915)에 수록되었으며, 후에 宇井伯壽씨가 개정(改正)텍스트·일역·해설을 발표했다. Hakuju Ui, revised by:〈Advayavajra, Tattvaratnāvali〉, 《名古屋大學文學部硏究論集》 3(1925).

61) 松本史朗, 〈Ratnākaraśānti の中觀派批判(下)〉, 《東洋學術硏究》 19권 2호(1980), p.164에 *Tattvadaśakaṭīkā*의 내용 일부가 소개되어 있다.

캄바라를 형상허위론의 유가행중관파에 소속시키고 있다. 티벳의 학설 강요서도 마찬가지이며, 마쯔모토(松本)도 그것을 승인하고 있다. 《반야바라밀다구송정의론(般若波羅蜜多九頌精義論)》(*Prajñāparamitā-navaślokа*), 《명만(明鬘)》(*Ālokamālā*) 등의 저작이 있다. 앞의 것의 일부는 마쯔모토(松本)에 의해서, 뒤의 것의 일부는 애지마 야수노리(江島惠敎)에 의해서 소개되고 있다.[62)]

라트나카라샨티(Ratnākakaśānti, 11세기경)는 산티파라고도 한다. 아티샤의 스승 중의 한 사람이며 쥬냐나슈리미트라, 라트나키르티 등에 비해 약간 연장의 동시대 사람으로 그들과 함께 비크라마시라 승원에 머물렀다. 그는 《내편충론(內遍充論)》(*Antarvyāptisamarthana*)을 저술한 뛰어난 논리학자인 동시에 《반야바라밀다론(般若波羅蜜多論)》(*Prajñāpāramitopadeśa*)을 저술하여 형상허위론 유가행파의 이론을 완성하였다. 쥬냐나슈리미트라와 라트나키르티는 형상진실론 유가행파의 입장에서 이것을 비판하였다. 이 논쟁은 인도불교 말기에 있어서 하나의 기념비적인 것이다.[63)] 유가행파 중에서도 형상허위론의 이론은 중관파의 일체법무자성의 입장에 상당히 접근하는 것이다. 특히 라트나카라샨티는 중관과 유가행과의 일치를 강조했다. 그는 유가행파의 인물이지만, 중관파의 계보에 넣어도 상관이 없다.

아티샤(Atiśa : 본명은 Dipaṃkaraśrijñāna, 982-1055)는 비크라마시라

---

62) 松本씨의 앞 논문, p. 175. *Ālokamālā*의 梵本(寫本)과 서장역의 일부에 대해서는 江島씨가 1981년도 日本印度學佛敎學會에서 소개했다.

63) 梶山雄一, 〈ラトナーカラシャーンティの論理學書〉, 《佛敎史學》 8권 4호(1959) ; Kajiyama, An Introduction to Buddhist Philosophy, *Memoirs of the Faculty of Letters*, Kyoto University, No. 10(1966); Appendix Ⅱ; Shoryu Katsura, 〈A Synopsis of the Prajñāpāramitopadeśa of Ratnākaraśānti〉, 《印度學佛敎學硏究》 25권 1호(1976) ; 海野孝憲, 〈ラトナーカラ シャーンティの形相說批判〉, 《印度學佛敎學硏究》 24권 1호(1975) ; 同, 〈ラトナーカラ·シャーンティの唯識思想〉, 《佛敎硏究論集》

승원의 학두(學頭)였으며 티벳왕 에세웨의 초청으로 1042년경에 티벳에 들어가 그곳에서 불교를 부흥시켰다. 《보리도증(普提道灯)》(*Bodhipathapradīpa*)의 저작을 비롯하여, 현밀(顯密)·반야·중관·현관계(現觀系) 반야를 티벳 불교도에게 전수하였다. 그의 활동이나 영향은 인도보다 티벳에서 더욱 현저했던 것이다.[64)]

64) 羽田野伯猷, 〈カーダム派史〉, 《東北大學文學部硏究年報》 5(1945); 羽田野伯猷, 《チベットの佛教受容の條件と變容の原理の一側面》(東北大學日本文化硏究所硏究報告 −4)(1968); 羽田野伯猷, 〈チベットにおける佛教觀の形成について〉, 《文化》 29(1965); 松本史朗, 〈チベットの佛教學について〉, 《東洋學術硏究》 20권 1호(1981); 기타, 자세한 것은 본서 제8장 〈チベット佛教の中觀派〉를 참조하기 바람.

2. 인도 중관파의 분류

1. 티벳의 학설강요서(學說綱要書)

'학설강요서'란 무엇인가?

전세기 후반에서 금세기 초두에 걸쳐 와시리에프, 체르밧스키, 오바미라 등의 러시아 학자들은 티벳의 역사서나 학설강요서를 이용하여 인도 불교의 역사와 교의를 밝히고자 노력했다. 당시에는 인도 불교의 원전이 거의 발견되지 않았으며 그 해독에 있어서도 진척이 미미했다. 인도 불교의 역사와 조직도 명확하지 못했기 때문에, 인도 불교의 역사와 제학파의 교의개요(敎義槪要)와 분류를 제공하는 티벳 문헌의 연구가 좋은 지침이 되었던 것이다. 그 후 반세기 가량이 경과한 오늘날, 인도 불교 연구는 장족의 진보를 하였지만, 그동안 발견·연구된 산스크리트 원전이 티벳역·한역으로 남은 다른 불교 문헌 전체의 비율에 비해 너무나 적다는 사정은 1세기 전과 그다지 달라지지 않았다. 1960년 이후 티벳의 라마(Lama : 라마교의 고승)들이 세계 각국으로 퍼지면서 티벳 대장경 이외의 대량의 문헌을 쉽게 입수할 수 있었기 때문에 티벳 문화, 특히 티벳 불교에 대한 관심도 급속히 높아졌다. 인도 불교와 관련하여 말하면, 이러한 경향은 티벳인의 인도 불교 이해의 성과인 《학설강요서》의 연구를 부추기게 하였다.

티벳의 《학설강요서》(*Grub mtha'*)라고 불리는 일단의 문헌은 인도 철학 제파(諸派)의 교의를 소개·비판하고, 불교를 설일체유부·경량부·유가행파·중관파의 4대 학파로 나누어 각 학파의 지파(支派)를 세세히 분류하면서 그 교의와 실천의 개요를 서술하는 것을 그 내용으로 하고 있다. 저자의 관점에 따라 가치가 낮은 학파를 앞에, 가치가 높은 학파를 뒤에 배치하는 일반적인 경향이 있었기 때문에, 그 배열은 인도 불교 제학파에 대한 저자의 판별과 평가를 나타내는 것이 된다. 말하자면 각 학설강요서는 중국의 교상판석(敎相判釋)에 해당되는 것이다. 예컨대 대·소승의 제경전과 논서가 역사적 순서에 상관없이 일시에 대량으로 중국에 들어 갔을 때, 중국 불교도가 교상판석을 필요로 했듯이 8세기 이후에 홍수처럼 밀려드는 인도 불교 문헌에 당혹한 티벳 불교도는 학설강요서를 필요로 했던 것이다.

사실 교상판석적인 저작은 이미 인도에서도 행하여졌었다. 불교가 여러 학파로 갈라져 각 학파가 분열과 종합을 반복해 온 인도에서는 후기로 가면서 교상판석이 필요하게 되었던 것이다. 우리가 앞에서 살펴 보았듯이 샨타락시타의 《중관장엄론》이 바로 그러한 필요에 의해 저작되었으며, 보디바드라의 《지심수집주》나 아드바야바즈라의 《진리의 보환》도 이미 훌륭한 학설강요서로서 티벳의 학설강요서의 전형이 되었다. 티벳에서는 극히 다수의 학설강요서가 저술되었다. 9세기 초의 에세데를 비롯하여, 사캬·판디타(1182-1251), 우팔살(14세기), 쫑카파(1357-1419), 초키갈첸(1469-1546), 샴얀세파(1648-1722), 롤페-돌제(1717-1766), 곤촉지그메완뽀(1728-1791), 도칸·로푸산초키님마(1737-1802) 등은 대소의 차이는 있으나 제각기 학설강요서를 저술하였다. 이와 같이 비교적 저명한 사람들의 저서 외에도 같은 부류의 저서들이 계속하여 발견되고 있다. 이러한 학설강요서에는 인도 불교 제학파의 분류 방법과 양식, 명명(命名) 방법, 학승 저마다의 특정학파에의 분속 방법 등에 다소의 차이가 있다. 또 그러한 학파의 분류, 학승의 귀속, 사상의 기술 등이 인도 원전에서 확인·일치되는가에 대한 여부는 현대학자의 관심의 촛점이 되고 있다. 학설강요서가 인도 불교 해명을 위한 중요한 자료임은 의심할 여지가 없지만, 티벳인의 오전(誤傳)이나 오해, 저자의 주관적 견해도 포함되어 있기 때문에, 인도 불교의 기술은 인도·티벳·중국에 남아 있는 인도 원전과 대조·검증을 거치지 않으면 안된다.

일본에서는 나가오 카징(長尾雅人), 하타노 하쿠유(羽田野伯猷), 요시무라 슈우키(芳村修基) 등의 선학이 티벳 장외 문헌 연구에 앞장섰으며, 현재에는 특히 학설강요서와 그 주변 문제에 대하여 사토 미찌로(佐藤道郎)·야마구치 즈이호우(山口瑞鳳)·우에야마 다이쥰(上山大峻)·타지카와 무사이(立川武藏)·오키모토 카쯔미(忠本克己)·하카야마 노리아키(袴谷憲昭)·니시오카 소오슈우(四岡祖秀)·하라타 사토루(原田覺)·마쯔모토 시로(松本史朗)·히라마쯔 토시오(平松敏雄)·이케다 렌타로(池田練太郎)·나가노 야스히코(長野泰彦), 그리고 불란서의 이마에다(Y. lmaeda)와 그 외의 여러 학자가 정력적으로 추진하고 있다. 그러나 필자가 아직 접수하지 못한 많은 연구가 여러 학자들에 의해 추진되고 있을 것이다. 각지에서 쉬임없이 간행되고 있는 헤아릴 수 없을 정도로 수많은 잡지를 전부 파악한다는 것은 사실 불가능하다. 같은 분야의 연구자가 서로 발췌를 교환하는 풍토를 진작시키는 것이 절실히 요청된다.

《학설보환(學說寶環)》에 의한 중관파의 분류

현시점에서 연구가 가장 진척되고 또한 가장 일반적인 학설강요서는 곤촉지그메왼뽀(dKon mchog 'jigs med dbaṅ po)의 《학설보환(學說寶環)》(*Grub mtha' rnam bźag rin chen phreṅ ba*)(이후 《보환》이라 약칭함.)일 것이다. 이 책은 권터(V.Guenther)(1972), 게세룬둡소파(Geshe Lhundup Sopa)와 홉킨스(J.Hopkins)(1976), 이이다(S.

Iida)(1980, 단 중관파 부분만)에 의하여 이미 세 번이나 영역된 바 있으며 그 티벳문은 미마키 카쯔미(御牧克己)에 의하여 교정·출판되었다(1977).[65] 이제 이 책에 나오는 중관파 부분의 내용을 일부 발췌하여, 그것을 둘러싼 학계의 논쟁을 소개하도록 한다.

《보환》에 따르면, 인도 중관파의 지파(支派)는 그 대표적 학승과 더불어 다음과 같이 분류된다. 사제(師弟)지간인 나가르쥬나와 아리야데바를 중심으로 하는 초기 중관파를 둘로 나눌 수는 없다. 따라서 실제의 분파는 붇다파리타 이후 중기 및 후기의 학승들에 의해서 이루어 졌다. 중관파는 먼저 자립논증파(Raṅ rgyud pa Svātantrika)와 귀류논증파(Thal 'gyur ba Prāsaṅgika)로 크게 이분(二分)된다. 자립논증파는 다시 유가행중관파(rNal 'byor spyod pa'i dbu ma pa Yogācāra－Mādhyamika)와 경량행중관파(經量行中觀派, mDo sde spyod pa'i dbu ma pa Sautrāntika－Mādhyamika?)로 이분된다. 그리고 유가행중관파는 형상진실파(形象眞實派)와 일치하는 중관자(rNam bden pa daṅ mthun pa'i dbu ma pa)와 형상허위파(形象虛僞派)와 일치하는 중관자(rNam rdzun pa daṅ mthun pa'i dbu ma pa)로 나누어지며, 후자는 '유구론(有垢論)과 일치하는 형상허위파'(rNam rdzun dri cas pa daṅ mthun pa)와 '무구론(無垢論)과 일치하는 형상허위파'(rNam rdzun dri med pa daṅ mthun pa)로 나누어진다. 그리고 유가행중관파에 있어 형상진실파를 대표하는 학자로서 샨타락시타, 카마라실라, 비묵티세나를 들고, 형상허위파의 학자로서 하리바드라, 지타리, 캄바라를 들고

---

65) Herbert V. Guenther, *Buddhist Philosophy in Theory and Practice*(Penguin book Inc, 1971);Geshe Lhundup Sopa & Jeffrey Hopkins, *Practice and Theory of Tibetan Buddhism*(NewYork : Grove Press, 1976);Shotaro Iida, *Reason and Emptiness*(Hokuseido, 1980)(제3장에 《보환(宝環)》 중관파 장의 텍스트와 영역);K. Mimaki, *Le Grub mtha' rnam bźag rin chen phreṅ ba de dKon mchog 'jigs med dbaṅ Po* (1728-1791). *Texte tibetain edité, avec une introduction*, Zinbun Kagaku Kenkyusyo(Kyoto University, 1977).

있다. 그 중에서 지타리는 유구론파, 캄바라는 무구론파라고 한다. 경량행중관파는 바바비베카에 의해 대표되며 귀류논증파를 대표하는 학자는 붇다파리타, 챤드라키르티, 샨티데바이다. 이상을 도표로 나타내면 다음과 같다.

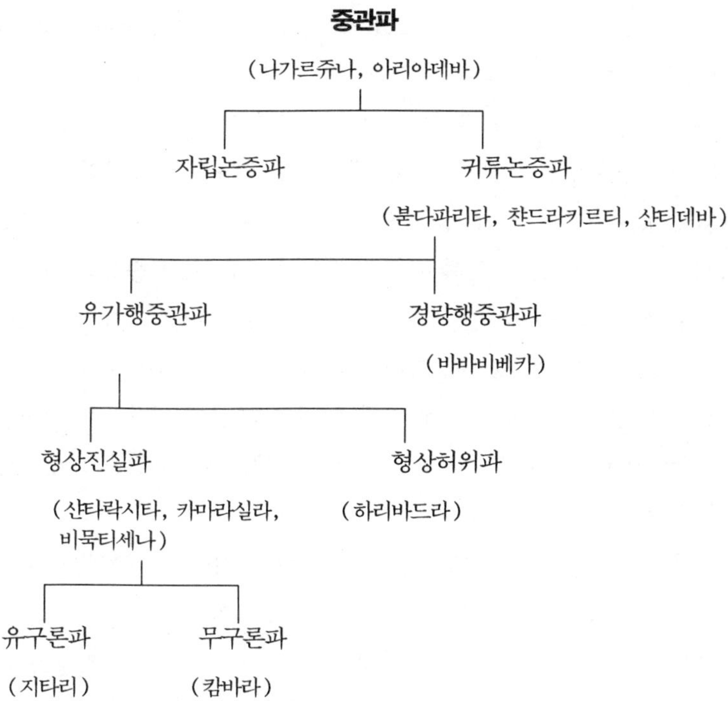

중관 2파(中觀二派)와 분파의 유래

《보환》은 중관파란 물질적·정신적으로 모든 사물에 있어 본체(自性, svabhāva)를 부정하며, 사물이 항상(恒常)한다는 견해(常見)와 사물이 단멸(斷滅)한다는 편견적인 두 견해(斷見)를 벗어나 중도를 설하는 불교 집단이라고 한다. 이 간결한 정의에 이론(異論)의 여지는 없을 것이다.

중관파를 자립논증파와 귀류논증파로 이분할 때 Svātantrika, Prāsaṅgika라는 산스크리트 원어의 정확한 인도적 용례를 아직은 확인할 수 없지만, 이 말은 현대의 제학자들에 의해서 편의상 널리 쓰이고 있다. 나가르쥬나, 아리야데바, 라훌라바드라 등의 초기 중관학자들 사이에서는 기본적인 입장의 구별이 없었다고 하는 점과 붇다파리타를 바바비베카가 격렬하게 비판하고 후자를 챤드라키르티가 재비판한 것을 단서로 하여 귀류논증파와 자립논증파로 분열한 사실은 종래의 많은 연구에 의하여 확인된 것이다. 《보환》은 귀류논증파라는 말의 의미에 대해, 오직 대론자의 주장 그 자체로부터 불합리한 귀결이 도출된다고 하는 귀류(prasaṅga)에 의해서 그 대론자의 마음 속에 중관의 진리라는 소증(所證)을 이해하는 추리가 생겨난다고 하는 그러한 주장으로부터 귀류논증파라는 의미를 기술한다. 한편 그들은 자립논증파에 대해서는, 자립적으로 확립된 세 조건을 갖춘 확실한 이유, 즉 확실한 추론식에 의하여 진실로서의 사물의 존재를 부정하기 때문에 자립논증파라고 칭한다.

《보환》이 여기에서 서술하고 있는 두 학파의 명칭에 대한 언어학적 해석은 귀류논증파와 자립논증파가 중관의 진리를 논증하는 방법상의 차이에 의해 붙여진 이름임을 나타내고 있다. 우리는 붇다파리타와 챤드라키르티가 중관의 진리를 논증하기 위하여 추론식을 구성하는 것을 피하고, 사물에 본체가 있다고 논하는 대론자의 주장으로부터 불합리한 귀결이 도출됨을 지적하는, 이른바 귀류법만을 존중한 것을 그들의 저서에서 확인할 수 있다. 반면에 바바비베카가 "모든 사물은 본체를 가지지 않으며 공이다."라고 하는 것은, 이른바 논리를 초월한 최고의 진실까지도 확실한 추론식을 매개로 하여 논증하지 않으면 안된다는 입장을 취한 것이다. 귀류(prasaṅga)라는 방법은 정언적 추리의 보조

수단으로서 인도 논리학파나 중관파에서는 최초기부터 알고 있었다. 특히 카마라실라 이후가 되면서 그것은 귀류논증(prasaṅga－anumāna)이라하여 일종의 추론식으로 받아들여졌으며 이에 대해 정언적 논증은 자립논증(svatantra－anumāna)이라 불리게 되었다. 따라서 붇다파리타와 챤드라키르티가 귀류논증파(Prāsaṅgika)로, 바바비베카 일파가 자립논증파(Svātantrika)로 일컬어지게 된 것은, 설령 그 호칭이 인도에서가 아니라 티벳에서 사용되었다고 할지라도 상당히 일리가 있는 것임을 알 수 있다.

2. 학설강요서의 비판적 고찰

자립논증파의 분류

귀류논증파는 그 이상 세분되지 않지만 자립논증파의 경우는 사정이 조금 다르다. 샨타락시타와 카마라실라는 바바비베카와 같이 논리학을 존중하고 저서에서도 항상 추론식을 빈번히 사용하여 논의를 진행시키고 있기 때문에 그들이 자립논증파로 분류되는 것은 타당하다. 그러나 그 이하의 분류에 대해서는 다소 의문의 여지가 있다.

《보환》은 샨타락시타를 유가행중관파에, 바바비베카를 경량행중관파에 귀속시키는 이유를 다음과 같이 설명한다. 샨타락시타는 지식이 자기자신을 직접 지각한다고 하는, 이른바 자기인식(自證, svasaṃvedana)을 인정하지만 외계의 대상적 존재를 부인함에 반하여, 바바비베카는 자기인식을 인정하지 않고 외계의 대상이 그 자체로서 존재한다고 주장한다. 다시 말해 샨타락시타는 유가행파와 같이 외계의 대상은 존재하지 않는다고 함에 비하여 바바비베카는 경량부와 같이 원자의 집적으로서의 외계의 대상적 존재를 인정하고 있다는 것이다. 양자 모두 중관파이므로, 최고의 진실(勝義)로서는 외계의 대상은 물론 내적인 인식까지도 본체를 갖지 않는 공이라고 한다. 따라서 자기인식의 유·무, 외계의 실재·비실재를 둘러싼 의견의 상이는 세간적 진리(世俗)의 장에서의 일이다. 본래 자립논증파·귀류논증파라고 하는 것은 최고의 진리를 논증하는 방법에 의한 분류이며, 유가행중관·경량행중관이라고 하는 것은 세간적 진리를 어떻게 생각하는가에 의한 분류이다. 이 두 분류는 차원이 다르다. 그런데 《보환》, 그리고 많은 후기 학설강요서는 유가행중관과 경량행중관을 자립논증파의 지말분류로 취급하여 위에서 언급한 서로 다른 2종의 분류를 하나의 분류로 뒤섞어 버리고 말았다. 그러나 14세기의 우팔살은 이러한 분류가 서로 다른 차원의 종류라는 것을 확실히 의식하고 있었던 것으로 생각된다.[66)]

샨타락시타는 유가행파의 철학을 존중하여 그것을 설일체유부(說一切有部, 이하 '유부'라 약칭함)나 경량부의 철학보다도 높이 평가하고 있다. 따라서 그는 세간적 진리의 세계를 이해함에 있어 인식만이 실재하며 외계의 대상은 인식의 표상에 지나지 않는다고 하는 유가행파의 이론을 적용했다. 인식의 실재성의 근거는 자기인식이므로 그는 당연히 그것을 시인하고 강조하였다. 이러한 사실을 고려해 볼때 샨타락시타와 그의 계승자가 유가행중관파로 취급되어 지는 것은 당연하다.

바바비베카의 취급 방법

문제는 바바비베카가 왜 경량행중관파로 불리게 되는가에 관한 것이다. 《보환》은 '경량부와 같이 원자의 집적에 의한 외계의 대상적 존재를 인정하기 때문에" 바바비베카는 경량행중관파라고 분명하게 말

66) 우파로살은 "중관파에는 경량행중관파(經量行中觀派)·유가행중관파(瑜伽行中觀派)·세간수행중관파(世間隨行中間派)의 3파가 있다. 또 자립논증파와 귀류논증파로도 나누어진다."라고 하고 있다. 御牧, 〈Blogsal grub mtha'について〉, 《密敎學》 15호(1978), pp.99－101 참조 바람.

한다. 이 말에 한해서는 옳다. 바바비베카는 《중관심론(中觀心論)》과 자신의 주석서인 《사택염(思擇炎)》, 《반야등론(般若燈論)》 등의 저서에서 유가행파가 원자론을 비판하면서 외계의 물질적 존재를 부정하는 것에 대항하여 원자론을 변호하며 외계의 실재성을 주장하고 있다. 더구나 그 원자론은 뒤에서 자세히 살펴 보겠지만, 유부보다는 경량부에 가깝다.

그러나 《보환》은 바바비베카가 자기인식을 인정하지 않았다고도 기술하고 있다. 확실히 그는 《중관심론》에서 유가행파의 자기인식 이론을 비판하고 있다. 그러나 자기인식에 관한 이론은 유가행파의 독점물이 아니라 경량부에도 공통하는 것이다. 아니, 오히려 경량부가 창설하고 유가행파가 그것을 계승·발전시켰다고도 할 수 있다. 그렇다면 자기인식을 인정하지 않는 바바비베카가 경량부적이라는 것은 자가당착이라고 아니할 수 없다. 사실 바바비베카는 《중관심론》에서 다음과 같이 유가행파를 비판하고 있다. 즉 유가행파에 따르면 우리들의 인식은 그 자체 속에 대상의 형상이라는 객관적 계기(相分)와 그것을 파악하는 주관적 계기(見分)로 나누어 지는데 바바비베카는 이러한 인식의 이분설(二分說)을 주장하는 것을 반대하는 것이다. 또한 앞에서 기술한 자기인식은 주관적 계기를 지각하는 제3의 부분에 해당하는 것이므로 이것을 더하면 인식의 삼분설(三分說)이 성립한다. 결국 바바비베카는 유가행파의 이분설 내지 삼분설을 부정하는 것이다. 그러나 이러한 이분설 내지 삼분설은 경량부도 주장한 것이므로, 바바비베카는 유가행파에 반대함으로써 경량부도 비판한 것이다(이 문제는 뒤에 다시 논의하겠다). 이와 같이 생각하면, 《보환》 특히 일반적으로 후기의 티벳 학설강요서가 바바비베카를 경량부에 입각한 중관자로 분류하는 것을 그대로 받아들일 수는 없다. 최근에 마쯔모토 시로(松本史朗)는 이 문제를 추궁하고 있다. 가장 초기의 학설강요서인 에세데(Ye ś es sde, 9세기)의 《견해의 구별》(*lTa ba'i khyad par*)이 티벳어 교정 텍스트와 그 일역(日譯)으로서 먼저 우에야마 다이쥰(上山大峻)에 의해서 출판되었으며, 마쯔모토(松本)는 그 중에서 중관사상 해설부분을 다시 번역하여 비판적으로 고찰함으로써 종래 학계의 일반적인 견해를 뒤엎는 의견을 발표하였다.[67]

《견해의 구별》은 다음과 같은 취지를 말하고 있다. (A) 나가르쥬나와 아리아데바는 《반야경》에 의거하여 모든 사물은 연기하는 것이므로, 세속에서는 허깨비(幻)와 같은 것으로서만 생기(生起)하지만, 승의(勝義)에서는 자(自)·타(他)·자타쌍방(自他雙方)·무인(無因) 어느 것으로도 생하지 않는 무자성(無自性)이라고 하였다. 이 두 사람은 견해가 일치한다. 그 후 아상가(Asaṅga：無着, 320～400, 혹은 395～470년경)와 바수반두(Vasubandhu：世親, 400～480년경)가 유식사상을 선양했으며 바바비베카가 나타나서 유식설을 논파하였다. (B) 그 후 샨타락시타는 《유가사지론(瑜伽師地論)》에 의거하여 이렇게 말하였다. "세속에서는 유식과 일치하여 식(識)이 경(境)을 아는 것도, 경 그 자체가 식의 자성이기 때문에 양자 사이에 결합관계가 생겨 자기인식에 의해서 알 수가 있는 것이다. 승의에서는 그 마음도 이일다성(離一多性)이라는 증인(證因)에 의해서 분석하면 유(有)라고는 증명되지 않는다." 그리하여 샨타락시타의 저작은 '유가행중관'(rNal 'byor spyod pa'i dbu ma)으로 취급되었다. (C) 바바비베카는 나가르쥬나의 종견(宗見)과 일치하여 내외의 사물들은 모두 연기로 존재한다고 말한다. 세속에서는 인(因)과 연(緣)으로 생한 것이기 때문에 허깨비에 불과하다. 하지만 승의에서는 자·타·자타쌍방과 무인

---

67) 上山大埈, 〈エセイデの佛教綱要書〉, 《佛敎學硏究》 32·33호(1977～1981); 松本史朗, 〈lTa ba'i khyad par における中觀理解について〉, 《曹洞宗硏究員硏究生硏究紀要》 13호(1981).

에서 생하는 것은 불합리하다는 4종류의 증인에 의해서 모든 사물의 생기(生起)를 부정하고 있기 때문에 그의 저작은 '경중관'(經中觀, mDo sde pa'i dbu ma)으로 분류된다. (D) 카마라실라는 유가행중관과 경중관은 세속에서는 다소 일치하지 않지만 승의에 있어선 내외의 사물의 무자성을 다같이 주장하고 있기 때문에 둘 사이에는 하등의 모순이 없다고 한다.

'경중관파(經中觀派)'

위의 서술은 《견해의 구별》 중에서 지금 우리에게 필요한 부분만을 발췌한 것에 지나지 않은 것으로 자세한 것은 우에야마(上山)·마쯔모토(松本) 두 사람의 일역(日譯)을 참조하기 바란다. 여기서 종래 우리들의 논의와 관련해서 주의해야 할 것은 산타락시타와 유식설, 특히 자기인식에 관한 논의는 분명하지만 바바비베카와 경량부설과의 관계는 조금도 언급되어 있지 않다는 점이다. 원자론이나 자기인식의 비판도 전혀 없다. 마쯔모토(松本)는 《견해의 구별》의 기술을 법상(法上)의 《대승도우경수청소(大乘稻芋經隨聽疏)》에 의거하여 보강한 다음, '유가행관'에 있어 '유가행'이란 아상가의 《유가론》을 가리키고, '경중관'의 '경'이란 《반야경》 등을 의미한다는 결론을 내렸다. 또 서술의 순서로 볼 때 에세데(Ye śes Sde)는 (B) 의 유가행중관보다도 (C) 의 경중관을 보다 높게 평가하고 있으며, 이에 대해 카마라실라는 산타락시타의 견해와 반드시 일치하는 것으로 볼 수 없다고 한다. 마쯔모토(松本)는 하카야마(袴谷)의 지적에 따라서 잠얀세파의 《대학설(大學說)》에 인용된 락슈미(Lakṣmsi)의 《오차제주(五次第注)》(*Pañcakramtiakā Kramārthaprakāśikā*, Peking ed, No.2705)를 일역하였다.[68]

---

68) 松本, 앞의 논문, p.104; 袴谷憲昭, 〈中觀派に關するチベットの傳承〉,

"인과 연으로 생하는 것이므로 대상이 한쪽에서 성립하고 무형상의 식(識)이 다른 한쪽에서 성립한다. 양자 모두 무자성(無自性)이다."라고 경중관파(mDo sde'i dbu ma pa)[69]들은 실의(實義, tattva)를 파악했다.(Ṅi, 464 a)

경중관파(mDo sde dbu ma pa)들은 "인과 연에서 생한 십이처(十二處)는, 소취(所取:인식되는 客體·객관, 알게될 대상)와 능취(能取:認識하는 主體·주관, 대상을 파악하는 것)의 색(色)으로 따로 따로 존재한다. 그러나 무자성이다."라고 주장한다.(Ṅi, 508 a)

마쯔모토(松本)가 소개하는 락슈미의 기술은 그것이 인도 원전이라는 점에서는 매우 중요하다. 그러나 락슈미는 경중관파가 무형상지식론자(無形象知識論者)임을 분명히 밝히고 있다. 유형상(有形象)·무형상(無形象)지식론에 대해서는 곧 해설하겠지만, 인도 사람인 락슈미는 경중관파를 무형상지식론자로 규정하고 있는 것이다. 경량부는 유형상지식론을 대표하는 것이기 때문에 경중관과 경량부, 즉 바바비베카와 경량부와의 관계는 매우 희박한 것이다. 지금까지 언급한 자기인식·지식의 이분설·유형상지식론, 그리고 또한 인식인과설(認識因果說)과 외계비지각론(外界非知覺論), 그 반박으로서의 외계추리설(外界推理說) 등 경량부의 중요한 인식이론에 대해서 바바비베카가 언급한 바는 적으며, 언급하더라도 그들 몇 가지에 대해서는 부정적인 입장을 취한 것처럼 보인다. 단지 원자론에 대한 외계실재론에 대해서만

117호(1976), pp.7－8.

69) 松本, 앞의 논문, 각주(16)에서 말해지듯이, 경(량행)중관의 원어에는 mDo sde'i dbu ma pa. mDo sde pa'i dbu ma, mDo sde spyod pa'i dbu ma 등의 다양한 표기가 있어, 그것이 이 학파명의 의미에 관한 또다른 논의를 낳는 하나의 원인이 되고 있다.

그는 경량부와 근사하다고 할 수 있다.

> "경〔량행〕중관파란 경량부에 근거하는 중관파가 아니라 《반야경》에 근거하는 자란 뜻이며, 유가행중관이란 유가행파와 일치하는 중관파가 아니라 《유가론》에 근거하는 자란 뜻이다. 이것이 티벳의 후대로 내려감에 따라 말의 유사성으로부터 경량부·유가행파와 결합하여 오해되기에 이르렀던 것 같다."

이러한 마쯔모토(松本)의 결론은 매우 매력적이다. 그러나 나는 지금 이 결론의 찬반에 대하여 잠깐 보류하고자 한다. 이 논문은 마쯔모토(松本)의 최근작이며 이것에 대한 학계의 반응은 아직 나와 있지 않기 때문이다. 에세데(Ye Śes sde)의 《견해의 구별》에서 유가행·경〔량행〕중관이 마쯔모토(松本)식으로 해석된다고 할지라도 그것이 곧 후기학설강요서의 기술을 오해하였다고는 단정할 수 없다. 왜냐하면 바바비베카에 대한 우리의 연구가 아직은 그러한 입장을 확정할 수 있을 정도까지 이르지 못했기 때문이다. 그러나 하여튼 이 문제에 대해서는 현단계에서 가능한 한도 내에서 추가적으로 검토하고자 한다.

3. 바비비베카의 입장

(1) 산타락시타의 비판

먼저, 티벳에서만이 아니라 이미 인도에서도 중관파가 바바비베카의 계통과 산타락시타의 계통으로 이분(二分)되어 있었음은 쉽게 입증할 수 있다. 마쯔모토(松本)가 소개하는 락슈미의 기술은 경중관파와 유가행중관파라는 명칭까지 기록되어 있는 점에서 매우 중요한 문헌이다. 그 외에도 보디바드라의 《지심수집주(智心髓集注)》에는 다음과 같이 기술되어 있다.

그들 중관파에도 세간적 진리에 대한 두 가지 〔입장〕이 있다. 〔내적지식의 형상으로의〕 현현(顯現)을 고려에 넣지 않는 것은 논사 바비야(바바비베카)와 그 일파이며, 〔지식에〕 현시된 소여는 〔외계에〕 실재하는 것이 아니라, 단지 내적 지식이 다양한 형태로 나타난 것에 불과하다고 하는 것이 논사 샨타락시타와 그 일파이다.[70)]

이 보디바드라의 소개는 경중관·유가행중관이라는 학파명을 나타내지 않은 점만 빼면, 두 파가 주장하는 내용의 기술에 있어서 락슈미의 기술과 유사하다. 이들 두 사람의 기술은 아마도 샨타락시타 및 카마라실라의 다음과 같은 기술에 기원을 두고 있다고 생각된다. 샨타락시타의 문장을 번역하여, 카마라실라의 주기(注記)에서 주의할 만한 것은 소괄호 (　)안에 두고, 대괄호〔　〕속에는 나의 보충을 넣는다.

〔요컨대 중관파가 세속의 사물이란〕 인과관계로 이루어져 있다고 주장하여 올바르지 못한 모든 비판자에게 답하였다고 생각할 때, 세속의 사물이란 도대체 무엇을 뜻하는가를 음미하지 않으면 안된다. 〔즉, 세속의 사물이란〕 심(心)과 세속의 심작용(心作用)만으로 이루어진 것인가? 혹은 다른 무엇으로 이루어진 것인가? (이것은 2종의 중관의 흐름을 음미하는 것이다.) 그 중에서 한 파의 사람들은 세속의 사물은 심과 심작용 이외의 다른 것으로도 이루어져 있다는 생각에 근거하여 (《중관심론》이라는) 논서 속에서 〔《십지경》에 나타난 이 삼계(三界)가〕 단지 심(心)만으로 이루어졌다고 하는 것은 행위의 주체(kartṛ)와 과보의 수용주체

70) K. Mimaki, *La Réfutation bouddhiques*, pp. 206－207.

(bhoktṛ)〔인 자아(ātman)〕를 부정하기 위해서라고 논하는 〔바비야 논사〕와 같은 자들이다. 다른 한 파의 사람들은 다음과 같이 생각한다.

원인과 결과로서 존재하는 〔세속의 사물〕도 마땅히 지식에 지나지 않는다. 자립적으로 존재하는 〔것이라고 생각하는 외계의 대상〕은 〔실은〕 지식속에 있는 것이다. 〔《중관장엄론》 제 91시〕

자립적 존재(즉 전혀 지각되지 않는 atyanta－parokṣa 외계의 대상)〔의 형상 ākāra〕을 버린 별개의 지식의 본성〔만〕은 알 수 없다. 〔따라서〕 자립적인 존재도 꿈이나 허깨비 등과 같은 것이다. 〔이와 같이〕 색형(色形) 등 외계에 있다고 생각되는 것은 지식을 떠나 따로 존재한다고 하더라도, 눈(目)과 같은 것은 동시(同時)나 이시(異時)에 근재(近在)하는 원인(pratyāsatti－hetu)이 없기 때문에 알려지지 않게 된다. 그런 까닭으로 그들 〔색형(色形)〕을 지각한다는 것은 〔지식과〕 다른 것이 아닌 푸름(青) 등의 형상을 지각하는 것에 지나지 않는다. 지각을 본성으로 하는 것이므로 꿈이나 허깨비 등의 지각과 같은 것이다. 가령 지식의 형상을 생하게 하는 〔원인으로서의〕 별개의 대상이 결과〔인 지식의 형상〕과는 다른 것으로서 〔외계에〕 존재하는 것이라고 추리하더라도, 이것은 직접 지각으로 알려지지 않은 것에 대한 추리에 지나지 않을 뿐만 아니라 그 〔외계의 대상〕은 존재하지 않는 것으로 증명된다. 〔한 순간 전의 심(心)이라는〕 등무간연(等無間緣, 연속되는 심)에서, 후의 심·심작용은 앞의 심·심작용을 계승함과 동시에 스스로도 원인이 되어 다음의 심·심작용을 일으킨다. 이 경우에 일순간 전의 심·심작용이 선(善)이라 하더라도 다음에 일어나는 것은 악(惡)일 수도 있다. 이런 경우에 원인이 되는 것은 등무간연이라고 하고 뒤의 것은 증상과(增上果)라고 하기 때문에, 〔현재의 지식 형상의 원인이 되는 그 외의 외적인 원인은 필요없는 것으로〕 원자 등은 부정되기 마련이다.[71]

71) 《中觀 論注》·北京版 No. 5285, Sa 7861－79az;同, 《細疏》·北京版 No. 5286,

경량부적인 요소

그런데 이러한 인도 자료, 특히 샨타락시타의 기술로부터 분명해지는 것은 샨타락시타의 바바비베카에 대한 비판을 계기로 하여 자립논증중관파가 두 파로 분열된 일이다. 중관의 흐름에는 두 파가 있으며 그 중에서 제1파가 바바비베카 일파(一派)라는 것은 카마라실라가 분명히 밝혔다. 제2파가 샨타락시타 자신의 일파인 것은 이 일파가 다름 아닌 《중관심론(中觀心論)》 제91시(詩)에 의거하는 것으로 보아 분명하다. 즉 샨타락시타가 세간적 진리를 인과관계로 집약하여 그것 역시 지식에 지나지 않는다고 주장하는 것으로 보아, 그가 세간적 진리로서 유가행파의 주장을 받아들이고 있다는 것은 명백하다. 그러한 이유에서 그의 일파가 후에 유가행중관파라고 일컬어지는 것은 당연하다.

샨타락시타의 기술 속에 있는 제2파(유가행중관파)의 비판 대상이 되는 주장, 특히 "가령 지식의 형상을 생하게 하는 〔원인으로서의〕 별개의 대상이 결과〔인 지식의 형상〕과는 다른 것으로 〔외계에〕 존재하는 것이라고 추리한다."는 것이 만약 제1파의 것이라면, 여기에서 바바비베카는 세간적 진리에 있어서 경량부에 따르는 것이라고도 생각될 수 있다. 왜냐하면 이 주장은 유형상 지식론과 외계추리론을 포함한 전형적인 경량부사상이기 때문이다. 그렇다면 바바비베카 일파가 후에 경량행중관파, 즉 세속의 이해에 있어 경량부에 의거하는 중관파라고 불리게 된 것도 지극히 자연스러운 일이다. 그러나 이 점을 확인하기 위해서는 바바비베카 자신의 말에 의거할 필요가 있다. 과연 바바비베카로부터 경량부적인 사상을 찾을 수 있을까?

우선 카마라실라는 《십지경(十地經)》에 나오는 삼계유심(三界唯心)이라는 말은 행위 주체와 그 과보의 수용 주체, 즉 자아의 존재를 부

Sa 136b4－137az.

정하기 위한 것이지 외계를 부정하기 위한 것은 아니라는 해석을 바바비베카의 《중관심론》에서 찾고 있다. 이것은 전적으로 타당하다. 《중관심론》 제5장 제28시(詩)[72] 에 "경전에서 심(心)뿐이라고 설하는 것은 행위 주체와 수용 주체를 부정하기 위함이다."라는 말이 있기 때문이다. 또 《반야등론》 제25장에서 바바비베카는 삼계유심이라는 말을 유식무경(唯識無境)의 논거로서 인용하는 유가행파에 대하여 "이것은 답이 되지 않는다. 〔우리는〕 경전의 말을 다른 식으로 해석하기 때문이다."라고 했다. 아바로키타브라타는 이 귀절에 유념하여, 이 경문은 심(心)외에 별개의 행위 주체·수용 주체가 없다는 것을 주장하기 위하여 유심이라고 설한 것이지 외계의 대상을 부정하기 위해서가 아니라는 취지의 말을 하고 있다.[73] 따라서 샨타락시타의 기술로부터 중관의 제1파가 바바비베카 일파라는 것이 직접적으로 확인되는 것이다. 또 외계 대상의 존재를 인정하는 한 바바비베카는 세간적 진리에 대해서는 유부 혹은 경량부에 의거한다고도 할 수 있다.

(2) '심'과 '심작용'

바바비베카는 《중관심론》 제5장 제27-28송(自注, 《사택염》을 포함함, 이하 같음) 및 《반야등론》 제25장에서, "등무간연(等無間緣)과 같이 인식의 대상은 심을 본성으로 하는 것이다. 외계의 대상도 인식의 대상이다. 그러므로 그것은 심을 본성으로 하는 것이다."라는 취지의 유가행파의 추론식을 비판하고 있다. 유가행파는 마음과 마음의 작용을 별체(別體)라고 생각하기 때문에 직전(直前)의 순간적인 심·

72) 山口益, 《佛教における無と有との對論》(부록, 〈中觀心論入瑜伽行眞實決擇章の本頌〉, p.12.) 이하부터는 앞의 논문 제5장의 텍스트를 원칙으로 삼아 이 부록에 의거한다.

73) 《燈論》·데루게판 No. 3853, Tsha 254a;《廣注》·북경판 341b-342a. 安井廣濟, 《中觀思想研究》, p.340.

심작용인 등무간연은 심을 본성으로 하는 것(일순간 전의 찰라적인 심)과 심과는 다른 것(심작용)을 포함하는 것이 된다. 따라서 외계의 대상도 심인 것과 심이 아닌 것 두 가지로 이루어지는 것이 되기 때문에 이 추론식은 성립되지 않는다고 바바비베카는 말한다.[74] 만일 유가행파가 심과 심작용이 동일한 본성이라고 말한다면 그것은 자기의 정설을 버리고 중관파의 심·심작용 일체의 이론에 찬동하는 것이 되므로 이 추론식은 이미 증명된 것을 다시 증명하는 것에 지나지 않는다. 바바비베카는 재차 《중관심론》 제5장 제44－45송에서, 다음과 같이 말한다. 즉, 유가행파가 오직 심뿐이라는 의미의 '유식'을 증명하기 위해서는 유가행파에 있어 심과 심작용의 일체 및 심이라는 감수(感受) 등의 심작용의 화합이 오직 가설적인 것(존재)에 지나지 않는다는 것을 인정할 수 밖에 없는데, 그렇게 되면 자설(自說)을 버리고 타자, 즉 중관파를 따라서 논하는 것이 된다고 한다.[75]

바바비베카에 의하면 일체의 사물을 형성하는 수(受)·상(相)·사(思)·촉(觸)·작의(作義) 등의 심작용이 짚단과 같이 집합한 것(saṃghāta)과 지(地), 수(水), 화(火), 풍(風)이라는 능조(能造)인 사대(四大)의 집합과 색(色), 향(香), 미(味), 촉(觸)이라는 소조색(所造色)을 가지는 항아리(壺) 등에서 가설되는 것이 심이다. 예컨대 바바비베카는 심과 심작용은 일체적인 것으로, 심의 각종 분위(分位)는 심작용에 불과하며, 심이란 심작용과 외계의 대상의 집합에 대하여 가설(假說)되는 것으로 하나의 실체가 아니라고 말한다. 이와 같은 이론은 유부 및 유가행 일파의 심·심작용별체설(心作用別體說)에 대해 비판적인 것으로, 경량부의 물심이원론(物心二元論) 및 심·심작용

74) 《思擇炎》·데루게판 No. 3856, Dza 207ab;《燈論》·데루게판 245b－246a;山口益, 《佛教における無との有の對論》, p.364 이하.

75) 《思擇炎》·데루게판 212b;山口益,《佛教における無と有の對論》, pp. 384－85;《思擇炎》·데루게판 208b－209a.

일체설에 근거한 것임은 야마구찌 스스무(山口益)가 지적한 그대로이다.[76] 이 점에 관한 한 바바비베카는 경량부적이라고 할 수 있다.

(3) 원자(극미)론

바바비베카가 세간적 진리로서 외계에 존재하는 대상의 실재성을 인정하고 있었던 것은 확실하다. 하지만 그 외계의 대상이란 무엇이며 어떠한 식으로 인식에 참여하는 것일까? 《중관심론》 제5장 제31－33시에서 유가행파는 지각의 대상에 대하여 다음과 같이 설명하고 있다. 즉, 많은 원자의 하나 하나가 단일한 그대로 대상이 되든가(제1설), 아니면 집합한 형태로 대상이 된다고 하는(제2설) 유가행파의 2종의 원자론을 소개하면서, 제1설에 대해서는 단일한 원자는 지각 속에서 현현(顯現)하여 볼 수 있는 것이 아니기 때문에 지각의 대상이 될 수 없다고 비판하며, 제2설에 대해서는 집합한 제원자는 설령 지각으로 현현하여 볼 수 있다고 할지라도 군대나 숲이 실체가 아닌 것처럼, 집합한 제원자 역시 실체로서 존재하는 것이 아니므로 지각의 대상이 될 수 없다고 비판한다.[77]

여기에서 제1설은 물질적 존재는 많은 원자가 간격을 가지고 느슨하게 집합한 것으로 하나의 원자가 지각에 참여하여 그 대상이 된다는 설일체유부의 원자론이며, 제2설은 많은 원자가 간격없이 근접하여 집합한 집적체(集積體)가 지각의 대상이라고 하는 경량부의 원자론에 해당하는 것이 분명하다. 또한 이들 이론에 대한 유가행파의 비판원리는, 인식의 대상은 그 형상을 지식 속에 현현시키는 동시에 실재하는 것이 아니면 안된다는 두 조건인 것도 분명하다. 그렇다면 유가행파는

76) 山口益, 《佛教における無と有の對論》, pp.384－85. 《사택염》·데루게판 208b－209a.
77) 山口益, 《佛教における無と有の對論》, p.399 이하.

유부에 대해서는 단일한 원자는 지각되지 않는다고 하는 유부 자신의 학설을 역으로 이용하여, 단일한 원자가 그대로 대상이 된다고 하는 유부의 원자론을 비판하고 있는 셈이며, 경량부에 대해서는 집합한 것은 가상(假象)에 불과한 것으로 실체가 아니기 때문에 지각의 대상이 될 수 없다고 비판하고 있는 것이다.

그리고 지식에 현현하는 현상을 부여하고 실재하는 것으로 간주되는 지각의 대상은 한 순간 전의 심·심작용이지 원자의 집합체로서의 외계의 대상이 아니라는 것이다.

《중관심론》 제5장 제34－36시에서 바바비베카는 유가행파의 제1설 비판에 대하여 다음과 같이 비평한다. 즉 유가행파가 주장하는 단일한 원자가 심의 대상이 아니라는 것은 중관파 역시 인정하고 있기 때문에 그 증명은 이미 알고 있는 것을 다시 논증하는데 불과하다는 것이다. 제2설 비판에 대해서는 원자집합체(極微聚)의 가장 작은 것도 지·수·화·풍(地·水·火 ·風)의 4대 원소와 색·향·미·촉(色·香·味·觸)의 4원소에 의해서 이루어진 복합체이며, 또한 항아리(壺)와 같은 것도 같은 종류의 원자(엄밀하게 말하면 원자집합체)의 집적체에 불과한 것이므로, 이것들은 모두 실체로 인정되기 때문에 유가행파의 비판은 성립하지 않는다고 한다.[78]

바바비베카의 원자론에서 특이한 점은 그가 원자의 집적(集積, bsags pa, saṃcita)과 합집(合集, 'dus pa, saṃghāta)을 엄밀하게 구별하고 있는 것이다. 집적이란 같은 종류의 원자가 동일한 곳에 집합한 것으로 예컨대 항아리와 같은 것이며, 합집이란 코끼리·말(馬)·황자수(黃刺樹)·단목수(担木樹) 등 각각 다른 종류의 사물이 다른 장소에 집합하여 군대나 숲 등으로 나타나는(假說되는) 것이다. 그리고 바

78) 山口益, 《佛教における無との有の對論》, p.413 이하. 《사택염》·데루게판 209a－b.

바비베카는, 항아리 등에 집적한 원자는 그 형상으로서 현현하는 지식의 원인이 되는 것이므로 인식의 대상으로서 인정하고 있다.

《반야등론》 제25장에서도 같은 주제의 대론(對論)이 전개되고 있다. 거기에서 바바비베카는 최고의 진실로서 유가행파의 원자론 제1설 비판은 이미 증명된 것을 다시 논증하는 것에 불과하다고 하면서도 다른 한편으로 세간적 진리의 입장에서 제1설의 해석을 변호하고 있다. 그는 "설령 단일한 원자로 이루어진 어떤 물질의 집적체라 할지라도 그 자체로서 현현하는 지각을 생하게 한다면 그 지각이 있는 이상 '현현하지 않는 것'이라고 하는 '유가행파의 논증 이유는' 성립하지 않는다"[79] 라고 한다. 아바로키타브라타는 이 문장에 대하여 다음과 같이 주석하고 있다.[80] 많은 사람들이 협력하여 큰 나무를 넘어뜨릴 때, 설령 한 사람 한 사람의 힘은 현현하지 않더라도 전체로서 큰 나무를 넘어뜨리는 힘이 나타난다면, 한 사람의 힘도 자체로서 현현하는 지각을 생하는 것이라고 할 수 있다. 이와 같이 원자의 집적 하나하나가 서로 협력하고 집합하여 지각의 대상이 된다면, 단일한 원자도 자체로서 현현하는 지각을 생하는 것이라고 할 수 있다.

원자론의 선구사상

바바비베카는 항아리와 같은 동일한 종류의 원자의 집적체가 실재하며 그 중 하나하나의 원자는 상호 협력(資益)함으로써 자기의 형상을 지식 속에 현현시킨다는 생각을 대체 어디에서 구한 것일까? 아마 그는 그것을 바수반두에게서 구하였을 것이다. 《구사론(俱舍論)》 제1장 제20시는 온(蘊)·처(處)·계(界)의 어의(語義)를 설명하여 각각 취(聚)·생문(生門)·종족(種族)의 뜻이라고 한다. 온(蘊)을 취

79) 《燈論》·데루기판 246a 6-7; 安井廣濟, 《中觀思想の硏究》 p.352.
80) 《광주(廣注)》·北京版 349a; 安井, 위의 책, pp.352-353.

(聚), 즉 집합(集合, rāśi)이라고 하는 것은 과거·미래·현재, 그리고 안(內)과 바깥(外), 거칠고(粗) 섬세함(細), 뛰어남(勝)과 열등함(劣), 멀고(遠) 가까움(近) 등 일체의 물질적 존재를 하나로 묶어 색온(色蘊)이라 이름하고, 수(受)·상·(想)·행(行)·식(識)에 대해서도 똑같이 말하기 때문이다. 이에 대해서 처(處)는 심(心)·심작용을 생하고 성장시킨다는 뜻, 계(界)는 종족 또는 종류의 의미로 풀이되고 있다.

바수반두는 《구사론》 제1장 제20시에 대한 주석에서 온(蘊, skandha)의 의미를 '집합(聚, rāśi)'이라고 풀이하는 유부(有部)에 대해서, 만일 그렇다면 온(蘊)은 많은 실체의 집합이기 때문에 실재가 아니라 가상(假象, prañjñaptisat)이 되어 버린다고 비판한다. 유부는 이에 대하여 "만약 집합체가 가상(假象)이라고 한다면 물질인 감관이나 대상(有色處)도 가상이 되고 만다. 왜냐하면, 예컨대 안처(眼處)는 많은 눈(眼)의 원자가 집합한 것이기 때문이다."라고 반론한다. 그것에 대하여 바수반두는 "그렇지 않다. 집합하고 있는 하나의 원자에 원인으로서의 성질이 있기 때문이다(ekaśaḥ samagrāṇāṃ kāraṇabāhvāt). 〔그것을 인정하지 않으면, 감관은〕 대상을 보조인(補助因)으로 하여 〔비로소 가능하기〕 때문에 〔대상이란〕 별개의 곳(處)이 되지 못할 것이다."라고 한다. 여기에는 분명히 많은 눈의 원자가 제각기 지각을 생하게 하는 원인으로서의 힘(力用)을 가지고 집적한 눈이라는 감관은 실체이며 이것은 마찬가지로 눈의 원자와는 다른 색(色)의 원자의 집적으로서의 대상에 대해서도 말할 수 있다는 사상이 나타나고 있다.

아쇼미트라는 이 부분에 대한 주석에서 통나무를 끄는 사람과 한 웅큼의 모발(毛髮)에 비유하여 설명하고 있다. "많은 사람들이 통나무를 끌때, 한 사람 한 사람에게는 끌 능력이 없지만 서로 협력하여 집합한 사람들에게는 그 능력이 있다. 또 따로따로 분리되어 있는 모발은 시력이 약한 사람의 시각을 일으킬 수는 없지만, 많이 모이면 설령 결합되어 있지 않더라도 그것이 가능하다. 그와 같이 시감관(視感官)의 제원자(諸原子)나 색(色)의 대상의 제원자도 단일한 개체로서는 시각을 일으킬 수 없지만, 집합하면 가능하다. 존재물의 효력(效力, śakti)이란 그러한 것이라고 이해하지 않으면 안된다."[81] 라고 한다. 바바비베카와 아바로키타브라타가 같은 종류의 원자의 집적은 실재이며 지각을 일으키는 능력이 있다고 논할 때에, 그들이 각각 비수반두와 야쇼미트라의 이론에 영향을 받았다는 것은 틀림없다. 그렇다면 바바비베카는 원자론에 대해서도 역시 경량부의 영향을 받고 있는 것이다.

경량부는 원래 원자는 실체이지만 많은 원자가 결합한 집합체는 가상이라는 견해를 갖고 있었다. 그것은 바수반두가 많은 〔다른 종류의〕 실체가 집합하여 이루어진 온(蘊)은 가상이라고 말하는 것에 의해서도 알 수 있다. 그러나 이와 마찬가지로 그가 감관과 그 대상은 각각 상호 협력(資益)하는 다수의 같은 종류의 원자가 집적한 것이므로 가상이 아니라 지각을 일으키는 원인이라고 말할 때에는 '실재'의 정의에 대해 어떤 수정이 가해지고 있는 것이다. 후에 다르마키르티(600－660년경)가 "효과적인 작용능력을 가진 것이 실재다."라고 정의하기까지는 바수반두의 이 수정에 힘입은 바가 크다. 나아가 산재하는 개개의 원자는 지식의 대상이 될 수 없지만, 그것들이 간격없이 근접하여 집적할 경우에는 지식을 생하게 하는 특수성(viśeṣa)이라는 능력을 갖게 되어 지식의 대상이 될 수 있다고 다르마키르티는 생각하였다. 이 때 다르마키르티는 개개의 원자에는 결여되어 있지만 다수의

---

81) Y. Kajiyama, 〈The Atomic Theory of Vasubandhu, the Author of the Abhidharmakośa〉, 《印度學佛教學研究》 19권 2호(1971).

원자가 집적했을 때에 부가되는 이 특수성을 첨성(添性, atiśaya)이라고 부르고, 첨성을 일으킨 원자의 집적은 지식에 자기의 형상을 투사하여 지식을 생하게 하는 원인이라고 하였다. 이러한 다르마키르티의 이론을 살펴 볼 때, 경량부의 원자론을 완성시키는 데에는[82] 바수반두와 바바비베카의 기여가 어느 정도 있다고 할 수 있다.

(4) 무형상지식론(無形象知識論)과 유형상지식론(有形象知識論)

바바비베카가 유가행파의 원자론 비판에 답하여 상호 협력(資益)하는 같은 종류의 원자의 집적이 그 형상으로서 현현하는 지식의 원인이 된다고 말한 것은 그가 유형상지식론(sākārajñāna－vāda)을 취하고 있다는 사실을 보여주는 것이다. 만약 그렇다면 그의 인식론적 입장은 경량부와 일치하는 것이다.

여기에서는 이 점을 좀 더 확실히 함과 동시에 외계비지각설(外界非知覺說), 다시 말해 외계추리론(外界推理論, bāhyārthānumeya－vāda)과도 관련지어 검토하고자 한다.

유부의 관점에서 인식이란 것은 동시에 존재하는 대상과 감관과 의식과의 접촉 및 상호작용에 의해 발생하며, 그때 본래 무색 투명한 지식이 대상의 형상을 조명하는 것이라고 생각한다. 말하자면 인식되는 형상은 외계의 대상에 소속되며 형상을 갖지 않은 지식이 그것을 묘사한다. 이 이론을 무형상지식론(nirākārajñāna-vāda)이라고 한다. 이에 비해서 경량부는 인식을 인과관계로서 파악한다. 즉, 대상은 감관과 함께 원인으로서 일순간 전에 존재하며 그 결과로 지식이 대상과 닮은, 이른바 대상의 형상을 가지는 것을 지식이 대상을 아는 것이라고 한다. 그때 형상은 결과로서의 지식에 소속되며 외계의 대상에 소속되지는 않는다. 인식을 인과로서 이해하고 대상의 형상을 지식에 소속시

---

82) *Pramaṇmavarttika*, Pratyakṣa, kk. 195, 196ab, 223, 224.

키는 이 이론은 이미 《구사론》에서 경량부의 것으로 나타나는 것으로, 후대에 유형상지식론이라 일컬어지는 것이다.[83)]

결과로서의 지식이 대상의 형상을 띠고 생겨 날 때에는 원인으로서의 외계의 대상은 일순간 전에 이미 멸한 것이기 때문에 지식이 외계의 대상 자체를 볼 기회는 없다. 다시 말해, 우리들이 대상을 지각하고 있을 때에는 이미 그것은 우리들의 지식의 일부인 형상이 되어 있는 것으로 외계에 있는 것이 아니다. 반대로 우리가 대상을 지각하고 있지 않을 때에는 외계에 있는 대상의 존재를 알 수가 없다. 그러므로 외계의 대상이란 결코 지각되지 않는 무엇인가가 된다. 이렇게 하여 이른바 외계비지각설(外界非知覺說)이 성립하는 것이다.

유가행파는 이 볼 수 없는 외계의 대상은 존재하지 않는 것이라며 지식의 형상의 원인은 외계에 있는 것이 아니라 그 지식의 바로 직전의 순간적인 심과 심작용, 즉 등무간연(等無間緣)에 있다고 한다. 여기에서 유가행파의 유식무경(唯識無境), 이른바 식(識)만이 진실로 존재하는 것이며, 외계의 대상은 식(識)이 현현한 것에 지나지 않는다고 하는 유식사상의 이론이 형성된다. 그러나 경량부는 볼 수 없는 외계의 대상이 존재하지 않는다고는 말하지 않는다. 외계의 대상이 전혀 실재하지 않는다면 어떤 지각표상이 일정한 때와 장소에 한정되어 일어나는 것을 설명할 수 없다. 또 같은 때와 장소라 할지라도, 특정한 사람에게 어떤 지각이 일어나고, 다른 사람에게는 일어나지 않는 경우를 설명할 수 없으며, 물을 마시면 갈증이 해소되고, 벌에 쏘이면 팔이 아프게 되는 효과적인 작용이 있다는 것도 설명할 수가 없다. 여기에서 경량부는 외계의 대상이 설령 지각되지 않을 지라도 '무엇인

83) 梶山, 〈存在と知識－佛教哲學諸派の論爭〉, 《哲學研究》 500·505호(1966～1967); 御牧克己, 〈初期唯識諸論書におけるSautrāntika說〉, 《東方學》 43(1972).

가'가 있지 않으면 안된다고 하는 형식으로 요청·추리할 수 밖에 없다고 한다. 이러한 사고방식은 비수반두의 《유식이십론(唯識二十論)》 제2송에 나타나는 것으로, 《유식술기(唯識述記)》에 의해 경량부설로 규정된다. 이 이론이 후대에 외계추리론(外界推理論)이라고 일컬어 지는 것이다. 이상과 같이 간략하게 소개한 경량부의 인식인과론(認識因果論)·유형상지식론(有形象知識論)·외계추리론(外界推理論)을 합하여 넓은 의미에서 유형상지식론이라고 한다.

그런데 위에 소개한 유가행파와의 대론에서 바바비베카가 원자의 집적체는 그 형상에 의해 현현하는 지식의 원인이 된다든가, 또는 집적체 그 자체가 현현하는 지각을 생겨나게 한다는 뜻의 말을 자주 하고 있다. 본래 그의 논의는 유가행파 비판의 형식으로 쓰이고 있을 뿐, 자신의 입장을 밝히는 것을 목적으로 하고 있지 않기 때문에 언제나 불충분하다는 것을 느낀다. 그러나 원자의 집적체가 원인이 되어 그 형상에 의해 현현하는 지각이 생한다고 하는 사고방식은 사실 유형상지식론에 불과하다.

그것이 보다 명료하게 된 것이 《반야등론》 제1장의 다음과 같은 기술이다. 괄호안의 글은 아바로키타브라타의 주석을 가려뽑은 것이다.[84)]

〔아비달마에서 육식취(六識聚)가〕 소연(所緣)을 가진다고 하는 것은 언어습관의 진리규준을 확립하기 위함이다. 〔청·황 등의〕 어떤 소연이 일어날 때, 그 〔청·황 등의〕 형태로서 현현하는 〔지식〕이 생하기 때문에 소연을 가진다고 말하는 것이지, 재산가와 같이 〔어떤 사람과 어떤 재산이〕 동시에 연결되기 때문은 아니다.

재산가의 비유는 지식과 대상이 동시에 존재한다는 것을 의미하는

---

84) 《등론(燈論)》·와레자본 p.43; 《광주(廣注)》·데루게판 196b6－197a1.

것으로, 그 부정은 대상과 지식이 다른 시간(異時)에, 결국 인과적으로 관계한다는 것을 나타낸다. 이것은 대상에 의한 결과로서 지식이 대상의 형태로서 현현하여 생한다고 하는 것이기 때문에 분명히 경량부의 유형상지식론이다.

(5) 외계추리론(外界推理論)

경량부의 외계추리론이 명백하게 나타나는 것은 다르마키르티부터이지만 이미 앞에서 소개한 《유식이십론》 제2시에 예시되고 있다.

바바비베카도 외계추리론에 대해서는 직접적으로 언급한 적은 없지만 야마구찌 스스무(山口益)가 바바비베카의 '법성색(法性色)'에 대하여 경량부적이라고 해석한 것은 주목할 만한 것이다. 《중관심론》 제5장 제29시 및 그 《사택염》 주(注)에서 다음과 같이 말하고 있다.

> 설령 "사유된 대상(vikalpita-artha)만이 공이기 때문에 지식의 존재만이 증성(證成)된다고 하더라도 사유되지 아니한 대상도 있으므로 대경(對境)이 없는 것은 아니다." (제5장 제29시)
> 이때 지식〔은 그〕 지식상에서 사유된 대상으로 공이라고는 할 수 있지만, 여래(如來)에 의하여 자각되는 법성색(法性色)이라는 대상은 존재하는 것이기 때문에, 말 그대로 본성이 아닌 것이 실재한다. 그러므로 사유되지 않는 대상이 존재하는 한, 대경(對境)은 실재하는 것이다. 즉 모든 지식에 있어 대경이 공한 것은 아니다.[85)]

이 바바비베카의 논의에 앞서서 유가행파는 《이만오천송반야경》의

---

85) 《思擇炎》·데루게판 208a6－208ba; 山口益, 《佛教における無と有の對論》, p.393 이하.

〈미륵청문장(彌勒請問章)〉을 도입하면서 (1) 물질적 대상이란 명칭·표상·가설·언어에 의존하여 그것들과는 별개의 실체로서 존재한다고 망상된 것, (2) 명칭 등 넷이 물질적 대상으로서 사유된 것, (3) 제2의 사유된 것 중에는 제1의 외적인 실체로서의 대상은 없으며 사유된 대상도 자립적으로 있는 것이 아니다. 즉 대상은 없더라도 명칭 등 넷의 의지처로서의 심식(心識)은 존재한다. 이 심식을 법성색(法性色)이라고 논한다. 이른바 물질적 대상을 삼성설(三性說)에 따라서 해석하고 있다. 바바비베카는 법성색을 일반인의 망상이나 사유를 초월한 여래만이 알고 있는 대상으로 풀이하여 그것이 결코 없다고는 할 수 없다고 반론하고 있다. 이 바바비베카가 풀이하는 법성색이 범부의 지각과 이해에 의해서는 파악되지 않지만, 여래의 자지(自知)—경량부의 바른 관찰방식, 진정한 추리이해에 의하여 이해되는 실재—로서의 외계의 대상이라고 한다면, 이 의론은 경량부의 외계비지각설(外界非知覺說)·외계추리론(外界推理論)과 통하는 점이 있다.

(6) 인식성립의 계기(契機)

유형상지식론의 입장에 의하면, 인식이란 지식이 그 자신 속에 있는 대상을 스스로 아는 것, 즉 지식이 지식 자신을 스스로 안다는 지식의 자기인식에 지나지 않는다. 이 하나의 사실을 논리적으로 분석하여 설명하면, 지식 속에는 대상의 형상이라는 객관적 계기(所取·相分, grāhya)와 그것을 아는 주관적 계기(能取·見分, grāhaka)와 그 주관적 계기를 아는 자기인식 계기(自證分, svasaṃvedana)의 삼분(三分)이 있다고 한다. 지식은 물질과 달라서 모양이나 크기를 갖지 않는 단일한 존재이므로, 그 속에 세 가지 부분이 실재하는 것은 아니다. 그러므로 삼분설(三分說)이라는 것은 어디까지나 논리적·편의적인 설명에 지나지 않는다. 자기인식을 생략하여 그 기능을 주관적 계기에 이

양하면 이분설(二分說)이 성립하며, 자기인식을 아는 하나의 계기(證自證分)를 더 상정하면 사분설(四分說)이 된다. 이때 증자증분을 아는 제5의 계기는 필요하지 않다. 왜냐하면 증자증분은 자증분이 알고 있는 상호작용으로 대용되기 때문에 인식의 오분설은 존재하지 않는다. 또한 지식이 단일한 자각적 존재라고 하는 본래적 의미에 입각하는 것이라면, 지식의 형상이 형상 자신을 알고 그 지각까지도 자각하고 있는 것이 인식이라는 일분설(一分說)도 성립한다. 물론 이러한 종류의 논의는 자증분증명에 있어 기억의 문제 등을 포함하여 복잡하게 발전했지만, 그 자세한 논의는 본 강좌 제9권에 위임하고 여기서는 상세히 논의하지 않겠다. 유형상지식론의 이분설 내지 삼분설에 의해 설명하는 것은, 외계의 실재를 인정하는 경량부와 외계 대신에 현재의 인식 직전의 심식(等無間緣)을 인식의 원인으로 하는 유가행파 모두에게 공유되는 것이다. 또한 삼분설은 바바비베카에 앞서 이미 디그나가에 의해 확립되었었다. 그런데 바바비베카는 《중관심론》 제5장에서 이분설 및 자기인식을 부정하고 있다. 그것은 유가행파에 대한 비판으로 이루어진 것이지만 그와 경량부와의 관계를 재고해 볼 때 조금은 석연찮은 것이기도 하다. 바바비베카는 《중관심론》제5장 제20-22, 26시와 여타의 곳에서 유가행파의 인식 이분설 및 자기인식의 이론을 비판하고 있다. 예컨대 유가행파는 다음과 같이 설명한다. 즉, 수정(水晶) 가까이에 푸른 물건을 두면 수정은 푸른 형상을 띤다. 그때 수정 자체는 투명한 조명(prakāśa)이며 푸름은 그 형상이다. 그와 같이 지식도 자체로서의 현현과 대상으로서의 현현이라는 이분(二分)을 지닌다고 한다. 이에 대해서 바바비베카는, "수정이 투명한 조명이었던 순간과 푸른색으로 변한 순간과는 다르다. 즉 그 두 순간의 수정은 별개의 것이므로 일시에 두 개의 현현을 가지는 것은 아니다. 이처럼 지식의 이분은 없다. 대상으로서의 현현과 별도로 자체로서의 현현이 있는 것은 아니다."라고 한다. 《중관심론》 제5장 제26시 아래의 주석에서 바바비베카는 "물체의 독자상(獨自相, svalakṣaṇa)만을 인식하는 직접지각(pratyakṣa)은 사유와 기억의 분별을 떠나서 푸름 등의 그 자체, 즉 정의되지 않는(avyapadeśya) 물질 그 자체로서의 물질적 대상을 정의되지 않은 그대로 자기인식의 현상에서 이해한다. 그러므로 대경(對境)으로서 현현할 뿐인 하나의 지식 위에는 인식의 수단(pramāṇa)과 그 결과(pramāṇaphala) 이렇게 두 가지가 있는 것이다. 따라서 〔유가행파의 추론식의〕 이유는 성립되지 않으며 지식이 이분하여 현현한다고 생각할 필요는 없다."고 한다.[86)]

사유와 기억의 분별이라는 것은 《구사론》에서 말하는 계탁분별(計度分別)과 수념분별(隨念分別)이며, 그 둘을 떠난 직접지각이란 《구사론》의 자성분별(自性分別)에 해당한다. 자성분별이란 분별이라고는 하지만 유부에서는 사유로서 취급하지도 않을 정도의 미약한 사유이며, 경량부나 바바비베카에 있어 그것은 사유를 완전히 배제한 직각(直覺)이라는 의미에서의 직접지각이 되는 것이다. 인식의 수단과 결과라는 것은 지식의 객관적 계기와 주관적 계기의 별명(別名)이라고 이해해도 좋다. 이 인용문은 이분설을 비판하고 있는 셈이지만, 내용적으로는 하나의 지각 위에서 객관·주관이 임시로 설정되어 자기인식도 그 지각과 다른 것이 아니라고 하여 제 삼분으로서의 자기인식까지도 부정하려는 의도가 분명하게 나타나고 있다.

이와 같이 보면, 바바비베카가 부정한 것은 인식의 주관·객관·자기인식이라는 세 가지 계기를 마치 지식 속에 실재하는 듯이 이해하는 그러한 사고방식이다. 하지만 하나의 인식에 이른바 세 가지의 기능이 갖추어져 있다고 하는 본래적 의미에서 유형상지식론 그 자체를 부정한 것은 결코 아니었다는 것을 알 수 있다. 삼분설의 발전이 정점에

86) 《사택염》·데루게판 207a4-6.

이른 시기에서도 다르마키르티는 "지식 그 자체는 〔본래〕 구분이 없는 것이지만, 잘못된 견해를 가진 사람들이 마치 객관·주관·〔자기〕 인식작용이라는 구별이 있는 것처럼 보고 있다."라고 한다.[87] 바바비베카의 견해도 바로 그와 같다. 바바비베카의 유형상지식론은 이른바 일분설이었던 것이다.

결론—바바비베카의 사상적 위치

이상 (1)-(6)의 제항목에 걸쳐 고찰할 수 있었던 것은, 바바비베카의 사상은 어디까지나 유가행파가 해석한 이분설·자기인식에 대한 비판을 포함하는 점에서 전형적인 경량부 사상은 아니라고 할지라도 전체적으로는 확실히 경량부적이라고 할 수 있다. 《보환》은 그 〈경량부의 장〉에서 경량부를 두 종류로 나누고 있다. 하나는 바수반두(Vasubandhu:世親, 400-480년경)의 《아비달마구사론소(阿毘達磨俱舍論疏)》(*Abhidharmakośabhāṣya*)에 따른 '경전수순파(經典隨順派, Luṅ gi rjes 'braṅ gi mdo sde pa)'이며, 다른 하나는 다르마키르티(Dharmakīrti:法稱, 600-660년경)의 7부작에 따르는 '논리수순파(論理隨順派, Rigs pa'i rjes 'braṅ gi mdo sde pa)'라고 한다. 게세룬돕소파나 홉킨스의 영역(英譯)에서는, 경량부의 인식수단(pramāṇa)을 분류하고서, 지각이 자기인식을 포함하여 네 가지로 세분되어 기술되는 부분 밑에 "경전수순파는 자기인식을 인정하지 않는다."라는 주기(注記)를 첨부하고 있다. 이 주기가 어느 정도 타당한 것인가에 대해서는 곧바로 판단할 수는 없지만, 《구사론소》 중에 자증(自證:자신의 논리를 스스로 증명함)의 기술이 없는 것은 확실하다. 경량부의 원자론이나 소박한 유형상지식론이 바수반두에게서는 인정되지만, 그것은 다르마키르티 이후의 고도의 인식론과는 비교할 수 없다. 요컨대

---

87) *Pramāṇavārttika*, Pratyakṣa, k. 354.

바바비베카의 사상은 바수반두, 디그나가로부터 다르마키르티에게로 발전해 가는 경량부의 사상을 반영한 것이다.

(7) 종 합

위에서 논한 바바비베카의 입장을 학설강요서와 관련지어 결론적으로 서술하면, 샨타락시타와 카마라실라의 기술은 극히 정확한 것이다. 그 기술에서 다음과 같은 것을 이해할 수 있다. 바바비베카는 외계추리론과 유형상지식론을 채용하고 있는 점에서, 세간적 진리에 있어서 경량부를 따르는 중관자이며 이러한 사실은 바바비베카 자신의 저작에서도 확인된다. 보디바드라는 바바비베카가 지식내에 있는 대상의 형상이 나타나는 것을 고려하지 않는다고 하지만 그것은 보디바드라의 오해이다.

락슈미는 바바비베카의 이름을 거론하지는 않지만, 경중관을 무형상지식론이라고 주장한다. 만약 그의 경중관이라는 명칭이 바바비베카를 의미하는 것이라면 이것은 그의 오해이다. 만약 그것이 오해가 아니라고 한다면, 그가 말한 경중관이란 '경량부에 근거한 중관자'를 의미하는 것이 아니라 '반야경을 따르는 중관자'를 의미하는 것으로, 유가행중관이란 '유가론을 따르는 중관자'일지도 모른다. 그러나 그 경우에도 《반야경》, 《유가론》의 단계에서 무형상지식을 운운한다는 것은 시대적 착오이다.

에세데의 《견해의 구별》은 바바비베카의 원자론과 외계실재론, 심지어 인식론을 일체 언급하고 있지 않다. 따라서 유가행중관, 경중관의 분류기준은 외계실재론이나 인식론이 아니다. 즉 샨타락시타가 유식무경(唯識無境)설을 채용하였다는 것은 5세기 이후의 인식론을 고려하지 않더라도, 초기 유식을 고려하는 것만으로 충분하다. 그렇다면 에세데의 분류기준이 《유가론》과 《반야경》이었다는 마쯔모토(松本)

설은 결코 부정할 수 없다. 《보환》은 바바비베카가 자기인식을 인정치 않는다고 하지만, 그것은 유가행파의 자기인식을 부정한다는 것을 의미할 뿐이다. 그것을 경량부의 자기인식이나 유형상지식론을 채용하지 않았다는 의미로 해석할 수는 없다. 보디바드라와 락슈미도 바바비베카의 유가행파 비판에 치중하여 그 인식론의 진상을 바르게 보지 못했던 것이다. 에세데의 《견해의 구별》의 단계에서, 경중관이 '반야경을 따르는 중관자', 유가행중관이 '유가론을 따르는 중관자'였던 것이 사실일지라도, 후대의 학설강요서가 전자를 '경량부에 의한 중관자'라고 해석한 것은 나름대로의 의미를 갖는 것으로 전적으로 잘못되었다고는 할 수 없다.

4. 형상진실론 중관파

(1) 형상허위론(形象虛僞論)과 형상진실론(形象眞實論)

유가행파 내부에서의 형상진실론(satyākara－vāda)과 형상허위론(alikākāra－vāda)—각각 유상유식(有相唯識), 무상유식(無相唯識)이라고 불리기도 한다—의 대론에 대해서는 본 강좌 제8권 《유식사상》에 수록된 오키 카주후미(沖和史)의 〈무상유식과 유상유식〉을 참조하기 바란다. 이 대론은 중관파에게도 영향을 주어 자립논증 중관파를 형상진실파와 형상허위파로 분파시켰기 때문에, 그 서술에 필요한 한도 내에서 유가행파의 분리에 대해서도 언급하겠다. 유가행파 내의 형상진실론과 형상허위론의 대립은 11세기의 즈냐나슈리미트라(Jñānaśrīmitra, 980－1030년경), 라트나키르티(Ratnakīrti, 1000－1050년경) 사제(師弟)와 그들과 동시대인 라트나카라샨티(Ratnākaraśānti) 사이에 가장 선명한 형태를 취하고 있지만, 이미 샨타락시타시대 때부터 그 대립을 충분히 엿볼 수 있는 것으로, 더욱 거슬러 올라가 현장(玄

奘)의 《성유식론(成唯識論)》에서도 그 기술을 찾아 볼 수 있다.

경량부의 유형상지식론에서는 외계의 대상은 결코 지각되지 않지만, 추리에 의해서 그 실재성이 증명되었다. 그 외계의 대상이 우리들의 지식 속에 투입된 형상, 즉 지각상이 실은 우리들에게 있어 전세계이다. 외계의 대상 그것은 '무엇인가가 있다.'라고 말할 수 밖에 없는 것이지만, 지식 속에서는 예컨대 항아리라든가 은화 등의 형상을 취하여 나타난다.

유가행파는 경량부가 요청하고 있던 외계의 대상을 무용(無用)한 존재라고 생각하고 그것을 대신하여 일순간 전의 마음(心)을 인식의 대상이라고 말한다. 아마도 그것은 다음 순간의 마음에 있어서 실재하는 원인임과 동시에, 그 마음의 지각성과 유사한 형상을 갖고 있기 때문일 것이다. 그런데 이 일순간 전의 심에서 생한 지각상을 가지는 현재의 심 그 자체는 전일(全一)한 실재이지만, 논리적으로 분석하면 객관적 계기와 주관적 계기의 둘로 나누어지며, 다시 그 주관(객관을 자각하는 자기인식)을 더하여 삼분(三分)으로 나누어짐은 이미 서술한 그대로이다. 객관으로서의 형상은 어떤 때는 항아리이며, 어떤 때는 은화이고, 어떤 때는 조개껍질이다. 그러나 그것들의 모양은 바뀌어도 그것들은 제각기 나름대로의 형상으로 보여지는 것이다. 보여진다는 것은 조명(照明, prakāśa)되어 자각(自覺)되고 있다는 것이다. 그렇게 보면 마음(心)의 형상은 주관(객관과 조출작용으로서의 자기인식)과의 결합이라고 할 수 있다.

예컨대, 내가 바닷가를 거닐다가 은화를 보고 주우려고 한다. 그런데 다음 순간에 그 은화는 조개껍질이었다는 것을 알게 되었다. 이것은 은화의 형상이 일순간에 배척되어 조개껍질의 형상으로 정정(訂正)된 것이다. 그와 같이 거부되어 정정될 수 있는 형상은 일반적으로 허위이다. 그러나 은화로 보게 하고 조개껍질로 현현하는 조명성 그 자체(prkāśamātra), 즉 자기인식은 항상 변하지 않는다. 따라서 주·객(主·客)의 형상은 허위이지만 자기인식은 진실이라고 한다. 이러한 이론이 형상허위론이다. 이 이론을 유가행파의 삼성설(三性說)에 적용시켜 설명하면 다음과 같다. 세계란 개인의 근원적 인식인 아뢰야식(識)의 현현에 지나지 않는다. 이 아뢰야식은 항상하는 실체(恒常的實體)가 아니라, 전(前) 찰라에서 다음 찰라로 끊임없이 상속되는 인과의 연쇄이다. 따라서 아뢰야식은 변화하면서도 계속 이어지는 인식의 흐름으로, 그 존재는 항상 전 찰라에 의존하기 때문에 의타기성(依他起性 : 타에 의한 것)이라고 일컬어진다. 이 아뢰야식의 구상작용(虛妄分別)에 의하여 주·객의 형상이 내부와 외부 두 개의 세계로 나누어지는데 이 상태를 '변계소집성(遍計所執性 : 망상된 것)이라고 한다. '의타기성'이 망상된 주·객의 형상을 완전히 떠나 해탈한 상태를 '원성실성(圓成實性 : 완전히 성취된 것)이라고 부른다. 앞서 서술한 허위인 형상은 '변계소집성'에 속하고, 순수한 조명작용으로서의 자기인식은 '원성실성'에 속한다.

그러나 형상진실론은 형상이 허위임을 인정하지 않는다. 은화의 형상이 일순간 후에 조개껍질로 배척, 정정된다는 사실은 있을 수 없다고 한다. 두 개의 형상은 시간을 달리하여 나타나는 것이므로, 그 사이에 대립관계는 없기 때문이다. 은화의 형상의 진실성을 의심하면 조개껍질의 형상의 진실성을 신뢰할 만한 근거도 얻을 수 없기 때문에, 모든 형상이 허위가 되는 것은 형상허위론자가 말하는 그대로이지만, 형상을 떠난 자기인식을 독립적으로 인식하는 것은 누구에게나 불가능하다. 그러므로 형상 자체는 진실이지만 우리들의 구상작용, 다시 말해 의식(manovijñāna)과 자아의식(manas)의 분별(adhyavasāya=vikalpa)이 형상을 잘못 해석함으로써 망상된 세계가 현현될 뿐이다. 형상과 자기인식은 분리할 수 없는 것으로 다 같이 '의타기성'을 그 본질로 한다. 다른 한편으로 분별이야말로 '변계소집성(망상된 것)'의 본질이다. 따라서 분별만 제거하면 형상은 형상으로 있으면서 '의타기성(타에 의한 것)'은 '원성실성(완전히 성취된 것)'으로 전환되어 해탈이 완성된다. 이와 같은 내용이 형상진실론의 핵심이다. 말하자면, 우리들이 해탈한 그 순간에 허위인 형식은 사라지고 오로지 빛나는 자각만이 남는다는 것이 형상허위론이며, 해탈했을 때에도 초록이나 빨강, 그리고 하얀 형상은 남지만, 성자는 단지 그것들을 버들의 녹색, 꽃의 홍색, 혹은 은화나 조개껍질의 백색으로 구상하지 않을 뿐이라는 것이 형상진실론의 주장이다.

(2) 샨타락시타

본장 2의 1에서 서술한 바와 같이 《보환》은 유가행중관파를 '형상진실파와 일치하는 중관자'와 '형상허위파와 일치하는 중관자'로 나누어, 전자에 샨타락시타, 카마라실라, 비묵티세나를, 후자에 하리바드라, 지타리, 캄바라를 배속하였다. 《보환》은 그렇게 배속하는 이유에 대해서는 어떠한 언급도 하고 있지 않다. 그런데 이러한 《보환》의 배속이 과연 올바른 것인가에 대한 여부를 판별하기란 매우 곤란하다. 왜냐하면 중관철학자의 저술이 언제나 최고의 진실의 입장에서 타학파의 사상을 비판하는 형태로 쓰여진 데다가, 그들 자신의 세간적 진리에 의거하여 입장을 표명하는 일이 거의 없기 때문이다. 중관자가 세간적 진리에 있어 어떠한 학파와 일치하는가를 알기 위하여 우리는 먼저 그들이 타학파를 비판하는 말의 뉘앙스로부터 추정하지 않으면 안된다. 본고에서는 아직 연구가 미진한 비묵티세나, 지타리, 캄바라를 제외한 샨타락시타, 카마라실라, 하리바드라 등 저명하면서도 중요한 세 사람의 학자에 대해서 현재까지의 연구 성과에 토대하여 살펴보고자 한다.

샨타락시타가 유가행중관파임은 앞의 2의 3(1)에 번역한 《중관장엄론》 제91시 및 그 주석에서 확인할 수 있었지만, 그가 형상진실파와 형상허위파 중 어느쪽과 일치하는가를 논증하기란 극히 곤란하다. 예컨대, 오키 카주후미(沖和史)는 본 강좌 제8권에 수록된 논고에서 단정은 피하지만 샨타락시타를 형상허위파에 소속시키고 있으며, 필자 자신도 계속 같은 의견을 피력해 왔다. 그러나 이 문제에 대하여 주목할 만한 새로운 견해를 제시하고 있는 학자가 있는데 그가 바로 마쯔모토 시로(松本史朗)이다. 그는 이 문제를 "Sahopalambhaniyana"와 〈Ratnākaraśānti의 중관파 비판(하)〉이라는 두 개의 논문에서 다루고 있다.[88] 마쯔모토(松本)는 샨타락시타가 유가행중관파 가운데서 형상진실론자에 속한다는 결론을 두 개의 방법으로 증명하려고 한다. 먼저 그의 제1논증을 살펴보자. 그는 《중관장엄론》 제64, 91시(詩)를 번역하고, 제64시에 대하여 "인과관계에 있는 사물, 즉 의타기성이 세속유(世俗有)임을 설하고, 제91시는 의타기성이 유심(唯心)임을 설하고 있다. 따라서 이 두 게(偈)가 진정 샨타락시타 자신의 세속설을 설하는 것이라고 생각한다면, 샨타락시타는 세속에 있어서 유식성을 인정한다고 말할 수 있다."라고 설명한 다음, 다시 우리가 본장 2의 3(1)에서 번역한 제91시에 대한 자신의 주석 일부(p.37. *……*의 부분. 그의 번역은 필자의 번역과 다른 것이 있지만 현재의 논의에 영향을 주지 않는다.)를 게재한 후에 다음과 같이 서술한다. "……라고 하는 샨타락시타 자신의 주석을 보면, 거기에서 인정된 유식설이 유형상설(형상진실파의 것)임을 이해할 수 있을 것이다. 왜냐하면 여기에서 색(色) 등은 지(知)의 형상이라고 이해되지만, 색 등은 의타기성,

88) Shirō Matsumoto, 〈Sahopalambha－niyama〉, 《曺洞宗研究員研究生研究紀要》 12호(1980);同, 〈Ratnākaraśānti の中觀派批判〉上·下, 《東洋學術研究》 19권 12호(1980).(이하에서는 〈サホーペラムバ 〉,〈ラトナーカラ〉로 약칭)

즉 세속유이므로, 지와 마찬가지로 형상도 세속유라고 하는 것이 그곳에서 승인되고 있기 때문이다."[89]

《중관장엄론》 제64시(詩)

마쯔모토(松本)는 제1논증의 타당성을 확인하기 위하여 먼저 제64시의 의미를 확실히 하고자 하였다. 그럼 여기에 64시를 번역하여 마쯔모토(松本)의 주석과 함께 검토해 보자. 샨타락시타는 제46－63시 사이에서 유가행파의 형상진실론과 형상허위론의 비판을 끝내고, 제63시 이하에서 모든 사물은 전부 음미할 수 없기 때문에 음미되지 않는 한에서만 매력적인(avicāraramaṇiya) 성질을 갖는다라고 한다. 이것은 마치 환상의 코끼리·말(馬)·사람 등과 같은 것으로, 세속(saṃvṛti)으로서만 존재하는 상(相)이라고 한다. 그리고 나서 경증(經證)을 든 다음 제64시로 넘어간다. 소괄호 안은 카마라실라 주(注)의 발췌이며 대괄호 안은 필자의 보충이다.

예컨대, "이러한 세속적인 것은 존재하지 않는 것인가? 만일 그것이 존재하지 않는다면, 본다든가 욕망을 느낀다고 하는 효과적인 작용(arthakriyā)이 있다는 것과 모순된다."라고 주장할 지라도 사실은 그렇지 않다.

음미되지 않는 한에서만 매력적인 것으로, 생과 멸의 속성을 지니며 효과적인 작용의 능력을 구비하고 있는 것을 세속이라고 이해한다.(제64시)

세속이란 언어표현(śabdavyavahāra)의 성질만은 아니다. 연기(緣起)된 것, 보이고 욕망되는(즉, 지각되고 지각 그대로 받아들여지는) 것은 완전히 음미할 수 없기 때문에 실세속(實世俗, bhūtasaṃvṛti)이다. 〔실세속이란 일반인에게 통상적으로 알려진 그대로 관찰하는 것이 아니라, 일

---

89) 松本, 〈ラトナーカラ〉, p. 167.

반인에게 통상적으로 알려진 차원을 넘어서서 생각하는 것이다. 예를 들면, 일반적으로 가장 잘 알려진 자재신(自在神)이 있다고 생각하는 것은 사세속(邪世俗, mithyāsaṃvṛti)이다.] 만약 시설(施設, prajñapti)이라는 그러한 관습에 따라서 만들어진 기호(saṃketa) 등에 의해 언어표현을 한다면, 그것으로 인해 효과적인 작용과는 어떻게 모순될까? [나가르쥬나가 《중론》 24~18에서] "연기를 우리들은 공성(空性)이라고 한다. 그[공성]은 원인에 의한 시설이며 그것이 바로 중도이다."라고 말한 것과 같다('원인에 의한 upādāya'와 '시설 prajñapti'는 세속과 동의어이기 때문이다). ("연기되는 것만이 세속이라면, 《성무진의소설경(聖無盡意所說經)》에서 세속을 왜 언어표현이라고 하는 것일까?") 이 문제에 대하여 《성무진의소설경》에서는, "그 중에서 세속제란 어떠한 것인가 하면, 세간의 모든 언어, 문자와 말 등의 기호로서 설하는 것이다. 승의제(勝義諦)에 있어서는 어떠한 마음의 움직임도 없다. 하물며 문자같은 것이야!"라고 기술하고 있는데, 그 의미는 다음과 같다. 즉, 유정(有情)과 자연의 성질이 공유되어 있는 세간에서, 지각되는 것과 지각하는 것의 형상이 이 경전에서는 세간의 언어로 표현되고 있는 것이다. 작용의 성취도 함의하고 있기 때문이다. 말 뿐만이 아니라, 그것은 문자 등에 의해서도 표현되고 있다. '모든' yāvat라고 하는 것은 '남김 없이'라는 의미로 설해진다. 그렇기 때문에 비개념적인 지식(nirvikalpajñāna)에 의하여 인식되는 색상의 형태나 쾌(快) 등의 [지각]은 세속제를 일탈하지 않는다. [또한] 그것과 결부되어 일어나기 때문에 문자 등도 [세속제]에 포함된다. 그러므로 경전에서 설해지는 것이거나 세간적인 언어 모두가 여기에 포함되는 것으로, 그것은 심적인 것과 언어적인 것이다. [심적인 문자란] 예컨대, "마음으로 샤크라에게 법을 해설한다."라든가, "마음으로 시송(詩頌)에 의해 답한다."라고 여러 곳에서 말하고 있는 것과 같다. 그러므로 모든 언어의 허구(prapañca)적인 집합에서 벗어난 승의제에서는 마음의 동요조차도 없다고 설하는 것이다. 세속은 원인 없이는 있을 수 없다. 수레나 유정(有情) 등의 시설과 같은 것이다. 불타께서도 "예컨대 부품(部品)의 모임을 수레라고 말할 수 있으며, 또한 온(蘊)이라는 원인에 의거하여 세속에서는 유정(有情)이라고 말한다."라고 설하였던 것이다.

그런데, 샨타락시타는 위 제64시와 그 자신의 주석에서, 세속을 단지 언어 표현으로만 생각하는 방식을 비판하면서, 다른 것에 의존하는 효과적인 작용이 있는 것으로 규정함을 그 취지로 한다. 이 세속의 정의가 나가르쥬나의 '연기—원인에 의한 시설(施設)'이라는 관념과 다르마키르티의 '존재'의 정의인 '효과적인 작용능력'의 종합임은 분명하다. 그리고 반대론자가 말하는 언어표현(샨타락시타는 이것을 心·語 두 개의 언어를 포함한다고 함)도 제2차적으로는 세속이라고 한다. 그 세속은 심(心)과 언어를 초월한 승의(勝義)에 비하면, 바르게 음미할 수 없는 공이라고 샨타락시타는 말하고 있을 뿐이다. 이 문장 속에서 '의타기성이 세속유다.'라는 주제를 읽어 내기란 불가능하지는 않지만, 이는 샨타락시타의 다른 문장에 의해서만 가능하기 때문에, 마쯔모토(松本)는 그 다른 문장을 지적해야 할 것이다. 샨타락시타는 적어도 제64시와 그 자신의 주석에서 의타기성의 문제를 취급하고 있지는 않다.

제91시의 해석에 대하여

마쯔모토(松本)가 말하듯이, "거기에서 인정되는 유식설은 유형상설(형상진실파)이다."라는 것을 다음의 제91시와 샨타락시타의 주석에서 과연 이해할 수 있을까? 본장 2의 3(1)에서 취급한 제91시와 샨타락시타의 주석에 대한 필자의 졸역(拙譯)을 보아 주기 바란다. 그 곳에서 샨타락시타는 바바비베카의 외계실재론을 비판하고 있을 뿐, 형상의 진실·허위를 직접적으로 문제삼고 있지는 않다. 제91시는 대론자가 외계의 대상이라고 생각하는 것도 실은 지식 내의 존재에 지나지 않으며 인과관계로 이루어진 세속의 사물도 단지 지식에 지나지 않는다고 서술하고 있을 뿐, 색형(色形) 등의 형상이 의타기성이라고 하는 것은 어디에서도 밝히고 있지 않다. "원인과 결과로서 존재하는 〔세속의 사물〕도 당연히 지식에 지나지 않는다."라는 표현에서 샨타락시타가 지식, 엄밀히 말하면 근원적 인식은 인과적 존재, 즉 의타기성이라고 말하는 것을 분명하게 이해할 수 있다. 그러나, 그러한 한에 있어서, 그것은 유식일반의 이론이 되는 것으로, 형상허위파도 그렇게 말하고 있다. 형상진실파란 형상자체는 의타기성인 근원적 인식에 속하지만, 허위적인 구상작용에 의하여 개념적으로 해석될 때에는 망상이 된다는 이론이다. 형상허위론이란 근원적 인식으로부터는 순수한 자조성(自照性)과 형상 이렇게 두 가지가 전개되지만, 전자, 즉 자기인식만이 근원적 인식의 본질이며, 후자, 즉 형상은 허위라는 이론이다. 결정방식은 형상이 의타기성인가 변계소집성인가라는 점에 있다. 그러나 마쯔모토(松本)가 들고 있는 샨타락시타의 표현은 이 두 이론을 판별할 결정방식이 없기 때문에 거기에서는 샨타락시타가 형상진실파라는 결론을 도출할 수가 없다.

마쯔모토(松本)가 그 제1논증에서 위에서 필자가 지적한 것처럼 해석한 것은 사실 그의 제2논증이 제1논증의 잠재적인 전제가 되고 있기 때문이다. 이 뛰어난 천재의 제2논증은 현대 중관사상 연구에 있어서 최대의 발전을 함축하고 있다. 우선 그 점부터 살펴보자.[90)]

인도 불교의 인식론·논리학의 영역에서 가장 위대한 학자였던 다르마키르티(Dharmakīrti, 600～660경)는 지각의 대상은 지식 속의 형상에 지나지 않는다고 하는 표상주의적 이론을 증명하기 위하여 "푸

---

90) 松本, 〈サホーペラムバ〉, p. 281 이하.

름과 그것(푸름)에 대한 앎은 반드시 함께 지각되는 것이므로 다른 것이 아니다."(Sahopalambhaniyamād abhedo nīlataddhiyḥ)라는 유명한 시구〔《지식론결택》(*Pramāṇaviniś caya*)〕를 남겼으며, 여기에서 "다르지 않다."(abheda)라는 복합어에 대하여, 14세기 티벳의 대학자 쫑카파는 "그것(abheda, 무구별)도 형상허위파에서는 단순한 구별의 부정이지만, 형상진실파에서는 사물의 동일성에 대한 긍정이라고 주장한다." abheda(무구별)라는 말에서 a—라는 부정사로 표시되는 부정이 '명제의 부정'(prasajya－pratiṣedha)이라면 무구별이라는 것은 '푸름과 그 앎이 구별된다고 하는 것은 허위'라는 뜻이지만, '명사의 부정'(paryudāsa)이라면 '푸름과 그 앎은 구별이 없는 것, 즉 동일한 것'이라는 동일성에 대한 적극적인 긍정을 의미한다.[91] 마쯔모토(松本)는 위에서 말한 쫑카파의 기술 전거(典據)를 다르못타라(Dharmottara, 750~810년경)의 《지식론결택주(知識論決擇注)》 속에서 찾아 내었다. 다르못타라는 거기에서 "다르마키르티가 반드시 함께 지각된다는 증인(證因)에 의해 증명하고자 한 것은 이 두가지(푸름과 그것의 앎)의 동일성이 아니라 구별의 부정 뿐이다."라고 한다. 이 기술에 이어 다르못타라는 "(반론) 왜, 구별의 부정만이 증명되어야 하며, 동일성은 증명되지 않은 것인가? (답론) 동일성이 증명된다고 하는 것은 타당하지 않다. 왜냐하면, 만약 취해진 형상의 현현이 진리가 아니라면, 무엇으로 인식이 진리라고 이해할 것인가?"라고 말한다.[92] 다르못타라는 지식과 형상의 무구별성이 동일하다면 형상이

---

91) 2종의 부정에 대해서는 Y. Kajiyama, Three Kinds of Affirmation and Two Kinds of Negation in Buddhist Philosophy, *Wiener Zeitschrift für die Kunde des Süd-und Ostasiens* (1973) 참조.

92) Pramāṇaviniscayaṭikā, P, No. 5727, Dze 183alff；松本, 〈サホーペラムバ〉, pp. 281－282에 원문과 영역, 그리고 〈ラトナーカラ〉, pp. 160－162에 간략한 해설이 있음.

허위이듯이 지식도 허위가 되어버리기 때문에 무구별성은 구별의 부정만을 의미하는 것으로 해석하지 않으면 안된다는 것이다. 이것은 다르못타라 자신이 형상허위론의 입장에 서 있음을 뜻하는 것이다.

《진실요의(眞實要義)》의 두 귀절로부터

마쯔모토(松本)가 주장하기로는 샨타락시타가 다르못타라보다 약간 앞선 시기에 《진실요의》(*Tattvasaṃgraha*) 제2029~30시에서 다르마키르티 시구의 무구별을 2종의 부정으로 해석하였다고 한다. 샨타락시타는 이 두 시구에서 다음과 같이 말하였다. "A의 지각이 반드시 B의 지각이라면, B는 A와 동일(avyatirkta)하든가, A와 다르지 않든가(na vibhidyate)이다. 예컨대, 청색의 지식의 본성〔이 청색의 지식과 동일하고〕, 혹은 〔눈이 나쁜 사람에게 보이고 있는〕 제2의 달〔이 참된 1의 달과 같듯이〕(대전제), 이 청색의 지식에 대한 지각은 청색의 형상에 대한 지각이다(소전제). 〔그러므로 청색의 형상은 청색의 지식과 동일하든가 다르지 않든가이다(귀결)〕."

샨타락시타는 대전제에서, 부정사가 명사에 걸리는 경우(a-bhinna)와 동사에 걸리는 경우(na vidhidyate), 즉 명사의 부정과 명제의 부정으로 나누어 기술하고, 비유도 청색의 지식의 본성과 제2의 달을 예로 들고 있다. 그 자신은 물론이고 주석자인 카마라실라도 여기에서 두 가지 부정이 서술되어 있다거나 그 어느쪽이 자신의 본의인가에 대해서는 아무런 말도 하고 있지 않지만, 샨타락시타는 다르못타라에 앞서 다르마키르티의 '무구별(abheda)'이라는 대명사에 두 가지의 부정이론을 적용하였다고 마쯔모토(松本)는 말한다. 마쯔모토(松本)는 "Sahopalambhaniyama"라는 논문에서 샨타락시타가 이 두 가지 부정이론을 형상의 허위와 진실에 대한 이론으로 연결시켰다고는 말하지 않는다. 다르못타라에게서 그 결합을 발견한 것은 마쯔모토(松本)의 위

대한 공헌이다.

마쯔모토(松本)는 〈Ratnākaraśānti의 중관파 비판(하)〉에서 샨타락시타가 《중관장엄론》 제46, 57에서 샨타락시타가 형상진실론, 형상허위론을 각각 승의의 입장으로부터 비판하고 있는 것을 언급하고 있다. 제46시는 "진실한 형상과 다르지 않기 때문에 형상 자체와 같이 식(識)이 다(多)가 되든가, 단일한 식과 다르지 않기 때문에 여러가지 형상도 식자체와 같이 단일하게 되는 것을 피하기는 어렵다."고 하여 형상진실론을 비판하고 있다. 제57시는 "그것(형상)은 지식과 동일하지 않다. 〔그렇지 않으면〕 지식과 같이 유(有)라고 하는 과실이 되든가, 형상과 같이 식도 무(無)라고 하는 과실이 되기 때문이다."라고 하여 형상허위론을 비판한다. 마쯔모토(松本)에 따르면 샨타락시타는 이 두 비판의 어느쪽에 대해서나 유식파가 주장하는 지식과 형상의 무구별성을 동일성이라고 해석함으로써 유식파를 비판하고 있는 것이다. 그리고 앞에서 서술했듯이, 무구별성을 명사의 부정으로 해석하여 동일성의 의미로 이해하는 것이 형상진실론이기 때문에, 샨타락시타는 형상진실론자라는 것이 마쯔모토(松本)의 의견이다.[93)]

다르못타라와 쫑카파가 다르마키르티의 소증(所證) '무구별'을 명제의 부정과 명사의 부정 두 가지로 해석하여 전자를 형상허위론에, 후자를 형상진실론에 분배한 것은 마쯔모토(松本)의 새로운 발견이며 의론의 여지가 없는 정확한 이해이다. 그러나 동일한 2종의 부정 즉, 유식파를 두 가지 도식으로 샨타락시타가 이미 생각하고 있었는지에 대해서는 아직 검토의 여지가 남아 있다. 샨타락시타는 《진실요의》 제2029－30시에서 유가행파의 형상진실론과 허위론을 문제삼고 있는 것이 아니라, 유부나 쿠마리라밧다의 무형상지식론을 비판하기 위하여 이 두 시(詩)를 설하고 있는 것이다. 청색과 청색의 지식—그것은 유

93) 松本, 〈ラトナーカラ〉, p.168.

형상지식론의 입장에서 말하면, 청색의 형상과 그 형상의 지식이 되는 ―의 무구별성이라는 것은 다르마키르티에게 있어서 뿐만 아니라 유가행파의 입장에서도 말해질 수 있는 것으로, 유가행파 내부의 형상진실·허위의 논란에만 항상 직접적으로 관계되는 것은 아니다. 그 시대의 학자, 특히 주석가는 어떤 부정적인 표현을 보면 곧바로 그것이 명제의 부정인가 명사의 부정인가를 논하는 습관이 있었다. 2종의 부정 이론은 그만큼 불교철학에서 일반적인 것이었다. 샨타락시타가 무구별성을 2종으로 해석하고 그것에 2종의 유례(喩例)를 붙인 것은 이와 같은 일반적인 관습에 따른 것이라고 생각된다. 그 자신과 카마라실라도 이 2종의 부정이 형상진실·허위의 문제와 관련된다고는 한마디도 하지 않았다. 또한 앞서 기술했듯이, 《진실요의》의 해당 부분은 그것을 논하는 장소가 아니었던 것이다. 2종의 부정을 2종의 형상이론에 관련시켜 해석한 것은 아마도 샨타락시타보다 약간 늦게 다르못타라가 시작한 것 같다.[94)]

하리바드라 형상진실론 비판

샨타락시타가 형상진실론과 형상허위론에 대하여 형상과 지식과의 무구별성을 동일성으로 해석하여 비판하고 있기 때문에 그를 형상진실론자로 규정하는 마쯔모토(松本)의 이론은 설득력이 없다. 마쯔모토(松本)가 인용하는 《중관장엄론》 제46, 57시에 있는 것과 같은 비판은 사실 하리바드라도―아마 샨타락시타의 영향 하에서―하고 있다. 하리바드라의 《현관장엄광명》(荻原本, p. 626의 15-20행)속에 있는 형상진실론 비판의 일부를 번역하면 다음과 같다.

94) 松本 자신은 다르못타라의 형상과 2종의 부정 이론이 샨타락시타에 대한 비판으로서 형성된 것이라고 말하고 있다.(〈ラトナーカラ〉, p.168 하단.)

그 〔유가행파의 학설〕에 대해서, 일체의 모든 형상은 진실한 것인가, 아니면 그림자(影像) 등과 같이 음미하지 않는 동안에만 모습을 드러내는데 불과한 것인가라는 두 개의 선언지(選言肢)가 있다. 만약 전자라면 지식은 진실한 다수의 형상이 되며, 각 형상은 구별되지 않으므로 형상의 본성과 같이 복수가 되고 말것이다. 또는 지식은 일시에 지각되는 것이기 때문에 단일한 것으로 확정되는데, 그렇다면 갖가지 형상도 지식의 본성과 같이 단일성을 피할 수 없게 된다.

이 하리바드라의 비판은 샨타락크시타의 형성진실론 비판과 성격을 같이 한다. 만약 무구별성을 형상과 지식의 동일성으로 해석하여 비판하는 샨타락시타가 형상진실파라고 한다면, 하리바드라도 형상진실파가 되고 만다. 그러나 하리바드라는 《보환》 및 기타의 학설강요서의 분류에 의하면 형상허위파이다. 마쯔모토(松本)는 하리바드라를 형상허위파라고 부르는 것을 주저하고 있다.[95] 중관철학자가 최고 진실의 입장에서 타학파를 비판할 때에는 언제나 자기의 세간적 진리에 의한 입장을 고수한다고는 단정할 수 없다. 따라서 그가 타 학파를 비판할 때 사용하는 그의 말로부터 그의 세간적 진리의 입장을 추정하는 것이 가능할지라도, 매우 신중을 기해야만 한다.

이상으로 마쯔모토(松本)의 논증을 두세 가지 점에서 비판했지만, 마쯔모토(松本)의 결론 그 자체가 잘못되었다고는 생각지 않는다.

제91시 직후에 놓인 샨타락시타의 주장, 즉 "자립적인 존재(전혀 지각되지 않는 외계의 대상)를 소실한 별개의 지식의 본성은 알 수 없다."라는 말에 주의하기 바란다. 샨타락시타는 여기에서 외계의 대상적인 형상이든, 지식 자체의 형상이든 형상을 떠난 지식의 본성, 즉 자기인식은 누구에게나 자각되지 않는다고 하는데, 이것은 결코 형상

95) 松本, 〈ラトナーカラ〉, p.174.

진실론자가 아니면 말할 수 없는 것이다. 이 말이 중요한 것은 그것이 유가행파의 형상진실·허위의 논의를 비판할 때 사용한 것이 아니라, 바바비베카라는 외계실재론자에 대해서 발언했다는 점이다. 샨타락시타가 바바비베카만을 염두하였다면 외계의 존재는 결코 지각되지 않으며, 그 대신에 등무간연(等無間緣)이 존재한다는 점만을 서술하는 것으로 충분했을 것이다. 그것만으로도 인식의 대상은 외계의 존재가 아니라 인식의 일부에 지나지 않는다는 것이 입증되어, 바바비베카에 대한 비판이 완료되기 때문이다. 그런데 형상과 자기인식의 관계로서 설명하고자 한것은 형상진실파로서의 자기의 본색을 뜻하지 않게 나타낸 것이라고 할 수 있다.

그러나, 이와 같은 불확실한 연관만으로 샨타락시타를 형상진실론자라고 단정하는 것은 위험하다. 현 단계에서는 이 문제를 샨타락시타 자신의 말만으로 결정할 수 없을 뿐만 아니라, 티벳 학설강요서의 기술이 결코 잘못되었다고도 단정할 수 없다. 다음으로 카마라실라, 하리바드라의 입장을 검토해보자.

(3) 카마라실라

《중관의 빛》 서두에서 대론자는 모든 사물이 본체를 가지지 않는다라고 하는 중관자의 견해를 비판하면서 다음과 같이 말한다. 그것은 경전에서 뿐만 아니라 논리로서도 증명할 수 없는 것이며, 설령 몇몇 경전에서 "일체 존재는 본체를 가지지도 않으며, 생성된 것도 아니다. 본래 정적(靜寂)하여 본성적으로 완전한 열반에 머문다." 등으로 표현할지라도 사실 이것은 깊은 다른 밀의(密意)가 있어 임시로 설한 미료의(未了義)의 가르침에 불과하다. 그리고 이 대론자는 유가행파의 삼성설(三性說)을 가지고 다음과 같이 논한다. 망상된 것(변계소집성)·타(他)에 의한 것(의타기성)·완전히 성취된 것(원성실성)이라는 세 가지 존재는 차례로 그 특징이 실재하지 않으며(相無自性)·타(他)에 의하여 생성하는 것으로 실체가 있는 것이 아니며(生無自性)·최고의 진실로서 상대적으로 있는 것이 아니다(勝義無自性)라는 무(無)의 성질을 가지고 있기 때문에 그러한 점에서 경전은 "모든 것에 본체는 없다."라고 말하는 것일 뿐이다. 주관과 객관이 이분(二分)되어 있기 때문에, 현현하는 지식에 대해서만 일체 존재의 생기 등을 구별할 수 있으며, 그 이분을 벗어난 '자기인식만'으로는 그러한 구별은 가능하지 않다. 등등……[96)]

이와 같은 유가행파의 중관비판은 《중관의 빛》 서두(앞 주장 부분)에 소개되어 있으며, 카마라실라는 뒷 주장에서, 《반야경》, 《해심밀경》, 《입능가경》과 기타 경전을 인용하고, 논리적 증명도 시도하면서 유가행파가 말하는 부분을 하나하나 상세히 재비판하고 있다.

유가행파는 외계의 실재성을 부정하고 세계를 인식의 표상으로 설명하였다. 그 인식이 주관·객관의 이분적인 표상을 버리고 완전히 성취될때, 그것을 승의유(勝義有)로서 이해함에는 많은 경전의 말이 근거가 되고 있다. 예컨대 《십지경》의 삼계유심(三界唯心)의 귀절, 《해심밀경》이나 《입능가경》이 최고의 진실·진여로서의 "완전히 성취된", 식(識)을 "성스러운 지혜의 행경(行境)", "자각되어야 할 존재의 본성" 등으로 부르고 있는 것이 그것이다(D. No. 3887, 156b, 162a－b 기타). 그것이 세간적·상대적인 존재는 아니라고 하더라도, 자각성지(自覺聖知)의 대상이 되는 실재가 되지 않으면 안된다.

그러나 중관파에 있어 경전의 말은 교화되어야 할 사람들의 근기에 따라서 설정되는 것이기 때문에, 마음만이 있다고 설하는 경전이 있는 반면, 물질이라는 것이 있다고 설하는 경전도 있다. 샨타락시타나 카마라실라가 염두해 두고 있는 《입능가경》 제156-8시에서 설해지고

96) 데루게판 No. 3887, 134a3－6에서 뜻을 취함.

있듯이, 단번에 일체존재의 무실체성(無實體性)을 이해하지 못하는 자에게는 우선 외계의 존재를 부정하여 유심(唯心)에 의하게 한 다음 일체존재에 실체성이 없는 것임을 깨닫게 한다는 순서에 따른 교화가 제불(諸佛)의 방편이라는 것이다(D, 156b－157a).

예컨대, 《입능가경》 제3장 제14시(南條本 p.147)의 "어떠한 사물도 생하지 않으며, 어떠한 사물도 멸하지 않는다. 세계에 집착하지 않는 사람에게는 유와 무는 존재하지 않는다."라는 귀절은 최고의 진리란 모든 실체성을 초월하고 있다는 중관파의 경증이다.

그러나 유가행파는 이 시를—망상된 것(변계소집성)을 벗어나 있기 때문에 세계로부터 멀리 떨어져 있으며, 주관·객관의 이분을 벗어난 "완전히 성취된 것(원성실성)"은 최고의 진리로서 주어진다—라고 말한다(D, 160b).

카마라실라는 망상된 것의 공(空)한 무엇인가가 최고의 진실로서 있다는 것을 긍정하지 않는다. 그는 또 많은 경전을 인용하여 유가행파를 공격하고 있다(D, 162a). 그러나 이 일은 중관파와 유가행파 사이의 이른바 전통적인 '무와 유의 대론'으로 문제될 것이 없다. 주의해야 할 것은 카마라실라의 대론자인 유가행파가 "생기(生起) 등의 구별은 둘로 현현하는 지식에 의하여 만들어지는 것이지, 〔이분(二分 : 주관 객관)을 떠난〕 자기인식에 의한 것이 아니다. 두가지의 현현이 이미 허위(alīka)이기 때문에 그것에 의해서 설정되는(vyavasthāpita) 것도 허위에 지나지 않는다."라고 하는 것이다. 이 말은 《중관의 빛》 앞 주장에 이미 나타나 있는 것으로, 뒷 주장에서도 이 점을 둘러싸고 논란이 전개되고 있다(D, 165b 이하). 인식 중에서 주관·객관의 이분을 떠난 자기인식의 존재를 인정하고, 그 자조성(自照性)을 승의유(勝義有)라고 하는 것은 형상허위론(Alikākāravā da) 유가행파다. 그러므로 카마라실라의 대론자였던 유가행파는 형상허위론자였던 것이다.

형상허위론의 비판

카마라실라는, 객관·주관의 두 형상을 벗어난 다른 차원의 진실된 지식이라는 것은 범부들에게 지각되지 않을 뿐만 아니라 논리에 의해서도 인지되지 않는다고 한다. 《중관의 빛》에서 전개되고 있는 카마라실라의 형상허위론 비판(D, 166a－167b)은 그의 《일체법무자성(一切法無自性)의 증명》에서 보다 간결한 형태로 요약되고 있다(D, 288b7－289b1; P.333b8－334b7). 여기에서는 후자를 번역하고자 한다.

대론자는 말한다. "지식에서 객관과 주관의 형상이 공한 것이 바로 진실이다. 이분은 세속제이다."라고. 〔답론〕 만약 그대가 공이라는 것을 명제의 부정(prasajya－rūpa)으로서 설명하려고 한다면 〔승의로서는 아무 것도〕 없다는 것이 진실이 되고 만다. 설령 〔당신이 그 부정은〕 명사의 부정(paryudāsa－rūpa)이라고 하더라도, 그 때 현현하는 2가지와 다른 또 하나의 지식이라는 것〔의 존재〕은, 확실한 인식수단(pramāṇa)에 의해서 증명되지 않기 때문에, 그것을 진실이라고 설하는 것은 불가능하다. 설령 그대가 "만약 이분법이 없는 형태인 지식이 승의로서 존재하는 것이 아니라면 이분으로서 현현하는 원인이 무엇이겠는가?"라고 생각할지라도 그것은 바르지 못하다. 그것과 이것, 즉 〔이분과 자기인식〕은 서로 필연적인 관계가 있을 수 없기 때문이다. 이분(二分)과 이무(二無) 사이가 서로 동일성(tādātmya)에 의해 연결되는 일은 없다. 진실한 것과 진실하지 않은 것과는 상호 부정적인 존재로서 모순되기 때문이다. 또 〔이분과 자기인식은〕 인과관계(tadutpatti)로 있는 것도 아니다. 예컨대 토끼의 뿔과 같이 진실하지 못한 것은 어떠한 것으로부터도 생할 수 없기 때문이다. 만약 그렇지 않고 〔원인으로부터 생한다고 하면〕, 이 〔이분〕이 다른것으로부터 생한 것이라 할지라도 망상된 것은 아니다. 따라서 지식과 관계가 없기 때문에 이 〔이분은〕 토끼의 뿔과 같이 현현할 이유가 없는 것이다.

또 만약 이분에 속하지 않는 지식의 본성이 이분과는 관계 없는 별개의 존재라면, 그 경우에 이분 자신은 현현할 수 없다. 왜냐하면 지식의 본성이 아니기 때문이다. 지식의 본성이란 다음과 같다. 즉, 스스로 조명되기 때문에 타의 조명에 의존할 필요가 없는 것으로, 마치 허공의 표면이나 등불의 중심에 위치한 빛과 같은 것이다. 이분도 그와 같은 것으로, 지식의 본성이 아니라는 것은 타당하지 않다. 그러나 이분이 지식의 본성이 되면서 허위적인 것이라면, 이것은 지식의 본성이 허위라는 것을 명백히 하는 것이다. 또 이분이 결여된 본성, 혹은 진실한 지식이라고 하는 것은 어쨌든 상주(常住)하는 본성으로서는 타당하지 않다(mi rigs pa yin te라 읽음). 앞에서 상주하는 사물을 자세히 논파했기 때문이다. 다시말해, 상주하는 것은 변하지 않는 것이기 때문에 유가행 등에 의해서도 어떻게 할 수 없는 것으로, 해탈을 구하는 사람들의 정진은 무익한 것이 되고 만다. 최고의 진리로서는 〔이분이 결여된 본성이〕 무상하다는 것도 타당하지 않다. 그와 같은 것은 원인을 갖든 갖지 않든 간에 생하는 일이 없다고 이미 기술했기 때문이다. 불생(不生)인 것은 무상일 수가 없는 것이다. 〔상(常)·무상(無常)과는 별도로〕 제3의 사물의 본성이 있는 것도 아니다. 그러므로 무자성성(無自性性)은 모든 사물에 편충하며, 확실한 인식수단에 의해서 증명되기 때문에 최고의 진리로서 타당하다.

내가 보는한, 《중관의 빛》과 《일체법 무자성의 증명》이라는 두 책 속에는 형상진실론 유가행파에 대한 언급·비판은 없다. 오직 형상허위론 비판만이 있을 뿐이다. 이것은 아마도 카마라실라가 세속으로서는 형상진실론 유가행파에 기여한 사람이었음을 뜻하는 것이다. 최종적인 단정은 보류할지라도 티벳의 《학설강요서》의 작가들이 이상과 같은 자료에 의해 카마라실라를 형상진실론자라고 이해한 것은 자연스러운 일이다.

5. 형상허위론 중관파 — 하리바드라

잠얀세파의 판정

《보환》이 형상허위론중관파의 대표자로서 내세우는 사람은 하리바드라다. 마쯔모토(松本)는 하리바드라를 형상허위론자라고 부르는 것을 주저하면서, 잠얀세파가 형상허위론의 특징으로서 인용한 하리바드라의 다음과 같은 문장을 검토하고 있다.[97]

> '소취(所取)가 없으면 능취(能取)도 없다.'고 관찰함으로써, 능취의 형상을 상(相)으로 하는 유식까지도 버리고, '이 무이(無二)의 지식만이 실의(實義)에 있어서 유(有)를 성질로 한다.'고 확신하고 나서……

잠얀세파가 이 글을 전거(典據)로 하여 하리바드라를 형상허위파로 판정하였다는 귀중한 정보를 마쯔모토(松本)가 제공하고 있지만, 그 자신은 잠얀세파의 판정을 믿고 있지 않다. 그는 다음과 같이 말한다. "〔이〕 기술도 유외경론(有外境論) → 유형상유식설 → 무형상유식설 → 중관사상의 순서로 나아가는 수습(修習)의 차제(次第, bhāvanā krama) 가운데 하나로서 무형상유식설을 설한 것에 지나지 않는다. 하지만, 이와 마찬가지로 산타락시타와 카마라실라의 저작에서도 유형상 중관파라고 볼 수도 있는 여지가 있기 때문에 그것만으로 하리바드라를 무형상중관파로 규정할 수는 없다." 여기에서 마쯔모토(松本)가 언급하는 유형상론 또는 무형상론이라고 하는 것은 각각 형상진실론과

---

97) 松本, 〈ラトナーカラ〉, p.174 하단.

형상허위론을 가르키는 것이다.

잠얀세파가 인용한 하리바드라의 문장은 하리바드라의 《현관장엄론소(現觀莊嚴論疏)》(天野本, p.227)에 있는 것으로, 이에 대응하는 산스크리트본은 《현관장엄광》(荻原本, p.884)에서 찾아볼 수 있다. 그것은 《현관장엄론》 제5장 제19－21시에 대한 하리바드라 주석의 일부이다. 《현관장엄론》의 주제는 모든 사물의 존재성과 불타에 있어서의 소지장(所知障)의 멸진(滅盡)을 함께 설하는 타자(他者)의 설명에 의혹이 있다는 것이다. 즉, 한편으로는 모든 사물의 존재성을 믿으면서, 다른 한편으로는 불타에게 번뇌·소지(所知)의 분별이 없다고 하는 것은 서로 모순된다는 것이다.

하리바드라는 한편으로는 모든 사물의 근거인 인식의 실재성을 설하고, 다른 한편으로는 불타에게 있어 분별이 존재하지 않는다고 믿는 유가행파도 이 '타자' 속에 포함된다고 해석하므로써, 유가행파를 포함한 타학파에 대한 비판을 전개한다. 그 1절을 번역하면 다음과 같다.

……라는 것은 생과 멸이 공(空)하기 때문에 자아는 존재하지 않는다고 보고 자아에 대한 집착을 버린다. (1) 그리고 그것(自我)을 떠난 본성 그 자체이며, 타에 의한 존재이며, 생과 멸을 속성으로 하고 있는 온(蘊) 등을 인식하여, 청색과 그 지식은 반드시 함께 인식되기 때문에 이러한 모든 것은 마음에만 있을 뿐 외계의 대상 등은 존재하지 않는 것이라고 주의하므로써, 아직 주관적인 형상에 대한 마음의 집착을 버리지 못한 유가행자는 외계의 대상에 대한 집착을 버린다. (2) 그리고 객관이 없으면 주관도 없다고 생각하여, 그 주관의 형상을 특징으로 하는 표상(唯記識)도 떨쳐버린다. (3) 그리고 오로지 이 무이지(無二知, advayajñāna)만이 진실로서(bhūtatas) 존재하는 것이라고 결정한다. (4) 그리고 그 무이지도

다른 것(他)에 의존하여 생기한 것이므로 허깨비(幻)와 같이 본체가 없는 것이며, 최고의 진실로서(tattvatas)는 오로지 존재·무존재 등의 판단을 초월한 것이라고 명상한다. 이렇게 하여 일단 명상력이 완성되면, 어떤 사람들이 〔순수무구한〕 보석·은 등을 알듯이, 모든 오류의 형식을 버린다. 그렇게 되면 분별이 사라져 결국은 각 개인에게 깨달음(自覺)이 주어지는 것이다. 만약 허깨비와 같이 현현하는 지(知)가 생한다면, 유가행파는 소지장(所知障)을 완전히 끊어버릴 것이다. (5) 그렇지 않고 본래 실체가 없는 허공 자체를 파악하듯이 만일 의지하거나 버릴 것도 아닌 본체를 파악하고자 하는 것은 매우 무용(無用)하다. 즉, 순간적인 존재이며 지식만을 본성으로 하고 있는 모든 사물과 또한 지식의 대상으로서 성격지어진 그러한 존재성이 최고의 진실로서 인정된다면, 그 때에는 허공〔에 대한 어떠한 작용도 효과가 없〕듯이 그러한 〔지와 지의 대상〕에 대한 어떠한 대치(對治)의 수습도 무용한 것이 된다. 따라서 타학파가 존재에 대한 전도된 집착을 버리지 않는 한, 다음과 같은 의심을 떨쳐 버리지 못할 것이다. 즉, 세존께서는 다양한 형식으로 소지장을 끊고 있다고 하면서도, 다른 한편으로는 모든 사물이 존재한다고 하는 것은 서로 모순되는 〔두 개의〕 것을 승인하고 있다는 강한 의혹을 불러 일으킬 것이다. (6) (*여기서 '타학파'란 paraiḥ라는 말을 티벳역에 따라서 p. 835. 1행에서 4행으로 옮겨서 해석한 것이다.)

그런데, 위의 문장을 분석하면, 당연히 마쯔모토(松本)가 지적하고 있듯이, (1) 자아에 집착하는 외교(外敎) 입장의 초월, (2) 외계의 대상에 집착하는 유부·경량부 입장의 초월, (3) 아마도 형상진실론 유가행파라고 생각되는 입장의 초월, (4) 확실히 형상허위론 유가행파라고 생각되는 입장의 초월을 거쳐서, (5) 형상허위론 유가행파가 주장하는 주·객(主·客)의 이분을 벗어난 무이지(無二知), 즉 자기인식조차도 연기이기 때문에 공이라고 하는 중관의 최고 진실에 도달한다는 수습의 단계를 설하고 있다. (3)의 입장을 형상진실론 유가행파라고 하는 것은 그 곳에서 말하는 객관이란 외계의 대상이며 그것을 부정한 뒤에 남는 주관이란 지식일반인 것이므로, 주관의 형상을 특징으로 하는 유기식(唯記識)이란, 실은 지식의 형상—객관으로서의 형상과 주관으로서의 형상 두가지—을 진실로서 인정하는 입장이라고 볼 수 있기 때문이다.

결말—판정의 타당성에 대하여

다음과 같은 수습의 차제, 즉 자아를 긍정하는 외교→유외경론(有外境論)→형상진실론 유가행파→형상허위론 유가행파→중관이라는 초월의 순서(次第)는 샨타락시타의 《중관장엄론》, 그리고 이것에 대한 카마라실라의 주석서 양쪽 다 동일하다. 따라서 마쯔모토(松本)씨가 지적하였듯이 그 속에는 하리바드라가 형상허위파라는 단서는 전혀 없다. 조금 석연찮은 것은 결론 부분이라고 할 수 있는 (6)의 문장속에 기술된 "순간적인 존재이며 지식만을 본성으로 하는 모든 사물과 지식의 대상으로서 성격지어진 것(jñeyalakṣaṇa)의 존재성이 최고의 진실로서 인정된다"면 이라고 말한 방식이다. 이 구절은 지식의 이분으로서의 주관적 형상과 객관적 형상의 존재성을 최고의 진실로서 인정하는 형상진실론의 입장을 표현하는 것으로 해석할 수 있을지도 모른다. 그러나 하리바드라는 존재하는 것(bhāva)을 지식의 성질(jñānarūpa)과 지식의 대상의 성질(jñeyarūpa)로 나누어서 전자를 유식파가 주장하는 존재, 후자를 외계실재론자(外界實在論者)가 주장하는 외계의 대상, 즉 원자라고 규정한다(《현관장엄광명》 荻原本 p. 624. 11−12행). 따라서 그 분류 방법만을 살펴 볼 때, 지금 문제가 되고 있는 '지식만을 본성으로 하는 모든 사물'은 유가행파에서의 존재인 지식을, 그리고 '지식의 대상으로서 성격지어진 것'은 외계실재론이 주장하는 원자로부터 이루어진 물질적 존재라고 해석하는 것이 타당하다. 이렇게 생각하면, 잠양세파가 하리바드라를 형상허위론으로 규정할 때에 근거로 삼았던 구절을 포함하고 있는 위의 문장 전체 속에서는, 실은 형상허위론의 특징은 아무 것도 발견할 수 없는 것이다. 따라서 마쯔모토(松本)가 망설였던 것이 타당하다고도 볼 수 있다.

사실, 하리바드라는 위에서 제시한 문장과 동일한 성격의 수습차제를 보다 상세하게 《현관장엄의 빛》(荻原本, p.624-634)에서 기술하고 있다. 긴 문장이기 때문에 여기에서 번역 할 수는 없지만, 필자가 조사한 바로는, 거기에서도 하리바드라를 형상허위파로 판정할 수 있는 근거는 하나도 없다. 요컨대 하리바드라를 형상진실파나 허위파 어느 쪽에 귀속시킨다는 것은 현 단계에서는 불가능하다.

마쯔모토(松本)가 말하듯이, 외교(外敎)의 자아에 대한 부정→유부·경량부의 외계의 대상에 대한 비판(무형상지식론과 유형상지식론의 비판)·형상진실론 유가행파의 비판→형상허위론 유가행파의 비판→중관의 진리에의 도달이라는 수습차제는, 샨타락시타, 카마라실라, 하리바드라에 공통되는 것일 뿐만 아니라, 비판의 순서도 동일하다. 따라서 이 순서, 특히 형상진실론 다음에 형상허위론을 비판하는 순서를 가지고 그 저자의 세속에서의 입장을 판정할 수는 없다.

《보환》의 중관파 분류는 계속하여, 형상허위파를 지타리를 대표로 하는 유구론파(有垢論派)와 캄바라를 대표로 하는 무구론파(無垢論派)로 분류하고 있다. 마쯔모토(松本)는 지타리에 대해서는 판정을 보류하지만, 캄바라에 대해서는 형상허위파라고 논하고 있다. 그러나 나는 이 논문에서는 지타리, 캄바라에 대한 검토를 유보하고자 한다. 현재의 연구는 그 단계에까지는 미치지 못하며, 무엇보다도 샨타락시타, 카마라실라, 하리바드라에 대한 보다 명확한 지식을 얻는 것이 선결 문제이기 때문이다. 단지 한마디 부언하고 싶은 것은, 다르못타라가 2종의 부정을 형상허위와 진실의 2파와 결합시켰다고 하는 마쯔모토(松本)의 새로운 발견과 이론은 다르못타라 이전의 제학자의 입장을 판정하는 데에는 적용될 수 없을 지라도, 다르못타라 이후의 제학자의 입장을 판정하는 데에는 최대의 결정적인 수단이 될 것이다. 아마도 이러한 결정적인 수단의 적용에 의하여 중관파 연구와 학설강요서의 연구는 비약적으로 진보할 것임이 틀림없다. 마지막으로 부탁하고 싶은 것은, 그 적용에 있어서는 단편적인 문장만을 주어 모아서 논의할 것이 아니라 전체의 문맥을 충분히 파악하여 가능한 한 해당문헌의 텍스트 교정 출판을 선행시켜 논의하였으면 하는 것이다.

Ⅱ. 中觀派의 形成

우리우주 류신(瓜生律 隆眞)

1. 서언—나가르쥬나의 입장

중관파의 시조인 나가르쥬나(Nāgārjuna : 용수, 150-250년경)는 불타의 종교적 정신을 재인식함에 있어 아비달마 불교와는 그 사상적 입장을 달리하는 '공성(空性)의 사상'을 천명함으로써 대승불교의 사상적 기반을 확립하였다. 특히, 그는 주저(主著)인 《중론》에서 설일체유부 등의 법유론(實在論)을 비판하고, 이른바 '공성의 논리'로서 일체법(一切法)의 실재를 확립하려는 사상적 입장(실재론적인 입장)을 부정하였다. 법유(法有), 즉 사물이 실체(自性)로서 존재함을 타파한 그의 논법은 존재 자체에 대한 깊은 사색의 자취를 나타내고 있는데, 바로 그러한 사색에서 그의 '공성의 사상'이 탄생했던 것이다. 이와 함께 이 '공성의 사상'은 '무아'로 표시되는 불타의 사상적 입장을 대승적으로 전개시킨 것이다.

'공성(또는 공)'은 《반야경》을 비롯한 초기 대승경전이 특히 강조한 것으로, 그 사상은 '새로운 길'이라고 불리었다. 그것은 불타교설의 본질이 이 길에 의해서 새롭게 되살아나고 그것에 의해서 그 진의가 분명하게 된다는 것을 의미하는 것이지, 결코 불타의 가르침과 다른 새로운 설을 주창한 것은 아니었다.

물론 불타가 입멸한 지 이미 수백년 이상이나 경과한 당시에는 역사적으로나 사회적으로 정세가 바뀌었고, 종교나 철학 등의 사상계도 불타 시대와는 현저하게 달랐다. 당연히 이러한 변화로부터 시대적인 새로운 문제도 발생하였고 그와 함께 많은 과제도 주어졌다. 나가르쥬나는 기본적으로 불타의 정신으로 되돌아간다는 입장을 취하고 있었지만, 단순히 불타의 가르침에 따라 그것을 재현한다는 자세에 머물지 않았다. 시대와 사회가 요청하는 새로운 사상적 과제를 해결하고자 하는 적극적인 자세를 가지고 있었다.

나가르쥬나는 《중론》을 비롯한 많은 저작을 남기고 있다. 오늘날 그의 것으로 간주되고 있는 모든 저작을 그의 진작이라고는 인정할 수 없지만, 적어도 《중론》(*Madhyamaka-kārikā* : 시송, 산스크리트본, 티벳역, 한역이 현존함), 《육십송여리론(六十頌如理論)》(*Yukti-ṣaṣṭikā* : 시송, 티벳역, 한역), 《공칠십론(空七十論)》(*Śūnyatā-saptai* : 시송과 주석, 산스크리트본, 티벳역), 《회쟁론(廻諍論)》(*Vigraha-vyāvyartanī* : 시송, 산스크리트본, 티벳역, 한역), 《바이달야론》(*Vaidalya-prakaraṇa* : 경과 주석, 티벳역), 《보행왕정론(寶行王正論)》(*Ratnāvalī* : 시송, 산스크리트본 단편, 티벳역, 한역), 《권계왕송(勸誡王頌)》(*Suhṛllekha* : 시송, 티벳역, 한역), 《사찬가(四讚歌)》(*Catuḥ-stava* : 시송, 산스크리트본, 단편, 티벳역), 《대승파유론(大乘破有論)》(*Bhava-saṃkrānti* : 산문, 티벳역, 한역), 《보리자량론(菩提資糧論)》(시송, 한역), 《인연심론(因緣心論)》(시송과 주석, 산스크리트본 단편, 티벳역, 한역) 등의 작품들은 의심할 나위없이 그의 진작임을 확신할 수 있다.

이들 저작을 보면, '공성의 사상'을 논리적으로 전개하고 있는 《중론》 등의 철학서와 함께 대승보살도의 윤리적·종교적인 실천을 설하고 있는 《보행왕정론》이나 《보리자량론》 등의 종교서가 있지만, 어느 것이나 그의 일관된 입장을 견지하고 있다. 그것은 공성을 보는 지혜의 완성과 무아행(無我行)이라고 할 수 있는 이타의 실천을 기초짓고 있는 자비정신이다. 이 입장이야말로 대승보살도의 근본이 되는 것으로 이러한 입장에 근거하여 불타교설의 중심으로 간주되어 온 '연기'사상을 해명하고자 하였다.

2. 연기—그 사상적 전개

'연기'라는 것

《중론》의 주제는 귀경게에서도 분명하게 나타나듯이, '연기'에 대한 나가르쥬나 자신의 견해를 제시하고 있는 것으로, 한마디로 말하면 '연기는 공성이다'로서 이것을 여러가지 논제를 들어서 논리적, 이론적으로 밝히려고 하는 것이다. 이것은 《육십송여리론》에서도 마찬가지로서, 역시 '연기'를 주제로 삼아 '공성'이라는 것, 즉 사물(존재)이 실체적으로 존재하지 않음에 의해서 연기의 진의를 밝혀내고 있다. '연기(緣起, Praítyasamutpāda)'란 모든 사물이 '인연(원인·조건)에 의해서 생기(生起)함'을 의미한다. 원시 불전에서는, 이 연기를 알았다는 것은 사물(존재)의 참모습을 깨친 것이라고 설한다. 즉, "연기를 보는 자는 법(眞理)을 보고, 법을 보는 자는 연기를 본다." 라고 한다. 또한 이 말에서 우리는 불타의 깨달음의 내용이 연기였음을 알 수 있다. 다시 말해 석존을 불타라고 할 수 있는 것은 그가 연기를 보았기 때문이다. 이러한 점으로부터 불타의 후계자들은 불타교설의 중심을 연기로 이해하고, 이것에 의해서 깨달음의 내용을 파악하고자 한 것이다.

그런데 불교의 전개를 보면 반드시 연기에 대한 이해가 불타의 정신에 따라서 행해졌다고는 볼 수 없다. 불교의 스콜라적 철학이라고도 할 수 있는 아비달마 불교(부파 불교)에서는 현상적 존재를 보편적 방법(존재의 범주, 사물의 본체)에 입각하여 이해하고 있다. 그리하여 법을 다양하게 분석하고 체계적으로 정리함으로써, 이른바 '법의 철학'을 형성하기에 이르렀던 것이다. 그 때문에 '법(다르마)의 철학'에서는 독자적인 존재성을 가지고 있는 제법(諸法, 諸存在)의 인과적 관계를 나타내는 것으로 연기를 이해하였다. 혹은 독립적으로 존재하는 사물들 사이의 논리적 관계성에 의해 이해하였다고도 할 수 있다. 그러므로 불타의 깨달음에 있어 중심이 되는 의미가 제법의 분석을 중심으로 하는 '법(다르마)의 철학'의 그늘에 가려져 버렸던 것이다.

《중론》과 《육십송여리론》 등의 주제가 '연기'라는 것은 나가르쥬나가 아비달마불교에 대하여 비판적이었음을 나타내는 동시에 불교사상의 본질이 연기라는 것을 그가 다시 직시했다는 것을 시사하는 것이다. 말하자면 불교사상의 중심으로부터 이탈하였던 아비달마불교의 '연기'를 다시 중심에 원위치 시켜 놓았던 것이다. 그러나 그것은 단지 원위치 시켰다는 것에 지나지 않는 것이 아니라, 공성이라는 것을 가지고 연기를 분명히 함으로써 비로소 연기를 중심으로 하는 불교사상의 본질을 보다 명확하게 제시하였다는 것이다.

'연기'의 양면성

나가르쥬나의 연기에 대한 이해를 요약하면 다음과 같다. 즉 원인·조건에 의하여 제법(諸法, 諸存在)이 성립한다는 것은 제 존재가 실체로서(自性으로서) 존재하는 것이 아니라는 것, 따라서 그들 자체로서 생하고 멸하는 것이 아니라는 것이다. 연기는 원래 미혹의 세계와 깨달음의 세계가 어떻게 성립하는가 하는 미오(迷悟)의 차례를 명확히 하기 위해 설해졌다. 그것의 가장 발전된 형태가 무명(無明=迷)에서 노사(老死의 苦)에 이르는 12지(十

二支) 연기설로서, 미혹(無明)된 세계의 생기(生起)와 그 지멸(즉 열반)이 불타의 깨달음의 내용으로 교시된 것이다. 그것과 아울러 연기는 '사물이 있다.', '사물이 없다.' 혹은 '사물이 생한다.', '사물이 멸한다.'라고 하는 참다운 존재방식, 이른바 현실의 실상과 진리(법)를 교시하는 것으로서 그것이 논리적으로나 이론적으로 '차연성'(此緣性 : idaṃpratyayatā, 이것에 연하여 있는 것), 즉 '인과성', '관계성'으로 제시되었다. "이것이 있으므로 저것이 있고, 이것이 없으므로 저것이 없다. 이것이 생하므로 저것이 생하고, 이것이 멸하므로 저것이 멸한다."라는 정형구가 바로 그것이다.

이처럼 연기는 실천적·종교적 입장에서 12지 연기로 대표되는 미오(迷悟)의 차례를 밝히는 것과, 그 논리적 구조로부터 존재의 진리성으로서의 '인과성'을 밝히는 것이 있는데, 나가르쥬나에게 있어서도 이 연기가 가지는 양면성을 동시에 볼 수 있다.

예컨대, 《중론》 제26장은 '12지 연기'에 대해서 서술한 것이며 《인연심론》도 역시 '12지 연기'를 번뇌, 업, 고의 3분법으로 분류하여 논하고 있다. 또 《공칠십론》(제64게, 제65게)과 《권계왕송》(109－112)에서도 '12지 연기'가 설해지고 있다.

'차연성(此緣性)'으로서의 연기 사상에 대해서는, 예를 들면 《보행왕정론》에서 다음과 같이 설해지고 있다.

> 이것이 있을 때, 저것이 있다. 마치 긴 것이 있을 때, 짧은 것이 있듯이. 이것이 생할 때, 저것이 생한다. 마치 등불이 생할 때, 빛이 생하듯이. 또한 한편으로 짧은 것이 없으면, 긴 것은 자체로서 존재할 수 없다. 또 등불이 생하지 않으면, 빛도 역시 생하지 않는다. (1·48, 1·49)

또한 《공칠십론》(제67－73게)에서도 이와 같은 연기 사상이 나타나고 있다. 그런데 나가르쥬나는 다시 연기가 바로 공성이라고 자주 표현하고 있다. 바로 여기에서 '연기'에 대해 말하는 그의 특질을 볼 수 있는 것이다. 이것을 단적으로 표현한 것이 그의 《중론》 제24장 제18게이다.

우리들은 연기가 공성이라고 설한다.
그것(空性)은 가상의 명칭(假名)이며, 그것이 바로 중도이다.

또한 《중론》제24장 제7게에서는 공성을 공용(空用), 공성(空性), 공의(空義)(공성의 쓰임, 공성 바로 그것, 공성의 의미)라는 세 가지로 서술하는데, 이 게(24·18)는 그 중에서 '공성의 의미'를 나타내는 것이다. 나가르쥬나를 조사로 하여 전개된 중관학파는, 이른바 7세기에 활약한 찬드라키르티가 말했듯이, 스스로를 연기론자라고 강조했다. 이것은 공성을 그들 사상의 근본으로 삼고 있는 중관학파가 타학파로부터 흔히 허무론자로 비난받았을 때에 답한 요점이다. 하지만 그 보다도 나가르쥬나의 공성사상이 불타의 연기설을 근저로 하여 전개되고 있으며, 그에 의하여 연기사상의 본질이 깊이 규명되고 개현되었다는 것을 보여주고자 했던 것이다.

3. 공(空)인 연기

연기와 공성(空性)

《육십송여리론》은 주석자 챤드라키르티가 말했듯이, 《중론》과 마찬가지로 '연기'를 주제로 하여 만들어진 작품이다. 제목 명칭이 가르키는 바와 같이 단지 60송(단, 귀경게는 제외)으로 이루어진 작품이지만, 《중론》과 더불어 나가르쥬나의 사상을 이해하는데 극히 중요한 논서라고 할 수 있다. 앞에서 서술했듯이 그 중심이 되는 것은 '연기란 공성이다.'라는 것이다. 일반적으로 나가르쥬나의 저작, 특히 《중론》을 비롯한 공성을 설한 철학적 저작에 대하여 말하면, 대부분이 간결한 시송에 의해 저술되었으며, 또한 소위 공성의 논증에 독특한 부정 논법이 사용되고 있기 때문에 주석서를 참조하지 않으면 이러한 저작에 기술되고 있는 내용을 제대로 이해하기는 극히 힘들다. 이러한 점은 《육십송여리론》에 대해서도 마찬가지이다. 다행히 본서에 대해서는 챤드라키르티의 뛰어난 주석이 남아 있다. 그래서 본서의 주제를 처음으로 제시하고 '귀경게'에 대하여 그의 주석을 참조하여 간략하게 해설하고자 한다. 왜냐하면, 거기에 '연기란 공성이다.'라는 것이 가장 명확하게 기술되어 있다고 생각하기 때문이다.

연기는 생기와 소멸을 떠나 있는것, 이러한 연유를 가지고 〔연기를〕 설하신 최고의 성자(불타)에게 경배한다.

이 귀경게에서 특히 주의할 점은 "연기는 생기와 소멸을 떠나 있다."는 것이다. 여기에서 "생기와 소멸을 떠나 있다."란 '제존재(諸法)가 제각기 실체로서 생기하고 소멸하는 것이 아니다.'라는 것으로, 일체 존재가 '공'임을 뜻하는 것이다. 다시 말해서, '생기와 소멸을 떠난 연기'란 '공인 연기'을 의미한다.

"이러한 연유를 가지고"는 '연기는 공성이라는 도리를 가지고'라는 의미이다. 나가르쥬나가 여기에서 특히 말하고자 하는 것은, 불타는 단지 연기만을 설한 것이 아니라 '공인 연기'를 설하고 있으며, 또 그것이야말로 연기의 본질, 진리성을 나타내는 것이라고 하는 것이다. 찬드라키르티는 이것을 나가르쥬나의 극히 탁월한 설명이라고 찬양하고 있다. 또한 그는 조사 나가르쥬나가 생각하기에는, 불타가 불타인 이유는 바로 이와 같이 연기를 설하고 있는 바에 있다는 것을 다음과 같은 문장을 통하여 나타내고 있다.

> 단지 연기를 설하였기 때문에 그(불타)가 최고의 성자라고 하는 것이 아니라, 모든 존재가 서로 의존하고 있다는 입증된 도리를 보이므로써 모든 존재의 생기와 소멸을 부정하였기 때문이다.

귀경게에 대한 그의 해설을 상세히 소개하지는 않겠다. 다만 그 요점만을 든다면 (1) 불타가 연기를 설한 것, (2) 그런데 그 연기는 공이라는 것, (3) 또 이와 같이 공인 연기를 설하고 있는 데에 불타의 불타로서의 본질이 있다는 이 세가지 점에 대해서 말하고자 하는 것이며, 나가르쥬나는 이것에 의하여 불타가 설한 연기의 본질이 명확해진다고 생각하였다는 것이다.

실체성의 부정

이와 같이 나가르쥬나는 연기란 제존재가 실체로서 생기하고 소멸하는 것이 아니다라고 하는 의미에서 연기의 본질을 찾고 있으며, 그 논리적 근거를 명백히 하기 위한 철학적 고찰이 《육십송여리론》의 중심 과제였다. 그런데 이 철학적 고찰의 특색은 실체로서 제존재의 유무나 생멸을 생각하는 철학적 입장을 비판하고, 그것을 부정하는 데에 있다. 만약 제존재를 실체로서 인정한다면 그러한 것의 생기라든가 소멸, 즉 변화라는 것은 성립하지 않기 때문에 불타가 설한 연기는 결코 실체로서의 사물의 존재를 내세워 설한 것이 아니라는 것이다. 결국 연기의 가르침은 실체로서의 제존재의 생기와 소멸의 부정을 의미하는 것이다.

이처럼 《육십송여리론》의 입장이 《중론》과 전적으로 같은 입장을 나타내고 있다는 것은 말할 필요도 없다. 《중론》의 첫 부분에는,

> 소멸하는 일도 없고 생기하는 일도 없으며, 단절도 아니고 상주도 아니며, 하나(一)도 아니고 다수(多)도 아니며, 오는 일도 없고 가는 일도 없는 말의 허구(虛構＝戲論)를 벗어난 적정(寂靜)인 연기, 그 연기를 설하신 정각자(正覺者＝佛陀)를 설법자 중의 최승자로서 경배한다.

라는 '귀경게'의 말은 "소멸하는 일도 없고"에서 "가는 일도 없다."에 이르는 여덟 개의 형용사가 모두 부정사를 가지고 있기 때문에 옛부터 '8불게(八不偈)'로서 유명한데, 이것들은 '말의 허구를 벗어나다.', '적정하다.'라는 두 개의 형용사와 더불어 연기를 수식하는 것으로 모두 '공'임을 나타내고 있다. 따라서 이 귀경게는 '공인 연기'를 설한 불타에게 경배한다는 식으로 요약할 수 있다. 여기서 말하는 '공'이란 특히 《반야경》에서 설해진 것으로 그것을 나가르쥬나가 계

승하고 있음은 이론의 여지가 없다. 그 뿐만 아니라 제존재의 여실성(진실한 모습)이 '10가지 존재의 평등성'으로 설해지고 있는 《십지경》의 사상에 의거하고 있음을 찬드라키르티는 지적하고 있다.

공성과 평등성

'공성'은 '무아'로서 제존재의 여실상, 즉 제존재의 있는 그대로의 모습인 진실상을 가리킨다. '10가지의 존재 평등성'은 다음과 같다.

> (1) 모든 것에는 표지(개체적 실체)가 없다는 평등성, (2) 모든 것에는 특질(정의되는 본질)이 없다는 평등성, (3) 모든 것에는 생기(生起)가 없다는 평등성, (4) 모든 것에는 소멸이 없다는 평등성, (5) 모든 것은 적정(집착으로부터 이탈)하다는 평등성, (6) 모든 것은 본래 청정하다는 평등성, (7) 모든 것은 말의 허구(戲論)를 초월하고 있다는 평등성, (8) 모든 것은 노력이나 단념을 떠나 있다고 하는 평등성, (9) 모든 것은 허깨비(幻)이며 꿈(夢)이며 환영이며 환청이며 물에 비친 달이며 거울(鏡)의 영상이며 환화(幻化)라는 평등성, (10) 모든 것은 유(有)도 아니고 무(無)도 아니고 불이(不二)라는 평등성.

이것들은 전부 《반야경》에서 설해지고 있는 공성의 내용이다. '평등성'이란 '모든 것은 공(空)이기 때문에 평등하다.'라는 것이다. 이와 같이 모든 존재의 여실성(진실상)이 열 가지의 평등성으로 말해지며, 이 여실성(如實性)을 체득함으로써 궁극의 경지인 열반으로 나아갈 수 있다고 《십지경》은 말한다. 여실성을 체득한다는 것은 법성을 본다는 것으로, 예컨대 이것은 《팔천송반야》에서 설해지고 있듯이, "사물의 법을 보지 않는다."라는 것이다. 사물의 법을 보지 않는다는 것은 물질적 존재이든 정신적 존재이든 어떠한 존재도 실체로서 파악되지 않는다는 것이며, 이와 같은 실체적 파악을 벗어날 때 사물의 진실 즉, 현실의 실상이 여실히 드러나게 된다는 것이다. 이것은 분명히 아비달마 불교의 '법의 철학'에 대한 부정이라고 할 수 있다. 아비달마 불교의 철학에서는 물질적 존재를 물질적 존재로서의 '법', 심(心)을 심으로서의 '법', 정신작용을 정신작용으로서의 '법'과 같이 모든 것을 그것 자체로서의 존재성에 의해 포착해 간다. 여기에서 '법'은 실체 또는 본체로서의 사물의 존재성으로 인식론적으로 말하면 개념적 존재에 해당한다. 그것은 현상세계에 있어서 경험적 사실 그 자체가 아니라 경험적 사실의 배후에 그것을 성립시키는 본체를 상정하므로써, 그러한 초월적 차원으로부터 보여지는 것으로 실은 사유의 세계에 속하는 것에 지나지 않는다. 따라서 현상세계의 개개의 사물이나 경험적 사실은 끊임없이 변화하고 생멸하는 것임에 비하여, 이 법은 과거·현재·미래 3시(三時)에 걸쳐 불변하며 고유의 존재성을 유지하는, 즉 실체 혹은 본체(自性)로서의 존재라고 하는 것이다.

《반야경》과 공

이미 《반야경》에서는 이와 같이 본체(자성)를 설정하여 사물을 보는 것은 사물의 진실, 실상을 잘못 보는 것이며 사물에 대한 집착이라고 하여 이것을 부정하고 있다. 왜냐하면 아비달마 불교에서 내세우는 '법'은 모두 '사유의 소산'이며, 사유는 집착에 지나지 않기 때문이다. 그러므로 사유의 입장에 서는 한, 사유의 소산에 사로 잡혀 사물을 바르게 볼 수 없다. 이 때문에 '법유(法有)'를 말하는 철학적 입장을 철저하게 부정하기 위하여 부정언사(否定言辭)가 많이 사용되었던 것이다. 또한 이것은 우리들의 말이나 사유가 사물에 대하여 집착하는것—즉 사물을 고정화하고 늘 대상화하여 포착하는 것—을 근본적인 것으로 여기게 하는 것으로, 이러한 집착을 벗어날 때 비로소 사물의 진실상을 볼 수 있다고 하는 것을 자각하지 못한 일상적 사고의 주관화, 실체화의 입장을 배제하기 위한 것이기도 하였다. 공성에 대한 말이, 예컨대 "표지가 없다.", "생기하지 않는다."와 같이, 주로 부정언사로 사용되는 것은 이와 같은 사상적 입장에서 비롯된 것이다.

또 부정언사가 말 자체의 자기부정적인 표현이라는 것, 즉 말을 초월한 것을 역설적으로 나타내는 표현이라는 것은 "모든 것은 존재하지 않는 존재 방식으로 존재하고 있다."라는 역설적 표현을 보면 분명히 알 수 있다.

이것은 우리들의 사유에 기초한 갖가지 말(戱論)에 의해서는 사물의 여실성을 나타낼 수 없기 때문에, 이와 같은 사유에 기초한 말을 초월하고 있음을 보이려고 한 것이다. 그래서 이와 같이 부정적 혹은 역설적 표현에 의하든가, 혹은 '허깨비와 같은 것'과 같이 비유적 표현에 의해서 표현할 수 밖에 없는 것이다. 나가르쥬나가 말하는 "생기(生起)를 벗어난 연기"라든가 "생기함이 없는 연기"라는 것은, "생기하지 않는 존재방식으로 생기한다."라는 역설적 표현에 지나지 않는다.

이와 같은 것을 고려할 때, 나가르쥬나가 《중론》 '귀경게'에서 연기는 "소멸하지 않는다.", "적정(寂靜)하다."라고 설하는 것은 《반야경》이나 《십지경》에 의거하고 있음이 분명하다. 거기에서 '공인 연기'는 존재의 진실상을 나타내는 것이다. 이 연기는 원인이나 결과로서 각각 독자적인 존재성을 가진 것들 사이를 연결하는 인과관계나 혹은 서로 독립한 존재로서의 제존재 사이의 관계성을 나타내는 연기가 아니라, 이러한 독립적 존재로서의 사물의 실체를 부정함으로써 분명해지는 존재의 여실성을 나타내는 연기이다. 모든 존재의 여실성은 "사물은 존재하지 않는 존재방식으로 존재한다."라든가, "사물은 허깨비와 같은 것"이라든가, "사물은 공이다."라는 식으로 나타낼 수도 있으며, 《십지경》과 같이 '10가지 존재의 평등성'에 의해서나 《중론》과 같이 '8불(八不)'로 시작되는 연기로 나타낼 수도 있는 것이다. 또 《육십송여리론》과 같이 "생기와 소멸을 떠난 연기"로도 나타낼 수 있다.

4. 연기의 사상적 입장—유무를 초월함

원시경전에 보이는 공성설

그러면 연기를 '생기와 소멸을 떠난 것', 즉 '공성'으로 해석한 나가르쥬나의 연기해석은 그의 독자적인 입장에서 나온 것일까? 그렇지는 않다. 《중론》 445게송 가운데 원시 불전의 출전을 분명하게 제시하면서 불타의 사상적 입장을 서술한 유일한 시송이 있다.

> 가전연(迦旃延, Kātyāyāna)에게 주신 가르침 속에서 존재와 비존재(有와 無)를 바르게 아신 세존께서는, '그것은 있다.'라든가 '그것은 없다.'라든가 하는 등을 부정하셨다.(《중론》 17·7)

이 말은 그의 입장이 불타에 의하여 제시된 중도에 의거하고 있음을 분명히 하는 것이다. 연기를 유라고 하거나 무라고 고집하는 입장에서 해석한다면, 그것은 분명 불타가 설한 연기가 아니다. 나가르쥬나는 불타의 가르침이 유나 무라고 하는 극단적 입장을 초월한 중도에 입각하여 행해지고 있다는 사실에 주목하고서 거기에서 연기에 대한 기본적인 근거를 찾았다.

가전연(카타야나)에 대한 가르침은 다음과 같다.

> 가전연이여! 이 세간의 사람들은 대부분 두 개의 입장에 의거하고 있다. 유와 무가 그것이다. 만일 사람이 바른 지혜를 가지고 세간의 생기

(samudaya：集)를 여실히 관찰하면 세간에 있어서 무(無)는 있을 수 없다. 또 사람이 바른 지혜를 가지고 세간의 지멸(止滅：nirodha)을 관찰한다면 세간에 있어서 유(有)는 있을 수 없다. (중략) 가전연이여, '일체가 유(有)다.'라고 말하면 이것은 하나의 극단설이다. '일체가 무(無)다.'라고 하는 것은 제2의 극단설이다. 인격을 완성한 사람(여래)은 이 양 극단설을 떠나 중도에 의하여 법을 설한다.(나까무라 하지메(中村元) 편, 《원시불전(原始佛前)》, pp. 60-61.)

여기서 분명하게 알 수 있듯이, '사물이 있다.'든가 '사물이 없다.'고 하면서 사물의 유·무에 집착하는 것은 바른 지혜로 세간을 보는 것이 아니다. '세간의 생기' 및 '세간의 지멸'이란 모든 존재의 생기와 소멸을 의미하는 것으로 그것을 여실히 인식한다면 유나 무를 고집하는 입장을 초월할 수가 있다. 여실히 인식한다는 것은 사물을 실체로서 포착하는 망분별(忘分別, 想定)을 떠나서 사물의 진상을 보는 것이다. 즉 사물의 여실한 모습을 있는 그대로 여실히 아는 것이다. 이처럼 세계의 여실상을 보는 눈을 갖고 있지 않기 때문에 유 또는 무라고 고집하는 것이며, 사물의 진상(眞相)을 알게 되면 유나 무를 내세우는 일도 없고 고집하지도 않는다. 《보행왕정론》(1·52-57)에서는 '아지랑이와 물'의 비유로써 이것을 교묘하게 설하고 있기 때문에 그 요점만을 소개하고자 한다.

아지랑이와 물의 비유

무더운 날에 길을 걷고 있으면 아지랑이를 볼 수가 있다. 아지랑이는 물처럼 보이지만 그것은 환영에 지나지 않을 뿐 실제로 물이 있는 것은 아니다. 그런데 먼 곳에서 아지랑이를 보고 그 곳에 물이 있다고 생각하여 가까이 갔으나 물이 보이지 않자 물이 방금 있었는데 없어졌다고 하면서 물의 유무(有無)를 고집한다면, 그것보다 어리석은 짓은 없다. 그 사람은 아지랑이를 물이라고 생각하여 그것이 환영 속의 물, 즉 환영이라는 진상(眞相)을 보지 못하고 있다(진실을 모르고 있다). 이와 같이 진상을 보지 못하는 무지 때문에 물이 있다고 생각하여 그러한 유무를 고집하는 것이다. 실재론자들이 실체를 상정하여 그것을 고집하지만 원래 그와 같은 실체가 있은 것이 아니다. 그들은 존재하는 것이 모두 실체로서 있는 것이며 실체가 없는 것은 존재하지 않는다고 생각하지만, 존재하는 것은 아지랑이(환영의 물)와 같은 것으로 물이 없듯이 실체 또한 없다. 다만 실재론자들은 그들이 상정한 실체에 의하여 존재의 유무를 포착하는 것이다. 즉 '사물이 있다.'고 하는 것은 사물이 실체로서 존재하지 않는 것이라고 생각하여, 일체법유(一切法有)를 주장하며 허무론을 배척하는 것이다.

그런데 "사물이 실체로서 존재하지 않는다."라는 내용만을 본다면, 허무론과 공성사상과는 차이가 없는 것처럼 보인다. 왜냐하면 사물의 공을 말하는 공성론에서도 실체로서의 존재를 부정하고 있기 때문이다. 그러나 양자 사이에는 결정적인 차이가 있다. 허무론은 실체로서의 존재를 부정하고 있지만 실체로서의 존재가 사실은 환영이라고 하는 진실을 깨닫지 못하여 무지에 빠져있음에 반해, 공성론에서는 똑같이 실체로서의 존재를 부정하고 있지만 그 부정은 환영인 존재를 환영으로 아는 올바른 인식에 근거하고 있는 것이다. 이러한 의미에서 양자 사이에는, 사물의 진상에 대한 인식의 유무라는 결정적인 차이점이 있다. 즉 양자가 부정하는 입장에는 명백한 상이(相異)가 있는 것이다.

나가르쥬나는 다음과 같이 말한다.

생기도 존속도 소멸도 환상과 같고, 꿈과 같고, 간다르바성(신기루)과

같다고 설해졌다.(《중론》 7·34)

실로 이 법(구극의 진리)의 심원함은 어리석은 사람에게는 이해되기 어렵다. 이 세계는 환상과 같다고 하는 것이 모두 부처님의 감로(甘露)와 같은 불멸의 가르침이다.(《보행왕정론》 2·11)

공과 허깨비(幻)

이 세계의 모든 것이 허깨비와 같은 것이라고 아는 것은 뛰어난 지혜의 활동이기 때문에, 그러한 진상을 모르는 범인에게서는 이 세계가 환영이라는 것을 이해할 수 없다. 여기에서 이 세계가 허깨비라는 것은 이 세계는 연기이며 공이라는 뜻이다. 그런데 아비달마 불교 사상가들을 비롯한 실재론자들은 아지랑이에 불과한 것(공인 것)을 물(실체)이라고 망상하고선 그 물을 고집하여 '유'또는 '무'라고 하며 무익한 논쟁을 전개하는 것이다. 실체란 고유불변한 존재이기 때문에 그러한 것은 그 자체로서 존재할 수 있는 것으로, 원인이나 조건에 의존하는 것이 아니다. 바로 이러한 실체를 갖지 않는 존재를 허깨비 같은 존재라고 하는 것이다. 이것은 사실의 존재를 부정하는 것이 아니라, 존재의 참다운 모습을 알아 그것을 여실히 말하는 것이다.

이와 같이 이 세계가 허깨비와 같은 것이다(사물이 실체로서 있는 것이 아니다)라고 하는 것은 깨달음의 지혜에 의하여 개현된 이 세계의 참모습을 보여 주고 있는 것이다. 이 세계는 생기하고 소멸하는 것처럼 보이지만, 실은 생기하지도 소멸하지도 않는다고 하는 것은 이 세계가 단지 깨달음의 미망(迷妄)에 지나지 않는 허깨비에 불과하기 때문이다. 따라서 사물이 생기한다고 하더라도, 그것은 단지 허깨비와 같은 존재로 부터 허깨비와 같은 존재가 생기하는데 지나지 않는 것이 되어, "공에 지나지 않는 것에서 공인 것이 생할 뿐이다."(《인연심론》 제5게 후반)라고 말하는 것이다. 그러나 존재의 진리성을 체득하지 못한 사람에게는 이 세계가 허깨비라는 것은 참으로 이해하기 어렵다고 나가르쥬나는 말한다. 깨달음의 지혜를 얻지 못한 범부에게 보여지는 이 세계는 오직 마음의 미망에 지나지 않아, 비유컨대 허깨비와 같이 다만 마음 속에서 망상되고 있는 것에 지나지 않는데도, 마치 실재하는 것처럼 착각하고 있는 것이다. 존재의 본질, 즉 실상을 보지 못하는 무지한 사람은 무지에 의한 미망으로 인하여 모든 존재가 생하고 멸하며 오고 가는 듯이 생각하지만, 실제로는 거기에 생멸이 있는 것도 아니고, 오고 감이 있는 것도 아니다. 사물이 생하고 멸한다든가, 사물이 오고 간다고 말하면서 그것을 실재인 것처럼 포착하는 것은 사물의 진실을 모르는 미망에 지나지 않는다. 이에 대해서 사물의 여실상을 깨우친 사람은 이와 같은 미망에 빠지지 않기 때문에 사물은 생하는 일도 없고 멸하는 일도 없다고 말하는 것이다.

5. 공성의 사상적 입장—법유(法有)의 부정

공성설에 대한 비판과 반론

이와 같이 나가르쥬나가 이 세계는 모두 허깨비와 같은 것이라고 존재의 허망성을 말할 때, 그가 이 세계(자기와 모든 존재)에 대한 깊은 통찰과 인식에 입각하고 있음을 간과해서는 안된다. 자기와 존재를 피상적으로 파악할 뿐 그 근원에까지 철저히 파고드는 것을 게을리하기 쉬운 우리의 일반적 인식의 입장이나 일상적인 관념에서는, 우선 현재 존재하는 자기를 전제로 하여 존재의 실재를 조정(措定)하고 자아를 세워서 존재의 유무를 생각한다. 이것은 현실을 실체화하고 고정화하여 보는 것인데, 실체화하는 것은 현실을 관념적으로 파악하는 것이며 현실의 주관화에 지나지 않는다. 그러나 현실의 존재를 여실히 인식하면 아무리 세간에서 사물의 실체가 진실인 듯이 보이더라도, 그것들이 실재하지 않는 허망한 것임을 분명히 알 수 있다. 오히려 사물의 실체를 파악하는 것이 현실의 제존재에 대한 여실한 인식의 결여로 인한 것임이 폭로되면서, 실체화된 세계가 망상된 세계임이 드러난다. 《중론》 제24장에서는 《반야경》이나 나가르쥬나의 사상적 입장과는 현저하게 대척적(對蹠的)인 입장에 서 있는 실유론자들이 "모든 것은 공이다."라는 '공성 사상'은 사물의 실재를 부정하는 허무론이라고 비난하는 것을 예를 들고, 이에 대한 답변으로 '공성 사상'을 전개하고 있다.

나가르쥬나는 이 비난을 '공성'을 무(無) 또는 비존재라고 생각하는 오인(誤認)일뿐만 아니라, 전혀 '공성'을 이해하지 못한 무인식(無認識)이라고 지적한다.

> 이것에 대해서 우리들(공성을 말하는 자)은 답하리라. 당신은 공성의 쓰임(空用)을 알지 못하고, 공성 그 자체(空性)와 공성의 의미(空性) 또한 알지 못한다. 그래서 이와 같이 쓸 데 없이 애쓰는 것이다.

여기에서는 공성에 대해서 공용, 공성, 공의의 세 가지를 들고 있는데, 찬드라키르티는 그의 주석에서 이러한 공성의 세 가지 측면을 인식하지 못하는 것은 "있는 그대로의 사물의 본질을 제대로 파악하지 못했기 때문이라는 것"이라고 하고 있다. 즉 '공성을 모르는 것'은 현재의 존재를 여실히(있는 그대로) 인식하지 못하고 있는 것이다. "모든 것(一切法)은 공이다."라는 말은 《반야경》의 여러 곳에서 볼 수 있다. 그리고 이것을 아는(직관하는) 지혜가 '반야바라밀'이며, 대승의 보살은 이 '반야바라밀'을 체득하기 위하여 전심 전력한다. 이 《반야경》 사상을 계승한 나가르쥬나는 "모든 것은 실체로서 있다."는 것을 부정의 논법을 통하여 물리침으로써 "모든 것은 공이다."라는 것을 논증하자고 하였다. 거기에서 그의 '공성 사상'의 현저한 특질을 볼 수 있다. 그것은 이른바 '공성의 논리'로서 《반야경》 사상을 재검토하여 그 사상을 깊이 있게 전개하였을 뿐만 아니라 대승보살도의 이론과 실천 속에서 공성 사상의 의미를 분명히 부각시켰던 것이다.

아비달마 불교의 실유(實有論)

'공성'은 실체나 본체라는 것이 존재하지 않는다는, 즉 무자성(無自性)의 의미로서 실체를 부정하는 말이다. 따라서 "모든 것이 공이다."라는 말은 모든 것이 무자성이며, 실체를 가지고 존재하는 것은 하나도 없다는 의미이다. 그런데 우리는 통상 실체로서 존재하는 것이 실재이며, 실체가 없는 것은 설령 그것이 존재하는 듯이 보이더라도 실재가 아니라 허망에 지나지 않는 것이라고 생각한다. 이와 같은 입장은 실유론을 설하는 아비달마 불교에서도 마찬가지이다. 물론 거기에서 현상 세계에 보이는 것이 바로 그대로 실재라고 하는 것은 아니다. 앞에서 설명한 바와 같이 법(法)이 실재한다는 것이다.

설일체유부를 대표로하는 아비달마 불교는 현실 세계를 초월적인 입장에서 파악하고자 하였다. 그런 점에서 현실 세계를 현실에 비추어서 여실히 보려고 하는 대승불교의 사상적 입장과는 현저하게 다르다. 현실의 밖에 서서 현실을 보고 있는 것이므로 초월적 차원에서 현실을 정관(正觀)하고 있다고 말해도 좋다. 아비달마 불교는 그러한 의미에서 그 사상적 입장이 극히 고답적이며 정신주의적이다. 설일체유부는 그 이름 그대로 일체법은 실유(實有)이며, 삼세(三世)에 걸쳐서 실재한다고 설하는데, 그 사상은 일반적으로 '삼세실유 법체항유(三世實有法體恒有)'라는 말로 소개되고 있다. 물질적인 것이든 심리적인 것이든, 혹은 논리적인 것이든 간에 모든 것을 그것 자체로서 존재한다고 파악하는 것이다. 그들이 말하는 '법체'는 우리들의 세계에 있어 개개의 존재에 대하여 말하는 것이 아니라, 개개의 존재의 배후에서 존재로 하여금 존재하게끔 하는 것을 일컫는 것이다. 보통 이것은 실체 또는 본체라고 말해진다. 그러나 이와 같이 실체 또는 본체를 가진 존재로 생각되는 '법'은, 실은 개개의 구체적 사실로서의 존재를 넘어선 '일반자', 예컨대 이 꽃 저 꽃이라는 개개의 꽃이 아니라 꽃이라고 하는 것, 즉 일반적인 꽃으로서 추상적 혹은 개념적인 존재, 인식론적으로 말하면, 객관화된 존재, 대상으로 파악된 존재이다. 다시 말해 공통적인 인식의 대상이 되는 범주이며, '꽃'이라는 개념이며 말인 것이다. 그런데 법의 실재를 말하는 실유론자는 이와 같은 것을 실제적으로 포착하고 실체화하여 일체법은 실유(實有)하는 것이라고 주장하는 것이다. 그리하여 나가르쥬나는 '일체법'(sarvadharmāh)을 '제 존재'(bhāvāḥ)로, 즉 본체를 '자성(svabhāva)'이라는 말로 표현하고, 자성을 정의하여 "변화되지 않는 것이며, 다른 것에 의존하지 않는것"(《중론》 15·2)이라고 정의하면서, 모든 것에 그와 같은 자성이 없음을 설하여 "일체법은 무자성이다."라고 말한다. 이러한 '무자성'이 바로 '공성'인 것이다. 따라서 '공성'에는 항상 '자성'의 부정이 함축되어 있다.

공과 반야바라밀

앞에서 서술한 바와 같이, 이미 《반야경》에서 보살은 반야바라밀에 의해서 "일체법공(一切法空)"임을 안다거나 혹은 "법성(法性)을 본다."고 설하고 있다. 여기에서 말하는 '법성'은 현실의 실상, 즉 사물의 여실상, 사물의 진실이며, 반야바라밀은 무분별지(無分別智), 즉 사물을 대상화하지 않거나 실체화하지 않는 인식으로서, 법성에 수순하고 현실의 실상에 상응하는 지혜이다. 《반야경》에는 반야바라밀을 행하는 보살은 "법을 보지 않는다."든가, "부처를 보지 않는다."와 같은 형태로 "일체법을 보지 않는다."는 것이 강조되고 있다. 그런데, 이 "보지 않는다."는 불견(不見)이 바로 반야바라밀의 특징이다. 그러면 왜 보살은 일체법을 보지 않는 것일까? 일체법은 공이기 때문이다. 즉 "일체법을 보지 않는다."라는 것은 '일체법이 공임을 안다.'는 것을 의미한다. 나가르쥬나는 이것을 받아서, 지자(智者 : 즉 반야바라밀을 수습하는 보살)는 "진실을 본다."(《육십송여리론》 제5게 참조)고 말하고 있다. 이와 같이 진실을 보는 지혜가 반야바라밀로서 '불견(不見)'의 지혜이며 현실의 실상에 적합한 인식인 것이다. 이 '불견'이라는 것은 사물을 대상으로 보지 않는 것이며 실체화를 근저로부터 부정하는 것이다. 거기에서는 보는 자와 보여지는 것의 대립이 초월되어, 보는 자와 보여지는 것이 하나가 되고 있다. 이 하나가 되는 곳에서는 보는 자(주체)는 '사물을 보지 않는' 것이며, 보여지는 것(객체)은 '아무 것도 없는' 것이다. 이 '사물을 보지 않는다.'든가 '아무 것도 없다.'라는 것이 성립하는 것은 '공성'의 인식 위에서 가능하며, '일체법공'이라는 인식은 다름아닌 사물의 진실, 본질을 여실히 본 깨달음의 인식인 것이다. 그렇기 때문에 이처럼 여실한 인식을 갖지 못하고 사물을 실체시 하는 입장이 철저하게 부정되는 것이다.

말할 것도 없이 '일체법공'을 설하는 《반야경》의 '공성사상'은 불타가 설한 '제법무아(諸法無我)'라는 교설의 본질을 계승하여 그것을 대승적으로 전개시킨 것이다. 다시 말해, 무아 사상이 철학(이론)과 종교(실천) 양면에서 추구되고 심화된 것이다. 이 《반야경》의 사상이 나가르쥬나에 의하여 계승됨으로써 공성의 이론과 실천이 탄생하게 되었다. 여기에서 나가르쥬나는 철저한 비판정신에 입각하여 아비달마 불교의 '법'의 철학과 그 실천적 존재양식에 대하여 비판하고 아비달마불교 사상을 부정적으로 매개하여 그의 공성 사상을 전개시켰던 것이다. 따라서 그는 아비달마 불교를 비롯하여 실유론적 입장에서는 어떠한 이론에 대해서도 그들의 이론이 자기모순적이며 이론적으로 성립할 수 없음을 지적하면서 그것을 논증하려 하기 때문에 부정논법을 수없이 사용한 것이다. 여기에 그의 '공성 사상'의 특징이 있다.

6. 공용, 공성, 공의

'공성의 쓰임(空用)'

'공성'에 대한 나가르쥬나의 세가지 분류, 즉 (1) 공용, (2) 공성, (3) 공의에 대해서는 앞에서 소개한 바가 있다. 여기에서는 세 가지 내용을 두 사람의 대표적 주석자인 바바비베카(Bhāvaviveka)와 챤드라키르티(Candrakīrti)의 해석을 참조하여 검토하고자 한다. 먼저 바바비베카는 다음과 같이 해설하고 있다.

> 그 중에서 공성의 쓰임(空用)은 모든 희론(戱論)을 지멸(止滅)하는 것을 말한다. 공성은 모든 집착에서 떠나, 공성을 인연하는(아는) 지혜이다. 그리고 공의(대상)는 진여(眞如)를 뜻한다.

이 해설에 의하면 '공용'은 모든 희론(분별적인 언어)을 지멸하는 것인데, 희론은 분별(사유판단)을 낳고, 분별은 업·번뇌의 근원이므로, 공성의 쓰임(활동)은 분별이나 업·번뇌를 희론과 함께 지멸하는 것이다. 다음으로 '공성'은 일체의 집착—주체와 객체, 유와 무, 생사와 열반 등을 상대적으로 분별하여 각각 자체로서 성립한다고 고집하는 것—을 벗어난 것이다. 즉 무분별지로서 공성이 그 자신을 보는 지혜이다. '공의'는 무분별지에 의해서 분명하게 알려지는 것, 즉 무분별지의 대상인 진여를 가리킨다.

이러한 바바비베카의 해설에 비하여 찬드라키르티는 보다 상세하게 해설할 뿐만 아니라 '공성'과 '공의'에 대해서도 달리 해석하고 있다.

그러면 공성의 쓰임이란 대체 무엇인가? 그것은 이미 (나가르쥬나 자신에 의하여 《중론》 제 18장) 〈자아의 고찰〉(18·5)에서 다음과 같이 말해졌다.

"업과 번뇌의 지멸에 의하여 해탈이 있다. 업과 번뇌는 분별에서 일어난다. 또 그러한 분별은 희론에 의한 것이다. 그리고 희론은 공성에 의해 멸한다."

그러므로 모든 희론을 지멸하기 위하여 공성이 설해지며, 모든 희론을 지멸하는 것이 바로 '공성의 쓰임'이다. 그런데 그대(반대자)는 무(無)를 공성의 뜻이라고 생각하여 단지 희론의 그물만을 엮고 있기 때문에 '공성의 쓰임'을 이해하지 못하는 것이다.

그러면 대체 '공성'이라는 것은 무엇일까? 그것도 또한 같은 곳(《중론》 18·9)에서 다음과 같이 설해지고 있다.

"타(他)에 의해서 아는 것이 아니며, 적정(寂靜)이며, 희론에 의하여 논해지는 일이 없으며, 무분별이며 잡다한 의미를 갖지 않는다. 이것이 진실상이다."

이처럼 희론의 적멸을 본질로 하는 '공성'이 어떻게 무가 될 수 있겠느냐? 따라서 그대는 '공성'도 이해하지 못하고 있다. 또 공성이라는 말이 어떤 의미를 나타내는 것으로 쓰이고 있는데, 그 의미가 여기(《중론》 24·18)에서는 다음과 같이 설해지고 있다.

"우리는 연기가 공성이라고 설한다. 그것(空性)은 가상적인 명칭(假名)이며, 그것이 바로 중도이다."

왜냐하면,

"인연으로 생하는 것은 불생(不生)이다. 그것에는 실체로서의 생기가 없다. 인연에 의존하는 것은 공이라고 한다. 공이라는 것을 아는 사람은 태만하지 않는다."

라는 세존의 말씀이 있기 때문이다. 이처럼 연기라는 말의 의미가 바로 공성이라는 말의 의미인 것이지, 무라는 말의 의미가 공성이라는 말의 의미는 아니다. 그런데 그대는 무라는 말의 의미가 공성의 의미라고 오해하여 우리들을 비난하고 있다. 따라서 공성이라는 말의 의미조차도 이해하지 못하고 있는 것이다.

분별의 부정

이상의 해설에서 분명하게 알 수 있듯이, '공성의 쓰임'에 대한 해석에 있어서 양자 사이에는 차이가 없다. 공성의 쓰임(공용)은 모든 희론을 지멸하는 것이며, 희론에서 생기는 분별이나 분별에서 생기는 업·번뇌를 지멸하는 것이다. 따라서 이러한 면에서 공성을 보면, 희론이나 분별을 부정하는 것이라고 할 수 있다. "공성은 일체의 견해(도그마)에 대한 부정이다."(《중론》 13·8)라고 하는 것은 바로 이 공성의 쓰임에 대하여 말한 것이다. 이처럼 공성은 부정이라는 것을 포함하고 있지만, 이 경우에 부정되는 것은 존재가 아니라 존재에 대한 집착·분별인 것이다. 분별은 우리들의 심(心)·심소(心所)의 활동이며, 이 심·심소의 활동 외에 보통 우리들이 자기라고 하거나 자아라고 부르는 것이 없기 때문에, 분별의 부정은 통상적인 자기(일상적인 자기)의 부정인 것이다. 또 이 분별은 모든 사물을 대상화하여 개념이나 말로써 고정적으로 포착하는 사유이기 때문에, 보는 자(주체)와 보여지는 것(객체)의 대립 혹은 주객상대를 전제로 하고 있다. 그러므로 이와 같은 분별에서는 대상화되지 않은 자기 자신을 아는 자각적인 앎이나, 대상 자체에 직입(直入)하는 주객대립을 넘어선 '불이(不二)의 지혜'는 생기지 않는다. 이러한 지혜가 바로 '진실을 보는' 지혜이기 때문에, 우리들의 일상적인 인식인 주객 2분(二分)의 분별은 허망이라고 하는 것이다. 따라서 분별의 부정은 이러한 허망한 자기의 부정이며, 또 이 분별에서 업·번뇌가 생하는 것이므로, 결국 업이나 번뇌로부터 자신을 탈각(脫却)하는 것이다. 이와 같이 '공성의 쓰임'에 터전하여 자신이 분별에서 무분별로 전환하는 것, 즉 허망한 자신(미혹)으로부터 진실한 자신(깨달음)으로 전환되어 지는 것이 분명하다.

'공 성'

다음으로 '공성'에 대해서는 두 사람의 주석자 사이에 명백한 해석상의 차이점이 나타난다. 바바비베카에 의하면 '공성'은 공성을 아는 지혜이며, 모든 집착에서 떠나는 것이다. '집착'은 사물을 늘 대상화하여 그것의 자기동일성을 실체로서 파악하는 사유이며, 자기 및 세계를 고정화하여 보는 분별이다. 이러한 분별에서는 주객대립적 차원에서 사물이 포착되며, 개념이나 말이 존재의 본질과 동일시 된다. 이와 같은 분별을 떠나는 것이 무분별인데, 공성을 아는 지혜인 반야바라밀은 분별을 초월한 것이므로 무분별지라고 하는 것이다. 주관과 객관, 자기와 타자, 선과 악 등의 상대 혹은 대립을 초월한 인식이므로 '불이(不二)의 지혜'라고 한다. 그것이 '공성' 이라고 하는 것은—이 무분별지는 공성이 공성 스스로를 아는 것, 즉 자각적인 앎이다—라는 것을 나타낸다고 할 수 있다.

이에 비해 챤드라키르티의 해석에서는 '공성'은 희론이 지멸하고 분별을 초월한 진여(法性)이다. 분별이 없어진 실상이며, 상대적 대립을 초월한 불이절대(不二絶對)의 진실이다. 나가르쥬나 자신이 기술하고 있듯이(《중론》 18·9) 자각(自覺)된 것이며, 분별이나 개념(말)에 의하여 파악할 수 없으며, 사유를 초월한 평등일미(平等一味)인 진실로서 법계, 무위, 열반, 법신, 불성, 무상지(無上智) 등과 같은 것이다.

'공 의(空義)'

바바비베카는 '공의'를 진여라고 해석하였다. 이것은 '공의'의 원어인 sūnyatā-artha에서 artha(義)를 '대상', '목적'으로 보고, '공의'를 '공성의 대상', 즉 '무분별지인 공성에 의하여 아는 것'으로 이해했기 때문이다. 이와 같이 '공의'를 무분별지의 대상, 즉 진여(法性)라고 해석하면 당연히 '공성'이라는 것은 '무분별지'가 된다. 이와 같은 그의 이해는 이른바 '수행의 입장'에 의거하는 것이며, 또 '공성'을 '행위'(=종교적 실천)의 측면에서 보는 것이라고도 할 수 있다. '수행의 입장'은 '성질의 입장'에 대한 것으로, 여기서 '성질'이란 존재의 본성, 본질, 진실 등을 의미하며, '수행'은 행위, 실천, 수습 등을 의미한다. 수행은 존재의 본성이 그 자신을 완성하여 가는 것이며, 자득(自得)하여 가는 것이다. 공성이 공성으로서 실현(現成)되어 가는 것이며, 우리들의 분별이나 희론이 부정되고 지멸되어 가는 것과 상즉(相卽)하고 있다. 즉 분별이나 희론의 지멸이 그대로 공성이 공성으로서 실현되는 것이며, 무분별지가 분별의 한없는 부정에 의해 자기완성되는 것이다. 이러한 무분별지에 의하여 자각되는 것이 진여이며, 이 자각에서 진여가 그 자신을 개현(개시)하는 것이다. 이 진여는 존재의 여실한 모습이며 실상이며 법성으로서, 이른바 존재의 본성이다. '공성'은 희론이나 분별을 적멸한 진여이며, 법성이라는 것은 '성질의 입장'에 따른 것이다. 이에 대해서 '공성'을 희론이나 분별의 적멸과 상즉(相卽)하고 있는 무분별지라고 보는 것은 '수행의 입장'을 나타낸다. 말하자면 유와 무, 자(自)와 타(他) 등의 이원적 대립을 고집하고 있는 우리들의 분별적 입장이 철저하게 부정되어야만 그와 같은 분별을 초월한 불이평등(不二平等)의 진여를 보는 무분별지(반야의 지혜)의 완성과 상즉될 수 있는 것으로, 여기에서 '공성'을 말하는 것은 '수행의 입장'에 근거하는 것이다.

실상＝공성의 개시(開示)

'희론(戱論, prapañca)'은 일반적으로 우리들이 사물을 대상적으로 보는데에 사용되는 말로서, 이 말은 어떠한 대상이 그 자체로서 존재한다고 하는 생각(분별)을 낳는다. 이러한 의미에서 희론은 분별적인 말이다. 따라서 이 말에 의거하여 우리들의 분별(사유)이 한없이 전개되며, 그 분별에 의하여 보이는 대상이 실체화된다. 단순한 사유의 대상에 지나지 않는 것이 실재로 보이는 것이다. 거기에는 분명히 사유와 존재의 관계에 대한 혼동이 개재되어 있다.

그런데 공성이라는 것은— '사물이 있다.', '사물을 본다.'라는 일상적인 경험에서 희론이나 분별이 생하는데, 그와 같은 희론이나 분별에서 사물이 대상적으로 파악되고 말이나 사유의 대상이 실체화되는 것을 부정한다. 그와 동시에 이와 같은 실체화의 부정에서 사물의 참다운 존재방식, 즉 실상이 그 자신을 개시하는 것으로, 바로 이 실상이 공성으로 지칭되는 것이다. 거기에서는 존재가 그대로 공인 것이다. 사물을 있는 그대로 안다는 것은 바로 이러한 존재의 공성을 직관하는 인식이며, 이는 사물에 대한 분별이 한없이 부정된다는 것이다. 공성의 인식에서는 언어의 대상도 존재하지 않으며 사유의 대상도 존재하지 않는다. 그러한 대상이 존재하지 않는다는 것은 공성에 있어서는 언어도 사유도 있을 수 없다는 것이다.

그러나 그것은 공성에 의해 그러한 것들이 무(無)가 된다든가, 존재가 비존재가 된다든가 하는 것은 아니다. 본래 언어의 대상이나 사유의 대상은 존재하지 않는 것으로, 본질적으로 공인 것이다. 그럼에도 불구하고 우리들은 언어나 사유에 의하여 대상을 실재화하고, 그것을 고집한다. 바로 여기에 사물에 대한 우리의 집착이 주어지는 것이다. 그리하여 이러한 집착이 일상적인 사유나 실천의 근저를 형성하기 때문에 각종 업이나 번뇌가 되어 우리에게 고뇌와 미혹을 초래하는 것이다.

공성은 이와 같은 고뇌나 미혹의 근원에 있는 집착을 철저히 부정한다. 이러한 공성의 작용이 바로 '공성의 쓰임'이다. 이 집착의 부정은 그대로 무분별지가 현성(現成)한 것이다. 즉 공성이 공성 자체를 개시하는 것이며, 업·번뇌에 의해 미혹된 자신이 부정되어 자각의 지혜가 생하고 반야바라밀이 체득되는 것이다. 이러한 공성의 자기개시에서 공성을 보는 것이 '수행의 입장'이며, 그러한 입장에서 바바비베카는 '공성'을 무분별지라고 하였다.

이것은 공성이란 모든 집착을 초월하는 것, 그리고 그것을 초월함에 있어 공성이 그 본성(본래성)을 나타내는 것임을 보인 것이라고 할 수 있다. 요컨대 그는 공용, 공성, 공의 중에서 공용과 공성은 수행의 입장에서, 공의에 대해서는 본성의 입장에서 이해한 것이다.

찬드라키르티의 '공성' 해석

찬드라키르티는 이에 비해 한층 더 공성의 본래적인 것을 분명히 하려고 했다. 그는 그 점에서 나가르쥬나의 입장을 가능한 그대로 이어받고자 하였다. 그래서 《중론》에서 적절한 말을 찾아 그것을 인용하며 공성에 대하여 해설했던 것이다.

그에 의하면 제2의 '공성'은 일체 희론의 지멸 그 자체, 즉 열반으로서 무분별지가 아니다. 수행의 입장에서의 공성은 제1의 '공용', 이른바 일체의 희론을 지멸하는 것이다. 또 유나 무를 고집하는 집착에서 벗어나는 것으로 나가르쥬나 자신의 말처럼, "모든 견해(사견)를 뛰어 넘는 것"(《中論》 13·8)이며, "유와 무를 초월하는 것"(《六十

頌如理論》)이다.

찬드라키르티의 주석에서 특히 주목되는 것은 '공의'에 대한 해설이다. 그것은 공성이란 연기를 의미하고 있다는 것인데, 이는 《회쟁론》에서도 분명하게 나타나고 있다. 이 점에 대해서는 이미 논했으므로 여기에서는 생략한다.

7. 아리야데바의 입장

아리야데바의 전기와 저작

나가르쥬나의 제자인 아리야데바(Āryadeva, 提婆)에게는 몇가지 저작이 있었다고 한다. 그러나 그 진위에 대해서는 미진한 부분이 많다. 구마라집이 한역한 《백론(百論)》과 일부 산스크리트 단편, 그리고 티벳역으로 그 전체가 전해지는 《사백론(四百論)》 등은 그의 사상을 전하는 중요한 저작이다. 그러나 전자는 차치하고라도, 후자에 대해서 아직 그 전모가 소개된 적이 없어 그의 사상에 대한 연구는 금후의 과제로 남아 있다. 스승 나가르쥬나의 사상을 계승한 아리야데바는 사상적 입장에서 스승과 공통하는 면과 상이한 면을 다 같이 지니고 있다는 것은 이미 지적되었다. 그러나 일반적으로 후에 전개된 중관학파에서는 양자 사이에 본질적인 차이를 인정하지 않는다. 오히려 아리야데바는 스승의 충실한 조술자(組述者)로서 공성사상을 이론과 실천 양면에서 스승과 더불어 발전시켰다고 보고 있다.

그의 전기(《제바보살전》, 《부법장인연전》 외에 티벳전이 있다.)에 의하면 그의 생애는 파란 만장하였으며 사상과 실천에 있어 격렬한 비판정신으로 일관하였음을 알 수 있다. 따라서 평온무사한 일생을 보낸 것이 아니라, 격동적으로 살았던 것이다. 이러한 경향은 저작 속에서도 흐르고 있다. 즉, '아리야데바는 스승 나가르쥬나보다도 훨씬 더 공성사상을 논함에 있어' 타학파의 사상을 철저히 비판하였던 것이다. 이와 함께 현실의 모습을 냉철하게 직시할 것을 우리들에게 요구하고 있다. 예컨대 《사백론》 후반을 보면, 일상적인 관념이나 그것을 근저로 하는 모든 형이상학적인 제 사상을 구체적인 예를 들어 그것들을 비판하고 부정함으로써 공성의 이론적 전개를 펼치고 있다.

아리야데바의 사상

그는 사물의 '상주성'에 대하여, "인연 없이는 유(존재)라는 것은 어느 때에도, 어떤 것에도, 어디에도 있는 것이 아니다."(《四百論》) 라고 부정한다. 그리고 인과성을 예를 들어 "원인 없이 사물은 있는 것이 아니다. 원인이 있는 것은 상주하는 것이 아니다. 따라서 원인 없이 생하는 것은 성립하지 않는다라고 진리를 아는 분이 설하셨다." (《四百論》 9·30)고 한다. 이 논법은 나아가 공성을 상주라고 보는 것, 부분과 전체의 관계에서 부분을 가지는 것으로서의 전체를 불변이라고 생각하는 것, 원인과 결과의 연속이나 불연속을 고집하는 것, 극미(원자)론에 의하여 존재의 상주성을 세우는 것 등을 차례차례로 예를 들어가며 비판, 부정하고 있다. 그리고 그는 "불타에 의해 설해진 심밀(深密)한 가르침에 대해 의심을 품게 되면, 그때야말로 공성에 대한 믿음을 분명히 일으킬 것이다"(《四百論》 12·5)라고 공성에 대한 믿음를 권장하고 있다. 왜냐하면 "바르지 못한 사람에게는 자아의 식(아집)이 최고이지만, 무아를 보는 사람에게는 그렇지 않다. 전자는 악취에 떨어지지만, 후자는 적정(涅槃)에 이르기"(《四百論》 12·5) 때문이다.

아리야데바가 얼마나 깊이 현실을 직시하고 있었던가는 《사백론》 전반에서도 볼 수 있다. 거기에서는 여러 각도에서 현실에 대한 우리들의 인식이 얼마나 도착(倒錯)되어 있으며, 욕망 등의 격정에 의해 자신을 망각하고 있는가를 실로 예리하게 지적하고 있다. 그 일례로 《사백론》 제1장에서 '항상으로의 집착'에 대하여 그가 말하고 있는 것의 일부를 간략하게 소개하겠다. '항상으로의 집착'은 우리 현실의 무상한 모습을 바르게 인식하지 못하는 미망이며 망집으로서, 그러한 모든 형태의 미망을 끊는 곳에서 무상을 아는 승의로의 길이 열리는 것이다. 그런데 우리 현실의 무상한 모습은 죽음에서 분명히 볼 수 있지만, 죽음에서 현세적(現勢的)으로 나타나는 무상의 진리성은 생에 있어 나태와 고집, 무지와 위만(僞瞞), 명리에 대한 자의적 욕망과 사물에 대한 피상적인 이해, 자식과 친족에 대한 은애(恩愛), 공포로 인한 도피 등 가공할 격정 때문에 삐뚤어지고 바르게 받아들여지지 못하는 것이다.

거기에서는 자기가 아닌 것으로부터 자기를 조정하려고 하는 자의적 주관이 나타나는 것으로, 자기의 현재 모습에 맹목적으로 사로잡힌 이기적 의지가 강하게 활동하고 있다. 그렇기 때문에 현실의 모습이 유한하고 무상임에도 불구하고, 그 현실을 절대화하여 유한한 자기의 세계로부터 멀리하고 회피하려고 한다. 그러나 아무리 현실을 절대화시켜 본질적이고 의미로운 것으로 주관이 욕구한다고 할지라도, 주관이나 이기적 의지는 위만과 공허로 가득 차 있기 때문에, 그러한 것에 의해서는 절대화 될 수 없을 뿐만 아니라 주관이 자의적으로 보는 현실 역시 미망이며 도착된 것임을 면할 수 없는 것이다. 무상은 우리들 세계의 현실상으로서 그 진리성을 드러내고 있지만, 그 진리성이 분명하게 되는 것은 인간이 죽음으로 인한 자기의 무상성을 스스로 확증할 때이다. 다시 말하면, 무상의 진리성은 자기가 죽음을 거부하지 않는 경우에 한해서 자기에게 분명하게 되는 것이며, 반면 죽음을 자의적 욕망에 의하여 거절하는 한, 죽음이라는 현실을 확증할 수 없기 때문에 진정한 자아를 상실하고 있다고 말하지 않을 수 없다.

아리야데바는 이러한 무상, 즉 죽음에 대하여 직시하고 거기에서 우리 인간의 생애 또한 가공할 격정과 그것에 의하여 전개되는 생의 현실에 대한 집착이 어떻게 전개되어지며 그로부터 어떠한 태도와 사유가 나오는가를 정확하고 깊숙하게 현실생활에 직접 파고 들어가 극히 일상적인 사례를 통하여 서술하고 있다.

Ⅲ. 歸謬論證派

—佛護와 月稱

타치카와 무사시(立川武藏)

1. 귀류논증파

중관파의 두 학파

나가르쥬나와 아리야데바에 의하여 형성된 중관파가 후세에 붇다파리타(佛護)와 챤드라키르티(月稱)에 의하여 확립된 귀류논증파와 바바비베카(淸弁)로 부터 시작되는 자립논증파로 분열되어 서로 비판한 사실은 잘 알려져 있다. 인도 중관사상사를 구분할 경우에 오늘날 가장 일반적인 이 두 학파의 명칭은 아마 티벳인에 의하여 붙여진 것으로 생각된다. 인도 중관사상을 구분하는 다른 방법도 티벳에 존재하고 있었지만, 귀류논증파와 자립논증파라는 구별방법은 게루그파(派)(Dge lugs pa)의 조사인 쫑카파(Tsoṅ kha pa) 이전부터 주요한 것으로서 인정되었다. 더욱이 그가 이 구분법을 최상의 것으로 취급한 후로는 이 구분법이 가장 많이 사용되었으며, 후세의 종의(宗義, grub mtaḥ)의 대부분은 대개 이 이분법에 따른 것이다.[2)]

귀류논증파는 티벳어로 텔굴파(Thal ḥgyur pa)라고 하는데 이것이 산스크리트로 바꾸어져 프라상기카(Prāsaṅgika)로 된 것으로 여겨진다. 현존하는 고대 산스크리트 불교 문헌에서는 학파명으로서의 '프라상기카'라는 말을 찾아 볼 수 없다. 그러나 이 구분법이 티벳에서 생긴 것이라고 하여 이 구분법을 우리들 자신의 고찰에서 사용해서는 안된다는 원칙은 없다. 이것은 오늘날, 중관사상의 역사적 고찰로서 가

---

1) 長尾雅人, 《西藏佛教硏究》(岩波書店, 1954), p.109.
2) 立川武蔵, 《西藏佛教宗義硏究》 제1권(東洋文庫, 1974), p.12 참조.

장 뛰어난 방법으로 간주되고 있다.

그런데 귀류논증파의 시조가 붇다파리타인지 챤드라키르티인지에 대해서는 티벳의 전승(傳承)사이에 차이가 있다. 예컨대, 세라제춘파(Se ra rje btsun pa)나 숨파켄포(Sum pa khan po)는[3] 붇다파리타라고 하는데 대해, 토우칸(Thuḥu bkwan)은 '붇다파리타 혹은 챤드라키르티'를 들고 있다.[4] 그러나 두 사람 중 누가 시조인가 하는 것은 중요한 문제가 아니다. 물론 붇다파리타가 자신의 《중론주》(*Mūlamadhyamakavṛtti*)에서 《중론》의 논법을 귀류법(prasaṅga-anumāna)에 의하여 주석한 것이 이 학파명의 기원이 되었음은 말할 필요도 없다. 하지만 일반적으로 귀류논증파의 사상사에서 붇다파리타가 차지하는 위치는 챤드라키르티와 비교하면 아주 미세하다. 챤드라키르티라 할지라도 인도 불교 전체에서 혹은 불교를 넘어서서 보자면 그렇게 유명한 사상가는 결코 아니다. 그러나 샨티데바(寂天), 프라즈냐 카라마티(Prajñākaramati), 붇다구후야(Buddhaguhya), 비마라미트라(Vimalamitra)와 같은 후세 티벳의 귀류논증파에 속하는 사람들에게 영향을 주고 티벳 불교(특히 게루그파)의 이론적 기초를 제시한 것은 챤드라키르티였다.[5] 이러한 의미에서 챤드라키르티를 귀류논증파의 조사로 취급하는 것이다.

귀류법과 그 논증식

---

3) *Rje bstun hjam dpal dbyaṅs dṅos kyi rgyal mtshan gyis mdzad paḥi grub mthaḥi rnam gshag*, 12b, 2(東洋文庫藏外文獻 167);Sum pa khan po, *Pag sam jon zang*(*Dpag bsam ljon bzaṅ*, Part 1, *History of the Rise, Progress and Downfall of Buddhism in India* (Calcutta, 1908), p.94.

4) Thuḥu bkwan, *Grub mthaḥ śel gyi me loṅ*, ed. by Chhos je lama, Sarnath(Varanasi, 1963), p.16,*l*,11.

5) 立川武藏, 〈チベット資料にみられる中觀プラーサンギカ派の系譜〉, 《アジア文化》 제10권 제1책, pp.66－74.

귀류논증파란 귀류법을 사용하는 학파를 의미한다. 그 귀류법은 일반사람들(凡夫)이 참으로 존재한다고 생각하여 집착하는 것이 세속의 차원에서 조차도 존재하지 않음을 주장하기 위하여 사용되어진다.[6] 귀류법이란 어떤 명제 S가 참임을 논증하려고 할 경우에, 먼저 S와 모순되는 명제 비(非)S를 가정하고, 이 가정에서 거짓이라는 결론을 연역해 내는 것이다. 비(非)S에서 거짓의 결론이 나오게 되면 비(非)S는 거짓이라고 말할 수 있다. 따라서 비(非)S가 거짓이므로 최초의 명제 S는 참이 되는 것이다.[7] 요컨대 명제 S를 부정하여 명제 비(非)S를 주장하는 경우에는 불합리한 결과에 이르기 때문에, 명제 S가 참임이 증명된다는 것이다.

귀류법은 붇다파리타가 사용한 것보다는 불완전한 모양이지만 대체로 나가르쥬나의 《중론》 속에서 자주 나타나고 있다. 오히려 귀류법적인 논법은 용수의 논법 가운데서 가장 중요한 것이었다. 이제 《중론》에 나오는 하나의 논의를 추출하여 귀류법의 일례를 살펴보고자 한다.

《중론》 2장 8게에서 11게까지는 걷는 것(혹은 가는것)과 그 작자(作者)와의 관계를 다루면서 걷는 동작은 어떤 사람에게도 없다고 서술하고 있는 부분인데, 용수는 다음과 같은 순서로 생각한다.

a. 만일 걷는 동작이 있다면, 그것은 (a1) 걷는 사람(gantr, 去者)에 있어서 이든가, (a2) 걷지 않는 사람(agantr, 非去者)에 있어서 이든가의 어느 쪽일 것이다.

b1. (a1)은 아니다. 왜냐하면, 만약 (a1) 이 참이라면, 1인의 걷는 사람에게 두 개의 걷는 것이 있다고 하는 불합리가 생겨 나기 때문이다.

---

6) 東洋文庫藏外 167 〔註(3)참조〕 12b, 1－2.
7) 梶山雄一, 《空の思想》(角川書店, 1969), p. 149.

제1의 걷는 것은 걷는 사람을 성립시키기 위한 것이며, 제2의 걷는 것은 제1의 걷는 것에 의하여 성립한 작자로서 걷는 사람 위에서 성립하는 것이다. 〔즉, 걷는 사람이라는 것이 그 자체로서 존재하고 있으며, 그것이 기체(基體)가 되어서 그 위에 그 기체와는 다른 것인 걷는 것이 존재할 때에 비로소 '걷는 사람에게 걷는 것이 있다.'라는 명제가 성립하는 것으로 생각된다.〕

그러므로, a1(걷는 사람에게 걷는 것이 있다)은 허위이기 때문에 걷는 사람에게 걷는 것이 없다.

〔여기에서 나가르쥬나가 일종의 귀류법을 쓰고 있음이 명백하다. 나가르쥬나는 《중론》에서 여기에서 보인 그대로의 형태를 기술하고 있지는 않지만, 논증하려는 명제와 모순되는 명제를 설정함으로써, 분명히 불합리한 결론을 끌어내고 있다.〕

b2. (a2)도 아니다. 왜냐하면, 걷지 않는 사람에게 걷는 것은 있을 수 없기 때문이다.

〔b2에 관해서는 나가르쥬나는 "걷지 않는 사람도 걷지 않는다."라고 8게에서 서술하고 있을 뿐, b1과 같이 상세하게 취급하고 있지는 않다. 그러나 후세의 주석서는 위에서 서술한 이유를 주(注)에서 설명하고 있다.〕

나가르쥬나 논증식의 구조

나가르쥬나는 걷는 사람과 걷는 것, 원인과 결과, 보여지는 것과 보는 자 등 어떠한 내적 관계를 가지는 두 개의 사실을 하나의 명제 속에서 표현한다. 그리고 두 개의 사실 중 한 쪽을, 혹은 두 개의 사실간의 관계 가능한 모든 경우를 상정하여 분류한다. 결국 이 경우에, 그 분류는 A와 비(非)A로 나누어 지는 것이 중요하다.

앞의 예를 사용하면 다음과 같이 된다. 걷는 것과 걷는 것의 작자는 여기에서 취급되는 것과 마찬가지로 이미 내적인 관계—여기에서는 운동과 그 기체(基體)의 관계—에 있는 '두 개의 사실(것)'이다. 만약 가는 것의 기체가 있다면, 그것은 '걷는 사람'(X)이든가 '걷지 않는 사람'(X̃)이라고 나타낼 수 있다. 여기에서 '가는 것'을 Y로 표시하면, 앞의 두 개의 가정은 다음과 같이 표현된다.

a1. 걷는 사람에게 걷는 것이 있다
gantur gamanam.
(Xgen, Ynom)
[gantur은 gantr(걷는 사람)의 속격.
gamanam(걷는것)은 주격.
Xgen은 X가 genitave(속격)임을 나타내고,
Ynom은 Y가 nominative(주격)임을 나타냄.]
a2. 걷지 않은 사람에게 걷는 것이 있다
agantur gamanam.
(X̃gen, Ynom)

그러나 이러한 두 개의 가정에서는 분명히 불합리한 결과가 발생한다. 나가르쥬나의 주장에 따르면, 그것은 a1 및 a2를 가정한 것이 잘못된 것으로, 원래는 명제 a1 및 a2의 부정, 즉 명제 a1의 부정 ~(X̃gen, Ynom) 및 명제 a2의 부정 ~(Xgen, Ynom)이 참이기 때문이다. 이 두 명제의 연언(連言)은 어떤 사람도 걸을 수 없다는 것을 의미한다. 물론 이러한 사실은 우리들의 일상적인 세계의 통념으로서는 용인할 수 없다는 것을 나가르쥬나는 알고 있었다. 오히려 알고 있었기 때문에 그 상식을 타파하고자 한 것이다. 이와 같이 나가르쥬나가 《중론》에서 주장한 수많은 테제는 일반 사람들의 통념과는 상반되는 것으로 이러한 테제가 바로 중관사상의 기본적 성격을 형성하고 있다.

물론 나가르쥬나가 일반적인 상식에 상반되는 것을 주장하고 귀류법을 주요한 논법으로 삼은 것 사이에는 깊은 연관성이 있는 것으로 그의 후계자들은 각각의 입장에서 상식에 상반되는 조사(祖師)의 테제를 변증하려고 하였다. 붇다파리타, 챤드라키르티 등은 나가르쥬나의 소박한 귀류법을 보다 체계적으로 사용하여 조사가 주장한 일반의 통념과는 모순되는 테제를 논증하려고 하였다.

2. 붇다파리타(佛護)

붇다파리타와 그의 저서인 《중론주》

티벳의 전승에 의하면 붇다파리타는 남인도에서[8] 디그나가(陳那)와 거의 동시대 혹은 조금 앞서 살았던[9] 인물이다. 오늘날 그의 연대는 470-540년 경으로 추정되고 있다.[10]

그의 《중론주(中論註)》(*Mūlamadhyamakavṛtti*)는 《무외주(無畏註)》나 《청목주(靑目註)》(라집역) 《중론》과 비교하면 훨씬 상세한 것이지만, 당시의 불교사상을 대표하는 유가행파의 사상에 대한 견해나 디그나가의 논리학, 인식론의 영향을 받은 흔적은 전혀 없다.[11] 붇다파리타의 《중론주》는 챤드라키르티의 《명구(明句)》(*Prasan-napadā*)와 설명의 순서, 방법 등에서 대체로 일치하지만, 바바비베카나 스티라마티(Sthiramati, 安慧)의 주(註)와는 상당히 이질적인 논의를 포함하고 있다. 붇다파리타보다 조금 뒤에 활약한 바바비베카(570년 입멸)는 붇다파리타의 《중론주》를 비판하였다. 그런데, 후에 챤드라키르티가 붇다파리타의 입장을 변호하면서 바바비베카를 격렬하게 비판한 사실은 잘 알려져 있다. 바바비베카의 붇다파리타 비판을 챤드라키르티가 변호한 것 가운데 가장 중요한 사실은 《중론》 제1장 제1게에 대한 장문의 주(註)에서 볼 수 있다. 《중론》 제1장 제1게는 사물(bhāva)

---

8) *Pag sam jom zang*, p. 94.
9) *Tāranātha chosbyun*, ed. by A. Schiefner(Petropoil, 1868), p. 99.
10) 梶山雄一, 《空の思想》, p. 143.
11) 山口益, 《般若思想史》(法藏館, 1966). p. 145.

과 생(生)하는 것 둘을 다루면서, 생하는 방식을 자신으로부터·다른 것으로부터·공통으로부터·원인없이(自·他·共·無因)라는 네 가지로 나누고 있다. 제1장 제1게의 산스크리트 원문 가운데 지금의 논의와 관계되는 부분을 발췌하면 다음과 같다.

na svato nāpi parato na dvābhyāṁ nāpy ahertutaḥ./
utpannā jātu vidyante bhāvāḥ……//[12)]
(모든 것은 자신으로부터도, 다른 것으로부터도, [자신과 다른 것] 공통에서도, 원인없는 것으로도 생한 것이 아니다(혹은 생하는 것이 아니다).

윗글의 내용은 다음과 같은 네가지 연언 명제로 바꾸어 쓸 수 있다.

c1. 모든 것은 자신으로부터 생한 것이 아니다.

na svato bhāvāḥ utpannā vidyante.

(na, svato, Xnom, Ynom, V)

[Xnom:bhāvāḥ(모든 것);

Ynom:utpannā[ḥ] (생한 것);V:vidyante(～이다). "V"는 동사를 표시하는 것이다.]

c2. 모든 것은 다른 것으로부터 생한 것이 아니다.

na parato bhāvāḥ utpannā vidyante.

(na, parato, Xnom, Ynom, V)

c3. 모든 것은 [자신과 다른 것]에서 공통으로 생한 것이 아니다.

na dvābhyām bhavaḥ utpannā vidyante.

(na, dvābhyām, Xnom, Ynom, V)

c4. 모든 것은 원인없는 것으로도 생한 것이 아니다.

na ahetuto bhāvāḥ utpannāḥ vidyante.

---

12) *Prasannapada* (약호 *PP*), ed. by Poussin, p.12. 여기에서 제외한 부분은 "어디에 있어서나 어떠한 것이나"(kva cana ke cana)이다.

(na, ahetuto, Xnom, Ynom, V)

그런데 우리들이 지금부터 고찰할 부분에서 C1과 C2가 특히 중요하다. 이 양자의 차이점은 C1에서는 '자신으로부터'(svato)이지만, C2에서는 '다른 것으로부터'(parato)라고 하는 것 뿐이다. 이러한 경우에 자신과 다른 것과의 관계는 모순이다. 즉, 자신과 다른 것의 교차는 무(無)이며, 자신과 다른 것과의 화합은 지금 논의하고 있는 일체의 영역이 된다. 따라서 자신을 S로 표시하면, 다른 것은 $\tilde{S}$로 표시할 수 있기 때문에 C1과 C2의 논리식은 다음과 같이 고쳐 쓸 수가 있다.

C1′, (na, Sab, Xnom, Ynom, V)
C2′. (na, $\tilde{S}$ab, Xnom, Ynom, V)
[Sab의 ab는 S가 ablative(탈격)인 것을 나타낸다.]

불생(不生)**의 논증**

그런데, C1 및 C2에 대해서 붇다파리타는 다음과 같이 말한다.

> 모든 것은 자신으로부터 생하지 않는다. 왜냐하면, [두 번] 생하는 것은 무용(無用)하기 때문이며, 또 무한히 계속 생하는 과실을 범하기 때문이다(중략).
> [모든 것은] 다른 것으로부터 생하지 않는다.
> 왜냐하면 일체에서 일체가 생하는 과실을 범하기 때문이다.[13)]

C3 및 C4에 대해서도 붇다파리타는 똑같은 논증 방식을 취하고 있

---

13) Buddhapālita, *Mūlamadhymakavṛtti*, ed. by M.Walleser(St. Petersburg, 1913), p.11.

다.[14)]

C1에 대한 붇다파리타의 논증은 전형적인 귀류법으로서, 다음과 같은 식으로 고쳐 쓸 수 있다.

사물이 자신으로부터 생한다(p)면, [두 번째로] 생하는 것은 무용(無用)하다(q).

사물이 자신으로부터 생한다(p)고 가정하면, [두 번째로] 생하는 것은 무용하다[는 불합리에 빠진다](q).

이것은 다음과 같이 기호화 할 수 있다.

$(p \supset q).p. \supset .q$[p이면 q이고, 동시에 p이면 q이다.][15)]

"무한히 생하는 과실에 떨어지기 때문이다."라는 부분과 C2-C4에 대한 붇다파리타의 논증도 똑같은 방식으로 이해할 수 있다.

나가르쥬나의 논식을 구성하고 있는 둘 혹은 셋, 넷의 선언지(選言肢) 각각에 대하여 붇다파리타는 이와 같은 귀류법을 사용하여 《중론》의 논법을 일관되게 설명하려고 하였다. 원래 귀류법의 사용은 그 형식을 완전하게 갖추지는 못했지만, 이미 나가르쥬나에게 나타나는 것으로 붇다파리타는 귀류법을 보다 정비된 형태로 나타내고자 했다. 그런데 6세기 중엽에 활약한 바바비베카는 당시에 성립한 형식 논리학의 영향을 받아 나가르쥬나의 논법을 그 논리학에 의하여 체계화하려고 하였다. 그는 귀류법이 가지는 하나의 특질, 즉 $(p \supset q).p. \supset .q$는 $(p \supset q).\tilde{q}. \supset .\tilde{p}$[$(p \supset q)$인 동시에 비(非)q이면, 비p이다]을 포함한다는 것을 간파하여 이것을 붇다파리타에 대한 비판으로 사용하였다. 결국 바바비베카에 의하면, 붇다파리타는 비p($\tilde{p}$), 즉 "사물은 자신으로부터 생하는 것이 아니다."를 주장한 것이 된다.

그러나 찬드라키르티는 바바비베카가 "사물은 자신으로부터 생하는

---

14) *Ibid*, p. 12.
15) 梶山雄一, 《空の論理》, pp. 1541-55.

것이 아니다."($\tilde{p}$)를 성립시키기 위해서는, 사물은 다른 것으로부터든 공통으로부터든 혹은 원인없이든, 적어도 이 셋 중 어느 것인가에 의해서 생한다는 것을 전제해야 한다고[16) 생각하였다.

다시 말해 청변의 이해에는 실수가 있었다. 앞의 C1′와 C2′의 논리식을 살펴보자.

(na, Sab, Xnom, Ynom, V)가운데 부정사 na가 문제이다. 이 부정사는 명제 전체를 부정하는 것인가, 그렇지 않으면 명사 S(자신)만을 부정하는 것인가? 그리고 만약 명제 전체를 부정하는 것이라면, 그것이 동사에 걸린다고 이해하든가, 혹은 "~라는 것이 아니다."(iti na)를 문장 전체의 뒤에 오는 것으로 이해할 수가 있다. 즉,

(na, Sab, Xnom, Ynom, V) 혹은

(Sab, Xnom, Ynom, V) iti na. [화살표는 걸리는 관계를 나타냄.]

라고 나타낼 수 있다. 따라서 이 두 개의 식은 모두,

~(Sab, Xnom, Ynom, V)

로 표시할 수 있는 것이다.

한편, 그 부정사가 명사 S에 걸리는 경우에는 '자신이 아닌 것', 즉

---

16) "자신으로부터 생하지 않는다."라는 명제를 프라사즈야프라디세다(비정립적 부정)에 의해서 읽어야 한다(北京版 西藏大藏經 95권, p. 155. 3葉 3-5行) 라고 서술한 후, 바비비베카는 "파류다사(정립적 부정)에 의하여 이해하게 되면, [어떤 것의] 확립이 중요하기 때문에 '갖가지 존재는 불생(不生)이다 *(chos rnams ma skyes so)*'라고 확립하는 것에 의해서 [갖가지 존재가] 생하지 않음을 나타낸다. 그렇기 때문에, '어떤 것도 생하지 않는다.'라는 정설에서 벗어나게 되는 것이다."(p.155. 3葉 5-6行)라고 서술하고 있다. 여기에서 말하는 "갖가지 존재는 불생이다."란 '자신으로부터는 불생이다.'라는 의미인지 '불생이라고 하는 어떤 포지티브한 것이다.'라는 의미인지는 분명하지 않다. cf. Y. Kajiyama, "Bhāvaviveka's Prajñāpradipaḥ(1.Kapitel)." ***WZ-KSOA***(1963), Band VII, p. 48.

다른 것이나 공통이나 원인이 없는 것 중 어느 것, 혹은 그 셋 중 몇 가지가 참인 것으로 정립된다. 이것은 '어른이 아닌 것'이라는 표현이 아이를 의미하는 것과 마찬가지이다. 결국,

(na, Sab, Xnom, Ynom, V)는
└─↑
($\widetilde{S}$ab, Xnom, Ynom, V)
(dvābhyām, Xnom, Ynom, V)
(ahetuto, Xnom, Ynom, V)

3개 가운데 적어도 하나를 의미하는 것이다.[17]

앞에서 서술한 명제의 부정은 프라사즈야 프라티세다(prasajya-pratiṣedha)라 부르고, 뒤에 서술한 명사의 부정은 파류다사(paryudāsa)라고 부른다.

바바비베카의 붇다파리타 비판

바바비베카는 붇다파리타의 귀류법을 비판함에 있어, 귀류법이 그 자신의 가정 및 귀결의 모순 명제를 반증할 때에 필연적으로 안고 있는 위험성에 주목하면서, 붇다파리타의 주석은 결과적으로 나가르쥬나의 의도와는 상반된 논증이 되어 버렸다고 주장했다. 하여튼 바바비베카 스스로가 인식하고 있었는지는 알 수 없지만, 그는 하나의 실수를 범하였다. 왜냐하면 그는 그 자신이 주장하는 부정 명제를 프라사즈야 프라티세다에 의해 이해해야 한다고 반복하여 기술하고 있기 때문이다. 이미 설명했듯이, C1′를 프라사즈야 프라티세다에 의해 이해할

17) '자신(自), 다른 것(他), 공통(共), 원인없이(無因)'의 논리적 의미에 대해서는 拙稿, 〈《中論》における四句分別の論理構造〉, 《足利淳氏博士善壽記念おオリエント學インド學論集》(國書刊行公會, 1978), p. 484 이하 참조.

경우, 부정사 na는 "모든 것이 자신으로부터 생한다."라는 명제 전체를 부정하는 것이므로 그렇게 되면 다른 것으로부터, 공통에서, 혹은 원인없이 생하는가 아닌가 하는 문제와는 상관이 없다. 그렇다면 바바비베카 그 자신은 왜 붇다파리타의 주석을 읽는 경우에 프라사즈야 프라티세다에 의해 이해하지 않았던 것일까? 귀류법이 그 자신의 가정 및 귀결의 모순 명제를 반증한다는 것은 이미 그 당시 사람들에게는 일반적인 것이었다. 그러나 붇다파리타의 주석에서 귀류법은 가정(假定)의 부정, 즉 '사물이 자신으로부터 생하지 않는다.'를 파류다사에 의하여 '자신으로부터는 생하지 않는다.'라고 이해하고자 했던 것은 아니다. 바바비베카 자신이 '사물은 자신으로부터 생하지 않는다.'를 프라사즈야 프라티세다로 읽는다면 붇다파리타나 다른 사람도 당연히 그렇게 읽을 수 있는 것이다. 이와 같은 식으로 바바비베카를 비판한 사람은 다름아닌 챤드라키르티였다. 챤드라키르티의 바바비베카 비판에 대해서는 뒤에 서술하기로 한다.

C1～C4에서 부정사의 걸리는 방식에 따라 문제가 일어난 하나의 원인은 '자신으로부터' 등 네 개의 말이 복합어의 구성요소가 아니라는 것이다. 나가르쥬나가 반론자의 주장(예컨대, 걷는 것은 그 작자에 있다는 주장)을 딜레마로 이끌기 위하여 다루고 있는 두 개 중의 어느 쪽(예컨대, 걷는 것의 작자)을 보집합적 관계(補集合的關係)로 나눌 때, 많은 경우에 그는 부정의 의미를 지닌 접두사 a가 붙어있는 복합어를 사용하고 있다. 예를 들면 걷는 사람(gantṛ)과 걷는 사람이 아닌 자(agantṛ)와 같이 a1 및 a2의 부정을 생각해 보자.

a1의 부정 ～(Xgen, Ynom)

a2의 부정 ～($\widetilde{X}$gen, Ynom)

이 2장 8게의 경우, 부정사 na는 명제 전체에 걸리는 것이 명백하며, C1-C4에 있어 문제가 되었듯이 부정사 na가 명제 중 어느 하나의 명사, 예컨대 '걷는 사람'(gantṛ)에 걸리는가 아닌가라는 의문은 거의 일어나지 않는다. 이와 같이 C1-C4의 경우에, '자신으로부터' 등이 복합적인 요소가 아니었기 때문에, 부정사 na의 기능에 두 가지 해석이 가능한 것이다. 그러나 다른 곳에서는 '자신으로부터' 등에 해당하는 부분이 복합적인 요소의 일부로서 표현되고 있는 경우가 대부분인데, 이는 C1-C4의 경우에도 당연히 프라사즈야 프라티세다로 읽어야 함을 시사하는 것이다.

붇다파리타는 각각의 귀류법을 모두 합하면 나가르쥬나가 의도한 것을 증명할 수 있다고 생각했다. 모든 것은 자신으로부터도, 다른 것으로부터도, 공통에서도, 원인없이도 생하지 않는, 즉 어디에서도 생하지 않는다는 것이 바로 나가르쥬나가 주장하고자 했던 것이다. 그러나 현재의 사물은 눈 앞에 존재하고 있으며 인간 생존의 기반이 되고 있다. 중관론자라고 하더라도, 이 현실을 간과할 수는 없었다. 이와 같은 문제를 안고 찬드라키르티가 등장하여 붇다파리타의 방법을 더욱 발전시켰던 것이다.

3. 챤드라키르티(月稱)

1. 초논리(超論理)의 입장

챤드라키르티(月稱;600-650)는 디그나가(陳那)의 논리학을 알고는 있었지만, 바바비베카와 같이 논리적인 체계를 사용하여 공사상을 논증하려고 하지는 않았다. 왜냐하면 논리, 즉 말이라는 것은 그것이 아무리 정합적으로 체계화될 수 있다고 하더라도, 열반에 도달하기 위해서는 적어도 한 번은 부정되어야 할 장애라고 챤드라키르티는 생각했기 때문이다. 그는 논리에 의해서 하나의 정합적인 세계의 구조를 제시하는 것은 해탈을 성취하는데 있어서 그다지 중요한 것은 아니라고 생각했다. 나가르쥬나나 붇다파리타와 같이, 그는 오로지 반론자의 주장에 귀류법을 적용함으로써 그 주장에 내재되어 있는 잘못을 지적하려고 하였다.

이와 같은 챤드라키르티의 논리 혹은 말에 대한 태도의 근저에는 현상 세계(속된 것)와 절대 진리(성스러운 것)에 관한 그의 근본적인 이해가 전제되어 있다. 즉, 그는 현상 세계(이것은 언어를 통해서 이해된다)를 초월한 곳에 절대가 있다고 생각하였다. 만일 절대가 인간에게 현현하는 경우가 있다면 그것은 깨달음을 얻은 불타에게서나 가능한 것으로, 불타는 일상의 언어 활동과는 다른 지혜를 얻어 절대를 체득하며, 불타가 되기 위해서는 사람은 단계를 따라서 명상 등의 종교 실천을 해야만 한다고 챤드라키르티는 주장한다. 그의 주저 《입중론(入

中論)》(*Madhyamakāvatāra*)은 수행자가 단계에 따라 불타의 경지에 가까와지는 모양을 묘사하면서 종교 실천의 중요성을 강조하고 있다.

이 초논리적인 챤드라키르티의 입장은 바바비베카의 그것과는 대조적이다. 바바비베카는 절대 진리가 현상 세계에 내재하는 것으로 생각한다. 다시 말해서 절대 진리와 현상 세계라는 '두개의 극(極)'은 언어라는 접점(接点)을 가지고 있기 때문에, 공성이라는 절대 진리를 논리, 즉 말에 의해서 논증할 수 있다고 생각하여 자립논증식을 정립하였던 것이다.

2. 세속 진리(世俗諦)와 최고 진리(勝義諦)

챤드라키르티의 입장—'약경 이제설(約境二諦說)'

《중론》에서 나가르쥬나는 '두 개의 진리'라는 개념을 확립하였다. 이 개념은 이미 《아함경》, 《열반경》, 《대비바사론》 등에서도 나오고 있지만, 교리상의 중심 개념으로 고양시킨 최초의 인물은 나가르쥬나일 것이다.[18] 나가르쥬나는 세간에서의 세속 진리(loka-saṁvṛti-satya, 世間世俗諦)와 최고 진리(parama-artha-satya, 勝義諦)를 불타가 설하는 교설의 두 가지 방식으로 파악하였다. 이 경우에 세속 진리는 말이라는, 형태를 취하고 있지만 깨달음에 이른 불타가 중생을 이끌기 위한 수단적인 것으로, 중생이 중생측에서 진리라고 생각한 것에 지나지 않는다. 이와 같은 나가르쥬나의 '두 개의 진리'에 관한 사고 방식은 종래에 '약교 이제설(約敎二諦說)'이라고 일컬어 지던 것이다.

그런데 챤드라키르티의 '두 개의 진리'에 관한 사고방식은 나가르쥬나와 상당한 차이가 있다. 챤드라키르티는 '두 개의 진리'를 불타교설의 존재방식으로서가 아니라 이 세계에서 사물이 가지는 두 종류의 본

18) 長尾雅人, 〈中觀哲學の根本的立場〉, 《哲學硏究》 제366호, p. 19.

질(本性)로 파악하였다. 이러한 챤드라키르티의 사고방식은 '약경 이제설(約境 二諦說)'이라 불리어진다. '경(境)'은 인식의 대상을 의미한다. 그러나 뒤에서 기술하겠지만, 챤드라키르티에 있어서도 불타의 교설은 세속 진리의 형태를 띠고 있다고 생각할 수 있다. 그러나 그것은 제일의적(第一義的)인 것이 아니다. 챤드라키르티는 《입중론(入中論)》에서(특히 6장 23게부터 29게, 79게부터 82게), '두 개의 진리'를 다루고 있다.

그는 '두 개의 진리'를 23게주(偈註)에서 다음과 같이 설명한다.

> '두 개의 진리'의 본성을 바르게 아신 불세존은 심적관성(心的慣性), 싹 등 내외의 모든 사물의 자성에는 두 종류가 있다고 설하셨다. 즉 세속과 최고 진리가 그것이다. 이 가운데에 후자는 바르게 통찰하는 자들의 뛰어난 지혜의 대상으로 현시되어 지는 것으로, 그 자체로서는 성립할 수 없다. 이것이 하나의 자성이다. 다른 하나는 무명이라는 눈병의 막에 의하여 지혜의 눈이 덮혀있는 일반 사람들의 허망한 인식능력에 의하여 나타나는 것으로, 범부들의 인식능력의 대상이 되는 그대로 자성을 수반하여 성립하는 것은 아니다. 그런 까닭에 일체존재에는 이 두 개의 자성이 존재한다. 이 두 개의 자성 가운데에서도 바른 인식능력의 대상이 진실이며, 그것은 최고의 진리라는 의미이다.[19]

두 개의 세속

챤드라키르티는 허망한 인식능력에도 두 종류가 있다고 생각한다. 즉, 건전한 감관(感官)에 의한 것과 불건전한 감관에 의한 것이다(24게). 이 두 개의 인식능력에 의거하여 세속도 두 종류로 분류된다. 즉,

---

19) Candrakirti, *Madhyamakavatara*(약호 *MA*), ed. by Poussin(1907), p. 102;小川一乘,《空性思想の硏究》(文榮堂, 1976), pp. 80-81 참조.

손상되지 않은 여섯 개의 감관(六限)으로 파악 되는 것은 세간적으로 이해된다. [이것은] 세간적 입장에서의 진리이다. 다른 것, [즉, 병 등을 앓고 있는 감관의 대상]은 세간적 입장에서 허위로 간주된다(25게).

전자는 정상적인 감관을 가진 일반 사람들이 인식하는 세계로 사람들이 그것을 진실한 것이라고 고집하기 때문에 챤드라키르티는 그것을 '세속 진리'(世俗諦, saṁvṛti-satya)라고 부른다. 이 경우 '진리'란 어디까지나 범부들에 있어서의 진리일 뿐, 불타의 입장에서는 진리가 아니다. 그러나 일반 사람들의 생의 기반은 이 '세속 진리'에 있기 때문에, 이것은 '세간에 있어서의 세속 진리'(世間世俗諦, loka-saṁvṛti-satya)라고 부른다. 병 등으로 손상된 감관의 대상은 세속으로서도 존재하지 않는다고 챤드라키르티는 생각한다. 대체로 감관에 손상을 입은 사람들을 챤드라키르티는 세간(loka), 즉 일반 사람들이라고 보지 않고 비세간(aloka)이라 부르면서 "그들의 세속은 비세간세속(邪世俗, alokasaṁvṛti)이다."라고 말한다.[20] 불교 이외의 학파의 주장, 예컨대 상캬학파가 주장하는 '세계의 3구성 요소'나 이슈바라(Īśvara: 바라문교의 自在天)신(神) 등을 그는 '허위인 세속'(邪世俗)에 소속시킨다(26게주). 이 '허위인 세속'은 앞에서 말한 비세간세속과 동일한 것이다. 바바비베카는 소위 상캬학파로 대표되는 "사물은 자신으로부터 생한다."라는 사고방식을 세속으로서 허용하고 있다.[21]

챤드라키르티는 《명구》에서 '세속', 즉 saṁvṛti라는 말에 대해 세 가지로 해석하고 있다. 첫째로 그는 "일체의 진실을 남김없이 덮어버리기 때문에 삼브리티이다."[22] 라고 정의한다. 여기에서 그는 삼브리

20) *PP*, p. 493, *l*.2-3.
21) *Ibid*, p.26, *l*.3.
22) *Ibid*, p.492,*l*.10.

티를 무지(ajñāna)와 동일시하고 있다. 무지는 일체의 진실을 덮어버리기 때문이다. 이 해석이 언어학적으로 타당한가에 대해서는 의문의 여지가 있지만, 그 철학적 의미가 잘 드러나 있다고 할 수 있다. 챤드라키르티가 들고 있는 두번째의 의미는 '서로 의존하는 것'이다.[23] Saṁvṛti라는 단어를 이러한 뜻으로 해석하는 것이 과연 산스크리트의 올바른 이해인가는 차치하더라도, 적어도 여기에서 그의 의도는 '세속'이라는 개념이 '연기'(의존하여 생함)의 개념과 가깝다는 것을 부각시키는데 있다고 할 수 있다. 세번째의 의미는 '생활 일반에서 약속되어진, 즉 세간 일반에서 인정되는 언어 활동'이다. 이것은 표현하는 것, 표현되는 것, 아는 것, 알려지는 것 등등의 형태를 띠고 있다.[24] '세속'이라는 번역어는 이 세번째의 의미를 가장 잘 나타낸 것이다.

그런데 챤드라키르티 뿐만 아니라 모든 불교도에게 있어 중요한 것은, 세속의 구조를 아는 것이 아니라 세속을 넘어서 최고 진리에 이르는 것이다. 이러한 의미에서 세속은 부정되어야 할 '속된 것'이며 최고 진리는 추구되어 져야 할 '성스러운 것'이다. 챤드라키르티에게는 세속을 부정하기 위하여 세속의 구별을 아는 것이 필요할 뿐만 아니라, 일상의 언어 활동을 지멸(止滅)시키기 위해서도 논리학의 체계에 관한 지식이 필요했다.

중관파에 있어서는, 일반 사람들이 사용하는 혹은 사용한 말은 적어도 한 번은 부정되어 지지 않으면 안된다. 어떤 사람이 말을 사용한다는 것은, 그 사람에게 세계 혹은 '언어적 전개'(戱論)가 시현(示現)되고 있음을 의미하는 것이다. 챤드라키르티는 세계가 인식의 대상으로 존재하는 한, 열반에 도달할 수 없다고 생각했다. 그 자신은 스스로 긍정적인 명제를 설정함으로써 세계의 구조를 설명하려고 하지 않았

---

23) *Ibid*, p. 492,*l*.11.

24) *Ibid*, p.492,*l*.11-12.

다. 대신 반대론자의 주장 속에 내재되어 있는 모순을 폭로함으로써, 말 혹은 논리가 확실한 것이 아님을 지적하려고 한 것이다. 이와 같은 그의 입장은 바바비베카에 대한 비판에서 현저하게 드러난다.

3. 세속의 부정

최고 진리의 현현과 세속의 지멸(止滅)

정비된 논식(論式)에 의하여 논의를 진행시켜야 한다고 생각하는 바바비베카는 붇다파리타의 논의 속에는 자립적 논증식에서 당연히 필요한 이유(因)나 유례(喩例)가 없다고 비판한다. 나아가 이미 우리들이 보아온 것처럼 가정이 반증되는 것이 귀류법의 특질이므로, 그는 붇다파리타에게 있어 "사물이 자신으로부터 생하는 일이 없다."는 것은 바로 "다른 것 등에서 생한다."를 반증하는 결과라고 주장한다. 바바비베카의 이러한 비판을 찬드라키르티는 《명구》에서 인용하고서 다음과 같이 비판한다.

> [바바비베카는 반론한다.] "자신으로부터 생한 것이 아니다."라고 생각했을 때에는 "다른 것으로부터 생한다."라는 불합리한 결과를 초래한다. [우리는 답한다.] 그렇지 않다. 명제의 부정(프라사즈야 프라티세다)에서 서술하려고 했기 때문에, 다른 것으로부터 생하는 것도 역시 [제2의 명제, 즉 "사물은 다른 것으로부터 생한 것이 아니다."에 의하여] 부정되기 때문이다.[25]

바바비베카가 자신의 명제는 프라사즈야 프라티세다에 의해서 읽혀져야 한다고 반복해서 주장했듯이, 찬드라키르티 역시 "모든 사물은

---

25) *Ibid*, p.13, *l*.4−6.

자신으로부터 생하지 않는다." 등의 명제는 같은 종류의 부정에 의해서 읽혀져야만 한다고 했던 것이다. 적어도 챤드라키르티는 타인에게 제시할 수 있는 이유(因)나 유례(喩例)를 갖고 있지 않았다.[26)]

그리하여 "모든 사물은 자신으로부터 생한다.", "다른 것으로부터 생한다."등의 말이 차례로 부정된다. 나가르쥬나가 《중론》에서 그렇게 한 것은 어떻게 말이 부정되어지는가를 보여주기 위한 것이었다. 챤드라키르티도 나가르쥬나의 이러한 태도를 잘 계승하고 있다.

챤드라키르티는 나가르쥬나가 설정한 딜레마의 모든 선언지(選言肢)를 부정하여 언어 활동을 지멸시키지 않으면 최고 진리의 현현(顯現)은 바랄 수 없다고 생각했다. 그는 반론자의 주장에 따라 그것을 사용한다. 즉 반론자의 논법에 따르면서 거기에 모순이 있음을 지적하기 위하여 그 자신도 논식을 사용하는 것이다. 챤드라키르티는 그가 쓰고 있는 말이 불완전하다는 것을 스스로 잘 알고 있었다. 그러나 한편으로 그는 불완전한 말일지라도 그보다 뒤떨어진 말이나 내용을 부정할 수 있다고 생각했으며, 이와는 반대로 보다 뒤떨어진 말은 그보다 뛰어난 내용의 말을 부정할 수 없다고 생각하였다.[27)] 요컨데 말 자체에 단계를 설정했던 것이다.

어떠한 말일지라도 일단은 세속적인 것으로 최고 진리는 아니다. 말이 작용하고 있다는 것은 세속 가운데에 있는 대상을 인식하고 있다는 것이다. 찬드라키르티는 대상, 즉 '알려지는 것'(jñeya, 所知)을 인식하고 있는 한, 혹은 그 인식 대상에 집착하고 있는 한, 열반은 얻을 수 없다고 생각한다. 대상의 형상에 대한 인식과 대상이 실재하는 것으로 보아 이것에 집착하는 것은 열반에 이르는데 장애(所知障과 煩惱障)가 된다. 따라서 열반을 얻으려고 하는 자는 이 두 가지 장애를 초극하지

---

26) *Ibid*, p.19, *l*.4.
27) 《入中論》 27偈 참조.

않으면 안된다.

유세속(唯世俗)**과 세속진리**(世俗諦)

범부가 수행을 시작하여 행자 혹은 성자가 되고, 부처가 되는 과정은 불교에서 가장 일반적으로 생각되어 지는 것이다. 이 경우에 성자는 이미 '속된 것'의 부정을 시작하여 '성스러운 것'으로 향하여 가지만, 아직 '속된 것' 속에 머물고 있는 것으로, 소위 '속된 것'과 '성스러운 것'의 중간에 위치하는 자이다. 범부, 성자, 부처라는 3자는 중관론자에게 있어 수행의 단계를 나타내는 지표로서 자주 사용되었다.

예컨대, 《중론》 24장 9게에 대한 《무외주(無畏註)》 및 《청목주(靑目註)》(라집역)는 이 3자 각각의 입장을 비교해 가면서 거의 같은 내용을 말하고 있다.[28] 즉, 범부는 오로지 일상적인 세속을 참으로 존재하는 것으로 고집하는 반면, 성인은 이 세계가 공하다는 것을 알고 있다. 그런데, 부처는 이 두 입장을 중생을 제도하기 위한 수단으로 사용하고 있다는 것이다. 《불호주》는 이 부분이 빠져 있어 확인할 수가 없다.

한편 챤드라키르티는 이 3자의 입장 비교를 위에서 말한 주석과 대응하는 형태로 《입중론》에서 기술하고 있다.

> 범부들에 있어서 최고의 것(don dam pa)으로 간주되는 것이 [인식기관에 대해서] 현현하는 것을 대상으로 하는 성자들에게는 유세속(唯世

28) 《無畏論》(北京版 西藏大藏經 95권, p.43, 2장 3행 이하). 《靑目注》(大正 30, 32下), "世間顚倒故生虛妄法.於世間是實. 諸賢聖眞知顚倒性. 故知一切法皆空無生. 於聖人是第一義諦名爲實. 諸佛依是二諦. 而爲衆生說法." 이 《청목주》와 거의 같은 절을 淸弁註漢 譯, 《般若燈論》 24장 10게주에서 볼 수 있다.(大正 30, 125中) 그러나 그것에 해당되는 부분은 《청변주》 티벳역에는 없다(北京版 西藏大藏經 제95권, p.247 제1장 3행 이하 참조).

俗, kunrdzobtsam)에 지나지 않는다. 그 [유세속]이 공성인 것이 그들 [성자들]에게는 최고의 것이다. 모든 부처님에게 있어 최고의 것은 본성(raṅ bshin) 그 자체이며, 그것은 또한 허위가 없는 것이기 때문에 최고 진리(don dam paḥi bden pa)이다.[29]

범부는 갖가지 대상을 인식하고 그 대상에 집착한다. 즉 그들은 대상을 인식하고 그것에 대하여 집착하는, 소위 열반에 도달할 때 장애가 되는 두 가지 요소 모두를 가지고 있다. 이에 반해 성자는 대상의 형상을 인식하고 있지만, 범부처럼 '실재하는 것이다.' 등으로 집착하지는 않는다. 즉 두 장해요소 중 어느 한 요소를 극복하고 있는 것이다. 범부들이 '실재한다'고 생각하여, 최고의 것으로 간주하고 있는 것이 성자들에게 있어서는 단순한 형상에 불과하다. 따라서 집착의 대상이 되지 않는다. 이러한 집착의 대상이 되지 않는 세속을 챤드라키르티는 '유세속'(saṁvṛti-mātra)이라고 이름한다. 이것은 《무외주》, 《청목주》, 《청변주》 등에서는 볼 수 없는 것으로, 챤드라키르티의 '두 개의 진리'에 관한 사고방식의 특징이다. 이와 같이 챤드라키르티에게 있어서 세속은 유세속(唯世俗)과 세속 진리(世俗諦)로 나누어지는 것이다.

4. 최고 진리

부처는 대상의 형상을 보는 일도 없고 대상에 집착하는 일도 없다. 부처는 그 두 개의 장애를 극복하고 있기 때문이다. 물론, 최고 진리에서는 말은 작용하지 않는다. 앞의 인용에서 살펴보았듯이, 성자에

---

29) *MA*, p. 108. 少川 역, p. 100 참조. 여기에서 말하는 '최고의 것'이란, 각주 (28)에서 든 청목주 가운데 '실(實)'과 같은 의미를 가진 것으로 생각한다.

있어서 최고의 진리는 유세속의 본성이 공성인 것이지만, 부처에 있어서의 최고 진리는 본성(raṅ bshin) 그 자체인 것이다. '어떠한 공성'이라고 할 경우, 이미 거기엔 공성이라고 보는 행위가 예상되어 진다. 챤드라키르티가 여기에서 성자의 최고 진리로서 "유세속의 본성은 공성이다."라고 서술하면서, 부처의 최고 진리는 본성 그 자체라고 서술한 것은 그 무엇을 공성으로 보는 행위조차도 허락하지 않는, 진리의 본성 그 자체를 보이고자 한 것이다. 《명구》에서 챤드라키르티는 법의 본질, 혹은 공성을 '자성'(svabhāva)이라고 부르고 있다.[30] 《중론》에서의 '자성'은 22장 16게와 같이 명백하지 않은 경우도 있지만, 거의 대부분의 경우 반대론자가 주장하는 '자성'으로서, 부정되어야 할 의미로 사용되고 있다. 그러나 챤드라키르티는 이 단어를 유자성론(有自性論)이 주장하는 자성의 의미로 사용하는 한편, 진리의 의미로도 사용하고 있다. 챤드라키르티에게 있어서도 최고 진리는 공성 이외에는 없는 것이지만, 챤드라키르티가 생각하는 최고 진리는 부정을 매개로 하여 표현되는 나가르쥬나의 그것보다는 보다 더 적극적인 것이었다고 생각된다.

최고 진리는 '성스러운 것'의 획득을 바라는 모든 사람들의 목적지이며, 거기에 도달하여 사는 자는 오직 부처뿐이다. 그러나 사람들이 살아가는 현실적인 세계의 존재를 변증하는 것 역시 중관론자가 해결해야 할 과제였다.

5. 연기에 의한 세속의 설정

2진리설의 도입과 챤드라키르티의 세속관

모든 것이 공하다면 사물이 생하는 일도 멸하는 일도 없으며, 사성

---

30) *PP*, p. 264, l.12.

제(四聖諦)도 없는 것이 되기(《중론》 24장 1게)때문에, 나가르쥬나의 사고방식은 모든 존재를 부정하는 일종의 허무론이 아닌가라는 반론이 제기될 수 있다. 이에 대하여 나가르쥬나는 세속 진리와 최고 진리의 구별을 도입하여 답하였다. 즉 최고진리는 말을 초월한 것이지만, 불타는 일상 언어라는 형식을 지닌 세속 진리에 의해서 가르침을 펴고 있는 것으로, 이 세속 진리에 의하지 않고서는 최고 진리를 설할 수는 없다(24장 10게)고 반론한 것이다. 일반 사람(즉, 아직 깨닫지 못한 인간)의 생존의 장으로서 이 세속 진리를 허용한 것이다. 나가르쥬나는 이 세속 진리가 성립하는 것을 '가설(假說)'('다른 것'에 인연하여, 임시로 '어떤 존재를' 설정하는 것, prajnāptir upādāya)이라고 불렀다. 챤드라키르티에게도 이러한 기본적인 사고방식은 바뀌지 않는다. 일체의 존재가 본래 허무이고, 세계는 아무런 질서도 가지고 있지 않으며, 인간의 영위함이 전혀 무의미한 것이라고 주장하지 않는 한, "일체는 공이다."라고 주장하는 중관론자 일지라도 세계의 구조나 인간 행위의 성립을 변증하지 않을 수 없는 것이다.

그러나 나가르쥬나는 세계나 인간 행위의 존재양식, 다시 말해 세속의 구조에 대해서는 그다지 적극적인 관심을 보이지 않았다. 그에게는 즉 세계가 어떠한 구조를 가지고 있더라도, 결국 그것이 공한 것임을 이해하는 것으로 충분하며, 그 한에서 세계의 구조에 관한 이해가 필요할 뿐이었다. 한편 챤드라키르티는 세계의 구조에 관해서는 나가르쥬나와 조금 다르게 생각하였다. 즉, 그는 나가르쥬나보다도 훨씬 깊이 세계의 구조에 대하여 관심을 가졌으며, 인간의 눈 앞에 전개되는 현상계가 인간의 생의 기반으로서 필수적인 것임을 강조하였다. 나가르쥬나와 챤드라키르티 사이에 볼 수 있는 세계에 관한 이러한 태도의 차이점은 두 개의 진리, 즉 연기라는 기본적인 개념의 이해에 있어서도 그대로 나타난다.

세속 진리의 성립근거—연기

허무론이 아닌가라는 반론에 대하여 두 개의 진리가 서술되었으며, 일반 사람들이 행위하는 현실적 장(場)으로서 세속 진리가 제시되었음은 이미 서술하였다. 그러면, 세속 진리의 성립은 어떻게 가능한 것일가? 이것은 연기라는 진리에 의거하는 것이라고 챤드라키르티는 답한다.

그는《명구》에서 다음과 같이 서술하고 있다.

> '이것에 의하여 저것이 있다는 것'(idaṁpratyayatā), [즉 연기]에 의해서만 세속(saṁvṛti)의 성립을 인정할 수 있다. [사물은 자신으로부터, 혹은 다른 것으로부터, 혹은 자신과 다른 것 양쪽에서, 혹은 원인없이 생한다고 하는] 네 개의 사고 방식이 인정되는 한 [세속은 성립하지] 않는다. 왜냐하면 그 네 개의 사고방식은 유자성론(사물에는 항상 불변의 실체가 내재한다고 생각하는 방식)에 빠져버리는 것으로 그것은 불합리하기 때문이다.[31)]

이와 같은 생각은《입중론》에도 보인다.

> 질문. 만일 당신 [즉, 중관론자]에 의하여 [사물이] 자신으로부터, 다른 것으로부터, [자신과 다른것의] 공통에서, 혹은 원인없이 생하는 것이 [세속 및 최고진리] 양쪽에서 부정된다면, 무명, 행, 종자 등에 의하여 식(識), 싹 등이 세속으로서 생하는 것을 어떻게 설명할 것인가?
>
> 답. 어떠한 사물도 원인없이, 혹은 쉬바(Śiva)신에 의해서, 또는 자신, 다른 것, 양자로부터 생하는 것이 아니다. 그러므로 [다른 것에] 연기하

---

31) *Ibid*, p. 54, l.1－12.

여 생하는 것이다. (114게)[32]

이미 고찰하였듯이, 나가르쥬나는 《중론》에서 만일 어떤 것이 생한다면 그 생하는 방식에 있어서 네 가지의 가능성이 있으며, 그 네 가지 이외에는 있을 수 없다고 가정하였다. 그리고나서 그는 이 네 가지의 가능성 모두를 부정하여 '어떠한 것도 생할 수 없음'을 논증하고자 하였다. 나가르쥬나는 실제 어떠한 것도 생하지 않지만, 현상 세계가 마치 존재하는 것처럼 눈 앞에 현전하는 것은 연기라고 하는 불타의 진리에 의한 것이라고 생각하였다. 그리고 챤드라키르티 역시 그 점을 강조하고 있다.

이러한 주장에 대하여 반론자들은 그들 자신에게 있어서도 현상 세계는 성립하는 것이라고 할 것이다.

이에 대해서 챤드라키르티는 다음과 같이 말한다. 당신들에게 있어 세계가 성립하는 것처럼 보이는 것은 유자성론에 의한 것으로 사실은 그렇지 않다. 당신들은 불타의 진리인 연기를 주장할 수 없지만, 우리들은 연기를 주장할 수 있다. 연기라는 진실에 의하면, 사물이 생하는 것, 즉 세계의 현상은 자신으로부터, 다른 것으로부터, 자·타 양자로부터, 혹은 원인 없이라는 네 가지 경우와는 전혀 다른 방식으로 성립한다.

대체로 《중론》에서 '연기'라고 하는 말은 상반된 두 개의 의미를 통일시키고 있다. 그 두 가지 의미 가운데 하나는 생하지도 않고, 멸하지도 않고, 모든 활동이 정지하여, 일체의 인과관계가 작용하지 않은 장(場)이며, 다른 하나는, 연기라는 단어에서 드러나듯이, '다른 것에 인연하여 생하는 것(혹은 사물)'이다. 챤드라키르티에게는 후자의 의미가 한층 더 중요시 되고 있다. 그는 연기를 '세속에 속하는 것'

---

32) *MA*, p. 226.

(saṁvṛita)으로 간주하고[33], 세속의 진리는 마치 자성을 갖고 있는 듯이 보이지만 그것은 "허구적인 것이며, 연기(rten ciṅ ḥbrel bar ḥbyuṅ ba)이다."[34] 라고 서술하고 있다.

세속 진리의 의의

챤드라키르티에게 있어 연기에 의하여 성립하는 세속은 세속의 요소가 완전히 무(無)로 된 최고의 진리보다도 뛰어난 것이다. 그는《사백론주(四百論註)》9장의 결론에서 눈병을 고치기 위해 눈까지 빼어버리는 일이 있을 수 없는 것과 같이 윤회의 괴로움을 제거하는 경우에 있어서도 신체 전체를 없애버리는 것은 좋치 못한 것이므로 세간적인 것이야 말로 중요하다고 서술하고 있다.[35] 즉, 행위의 토대로서의 신체—이것은 세간적인 것이다—가 필요하다는 것이다.

세속은 연기에 의하여 가능한 것으로, 연기의 구체적인 모습은 가설, 즉 불타가 세간 일반에서 통용되고 있는 언어 표현을 사용하여 갖가지 현상에 명칭을 부여하고 그것을 인간 생존의 현실적 기반으로 성립시키므로서 주어지는 것이다. 그런데 현상 세계에 명칭을 부여하는 것은 단순히 인간 생존의 기반을 마련하는 것만이 아니라, 인간을 최고 진리에로 인도하기 위한 수단(upāya, 方便)적인 기능이기도 하다. 나가르쥬나와 챤드라키르티 사상은 다같이 궁극적으로는 사람들을 세속으로부터 승의(勝義)에로 인도할 목적을 갖고 있는 종교 사상이었음을 잊어서는 안된다.

최고 진리는 언어로서 표현될 수 없는 것임에도 불구하고 열반에 이르기 위한 수단으로서 언어 표현이 주어지고 있는 것은 깨달은 자(覺

33) *PP*, p. 10, *l*. 13.
34) *MA*, p. 107, *l*. 11. 小川 역, p. 91 참조.
35) 山口益,《山口益佛教學文集(下)》(春秋社, 1973), p. 747.

者)의 자비심에서 비로소 가능하다. 챤드라키르티는 《명구》 서두에서 반야바라밀(지혜의 완성)의 본질을 이해한 나가르쥬나가 자비심(karuṇā)을 가지고 다른 사람들을 깨닫게 하기 위하여 《중론》을 저작하였다고 서술하고 있다.[36] 또 《중론》 24장 10게의 주석에서 그는 세속은 열반을 얻기 위한 수단이기 때문에, 물을 원하는 사람이 그릇을 이용하듯이 먼저 세속을 이용해야 한다고도 서술하고 있다.[37] 세속은 일상의 언어 활동(vyavahāra)이라는 형태로 드러나기 때문에 세속의 진리(saṁvṛti-satya)는 일상 언어 활동의 진리(vyavahāra-satya)라고도 부른다. 《입중론》에서 챤드라키르티는 다음과 같이 서술하고 있다.

> 일상적 언어 활동의 진리는 수단이며, 최고 진리는 목적이다.(80게)

세속에 사는 범부들을 최고의 진리로 이끄는 것은 제불(諸佛)의 교설이지만, 이 교설도 말이라는 형태를 취하고 있다. 말(언어)인 이상, 교설도 역시 챤드라키르티에게는 특별한 경우를 제외하고는 세속에 속하는 것이었다.[38]

> 크나큰 자비에서 나온 수단적인 지혜를 동반한 제불세존(諸佛世尊)의 이러한 모든 교설은 진실의 감로(甘露)에 들어가는 수단(upāya)으로 규정된다.[39]

---

36) *PP*, p. 2, *l*. 7－P. 3, *l*. 2.
37) *PP*, p. 494, *l*. 14-15.
38) 챤드라키르티에 있어, 苦諦, 集諦 및 道諦는 세속 진리에 속하고, 滅諦는 최고 진리이다.(《入中論》 5장 1偈註 *MA*, p. 71, *l*. 5) 따라서, 불타의 교설 가운데 멸제만이 세속 진리가 아니다.
39) *PP*, p. 372, *l*. 1-2.

라고 챤드라키르티는 말하고 있다. 그에 있어서 불타의 교설은 어디까지나 최고 진리에 이르는 수단일 뿐, [최고 진리 그 자체는 언어의 형식을 띠고서 나타나는 것]은 아니다. 한편, 자립논증파의 바바비베카는 최고 진리가 [경험 세계에서 작용하여 세간의 진정한 논리가 된 것][40] 으로서의 실세속(tathya-saṁvṛti)을 인정하고 있다. 챤드라키르티에게 있어 세속은 어디까지나 최고진리와 분리되어 존재하는 것이다.

세속과 승의의 단절과 연결

이와 같이 챤드라키르티의 체계에서 세속은 인간 생존의 기반으로서 중시 되지만, 최고 진리로 부터는 멀리 떨어진 것으로 이해되었다. 그러나 이 둘은 상호 관련되어 있다. 왜냐하면 챤드라키르티는 세속 그 자체를 확립시키기 위하여, 그리고 동시에 최고 진리의 존재를 세속의 오염으로부터 방지하기 위하여 세속 진리와 최고 진리, 즉 '속된 것'과 '성스러운 것'이라는 '두 개의 극(極)' 사이를 확실히 분리했기 때문이다. 이러한 태도는 챤드라키르티가 바바비베카를 비판하는 가운데 배운 것이라고 생각된다. 바바비베카는 '속된 것'이 스스로의 힘에 의해서(즉 말의 힘에 의해서) '성스러운 것'을 논증할 수 있다고 생각했다. 그러나 챤드라키르티는 개조 이래로 일상적인 언어 표현이란 원래 모순적인 것이라는 슬로건을 내세워온 중관파에서는, 아무리 정비된 논리식을 세우고 그 논리식을 정비할지라도 그럴수록 더욱 더 스스로가 세운 논식에 의하여 스스로의 과실이 노출되는 결과를 초래하기 때문에, 바바비베카의 논증식은 실패하였다고 간주한다. 챤드라키르티가 취한 방법은 초논리(超論理)적인 방법이다. 그는 모든 반론을 논파할 때에만 논리를 사용하였을 뿐 그 외의 모든 언어 활동은 지멸하고자

40) 梶山雄一, 〈中觀哲學の論理－序〉, 《哲學硏究》 제402호, p. 25.

하였다. 생의 기반으로서의 현실 세계는 연기의 이법에 의하여 성립하는 것으로 생각했다.

그러면 말과 말을 초월한 최고 진리와의 단절을 어떻게 이을 수 있을까? 챤드라키르티는 이 문제를 《입중론》에서 종교적인 실천에 의하여 답하려고 하였다. 논리주의를 버리고 실천에 호소하는 방법은 때로는 비합리주의, 신비주의의 문을 여는 것이 된다. 사실 챤드라키르티 이후 그의 후계자들은 밀교와 밀접한 관계를 가졌다. 수많은 밀교 논서가 챤드라키르티 자신의 것으로 간주되고 있으며, 후세 티벳에서도 그의 저작으로 여겨지는 밀교논서가 많이 읽혀졌다. 밀교는 비합리주의, 신비주의는 결코 아니다. 하지만 챤드라키르티는 비합리적이고, 신비주의적인 인도 및 티벳 밀교의 이론적 기초가 되는 하나의 전형(典型)을 제시했다고 볼 수 있다. 챤드라키르티가 공성을 자성이라 부른 것도 후세의 밀교사상과 관련하여 이해해야 한다.

챤드라키르티가 생존한 것으로 추정되는 7세기는 힌두이즘이 급속한 세력을 증대시킨 시기였다. 힌두들은 이 세계를 무라고는 생각하지 않는다. 설령 이 세계가 환술(幻術 : māyā)에 의해서 출현한 것이라고 할지라도, 그러한 한에 있어서 이 세계는 존재하는 것으로 믿었다. 자기들의 생을 받쳐주고 있는 장으로서의 세계는 엄연히 그들에게 존재하는 것이었다. 따라서 힌두들은 이 세계의 구조를 자기들의 인식능력에 따라서 이해하고 그것에 토대한 세계관을 세우려고 하였다. 상캬, 니야야, 바이세시카 등의 바라문 정통 제학파는 챤드라키르티 시대에 이미 치밀한 '세계구조'에 관한 이론을 형성하였다. 이것은 곧 다가올 힌두이즘의 전성을 예고하는 서곡이었다. 그러나 현상세계에 대한 고찰은 아비달마불교, 유식파, 논리학파 등 불교 내에서도 각각의 입장에 따라(그것은 일종의 힌두화현상이기는 하였지만) 행해지고 있었다. 세속에 관한 지적 체계의 수립은 힌두나 불교를 막론하고 다같이 수용하는 역사적인 동향이었다. 챤드라키르티도 이 동향을 간파하고 있었음이 틀림없다. 중관파는 원래 세계의 구조나 인식의 성립에 관해서는 냉담했던 것으로 사상의 방법 그 자체가 그러한 문제에 답하기에는 적합하지 못하였다. 챤드라키르티가 중관론자로서 취한 길은 세속으로부터 멀리 떨어지므로써 최고 진리, 즉 공성의 독자성을 지키고, 세속의 차원에 관해서는 그것을 연기라는 이법에 의해 성립시키면서, 생의 지반(基體)으로서의 세속을 세속 내에서 허용되는 한에서 그 의의를 찾는 것이었다. 이렇게 함으로써, 중관사상의 틀속이기는 하였지만, 챤드라키르티는 불교도로서의 입장을 지키면서 당시의 사상적 상황에 답하려고 했던 것이다.

Ⅳ. 自立論證派

애지마 야수노리(江島 惠敎)

1. 서 언

중관사상의 과제

일체개공(一切皆空), 즉 모든 존재는 그 자체로서 존재할 수 있는 실체성을 결여하고 있다는 공사상은 한편으로는 원시불교의 무아·무상·연기 등의 사상을 계승하여 그 내용을 더욱 심화 발전시켰으며, 다른 한편으로는 그 사상 자체를 어떻게 언어로 표현할 것인가, 공사상에 저촉되지 않으면서 어떻게 이것을 말로 표현할 것인가라는 매우 커다란 문제를 스스로 안게 되었다.

예컨대, "모든 것은 공이다."라는 것이 참이라면, "모든 것은 공이다."라는 말도 여기에서 말하는 '모든 것'에 포함되기 때문에 공일 것이므로, "모든 것은 공이다."라는 말은 거짓이 된다.

또 "진실은 희론(prapañca), 즉 언어 표현을 초월한 것이다."라는 말에 대해서도 똑같은 상황이 발생한다.

이와 같이 공사상은 그것이 지표로 하는 사상과 그것을 표현하는 말 사이에 모순(paradox)적인 상황을 초래할 가능성을 항상 가지고 있다. 그리고 이 문제에 대하여 어떻게 대처할 것인가하는 대처 방법이 공사상가, 혹은 중관사상가에 의해서 몇가지 제시되었다.

나가르쥬나(Nāgārjuna:龍樹, 150-250년경)의 《중론송》(*Madhymakakārikā*)은 중관사상의 전면적인 전개임과 동시에 이 문제에 대해서도 몇 가지의 해답을 제시하고 있다. 예컨대, 《중론송》 제2장에서는 '가다.', '걷다.', '간다.'라는 운동의 표현이 그 자신 속에 어떠한 배리(背理)를 포함하고 있는가를 지적한다.

> 지나간 것은 [이미 지나간다는 과정을 끝낸 것이므로] [현재에는] 지나가지 않는다. 또 지나가지 않은 것은 [아직 지나간다는 과정과 연결되어 있지 않기 때문에], [현재에는] 지나가지 않는다. 지나간 것과 지나가지 않은 것을 떠나, 현재에 지나가고 있는 것은 지나가는 것이 아니다. (《중론송》 2·1)

다음으로 '지금 지나가고 있는 것'에 초점을 맞추어 이렇게 말한다.

> 지나간다는 작용이 없이, 현재 지나가고 있다는 것은 절대로 있을 수 없다. 따라서 ['현재 지나가고 있는 것'이라는 표현 속에는 어디까지나, 지나간다는 작용이 이미 들어가 있는 셈이 되므로 현재 지나가고 있는 것이 '지나간다'라고 표현하는 것, 즉] 현재 지나가고 있는 것에 [다시] 지나간다는 작용이 있다고 하는 것이 어떻게 정당할 것인가?(《중론송》 2·3)

꽤 까다로운 논의이기는 하지만, 그 다음에 서술되는 것까지 포함하여 이것은 동사개념과 깊이 연관된 일상적인 언어로 일반화된다. '보다.', '듣다.'라는 감각에 관한 언어, '행하다.', '짓다.'라는 행위에 관한 언어(따라서 인과관계와 관계되는 것), 결국은 미혹과 깨달음을 표현하는 '속박되다.', '해탈하다.'라는 언어들도 같은 논법으로 그 배리(背理)가 지적되는 것이다.

여기에서 강조되는 것은 일상적인 언어와 그것에 지배되는 인간의 인식이나 삶의 방식이 근거가 빈약하다는 것으로, 사람들로 하여금 그것들이 실체성을 갖지 않은 공한 것임을 알게 하여 집착이 없는 공의 입장에 서게 하는 것이다.

승의진리와 그 표현

그러나 아무리 관념·언어의 내적 모순을 폭로하더라도 공사상을 말하는 장면에서는 언어를 완전히 부정해 버릴 수는 없다. 혹은 공사상가가 진실은 언어를 초월한다고 말하면서도 다른 한편에서는 요설(饒舌)이라고 할 수 밖에 없을 정도로 말을 희롱(戲弄)하고 있는 것은 대체 어떤 생각에서인가라고 반문하여도 좋을 것이다. 이에 대한 해답은 이제설(二諦說)에 의하여 주어진다. 승의진리 그 자체는 언어를 초월한 것이지만,

> 승의는 언어 표현(vyavahāra, 言說)에 의거하지 않으면 나타낼 수 없다. 그리고 승의에 도달하지 않으면 열반에 이를 수 없다.(《중론송》 24·10)

승의진리에 대비되는 것이 세속 진리인데, 이것은 일상적인 인간의 생활 공간에서 통용되는 진리를 가리키며, 언어 표현은 그 근간적인 부분을 이룬다고 생각된다. 그런데 그 언어 표현이 없으면 궁극적인 승의진리는 지시될 수 없고, 승의진리에 이르는 것도 기대할 수 없다. 이와 같은 점에 의해서 공사상가의 논술은 그 유효성이 보증된다. 공의 입장에 설 경우 언어를 초월한 승의진리가 공인 언어에 의해서 말해질 수 있다는 의미이다.

나가르쥬나에게는 바로 이 공한 언어에 의하여 공성의 표현 문제를 주제로 한 또 다른 저작인 《회쟁론(廻諍論)》(*Vigrahavyāvartanī*)이 있다. 이것은 당시에 체계화되고 있던 니야야 학파에 대한 비판서임과 동시에 공사상에 수반하는 부정에 대해서도 말하고 있다. 니야야학파

와 같이 실재론을 전제로한 논리학설을 비판해 가면서, 공을 말하는 자기(용수) 스스로의 말은 그 무엇도 부정되지 않는 방식으로 사물의 실체성을 부정한다고 한다.

나가르쥬나 이후의 중관사상가들도 기본적으로는 그의 노선에 따라서 같은 견해를 표명하고 있지만, 사상내용과 그 표현방법의 표리일체(表裏一體)에 있어 난점이 있기 때문에, 구체적인 사상표현에 있어서는—시대적 배경도 첨가되어—몇 가지 다른 형태가 생겼났다고 볼 수 있다.

예를 들면, 현재 전해지는 《중론송》의 주석자 가운데 붇다파리타(Buddhapālita:佛護, 470-540년경)는 《중론송》 주석의 전통을 거의 벗어나지 않은 주석자라고 생각된다. 벗어남이 적다는 것은 원문의 이해에 필요한 최소한의 주석을 하였을 뿐, 독자적인 자신의 견해를 더한다든가, 혹은 나가르쥬나 이후 2-3백년 사이에 일어난 다른 사상에 대하여 언급하거나 비판하는 것 등이 비교적 적다는 것이다. 후대에 챤드라키르티(Candrakīrti:月稱, 650년경)에 의해서 세상에 비로소 알려질 정도로 공사상 표현에 대한 일관된 방법적인 자각이 붇다파리타에 있어 명확했다고는 생각하기 어렵다. 어쨌든 붇다파리타에게서도 표현방법이 중요한 과제였다는 것은 마찬가지이다. 단지 나가르쥬나의 전통에 충실했으며 새로운 문제에 그다지 적극적으로 개입하지 않았다는 것 뿐이다.

현재 단편적으로 전해지고 있는 《중론송》의 주석자가 더러 있지만, 붇다파리타와 같은 학자, 새로운 불교 논리학설을 적극적으로 도입하려고 한 바바비베카(Bhāvaviveka:清弁, 490-570년경)나 스티라마티(Sthiramati:安慧, 510-570년경), 그리고 이와 대결한 챤드라키르티 등 몇몇 학자의 계열이 있었다고 생각된다.

다음에는 중관사상가의 흐름, 즉 중관학파 가운데 한 시기를 풍미했던 바바비베카에 대하여 주로 위에서 서술한 것와 마찬가지로 사상표현의 방법에 초점을 맞춰 소개하겠다.

2. 바바비베카의 저작과 배경

저 작

바바비베카의 저작으로는 다음과 같은 것들이 있다.

(1) 《중관심론송(中觀心論頌)》(*Madhyamaka-hṛdaya-kārikā*; 산스크리트, 티벳트 현존).

(2) 《대승장진론(大乘掌珍論)》(한역만 현존)

(3) 《중론주반야등론(中論註·般若燈論)》(*Prajñāpradīpa*; 티벳역, 한역 현존)

(4) 《중관심론송주·사택염(中觀心論頌註·思擇炎)》(*Tarkajvālā*; 티벳역만 현존)

(5) 《이부분파해설(異部分派解說)》(*Nikāyabheda-vibhaṅga-vyākhyāna*; 티벳역만 현존)

이 중에서 (5)는, (4)의 일부분을 별본(別本)으로 한 것으로 생각되므로 (4)를 대표로 해도 좋다. 그리고 (4)는 표제에서도 알 수 있듯이 (1)의 주석서인데, 현재 티벳역으로 전해지는 것을 그대로 바바비베카의 저작이라고 하기에는 의문의 여지가 있다. 그에게 《사택염(思擇炎)》이라는 자신의 주석이 있었다고 하더라도 그것은 현재의 것과는 달랐을 가능성이 크다. (1), (2), (3)은 일단 그의 저작이라고 생각해도 좋은데, 인용·언급의 관계를 살펴 볼 때, 먼저 (1)이 저작되고 난 뒤에 (2)와 (3)이 쓰여졌다고 추정된다.

내용에 관해서 간단히 소개하면, 《중관심론송》은 그의 주저(主著)로서 모두 11장으로 구성되어 있다. 제1장 〈보리심(普提心)을 버리지 말것〉, 제2장 〈석가모니의 서계(誓戒)에 준거 할 것〉, 제3장 〈진실지의 탐구〉라는 세 개의 장에서 자기의 중관사상을 전개하고 나서, 제4-9장에서는 성문(部派), 유가행파, 상캬학파, 바이세시카 학파, 베단타 학파, 미맘사 학파가 비판되고, 제10장 〈일체지자성(一切知者性)의 논증제시〉, 제11장 《찬탄과 논상(論相)의 제시〉로 끝나고 있다. 제1-3장, 특히 제3장은 바바비베카의 사상을 살피는데 아주 중요한 것이며, 제4-5장의 불교 내부의 타 학파 비판과 제6-9장의 불교 외의 학파에 대한 체계적 비판은[1] 당시에 있어서 제학파의 모습을 아는데 귀중한 자료를 제공하고 있다. 또한 이것은 바바비베카가 다른 학파의 사상까지도 흡수하고 나서 자기의 사상을 확립하였다는 증거가 되기도 한다.

《대승장진론(大乘掌珍論)》(한역 2권)은 뒤에서도 언급하겠지만,

진성(眞性)으로 하면 유위(有爲)는 공(空)이다.
환(幻)과 같나니, 연생(緣生)이기 때문이다.
무위(無爲)에 실(實)은 있지 아니하다.
불기(不起)인 까닭이나니, 마치 공화(空華)와 같다.

라는 유위공(有爲空), 무위공(無爲空)에 관한 추론식을 서두에 제시하고나서, 이것이 바른 추론식임을 설명한다. 이처럼 한개의 논리 형

1) 이른바 6파(六派) 중에서 니야야에 대한 비판이 빠져있는 것은 흥미로운 사실이다. 니야야와 자매학파인 바이세시카 학파에 대한 비판 속에 이러한 비판이 들어 있다고도 볼 수 있겠지만, 하여튼 바바비베카에게 있어 니야야는 독립성이 결여된 학파로 간주되었을지도 모른다.

식을 테제로서 명시하여 중관사상을 논술하는 형식은 현존하는 문헌에서 보는 한 선구적인 것이다.

《반야등론》은 위의 두 책과는 상이한 주석서이다. 하지만, 앞의 두 책에서 볼 수 있는 논리학설을 도입하여 사상표현의 방법적 자각을 기초하고 있다. 이런 의미에서 독특한 주석서이다. 《중관심론송》에서 서술된 논의가 많이 이용되고, 또한 자세히 설명되고 있다. 바바비베카가 자기 사상의 출발점으로 하였을 《중론송》을 어떻게 보고 있으며, 어떻게 전개하였는가를 아는 것은 매우 흥미로운 것이다.

시대적 배경

그가 저작 활동을 한 시대적 배경을 살펴보면, 먼저 불교 내부에서는 4-5세기에 걸쳐 유가행학파가 확립된다. 그리고 유가행파에 이어, 디그나가(Dignāga:陳那, 480-540년경)에 의한 불교 논리학의 체계화가 일단 완성된다. 디그나가는 니야야 논리학을 비판하면서 불교의 입장(주로 경량부)에서 극히 형식성이 높은 논리학설을 제시하였다. 이것은 불교사상이 논리학을 스스로의 것으로 받아들임과 동시에 논리학적 지평에서 자신의 사상을 표출하는 경향을 나타내는 것이기도 하다. 논리학적인 방법을 떠나서는 학설의 논술이 불가능한 분위기가 적어도 인도 사상계의 일부를 지배하고 있었던 것 같다.

특히 논리학적 경향이 6세기 중기에 바바비베카와 전후하여 활약한 유가행파의 다르마팔라(Dharmāpala:護法, 530-561)나 스티라마티(安慧)에 있어서도 현저하게 나타난다는 사실은 간과할 수 없다. 또 주의해야 할 것은 5-6세기의 인도 사상계는, 예컨대 디그나가가 베단타계의 바르트리하리(Bhartṛhari)의 저작을 바탕으로 하여 《삼시의 고찰(三時의 考察)》을 저술했듯이,[2] 불교 제 학파는 '학파'라는 말에서

2) 服部正明, 〈ディグナーガ及びその周邊の年代— 附《三時の考察》

흔히 연상되어지는 자기완결성·폐쇄성을 갖지 않고 불교 이외의 다른 학파와의 접촉을 꽤나 노력하고 있었다고 추정되는 점이다.

바바비베카는 이와 같은 상황 속에서 활약했던 것이며, 그의 저작의 도처에서 당시 상황의 반영과 그 상황에 대한 그의 대처방식을 알 수 있다. 즉 공사상 표현에 논리학적 방법을 적극적으로 도입하여 유가행파와 대결하고 바이세시카 등의 타 학파를 비판하는 것, 또는 논리학상으로 타당하면 베다 등의 학설도 불타의 말씀이라고 하는 등, 어떤 의미에서는 개방된 자세를 표명하고 있는 것은 이와 같은 상황에 그가 민감하게 반응하고 있었음을 나타내는 것이라고 해석해도 좋을 것이다.

和譯一〉,《塚本博士頌壽記念佛教史學論集》, (京都 1961), pp.79-96 참조.

3. 《중론송》의 평가와 자리매김

출발점으로서의 《중론송》

나가르쥬나의 《중론송》은 중관사상가인 바바비베카에게 있어 출발점인 동시에 도착해야 할 지표이기도 하였다. 역사적으로 볼때 불가능한 일이지만 바바비베카는 자기가 처한 시점에서 《중론송》의 이른바 현대적 평가를 시도하였다. 《반야등론》에 주석을 개시하면서 그는 다음과 같이 말하였다.

> 스승 [나가르쥬나]는 게송만으로 추론과 논파가 명철하면서도 진실되게 설하여, 잘못된 견해의 그물을 적멸시키는 반야바라밀의 이치를 보여주셨다. 그러나 수행자 중 어떤 자는 [그것을] 이해하지 못한다. 따라서 그들이 이해할 수 있도록 [나는] 성전에 따라서 《중론》을 주해하는 것이다.

이것은 바바비베카가 《중론송》을 전적으로 논리학적인 표현으로서 보고 있다는 것을 명시한 것이다. 논리학에서 '논증과 논파'라고 하면 논리학 전체를 가리키는 것인데, 이것이 여기에서는 '추론과 논파'로 되어 있음에 불과하다. 또한 그에 의하면, 《중론송》의 언명은 같은 성질(同性質)의 실례와 다른 성질(異性質)의 실례에 의한 추론(合作法, 異作法)과 이유개념의 3조건(因三相)으로 표현된다고 한다. 2종의 추론을 나가르쥬나가 알고 있었다는 것이 사실일지라도, 적어도 5세기까지는 이유개념의 세 가지 조건이 알려지지 않았다. 이 세 가지 조건은 디그나가 논리학의 기초적 원칙이 되는 것으로, 이것을 나가르쥬나에까지 소급하는 것은 논리학설사에 있어 상당한 무리이다. 그러나 바바비베카는 그렇게 보고 있다.

단지 《중론송》 전체를 추론식에 의거한 것으로 가정하더라도, 반드시 그것이 사실이라고 보증할 수 없는 것이며, 또 개개의 언명을 보면 추론식에서 요구되어 지는 주장 명제(宗), 이유 개념(因), 실례(喩)가 완전히 갖추어져 있을 뿐만 아니라, 오히려 주장 명제만으로 말한 것과 귀류논증적인 언명도 많다. 그래서 그는 각각의 표현을 '의미를 주로한 언명'(arthā-vākya)과 '귀류의 여지를 가진 언명'(sāvakāśa-vākya)으로 부르면서, 그것을 토대로 하여 보다 완전한, 혹은 보다 강력한 추론식을 도출할 수 있는 원천으로 보고 있다.

'의미를 주로한 언명'으로서는 《중론송》 1·1 등이 그 전형이다. 즉,

존재자는 어떠한 것도 어떠한 경우에도 결코 그 자체에서 생기하지 않으며, 다른 것에서도 생기하지 않으며, [자체와 다른 것의] 둘에서도 생기하지 않으며, 원인없이도 생기하지 않는다.

이것은 이른바, 사불생(四不生)을 기술한 것인데, 형식상으로는 주장 명제를 네 개 제시한 것에 불과하다. 여기에서 자불생(自不生), 즉 '그것은 자체에서 생기하지 않는다.'에 대하여 다음과 같은 추론식을 이끌어 낸다.

승의(勝義)에 있어서, 제내처(諸內處, 感官)는 그 자체로부터 생기하지 않는다. 왜냐하면, 현재 존재하기 때문이다. 예컨대, 정신성(상캬 학파

에서 말하는 순수 정신원리, 푸루샤)과 같다.(《반야등론》)

그리고 이하의 3가지 불생(不生)에 대해서도 마찬가지이다. 이러한 탈바꿈은 '의미를 주로 한' 나가르쥬나의 표현형식을 완전한 추론식으로 개조한 것에 지나지 않는다.

간접적 증명—귀류논증적 추리식

《중론송》에는 '의미를 주로 한 언명'이라고 하더라도, 간접적 증명, 혹은 귀류논증적인 것이 자주 나온다. 예컨대,

섶이 그대로 불이라고 하면, 작용 주체와 작용 객체가 동일한 것이 된다. (《중론송》 10·1ab)

즉, 섶과 불이 동일하다고 가정하면, 작용 주체와 작용 객체가 동일한 것이 되고 만다(이하는 보충적인 것임). 따라서, 섶과 불은 동일하지 않다. 이것은 분명히 귀류논증이다. 그리고 이 형식을 바바비베카가 어떻게 보았을까 하는 것인데, 그는 이것을 증명 능력이 약한 것이라고 생각한 것 같다. 즉, 말하고자 하는 "섶과 불은 동일하지 않다."가 논리적으로 보충적인 것이라 할지라도 명확하게 제시되지 않았으며, 또한 정형적인 추론식이 아니기 때문이다. 그가 이 표현형식을 '귀류의 여지를 지닌 언명'이라고 하였을 때, 이중적인 의미가 생각된다. 우선 첫째로, p, q를 각각 명제로 하면, 이 형식은 'p이면 q'라고 하면서, 다른 한편으로는 'q가 아니다'로부터 나아가 '따라서 p가 아니다.'를 기대하고 있다. 'p이면 q'만이 있을 뿐, 'p가 아니다.'라는 결론을 도출하는, 즉 귀류의 과정이 빠져 있다. 전체는 'p이면 q, 그런데 q가 아니다. 따라서 p도 아니다.'(p⊃q · q⊃p)가 되어야만 한

다. 우선 '귀류의 여지를 지녔다.'는 것은 귀류의 과정을 명시할 필요성이 있다는 것을 뜻한다. 두번째로, 그러한 필요성이 있다는 것은 논리적 여지가 명확하게 한정된 것이 아니기 때문에, 기대나 예상 밖의 결론이 도출될 가능성이 있다는 것이다. 따라서 적극적인 추론식에 의하여 논리적인 여지가 명확하게 한정되는 것이 바람직하다. 바바비베카는 앞에서 살펴 보았듯이 이와 같은 표현형식을 생각했었다.

여기에서 상세한 것은 생략하지만, 그가 어떤 일정한 조작을 가하여, 그것으로부터 끌어내는 추론식은 다음과 같다.

> 승의에서 불과 섶은 동일하지 않다. 왜냐하면 작용 주체와 작용 객체이기 때문이다. 예컨대, 절단하는 것과 절단되는 경우는 같다.

이와 같이 바바비베카는 적어도 논리적 목적을 가진 《중론송》의 표현형식에 관해서는 전부를 논리학적인 지평에서 평가하여 그것을 추론식의 원천으로 삼고 있다.

《중론송》 전체는 연기·공을 설하면서 반야바라밀을 실현하며, 분별이나 말을 초월한 진실의 체득을 목표로 하고 있다. 그런데 이와 같이 논리학적으로 평가하고 자리매김하는 것은 경우에 따라서는 너무나 분별에 기울어진 해석이 아니냐는 비난을 받을 수도 있다. 일상적인 언어 범주 내에서의 규탄이다. 정말 후대가 되면, 즉 찬드라키르티는 바바비베카가 논리학을 과대평가하였다고 비난한다. 하지만 바바비베카의 경우, 역시 아무리 그가 추론식이라는 논리학적 표현형식을 고집했다 할지라도, 그 추론식은 분별을 넘어선 진실의 일보직전까지의 범위내에서만 기능하는 도구로서, 강을 건널 경우의 뗏목, 진실의 성전에 오르는 계단에 불과한 것으로 최종적으로는 버려야만 하는 것이다. 《중론송》에 대한 그의 평가는 논리학을 중심으로 한 명확한 방법적 자각에 토대하고 있다. 만일 이 점을 간과한다면, 그의 끈질긴 논리학적 표현은 무미건조한 것으로 여겨질 것이다.

4. 공성논증의 논리

바바비베카의 출발점은 《중론송》과 당시 체계화되었던 불교 논리학이었다. 불교 논리학은 조금 선배인 디그니가에 의하여 일단 체계화된 것으로, 매우 엄밀하며 고도로 형식적이다. 바바비베카가 그것을 직접 구체적으로 디그나가의 저작을 통하여 알고 있었는지의 여부는 유감스럽게도 분명하지 않지만, 그것에 상당히 비견되는 지식을 가지고 있었던 것은 분명하다.

적어도 이치논리학(二値論理學)의 지평에서 볼 때 이처럼 형식성이 높은 논리학을 그는 공성 논증에 접합시켰다. 그리하여 그는 이른바 '공성논증의 논리'를 구축하였다고 할 수 있다. 설령 형식상의 결점은 있다고 할지라도 불교 논리학의 추론식을 공사상의 표현에 도입하여, 공성과 논리학의 접점에서 자기 나름대로의 방법을 확립함으로써 중관사상사에 하나의 획을 그은 것이다.

1. 2진리설(二眞理說)과 논리학

바바비베카의 2진리설

2진리의 사고방식은 그것 자체가 하나의 역사를 형성하며 여러 종류의 형태를 지니고 있는 것으로, 바바비베카의 경우에는 대체로 다음과 같이 파악된다.

승의(勝義)는 우선 '뛰어난 의미'로서 궁극적인 진리이며, 또한

'뛰어난 것의 의미'로서 분별적인 사유를 넘어선 지혜의 대상이다. 인간적인 모든 관념이나 언어를 초월하여, 주체적·직관적으로 체득되는 것으로, 그것이 그대로 진리가 된다.

세속이란 세간적인 일상성으로, 모든 세간적인 영위와 그것을 지시하는 일상적인 언어를 포함한다. 그리고 이것은 그러한 일상성과 모순되지 않는 한에서 진리라고 인정된다.

바바비베카는 위와 같이 구별된 2진리 사이에 '승의를 가지는 것', '승의에 적합한 것'을 설정한다. 이것은 궁극적 진리로서의 승의 진리 그 자체가 아니라, 그것을 파악하는데 도움이 되는 반야로서 불교를 체현해가는 듣고·사유하고·닦은 결과로서 이루어진 반야, 혹은 공사상을 표현하는 무생기(無生起)와 같은 언명 등을 내용으로 한다.

그리고 여기서 주의해야만 하는 것은 승의 그 자체가 아니라, 승의적인 것이 반야로 치환(置換)되어 지는, 반야의 기능 그 자체를 극히 중요시한다는 점이다. 그는 다음과 같이 말한다.

> 반야는 감로(甘露)로서 갈증을 해소하며, 빛이 차단되지 않는 등불이다. 또한 해탈의 성전으로 나아가는 계단, 번뇌의 섶을 태우는 불이다. (《중관심론송》 3·6)
>
> 그 인식력도 2진리에 대응하여 2종으로 인정된다. 왜냐하면 올바른 세속과 진실의와의 명석한 구별에 관여하기 때문이다. (위의 책, 8·7)
>
> 보시, 선행·지혜의 축적(福智資糧)을 완수하는 것, 그것들을 원인으로 하여 얻어지는 결과, [원인과 결과의] 결합 관계, [제존재의] 특징 등을 확실히 아는 것, 대자비를 수습하는 것, 유정을 비호하고 상속시키는 것, 이것들을 돕는 십이처(十二處)에 의거한 반야는 관습적이라고 알아야 한다.(위의 책, 3·8-9)
>
> 모든 사유의 망을 부정하며 적정한 것으로, 주체적으로 체득되어야 할 것이며, 분별적 사유를 초월한 문자가 없는 것으로 동일성과 별이성(別離

> 性)을 떠나 있으며, 허공과 같이 무구(無垢)한 것이 진실이다. 그와 같은 진실에서 작용함이 없이 작용하는 반야가 승의적인 반야이다.(위의 책, 3·10-11)
>
> 진실이라는 성전의 정상에 오르는 것은 바른 세속의 계단이 없으면 가능하지 않기 때문이다. (위의 책, 3·2)

한쪽에는 승의 그 자체가, 다른 한쪽에는 세속이 각각 존재하며, 그 중간에 승의가 의지처로 하는 반야가 위치한다. 이 반야가 승의 그 자체로 향할 때에는 승의적인 반야로, 세속을 대상으로 할 때에는 관습적인 반야로 각각 불린다. 반야 그 자체로는 승의 그 자체가 될 수 없지만, 이른바 세속에 의거하면서도 승의 그 자체를 지향하는 다리, 진실의 궁정에 오르기 위한 계단으로서 중요한 역할을 담당한다.

바바비베카의 2진리설은, 2진리를 불타의 교법으로 구분하든가, 또는 대상적 존재 세계의 존재론적 구분 등으로 이분(二分)하는, 이른바 약교(約敎)·약리(約理)·약경(約境)의 이제설(二諦說)이 아니다. 보다 깊이 인식하고 불교를 체현해 가는 지혜로서, 반야적 측면을 중시하고, 그것에 의거하여 오로지 승의로 나아가는 반야의 지향성을 명확하게 한 규범성이 강한 이제설임이 분명하다. 이상을 도식화하면 다음과 같다.(사선은 대상관계)

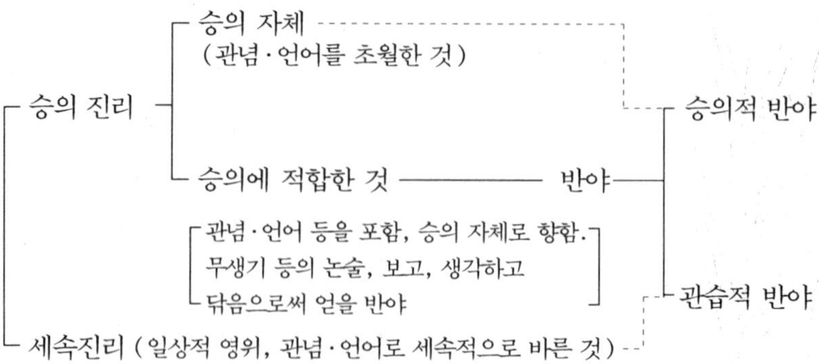

공성논증의 원리

이러한 2진리설에서 논리학은 과연 어떤 위치를 차지하는 것일까? 실은, 바바비베카의 논리학설(디그나가적인 불교논리학설)은 궁극적으로 부정되어야만 하는 것이다. 추론식이라는 논리 형식을 빈번히 사용하면서 이렇게 말하는 것은 분명히 역설적인 표현이다. 확실히 어떤 의미에서는 그렇다. 그러나 바바비베카가 논리학상의 술어, 논리 능력 등과 같은 것을 승의에서 부정한 다음 다시 공성을 논증하기 위하여 그것을 사용하고 있다는 사실은, 그 의도하는 바를 깊이 헤아릴 때 특별한 의미를 갖는다. 그는 자신이 아는 논리학설을 공성논증에 알맞도록 바꾸었지만, 공성을 논증하는데 필요한 범주 내에서 그것을 시인하며, 일단 공성논증의 목적이 달성되어 승의 그 자체의 세계가 열리게 되면 그때는 불필요한 것으로 폐기해 버린다. 그의 논리학은 이러한 기능을 갖고 있다. 따라서 그의 경우, 논리학은 공사상을 표현하는 한도 내에서의 논리학으로, 공사상에 의거된 수단적·방편적인 것에 지나지 않는다. 뒤에서 다시 설명하겠지만, 그것은 공사상과 논리학의 접점에서 구축되어 공성을 논증하는 것이기 때문에, '공성논증의 논리'라고 불러도 좋다.

이 공성논증의 논리는 그 기능상에서 보면 분명히 알 수 있는 것으로, 승의 자체를 지향하는 '승의에 적합한 것'에 포함된다. '승의에 적합한 것' 속에 '무생기(無生起) 등의 논술'이 포함되고 있는 것은, 무생기·무자성 등을 분명히 하는 공사상의 표현 전부를 지칭함과 동시에 그 하나의 전형으로서 이 공성논증의 논리가 자리매김 되는 것을 보여 주는 것이다.

공성논증의 논리가 작용하는 장(場)은 단순한 세속의 영역이 아니다. 승의 자체를 지향하는 반야의 활동도 하나의 장으로 간주되어 지지 않으면 안된다.

이는 앞서 소개한 바바비베카의 2진리설이 그의 주저인 《중관심론송》 제3장에서 제시되는 문맥을 보면 보다 분명해 진다. 먼저 진실지(眞實智)의 의미를 명시한 다음, 2진리와 상응하는 반야의 중요성을 기술한다(앞에서 인용함). 이어서 통상적인 산란한 마음에서는 진실을 볼 수 없기 때문에, 저자는 우선 마음을 통일(三昧)해야 한다고 말한다. 그리고 나서 다음과 같이 서술하고 있다.

> 지(知)가 통일되면, 그 다음 반야에 의해서 다음과 같이 고찰해야만 한다.
>
> 일반적으로 제법의 자성으로 파악되는 것이 있지만, 이것은 반야에 의해서 궁구할 때 승의에서도 그러한가라고?
>
> 만약 [승의에서] 그렇다면, 그것은 바로 진실이다. 그러나 그렇지 않다면 그는 그것을 검토해야 한다.(《중관심론송》, 3·21-22)

이 후에는 공성을 논증하는 추론식인 "승의에서는, ……은 아니다. 운운"이 전면적으로 전개되고 있다.

공성논증의 이론은 2진리 속에서 명확한 위치를 차지하며, 마음의 통일을 전제로 한 반야의 활동으로서의 논리적 사고이다. 그것이 여기에서 분명히 말해지고 있는 것이다.

예컨대, 후대 찬드라키르티에 의해서 바바비베카의 추론식 수용이 비판되었지만, 이는 공성논증의 이론이 작용하는 장(場)에 대한 해석상의 상이, 또는 2진리설의 내용적 상이에 기인한다. 현대의 학자들도 단순히 공사상의 표현형식에 대한 양자간의 표면적 상이에만 주목할 뿐, 그 표현형식의 근거나 체계적 위치에 대해서는 그다지 주의를 기울이고 있지 않은 것 같다. 바바비베카의 입장에서 본다면, 그가 중시한 것은 공사상을 전개하는 논리적 사고가 마음의 통일을 전제로 한 반야의 활동이지, 논리학 그 자체는 아니다. 즉 공사상을 표현하는 말에 대한 신뢰인 것이다. 이 점을 소홀히 한다면, 바바비베카의 방법적 자각·사상적 평가·중관사상사 위에서의 위치는 바르게 이해될 수 없을 것이다. 이상에 의해서 그의 이제설과 논리학의 궁극적 부정, 공성 논증의 이론이 작용하는 장(場)과의 연관이 분명하게 되었다고 생각된다.

2. 공성논증의 논리특색

통상적인 인식이 아니라 승의를 지향하는 바바비베카의 논리는 이미 세속적인 논리학이 아니다. 즉, 그의 논리학은 단순히 논리학적이거나 디그나가적인 논리학을 도입하는 것에 그치지 아니하고 디그나가적인 이치(二値)논리학의 지평을 초월하고 있다는 의미에서 특이한 논리라고 할 것이다. 그리고 이것은 몇가지의 특색을 지니고 있다. 그럼 그 특색에 대하여 살펴 보자.

> 승의에 있어 제내처(諸內處, 감관)는 그것 자체로부터 생기하지 않는다. [주장명제]
> 왜냐하면 현재 존재하기 때문이다. [이유 개념]
> 예를 들면 정신성(상캬에서 말하는 푸루샤)과 같다. [실례]

이 추론식의 특색은 《반야등론》에 최초로 나오는 이에 대한 바바비베카 자신의 설명, 또는 《중관심론송》 제3장에 보이는 추론식에 대한 《사택염》의 주석, 《대승장진론》 서두의 추론식에 부가된 설명에 의해서 대략 다음과 같이 정리된다.

(1) 주장 명제(宗)는 '승의에 대해서'라는 한정을 가짐.
(2) 부정 판단은 전부 비정립적·부정으로 규정됨.
(3) 이류례(異類例, 異品)는 존재하지 않음.

그럼 이에 대하여 차례대로 살펴보자.

(1) '승의에서'라는 한정지움

이러한 한정지움은 추론식이 '승의를 향하여' 구성되어 있다는 것, 따라서 추론식이 '승의에 적합한 것'으로 인정됨을 보이고 있다. 즉 공성논증의 논리가 작용하는 장(場)의 제시이다. 이러한 한정지움을 가지는 추론식은 어디까지나 무자성공(無自性空)을 내용으로 하는데, 그런 뜻에서 단적으로 세속적인 사항은 그 내용이 될 수 없다.

둘째로, '승의에서'라는 한정지움은 한정없는 언명으로 부터 스스로를 구별함과 동시에 무자성공(無自性空)에 걸리는 주장 명제가 세간적인 입장에서 행해지는 비난(배격)으로부터 자유롭다는 것을 보여주는 기능을 가지고 있다. 이 한정지움이 있기 때문에 자기가 승인하고 있는 학설에 의하여 배격되는 주장 명제, 직접지각(現量)에 의하여 배격되는 주장 명제, 일반 상식적으로 시인된 사항(極成)에 의하여 배격되는 주장 명제 등 바르지 못한 주장 명제에 빠지지 않게 된다고 말한다.

직접지각에 의하여 배격되는 예는, '말은 들을 수 없다.'인데, 이것은 '승의에서'라는 한정이 붙으면, 그 배격을 회피할 수 있다. 직접지각은 세속적인 것이기 대문에, 승의를 목표로 한 주장을 배격하지 않는다. 또 '승의에서'라는 한정을 가지는 것은, 역시 일반적으로 시인되고 있는 세속이기 때문에, 그것에 의해서 배격되지 않는다.

자기의 승인설(承認設)에 의한 배격에는 그 넓고 좁음에 의하여 자기가 신용하는 성전(聖典)과 자기 학설, 혹은 자기가 구성한 추론식에 의한 배격이 있다. 성전은 그것이 세속진리에 관계하는 한, 한정된 주장 명제를 배격하지 않으며, 또 승의진리에 관한 경우에는 승의공성을 내용으로 하기 때문에 공성을 논증하는 추론식에 의한 배격이 있을 리가 없다.

그러나 극단적인 배격일 경우에는 자기가 구성한 추론식에 의한 배격이 예상되는 때이다. 예를 들면, 불과 섶의 동일성을 부정하고 이어 불과 섶의 별이성(別異性)을 부정하는 추론식을 구성할 경우, 존재자가 그 자체에서 생하는 것을 부정한 다음—따라서 그 논리적 함의로서 '다른 것에서 생한다.'가 따라 나올 수 있는데—그 직후에 다른 것에서 생하는 것을 부정할 경우가 그것에 해당한다. 바바비베카는 승의에서 부정할 경우, 이러한 비난이 없다고 말한다. 그런데 이 문제는 다음과 같은 특색을 가진 부정의 형식과 관련된다.

이와 같이 '승의에서'라는 한정지움은 그 한정지움으로 인하여 지금 말해지는 것과 같은 배격을 근절할 수 있다. 세간적 입장은 이러한 한정을 지닌 주장 명제를 조금도 손상시킬 수가 없는 것이다.[3)]

(2) 비정립적 부정

공성을 논증하는 추론식은 전부가 부정 판단을 성질로 한다. '공이다.'라고 해도 그것은 '자성을 갖지 않는다.'는 것으로, 역시 부정적인

---

3) 역시 '승의에서'라는 한정을 가진 추론식에 나타나는 개개의 유형이, 승의에서는 존재할 수 없지 않을까하는 의문이 주어진다. 따라서 추론식을 구성하는 각 유형이 무의미하게 되고, 주장명제나 이유개념도 기능을 상실하게 되지 않을까 생각된다. 그러나 각 유형은 세속적으로 인정되는 범위에서 사용되고 있으므로, '승의에서'라는 한정이 있을지라도, 그다지 어긋나지 않는다고 한다. 이것 역시, 한정 기능의 파급적 부분으로 고려하지 않으면 안된다.

성격을 갖고 있다. 바바비베카는 이러한 공성논증에 수반하는 부정을 비정립적 부정이라 규정하였다.

인도의 문법학이나 제식학(祭式學, Mimāṁsā)에서는 조문해석 문제의 하나로서 부정의 기능에 대한 검토가 발달하였다. 이에 따르면 부정에는 부정된 사항과 모순하는 사항의 정립을 함의하는 정립적 부정(paryudāsa)과 그것을 함의하지 않고 부정기능이 끝나는 비정립적 부정(nisedha, 혹은 prassajya－pratiṣedha)이 있다. '이 사람은 바라문이 아니다.'라는 명제를 예로 들어, 이것을 정립적 부정으로 풀이하면 '이 사람은 바라문이 아니다. 크샤트리야, 바이샤……이다.'가 되며, 비정립적 부정으로 풀이하면, '이 사람은 바라문이 아니다. 가령 태어날 때에는 바라문이었다고 하더라도 바라문의 자질이 없다.'라는 것이 된다. 혹은 '이것은 흰색이 아니다.'는 정립적 부정의 경우에는 '이것은 흰색이 아니다.'만을 지시할 뿐, 이것이 무슨 색인가는 아무 것도 지시하지 않는다. 즉 함의를 허용하지 않는 것이다. 이 두 가지 부정 중에서 전자를 무모순율(無矛盾律)·배중률(排中律)에 따른 부정이라고 하며, 후자는 무모순율·배중률적 사고의 틀을 벗어난 부정이라고 할 수 있다.[4]

바바비베카는 후자, 즉 비정립적 부정에 주목하여, 이것을 '승의에서'라는 한정지움을 가진 추론식에 전면적으로 적용하려고 했다. 자불생(自不生)을 주장하는 '모든 내처는 그 자체로부터 생기하지 않는다.'라는 부정을 비정립적 부정이라고 규정한다. 이 경우의 부정이 정

4) 비정립적 부정은 미맘사학파에서는 금지(nisedha)라고 칭해지지만, 일반적인 형식 논리학에서는 진위(眞僞)의 값을 갖는 것이 명제가 되어, 명령·청원 등을 내용으로 하는 문장이 명제로서 취급되지 않는다면, 이것은 적어도 2치논리학(二値論理學)에서 말하는 명제에서의 부정과는 다르다고 하지 않을 수 없다. 이것은 비정립적 부정에 의한 논리 전개가 2치논리학이 아니라, 다치논리학(多値論理學) 내지는 양상논리학(樣相論理學)과 관련되며, 이러한 관점에서 해명될 수 있음을 시사하는 것이다.

립적 부정이라면, 이 부정은 그 부정 명제가 함의할 수 있을 '모든 내처는 다른 것으로 부터 생기한다.'라는 정립을 의미할 것이다. 다른 함의도 가능하다. 예컨대, 이것을 '승의에서 모든 내처는 그 자체로 부터 생기한다.'를 함의할 수 있을 것이다. 그러나 이 부정을 비정립적 부정으로 규정하면 그와 같은 함의는 일체 허용되지 않는다. 승의에서의 자불생(自不生)은 그것으로 완결될 뿐, 그 이상도 이하도 아니다. 다시 말해서, 다른 것에서 생한다든가 세속에서의 자생이라든가를 함의하지 않는 것이다.

그러면 왜 이러한 억지라고도 할 수 있는 규정을 가져왔는가? 그는 그 의도를 다음과 같이 설명한다.

> 모든 사유의 그물을 부정함으로써, 모든 인식대상에 상응하는 분별적 사유를 초월한 지혜(無分別智)를 달성하고자 하기 때문이다. (《반야등론》)

사유의 그물, 분별적 사유는 우리들의 통상적인 감각·사고로서, 사물, 사상(事象)을 고정적으로 파악하여 실체적인 자성을 조정하면서 집착을 일으키게 하는 것이다. 무자성공은 바로 그 대극(對極)에서 그것을 부정한다.

그런데 A의 부정이 비(非)A의 정립을 함의하는 것이라면, 승의공성으로 향하는 부정은 끝없는 부정의 연쇄를 낳을 것이다. 이것을 지멸시키기 위하여 함의의 연쇄를 금지하는 비정립적 부정의 규정을 적용하여 분별적 사유로부터의 초월을 지향한다. 다시 말해, 통상적인 논리적 사고, 무모순율·배중률에 따르는 사고(정립적 부정이 작용하는 사고)로부터 그것을 초월한 진실지의 실현을 의도하는 것이다.

(3) 이류례(異類例)의 비존재

디그나가의 논리학에서 추론식은 주장 명제(宗)와 이유 개념(因), 그리고 실례(喩) 이 세 가지가 갖추어 지지 않으면 안된다. 그런데 실례는 같은 성질의 실례(同喩)와 다른 성질의 실례(異喩), 이 두 가지가 갖추져 있어야 한다. 상세한 것은 다음으로 미루지만, 이것은 이유 개념과 주장 명제의 주어와의 관계를 명확하게 하는 이유 개념의 3조건(因三相)을 추론식으로 구체적으로 나타냄으로써 그 타당성을 보증하는데 그 목적이 있다. 같은 성질의 실례는 그 제2조건 '이유 개념은 주장 명제의 주어와 같은 성질의 실례(同類例, 同品)에 속할 것'(同品定有性)을, 그리고 다른 성질의 실례는 제3조건 '이유 개념은 다른 성질의 실례(異品)에 속하지 않을 것'(異品遍無性)을 각각 명시한다. "예를 들어 말(언어)은 상주(常住)하는 것이 아니다. 왜냐하면 의지적인 노력 직후에 생하는 것이기 때문이다." 이것을 보다 완전하게 표현하면, 다음과 같이 각각 기술된다. 즉, 같은 성질의 실례는, '의지적인 노력 직후에 생하는 것은 상주가 아니다. 예컨대, 항아리가 그러하다.'와 같이 기술된다. 그리고 다른 성질의 실례는, '상주인 것은 의지적인 노력 직후에 생하는 것이 아니다. 예컨대 허공이 그러하다.'로 기술된다.

그러면 바바비베카가 제시하는 자불생(自不生)의 추론식은 어떠한가? 어쨌든 같은 성질의 실례가 나타나긴 하지만 매우 불완전하다. 보다 완전하게 할려면 같은 성질의 실례는, '현재 존재하는 것은 그 자체에서 생기하지 않는다. 예컨대 정신성이 그러하다.'로 되어야 하며, 다른 성질의 실례는 '그 자체에서 생기하는 것은 현재 존재하는 것이 아니다.'로 하고나서 그 구체적인 사례를 들어야만 한다. 그러나 바바비베카의 경우 '정신성과 같은' 실례만으로서 충분하며, 다른 성질의 실례는 나타낼 필요가 없다고 말한다. 왜냐하면 자불생의 추론식에는 다른 성질의 실례(異類例)가 존재하지 않을 뿐더러, 이유 개념의 제3

조건도 자연히 지켜지고 있다고 보기 때문이다.

자불생의 추론식은 논증되어야 할 성질·술어(所立法)가 '그 자체에서 생기하지 않는다.'인데, 이 경우에 부정이 비정립적인 부정으로 규정되고 있기 때문에, 주어인 '모든 내처(內處)'에 '그 자체에서 생기하는 것'이 단적으로 소속되지 않는 점을 서술하고 있을 뿐, '그 자체에서 생기하지 않는다.'가 '모든 내처'에 소속함을 정립하는 것은 아니다. 이것은 '그 자체에서 생기하지 않는다.'의 부정, 즉 '그 자체에서 생기하는 것'이 정립될 여지가 없다는 것을 뜻한다. 따라서 '그 자체에서 생기하는 것'을 성질로 하는 다른 성질의 실례(이류례)는 다른 것을 상정할 가능성이 없다. 또한 이류례가 존재하지 않을 경우, 이유개념이 이류례에서 이반(離反)하고 있다고 하는 이유개념의 제3조건은, 마땅히 이류례의 비존재인 까닭에 불필요하며, 때로는 그것이 스스로 지켜지고 있다고 말할 수 있다. 어느 경우라 할 지라도 이류례의 비존재는 역시 부정을 비정립적으로 부정하는 규정에서 그 근거를 구할 수가 있다.

그리고 또한 이 규정은 단순히 이류례의 비존재를 반영할 뿐만 아니라, 부정을 성질로 하는 추론식의 논증기능 전체에 관련된다. 이 규정을 철저히 하면, 논증되어야 할 술어(所立的), 동류례·이류례의 정의, 종속과 배리의 존재방식 등 전체로 해석되어야 할 임무를 갖게 될 것이다. 이런 의미에서 바바비베카가 구성한 추론식은 이미 디그나가의 것과는 다른 별도의 성격을 띠고 있다고 말하지 않을 수 없다.

결 언

이상으로 우리는 공성논증의 논리적 특색을 살펴보았는데, 그것은 (1) '승의에서'라는 한정지움을 갖고 있으며, (2) 부정이 비정립적인 부정으로 규정되는 것이다. 그리고 (2) 의 결과로 (3) 이류례(異類

例)의 비존재가 주어진다. (2) 와 (3) 의 필연성을 고려하면, (1) 과 (2) 가 그 특색을 대표한다고 해도 좋을 것이다.

바바비베카는 자신의 논리학의 토대가 되었던 디그나가적인 불교 논리학을 그대로 공성논증에 응용한 것이 아니라, 새로운 한정과 규정을 도입함으로써 개선을 도모하는 동시에, 기능적인 면도 명확하게 하면서 공성논증의 논리를 구축하였다.

무엇보다 《중관심론송》 제3장 〈진실지의 탐구〉에서 이러한 논리를 명확하게 내세워 당시 사상계에서 문제가 되고 있던 모든 사항을 논했다. 이어서 그는 자신의 출발점이었던 《중론송》에 주석을 가함으로써 그 방법을 나가르쥬나와 연관시켜 정통화하였다. 이와 함께 공성논증의 논리에 대한 그의 확신은 끝내 총괄적인 추론식을 내세워 그 타당성을 논하는 《대승장진론》의 저술로 나아갔다고 생각한다. 이 점에서 바바비베카 자신의 방법적 자각에 대한 깊이를 알 수 있다고 생각한다.

5. 바바비베카 이후

스티라마티와 다르마팔라

바바비베카가 행한 공사상의 표현방법에 대한 고찰은 여러 가지 파문을 동시대와 후대에 일으켰다.

그와 거의 같은 시대라고 생각되는 스티라마티(Sthiramati, 安慧)와 다르마팔라(Dharmapāla, 護法)가 '승의에서'라는 한정의 기능에 대하여 곧바로 비판을 가하였다. 이 두 학자는 어쨌든 다같은 유가행파의 학자이면서도 전자는 《중론송》을, 후자는 아리야데바(Āryadeva:提婆, 170-270년경)의 《사백론(四百論)》(*Catuḥśataka*) 후반부를 주석한 인물이다. 바바비베카에 대한 평가에서, 스티라마티는 한정지움이 가지는 논리학상의 문제점에 초점을 집중하고, 다르마팔라는 한정지움의 근본에 있는 2진리설에 주목하여 유가행학파적인 삼성설(三性說)을 그것에 대비하면서 한정을 가진 추론식을 적당하게 사용하고 있다.[5] 또 비정립적 부정에 대해서도 이 두 학자는 추론식과 관련하여 알고 있었던 것이 분명하다.

그 비판점의 상세한 것은 생략하지만, 이러한 사실로부터 바바비베카에 속하는 학자, 혹은 그와 같은 추론식을 사용하는 불교학자의 그룹이 6세기 중·후반기에 존재하였다는 것을 추정할 수 있다. 또한 12여년 동안 인도에 체재했던 중국승 현장(玄奘)이 642년에 "진실에

---

5) 江島, 〈《大乘廣百論釋論》における論理學的方法〉, 《佛敎學》 제2권, 1976, pp.26-45 참조.

있어서 일반적으로 시인된 색(色)은 안식(眼識)을 떠난 것이 아니다. 운운"(眞故, 極性色不離於眼識)하는 '유식무경비량(唯識無境比量)'이라는 유명한 추론식을 제시했다고 전해지는 것과, 미망사의 학자인 쿠마릴라(Kumārila, 60-70년경)가 이런 계통의 추론식을 알고 있었다고 추정하는 것 등을 종합해 보면, 바바비베카적인 추론식은 중관학파의 틀을 넘어서 7세기에도 불교 내부에 상당히 일반적이었다고 할 수 있을 것이다. 우리들은 바바비베카가 그러한 추론식의 창시자인 것처럼 말해 왔지만, 실은 그러한 일련의 흐름의 최초기에 있었던 인물이라고 보는 쪽이 보다 적절할 것이다. 하여튼 6-7세기에는 '승의에서'라는 한정지움을 가지고 부정을 비정립적인 부정으로 규정하는 추론식이 일반적이었다. 그 가운데서 다르마키르티(Dharmakīti : 觀誓, 700년)는 《반야등론》을 다시 주석하였다. 이 시대와 그 이후의 인도 불교사는 사자상승(師資相承)을 주축으로 하는 학계적인 기술을 고집하는 한, 객관적인 사적 기술이 불가능할 만큼 복잡한 변화가 초래되었다고 생각한다. 중관학파와 유가행학파 사이에 2진리설과 삼성설(三性說)에 대한 대립이 있었음과 동시에, 추론식을 중심으로 하는 논리학설이 그 사이를 연계하기도 하고, 인식론·논리학설에 대하여 경량부의 학설이나 유가행파의 학설이 관계하기도 하였다.

현단계의 이와 같은 상황 속에서, 적어도 현존하는 자료에 의거하여 바바비베카의 계통을 구체적으로 명확하게 규명하는 것은 곤란하다. 다만 이 시대에 중관학파(Mādhymika)라는 명칭이 한편에서는 정착하고 있었기 때문에, 그 학도가 그 학파의 일부분을 이루고 있었던 것은 사실이라고 생각된다.

챤드라키르티

스스로를 중관론자라고 부르면서 바바비베카를 비판한 챤드라키르티는 이와 같은 복잡한 시대에 활약하였다.

그가 비판하는 논점은, 바바비베카가 '승의에서'라는 한정을 붙인 추론식을 지나치게 많이 사용하였다는 것이다. 이러한 비판의 근저에는 2진리설에 대한 두 사람의 견해 차이가 내재되어 있다. 바바비베카의 2진리설은 반야라는 지혜의 존재방식에 중점을 두고 있었음에 비하여, 챤드라키르티의 2진리설은 인간의 주체적인 존재방식을 주축으로 하고 있다. 찬드라키르티는 승의는 성자의 세계, 세속은 범부의 세계로 구별되며, 그 사이를 연결하는 것은 범부에서 서서히 성자로 접근하는 실천이라고 한다. 바바비베카는 승의 그 자체는 아닐지라도, 그것을 지향하는 승의적인 것을 인정함으로써 공성논증의 논리를 정립하였다. 그러나 챤드라키르티에게 있어 승의는 관념·언어를 초월한 성자의 경지로서, 아무리 승의적인 것이라고 할지라도 일체 접촉할 수 없는 것이다. 관념·언어는 어디까지나 세속의 범위 내에 한정되는 것이다.[6)]

이와같이 2진리설에 대한 근본적인 입장 차이 때문에, 바바비베카가 심통일(心統一)을 전제로 하여 승의로 지향하는 반야의 개현으로서 생각하였던 공성논증의 논리가 챤드라키르티에게서는 다른 의미를 갖게 된다. 즉, 그것은 공사상을 표현하는 말에 신뢰를 주는 것이 아니라, '승의에서'라는 한정을 붙임으로써 세간적인 사항에 의한 배격을 일방적으로 무시하는 오만에 지나지 않는 것으로 간주되었다. 뿐만 아니라, 대론자를 설득하는 의론이나 논쟁에서 자신의 주장을 적극적

---

6) 일상적인 관념·언어가 승의에 미치지 못한다고 할지라도, 중관사상가인 챤드라키르티 역시 공사상을—그가 임시로 무입장(無立場)적인 입장을 주장하고 세간에 수순(隨順)하는 자세를 취한다고 할지라도—자신의 언어로 말할 수밖에 없다. 그 역시 다변(多辯)이다. 이 때에 세간 수순과 세간 이반(離反)을 잇는 것이 vicāra라는 개념이다. 江島, 〈中觀學派における對論の意義－ 特にチャンドラキールチの場合－〉, 《佛敎思想史》 3, 1980, pp. 147-178 참조.

으로 펼치는 태도는 오히려 역효과적인 것으로, 이보다는 대론자의 주장이 가지고 있는 난점을 대론자의 생각에 따라서 지적하는 귀류논법이나 추론식을 제시하는 쪽이 훨씬 효과적이라고 챤드라키르티는 생각하였다. 적극적인 자신의 말에 대한 신뢰를 버리고 상대방의 말이 스스로 붕괴 되기를 기다리는 쪽이 좋다는 것이다. 이렇게 생각할 경우에 챤드라키르티는 바바비베카가 제시하는 추론식을 스바탄투라 아누마나(svatantra－anumāna)라고 부른다. 글자 그대로 하면 '독자적인 추론식'이 될 것이다. 바바비베카는 공성을 논증하는 추론식을 이와 같이 부르면서 자랑스럽게 여기지만, 챤드라키르티에 의하면 이것은 '자기 멋대로의 추론식'이라는 의미이다.

그는 '자기 멋대로의 추론식'이 적극적인 의미를 가지는 것은 결코 아니며, 오히려 대타의존적(對他依存的)인 의론쪽이 보다 유효하다고 생각했기 때문이다. 이러한 태도의 차이는 자신이 공사상가로서 세간과 어떠한 관계를 맺어 나갈 것인가와 결부되어 있는 것이다.

중관 2파의 분열과 그 후

챤드라키르티가 바바비베카에 대하여 비판적 입장을 취하고 있었던 것은 주지의 사실이지만, 그는 경량부 및 유가행학파의 학설까지도 논의하고 있다.

상세한 것은 다른 곳에서도 논하고 있듯이, 챤드라키르티 자신은 바바비베카와 내용적으로는 상이하다고 할 수 있는 방법적 자각을 가지고서, 나가르쥬나의 원(본래)계통에 자신을 위치 지우고 있다. 《중론송》의 주석자인 붇다파리타는 추론식을 경시했기 때문에 바바비베카에게 비판되었지만, 챤드라키르티는 붇다파리타를 변호함으로써 자신이 바바비베카와 의견을 달리하고 있음을 표명하였다. 이 사실은 후대에, 아마도 티벳에 챤드라키르티가 집중적으로 소개됨으로써, 방법적 차이로 확대 해석되어 그의 계통이 귀류논증파(Prāsaṅgika), 바바비베카 계통이 자립논증파(Svātantrika)로 일컬어지게 된 배경이라고 볼수 있다. 중관학파를 내적 완결성을 가진 독립된 학파로 보는 한, 이 분파의 명칭에 대한 정당성 여부는 논란이 될 수 있지만, 그 확대로 눈을 돌릴 때, 그리고 후대에 행하여진 계통적인 정리방식이 반드시 사상사적 사실에 충실한 것만이 아님을 고려한다면, 이 두 파의 분파는 좀더 신중하게 검토되어야 할 필요가 있다.

확대라는 것은 앞에서 서술했듯이 6·7세기의 상황이며, 사상사적 사실이란 바바비베카만의 계통이나 붇다파리타·챤드라키르티만의 계통을 순수한 그대로의 형태로서 추적하기 힘들다고 하는, 현 단계의 연구로서는 해석할 수 없는 사실이 예상되기 때문이다. 다만 그 가운데 어느 정도 분명한 것은, 다르마키르티에 의한 불교인식론·논리학의 전개가 하나의 강력한 파도로서 밀어닥쳐 이것을 수용하는 입장과 거부하는 입장으로 나누어 졌으며, 다른 한편으로는 불교의 밀교화가 강력하게 추진되어, 8세기 이후가 되면 그것이 꽤 심도 깊게 전개되었다는 것이다. 이와 같이 앞으로 해결하지 않으면 안될 복잡한 계통 속에서 자립논증파라고 불리는 바바비베카계는 다르마키르티 등의 계통에 보강되어 8세기의 샨타락시타(Śāntarakṣita : 寂護, 680-740경), 카마라실라(Kamalaśīla : 連華戒, 700-750경)등의 중관유가행학파라고 불리는 그룹과 결합되었던 것이다.

추 기

본고는 애지마(江島), 《중관사상의 전개 —*Bhāvaviveka* 연구—》(東京 : 春秋社, 1980)를 기초로 한 것이므로, 자세한 것은 모두 생략하였다. 또 공사상의 표현형식에 문제의 촛점을 한정했기 때문에 바바비베카의 사상적 확대와 내용에 대해서는 지면 관계로 전혀 소개할 수 없었다. 앞의 책에 있는 《중관심송론》 제3장의 일역 및 카지야마 유이치(梶山雄一)박사에 의한 《반야등론》(지혜의 등불) 전장(諸章)의 일역을 참조하면 구체적으로 알 수 있으리라고 생각한다.

V. 瑜伽行中觀派

이치고우 미사미치(一鄕正道)

1. 티벳의 하나의 전승(傳承)

《종의보환(宗義寶環)》

먼저, 티벳 학자가 쓴 유가행 중관파에 관한 기술(記述)을 소개한다. 그것은 티벳에서 인도 철학 제 학파의 교의를 개설하는, 이른바 종의서 문헌(宗義書文獻)의 제작이 최성기를 맞이할 쯤에 재세한 곤쵸 지그메반포(dKon machog 'jigs med dbaṅ po, 1728~1791)가 저술한 종의서인 《종의보환(宗義寶環)》에 나타나는 유가행 중관파에 대한 기술이다.[1)]

[스바탄트리카]

전자(스바탄트리카)에 대하여 (1) 정의, (2) 명칭의 내력, (3) 분파, (4) 종의서(宗義書)의 교의 등 네 가지 항목으로 설명하고자 한다.

제1(정의)에 대해서는 다음과 같이 설명한다. 자상(自相, svalakṣaṇa)으로써 성립하며, 언어습관(vyavahāra)상으로 승인되어지는 자성을 무

---

1) 번역에 사용한 텍스트는 다음과 같다. K. Mimaki, *Le Grub mtha' rnam bźag rin chen phren ba de dkon mchog 'jigs med dbaṅ po* (1728~1791), *Texte tibétain édité, avec une introduction*, ZINBUN: Memoirs of the Research Institute for Humanistic Studies, No. 14(Kyoto University, 1977). 의거한 텍스트는 다르지만, 英譯이 다음 책에 수록되어 있다. H.V.Guenther, *Buddhist Philosophy in Theory and Practice*, Pelican Books A(1392)·Penguin Books Inc(1972); Geshe Lhundup sopa & J. Hopkins, *Practice and Theory of Tibetan Buddhism*(New York, 1976); S. Iida, *Resason and Emptiness, A study in Logic and Mysticism*(The Hokuseido Press, 980), pp. 28-38.
日譯에서는 御牧씨로부터 귀중한 교시를 받았다. 이에 사의를 표한다. 그러나 誤譯 등이 있으면 그것은 전적으로 필자의 책임이다.

(無)라고 말하는 사람들이다. [그것이] 스바탄트리카에 대한 정의이다.

제2(명칭의 내력)는 다음과 같다. 왜 스바탄트리카 중관파라고 일컬어지는 것일까? 그것은 자립적으로 성립되어 있는 세 가지 조건을 갖춘 바른 증인(證因)에 의거하여 승의적인 존재를 부정하기 때문이다.

제3(분파)에 대해서는 다음과 같이 설명한다. 중관파를 분류하면 유가행중관 스바탄트리카와 경행중관(經行中觀) 스바탄트리카 두 가지이다.

외경(外境)을 승인하지 않고 자증지(自證知, svasaṁvid)를 승인하는 중관파가 전자(유가행중관파)의 입장이다. 대표자는 샨타락시타와 같은 사람이다. 자증지를 승인하지 않고 자상으로써 성립하는 외경을 승인하는 중관파가 후자(경행중관파)의 입장이다. 대표자는 바비야와 같은 사람이다.

명칭의 내력을 서술하면,[전자는] 근본적 입장이 유식파와 일치하는 것으로 인정되기 때문에 유가행중관파라 하고, [후자는] 경량부와 같이 극미(極微)의 집적인 외경을 승인하기 때문에 경행중관파라고 한다.

유가행중관 스바탄트리카에도 형상진실(有相唯識)파와 일치하는 중관파와 형상허위(無相唯識)파와 일치하는 중관파 이렇게 둘이 있다. 전자(형상진실파)는 샨타락시타, 카마라실라, 아리야 비묵 티세나와 같은 사람이다. 후자(형상허위파)는 하리바드라, 지타리, 라바파와 같은 사람이다. 지타리는 형상허위유구론파(形象虛僞有垢論派)와 일치하고, 라바파는 형상허위무구론파(形象虛僞無垢論派)와 일치한다.

제4 종의서(宗義書)의 교의에 대해서는 유가행중관 스바탄트리카의 학설과 경행중관 스바탄트리카의 학설 두 가지가 있다.

[유가행 중관파]

전자(유가행중관파)의 (1) 기반(근본적 입장), (2) 수행도, (3) 결과에 대하여 살펴보자. 먼저 기반의 입장은 객관적 대상과 인식주관 두 가지(항목)가 있다. 그 중 전자(객관적 대상)에 대하여 살펴보면, 〔인식〕 근거로서 성립된 대상은 반드시 자상(自相)으로 이루어진다고 인정된다. 왜냐하면, 어떠한 것이라도 가설(假設))된 대상은 구하기만 하면 얻을 수 있는 것이라고 생각되기 때문이다. 그러므로 자성으로 성립하는 것, 자상으로 성립하는 것, 자신의 존재방식으로부터 성립하는 것, 자립적으로 성립하는 것 등은 서로 같은 의미의 동의어(同義語)가 된다.

인식 대상을 분류하면 승의제(勝義諦)와 세속제(世俗諦)로 구분된다. 그 중에서 스스로 직접 이해하는 직접지각(自證知)이라는 바른 지식(正知)에 의하여 자신에게 둘의 현현이 소멸하는 식으로 이해되는 것이 전자(승의제)의 정의이다. 스스로 직접 이해하는 직접지각(自證知)이라는 바른 지식에 의하여 자신에게 둘의 현현이 있다는 식으로 이해되는 것이 후자(세속제)의 정의이다. '궁극적으로 공(空)인 병(甁)'과 같은 것이 전자의 비유이며, '병'과 같은 것이 후자의 비유이다.

승의제를 자세히 분류하면 16공(空)으로, 또는 요약하면 4공(空)으로 나누어진다. 세속제는 실세속(實世俗)과 사세속(邪世俗)으로 이분되는데, 그 중에서 전자는 '물'과 같은 것이고, 후자는 '아지랑이 물'과 같은 것이다. 세속제에 의하면 인식할 수 있는 것이면 모두 실세속이라고 말한다.

다음으로, 인식 주관에 대하여 살펴보자. 의식이야말로 '인간'의 가장 큰 특징이다. 아뢰야식과 염오의(染汚意)를 승인하지 않고 6식신(六識身)을 주장하는 것이 스바탄트리카 두 파에 공통되는 특징이다.

지(智)에는 바른 지식과 바르지 못한 지식이 있으며, 바른 지식은 직접지각과 추리 두 가지가 있다. 그리고 직접지각에는 감관지(感官知)·의지각(意知覺)·자증지(自證知)·유가지(瑜伽知:유가 수행자의 지식) 네 가지가 있는데, 뒤의 두 가지는 조금도 미혹됨이 없는(無迷亂) 지식으로서 승인된다. 외경(外境)으로 성립하는 것은 승인되지 않으므로, 청색과 청색을 파악하는 직접지각 이 두 가지는 동일한 실체라고 한다.

제(2)의 수행도에 대한 확정사항[의 설명]에는 3가지 [항목]이 있다. 그 중에서 첫째, 수행도의 목표에는 ①상일주재(常一主宰)한 자기는 없다고 하는 거칠은 인무아(人無我) ②자립한 실체적 존재의 자기가 없다고 하는 섬세한 인무아, ③색(色)·형(形)과 색·형을 파악하는 바른 지식이 별개의 실재가 아니라고 하는 거칠은 법무아(法無我), ④승의적인 것으로서 성립하는 일체법은 없다고 하는 섬세한 법무아 [등 네 가지가 있다]고 한다.

둘째, 수행도에서 끊어야 할 것은 사람에 대한 아집인 번뇌장(煩惱障)과 법에 대한 아집인 소지장(所知障)이다. 소지장에는 다시 소취(所取)·능취(能取)를 다른 실체로 파악하는 거칠은 소지장과 온(蘊) 등의 법이 승의적으로 성립되어 있다고 파악하는 섬세한 소지장 이렇게 두 가지가 있다고 한다.

셋째, 수행도의 본체는 [성문(聲聞)·독각(獨覺)·보살(菩薩) 등]의 셋에 각각 다섯을 두어 모두 열다섯 가지를 승인하는 점에서는 [타학파와] 비슷하다. 특히 독각의 무간도(無間道)와 해탈도(解脫道)에는 번뇌장과 소지장이 소멸된 두 가지 형상을 가지는 것이 필요한 것으로 인정한다.

제(3)의 결과에 대한 확정사항[의 설명]에서, 독각은 거칠은 소지장을 끊는 것을 주안(主眼)으로 하고 있기 때문에, 4향 4과(四向四

果)의 확정사항은 적용되지 않지만, 성문에게는 [4향 4과의] 여덟 가지가 있다고 한다.

성문으로 종성(種姓)이 결정되어 있는 자는 인무아의 이치를 닦는 것을 주안으로 하고 있어, 최후의 수도(修道)인 금강삼매(金剛三昧)에 의하여 번뇌장을 남김없이 끊음과 동시에 아라한과(阿羅漢果)를 현증(現證)한다.

독각으로 종성이 결정되어 있는 자는 소취·능취가 없는 견해를 닦음을 주안을 하고 있어, 최후의 수도인 금강삼매에 의하여 번뇌장과 거칠은 소지장을 남김없이 끊음과 동시에 독각의 아라한과를 현증한다.

소승의 열반에는 유여의열반(有余依涅槃)과 무여의열반(無余依涅槃) 2가지가 있다. 전자는 전생의 업과 번뇌로 인하여 야기된 고(苦)의 집합인 유여의열반이며, 후자는 고의 집합에서 떠난 상태의 [열반]을 말한다. 성문 및 독각의 아라한이라면 반드시 대승도(大乘道)에 드는데, 이는 최후에 일승(一乘)으로서 성취한다고 하기 때문이다. 따라서 이 학설에 의하면 성문과 독각에서는 여러 가지 소단(所斷)과 깨달음에 의하여 얻는 결과에 대해서도 우열이 있다.

대승으로 종성이 결정되어 있는 자는 뛰어난 보리심을 일으킨다. 커다란 자량도량(資糧道場)에서 수류향선정(隨流向禪定, sroto'nugatasamādhi)에 의해서 최상의 변화신에게 설법을 직접 듣고, 그 뜻을 마음깊이 새김으로써 공성을 요득(了得)하는 수소성(修所成)의 지혜가 최초로 생한다. 그 때 가행도(加行道)로 옮겨서 '난(位)'의 위치에서는 견소단(見所斷)의 잡염된 소취(所取)를 분별함이 현전하는 것[을 비판하고], '정(位)'의 위치에 이르러서는 견소단의 정정하여야 할 소취를 분별함이 현전하는 것[을 비판하고], '인(忍)'의 위치에 이르러서는 견소단의 [소취]를 실재시하는 분별이 현전하는 것[을 비판하고], '세제1

법(世第一法)'의 위치에 이르러서는 견소단의 [소취를] 가물(假物)로 보는 분별이 현전하는 것을 비판한다. 난·정·인 세제1법 등 네 가지에 대하여 각각 빛을 얻는 삼매, 빛을 증대하는 삼매, 진여의 일부에 드는 삼매, 무간삼매(無間三昧)라고 부르고 있다. 그 직후에 견도(見道)인 무간도(無間道)에 의하여 후천적인 번뇌장과 후천적인 소지장의 종자까지 모두 끊어 해탈도와 멸제(滅諦) 이렇게 둘을 현증한다.

수도는 [하품하생(下品下生) 내지 상품하생(上品上生)] 9품(九品)에 의한 수소단(修所斷) 16번뇌(障)의 종자와 수소단(修所斷)의 백팔 소지장의 종자를 점차로 끊는다고 한다. 최후로 상속(相續)의 끝이 되는 무간도(無間道)에 의하여 선천적인 번뇌장과 소지장을 동시에 끊어, 두 찰나에 무상정등각(無上正等覺)을 성취한다. [이것이 바로 대승으로] 종성이 결정되어 있는 자가 결과를 현증하는 원리이다.

대승의 열반과 부주처열반(不住處涅槃)은 같은 의미를 지닌 동의어이다. 그런데 불신(佛身)에 대해서는 넷으로 분류하는데, 아리야 비묵티세나와 하리바드라는 모두 불신설의 이론에 대하여 논의하고 있지만, 수의 확정에 대해서는 논하지 않고 있다.

불설(佛說)은 미료의경(未了義經)과 요의경(了義經)으로 분류한다. 세속제를 일의적으로 설하는 것을 주안으로 삼는 경전이 미료의이며, 승의제를 일의적으로 설하는 것을 주안으로 삼는 경전이 요의경(了義經)이기 때문에, 《해심밀경》에서 설한 [법]륜(輪)은 처음에는 미료의이며, 중간과 끝에는 미료의와 요의 두가지로 이루어져 있다.

2. 유가행 중관파 연구의 방법론과 문제점

앞에서 소개한《종의 보환》의 번역은 내용 그대로의 소개를 의도로 하였기 때문에 일체의 주석을 생략하였지만, 그 내용은 여러 방면에 걸쳐 잘 조직된 것임을 한눈에 알 수 있다. 따라서 산스크리트 원전 자료의 양적부족을 아쉬워하는 후기 인도 불교사상 연구자에게는 지금까지 이런 종류의 종의서 문헌이 귀중한 자료 제공처가 되어왔음은 당연하다고 할 수 있다. 사실 지금까지의 후기 인도 불교사상가는 티벳의 전승을 토대로 하여 참조할 수 있는 한도 내의 인도측 자료를 색칠하여 엮어져 온 것처럼 여겨진다. 그러나 이제는 자료 제공의 주류를 이루어 온 티벳어 문헌에 대한 텍스트 비평이 행해지고, 인도 불교의 인식론과 논리학에 대한 연구가 진전되어 티벳어역 불전에 대한 연구의 기초가 이루어지게 되었다. 따라서 이젠 후기 인도 불교사상사의 연구에 관한 종래의 방법론도 궤도수정을 하지 않을 수 없다. 종의서 문헌을 중심으로 하는 티벳측 자료는 앞으로 충분한 혜택을 제공해 줄 것이다. 그러나 그것은 어디까지나 '인도 불교사상사를 이해하기 위한 기초적 가설작업'[2], 즉 안내로서의 한계를 두지 않으면 안된다. 왜냐하면 종의서는 그 저자의 주관적인 이해, 판단에 의하여 결론적 상황을 서술하는 경향이 강하다고 생각되기 때문이다. 예컨대, 유가행 중관파의 사상을 연구하려고 할 때 종의서를 판독하면 그 사상의 윤곽을 아는 것은 용이할 지 모르지만, 그 사상이 어떻게 해서 형성되어 왔는

2) 御牧克己, 〈Blo gsal grub mtha' について〉, 《密教學》 제15호, p. 101.

가를 자료적으로 뒷받침하는 작업은 종의서의 판독만으로는 불충분하기 때문이다.

본고도 이러한 관점에서, 앞에 나온 티벳측 자료를 인도 유가행 중관파 전체의 사상적 골격으로 보지 않고, 오히려 그것에 음미를 더해 가면서 인도측 자료에서 주어진 테마를 추구하고자 한다. 이와 같은 방법론에 의거하여 이루어진 '유가행 중관파'에 관한 연구 성과로서는 Yuichi Kajiyama, "Later Mādhyamikas on Epistemology and Meditiation"[3] 이 가장 뛰어난 것으로 생각되기 때문에, 본고도 위의 논문을 토대로 한다.이 카지야마(梶山)의 논문은 유가행 중관파의 교의를 샨타락시타(Śāntarakṣita)의 《중관장엄론》과 카마라실라(Kamalaśīla)의 《수습차제》에서 분명히 밝혀내고 있다. 그 경우에, 샨타락시타의 교상판석(敎相判釋), 즉 유부→경량부→유상유식→무상유식→중관이라는 인식론상의 발전 과정에서 유가행 중관파의 입장을 찾아내고, 그 과정에서 카마라실라가 설한 명상수행의 과정, 즉 《입능가경》(10, 256-258)에 대한 독특한 해석과 일치하는 것을 지적하는 점에 그 특색이 있다. 이렇게 하여 유가행 중관파의 이론과 실천 내용이 구체적으로 설명되고 있다. 그 경우, 샨타락시타의 저작에는 실천수행에 관한 기술이 적으며, 샨타락시타의 철학을 그대로 계승하면서도 그것을 실천적인 면에서 뒷받침하고 있음이 명백히 드러나는 것이다.

---

3) 본 논문은 다음 책에 수록되어 있다. M. Kiyota, *Mahāyāna Buddhist Meditation: Theory and Practice*(Honolulu: The University Press of Hawaii). 이것에 해당하는 일어 논문이 玉城康四郎 편, 《佛教の比較思想論的硏究》(東京大學出版會)인데, 〈シャーンタラクシタの批判哲學〉이란 제목으로 수록되어 있다.

3. 중관파의 분파

인도 불교사에서 스바탄트리카 중관파(Svātantrika-Mādhya mika)와 프라상기카 중관파(Prāsaṅgika-Mādhyamika)라는 두 학파의 존재여부에 대해서는 필자의 미천한 식견으로 인하여 정확히 판정할 수 없다. 인도 불교사 말기에 활약한 라트나카라샨티(Ratnākaraśānti, 10~11세기)의 《반야바라밀다론》에는 중관에 (1) 외계 실재론자, (2) 유형상 지식론자, (3) 무형상 지식론자라는 유심(唯心)을 설하는 세 분파가 있었다는 것을 시사해 주는 기술을 볼 수 있다.[4] 그러나 각 파에 어떤 학자가 속하고, 어떠한 사상을 주장하고 있었는가는 문헌상으로 확실하지 않다.

또, 유가행중관파[5], 경행중관파라는 학파명도 지금까지의 인도 문헌속에서는 확인할 수 없지만, 카마라실라의 기술 가운데에 2종의 중

---

4) *Prajñāpāramitopadeśa*(*PPU*로 약칭), Pek. ed. vol. 114, 244, 2^{4-5}. "그런데, 외계 실재론과 유형상 지식론자로 대별되는 중관 두 학파는 경전과 논서, 그리고 바른 인식수단(pramāṇa)으로부터 벗어나기 때문에 이미 부정되고 있다. 무형상 지식론자의 입장에서 유심을 설하는 [중관파]만이 남아 있는데, 그들은 왜 마음(心)의 빛남(prakāśa)을 허위(alika)라고 주장하는 것일까?" 이 문장에서 중관파가 (1) 외계 실재론자, (2) 유형상 지식론자, (3) 무형상 지식론자 등 세 파로 분류되어 유심을 설하고 있음을 알 수 있다.

5) 다만 《中觀莊嚴論細註》(*Madhyamakālaṁkāra-pañjikā*, *MAP*로 약칭)에 다음과 같은 표현이 있다는 것을 지적한다. Ita ba ḥdi la ṣes bya ba ni dbu ma pan daṅ rnal ḥbyor spyod pa pa dag gi Ita ba Iaḥo(Pek, ed. vol. 101, 35, 5^{2-3}.), (Der. 127 a^{2}). 또 종의서에서 볼 수 있는 '유가행중관파'의 표기는 mal ḥbyor spyod pahi dbu ma이다.

관도(道)라는 표현이 있으며 그것이 바로 바비야와 샨타락시타를 가리키는 것임을 알 수 있다.

《중관장엄론》도 결론에 가까운 제91게의 도입부 및 제91게의 주석에서 다음과 같이 말한다.[6)]

> 인과관계를 종(宗)으로 하여 모든 악론(惡論)을 비판하고자 한 사람들과 그들이 [생각하는] '세속의 존재'가 무엇인지에 대하여 검토해야만 한다. [세속의 존재는] (1) 심(心理) 및 심소(인식작용)만을 자체(自體)라고 하는 것인가? 혹은 (2) 외계의 것을 자체라고 하는 것인가?
>
> 이 경우, 한 부류의 사람들은 후자의 사고(2)에 의거하여, 논서 중에서 "3계는 유심이다."라고 하는 것은 지은 자(作者)와 받는 자(享受者)가 부정기 때문이다(《중관심론》 5, 28 後半偈)라고 말하는 사람(바비야)들이다.
>
> 또 다른 한부류의 사람들의 생각은 (1)에 의거하고 있는데 다음과 같다. 원인이나 결과로 있는 것도 단순히 지식에 지나지 않는다. [외계의 영향을 받지 않고] 스스로 성립하는 것, 그것은 지식이라고 결정된다(제91게).
>
> 스스로 성립하지 않는 지식의 존재방식은 생각할 수 없다. 스스로 성립하는 것의 본체도 꿈이나 허깨비 등의 모습에 지나지 않는다.

위의 글 가운데 밑줄 쳐진 "검토해야만 한다."라는 부분에서 카마라실라는 "여기에서 2종의 중관도를 검토한다."라고 주석하고 있다. 이러한 점을 미루어 볼 때[7)] 샨타락시타는 자신의 입장이 같은 중관파에 속할지라도 바비야와 다른 것임을 표명하고 있다는 것, 그리고 샨

---

6) *Madhyamakālaṁ kāra-vṛtti*(*MAV*로 약칭), Pek.ed.vol. 101, 13, 1^{1-5}.

7) *MAP*, Pek.ed.vol. 101, 36, 2^{4-5}.

타락시타의 수제자인 카마라실라가 바비야와 샨타락시타 두 사람을 중관파의 전통에서 대표적 논사로 들고 있음을 알 수 있다. 따라서 이러한 두 논사의 입장은 각각 경행중관파, 유가행중관파의 흐름과 일치하는 것이다. 그리고 두 사람의 견해를 다르게 하는 중요한 요소가 '세속의 존재'를 둘러싸고 있었던 것도 뒤의 논술과 관련하여 주의해야 할 것이다.

4. 유가행 중관파의 학자들

《종의보환》은 양 학파에 속하는 논사를 다음과 같이 소개하고 있다.

- 프라상기카
- 스바탄트리카
  - 경행중관……바비야
  - 유가행중관……샨타락시타
    - 형상진실파와 일치하는 중관……샨타락시타, 아리야 비묵티세나
    - 형상허위파와 일치하는 중관……하리바드라
      - 유구론파……지타리
      - 무구론파……라바파

이와 같이 중관파, 특히 유가행중관파를 분류하고, 각각에 논사를 배치시킨 전승을 그대로 승인하기는 어렵다. 인도측 문헌의 해명이 충분하지 못한 현재에도 몇 가지 문제점을 지적할 수 있기 때문이다.

샨타락시타

먼저 샨타락시타가 유가행중관파에 귀속됨에는 이론(異論)의 여지가 없다. 확실히 그가 '유식가'라고 일컬어진 사실은 인도측의 다른 문헌에서도 찾아 볼 수 있다. 예컨대, 프라즈냐카라마티(Prajñāk aramati)는 《입보리행론세주(入菩提行論細註)》에서 유식가를 대론자로 하여 자기인식(自證知, svasaṃvedana)의 사고 방식을 비판하고 있는데, 그 유식가의 견해로서 샨타락시타의 《진리강요》 제 1999, 2000게=《중관장엄론》 제 16, 17게를 인용하고 있다.[8] 또한, 슈바굽타가를 유식가라고 부르는 사례도 있다.[9] 자기인식의 이론이 귀착하는 곳은 유식의 세계에 지나지 않는 것으로,[10] 이 자기인식의 이론을 철저히 한 샨타락시타가 '유식가'라고 일컬어지는 것은 당연한 일이다. '유식가'라 하더라도, 형상진실(유상유식)파인가, 형상허위(무상유식)파인가라는 점에 대해서는 의론이 분분하다.

대체로 두 학파의 분파는, 카지야마(梶山) 박사의 연구에 의하면, 무분별지를 획득한 각자(覺者)의 지혜가 형상(ākāra)을 가지는가(유상파), 갖지 않는가(무상파)라는 점에 의거한다.[11] 그 경우 《종의보환》 외에 티벳측의 자료에서는 그를 유상유식파라고 한다. 한편 그를 무상유식파의 학자로 보는 견해는 카마라실라의 《진리강요세주》에서 볼 수 있는 다음과 같은 기술에 의해서이다.[12]

> 무형상의 주장에서도, 지식에 존재하는 특정한 대상을 인식한다는 본성은 이전의 원인에 의한 것이라고 해야만 한다. 그렇기 때문

---

8) *Bodhicaryāvatāra-pañjikā*, Buddhist Sanskrit Texts No. 2, p. 190.

9) *Tattvasaṃgraha-pañjikā*(*TSP*로 약칭), Bauddha Bharati series 1, p. 698[13].

10) 本書, p. 246 참조

11) Y, Kajiyama, Controversy between the sākāra and nirākāra-vādins of the yogā cāra school-some materials, *Journal of Indian and Buddhist Studies* XIV-I, pp. 426-425.

do, An Introduction to Buddhist Philosophy, An Annotated Translation of the Tarkabhāṣā of Mokṣākaragupta, *Memoirs of the Faculty of Letters*, No. 10(Kyoto Univ, 1966), p. 155.

12) 이 기술은 渡邊照宏박사에 의해서 지적되고 있다. 渡邊照宏, 〈攝眞實論西藏の飜譯硏究〉, 《東洋學硏究》 2(東洋大學東洋學術硏究所, 1967), p. 25·27.

에 우리 무형상 유식론자의 불교도(asmākam api nirākāravijñānavādinā ṁ bauddhānām)에 있어서도 이같은 해답이 적용된다.(*TSP*, p. 226^{18-19})

그러면 유식파 중 어느쪽의 견해가 그의 입장과 가까운 것인가? 그것은 무상유식파이다. 그러나 《중관장엄론》의 서술로 본다면, 그를 유상유식파나 무상유식파로 규정하는 것은 바르지 못하다. 왜냐하면 그는 《중관장엄론》에서 두 학설을 비판하면서 어느쪽에도 찬성하고 있지 않기 때문이다. 그러면 동일 저자의 저작에서 이같은 입장의 차이를 볼 수 있는 것은 무엇 때문일가? 아마도 그것은 그 자신 스스로 사상적인 발전을 꾀하였기 때문일 것이다.

확실히 《진리강요》는 《중관장엄론》보다 먼저 저작된 작품인 것 같다. 그 스스로 《중관장엄론》제 96게에서 다음과 같은 주석을 달고 있다.[13)]

나는 자파(自派)및 타학파의 교의를 자세히 조사하여, 모든 언어적 허구로부터 떠난 인연생을 《진리강요》(*Tattvasaṁgraha*) 및 《승의제의 확정》(*Paramārthaviniścaya*)[14)]등에서 검토했기 때문에, 좀더 자세히 알고 싶은 사람들은 그것들을 통하여 이해하기 바란다.

카마라실라. 기타

카마라실라는 스승의 철학적 입장을 계승하고 실천·수행 면에서 그것을 구체화시켰지만, 승의제의 '불생' 개념을 둘러싸고는 두 사람 사

---

13) *MAV*, Pek. Vol. 101, 15, 1^{2-4}.
14) 이 책 제목은 《眞理綱要》(*Tattvaṁsagrha, TS*로 약칭), 2083게에 나타난다. 따라서 《中觀莊嚴論》(*Madhyamakālaṁkāra-kārikā, MA*로 약칭)와 *TS*보다도 빠른 시기에 성립된 샨타락시타의 저작이라는 것을 알 수 있지만, 범문 원본과 티벳역은 찾을 수 없다.

이에 차이가 나타난다.[15)]

또, 아리야 비묵티세나(Ārya-vimuktisena), 하리바드라(Haribhadra), 지타리(Jitāri), 라바파(Rava-pa)에 대해서는 그들의 저작에 대한 연구가 거의 이루어지고 있지 않은 현 상황에서는 그들의 사상적 입장을 확정할 수 없다. 단지 티벳측의 전승에 의한 '유가행중관파의 흐름 속에 있는 인물' 정도로 이해할 수 밖에 없다. 예컨대, 지타리 등은 그들의 저작에 있어서의 인용 문헌의 빈도수를 조사한 결과, 하리바드라 계통보다는 샨타락시타 계통에 속하는 것은 아닐까 하는 지적 정도만 하고 있을 뿐이다.[16)]

즈냐나가르바

《종의보환》에는 등장하지 않지만, 샨타락시타에 앞서 유가행중관파 형성에 선구적 역할을 한 인물로 즈냐나가르바(Jñāgarbha)를 들어야 할 것 같다.[17)] 티벳의 전승에서는 즈냐나가르바의 위치는 명확하지 않다. 예컨대, 미마키(御牧)의 보고에 의하면,[18)] 그는 푸돈사(史)에서는 유가행중관파에 배속되고 세라제충파쵸키갈첸 (Se ra rje btsun pa chos kyi rgyal mtshan, 1496~1546)의 종의서(*Grub mtha' rnam bzag*)에서는 경행중관파에 배치되고, 또, 부파로살(dBus pa blo gsal)

---

15) 拙稿, 〈空觀と解脫, 中觀莊嚴論第六十七 一九十偈の硏究〉, 《佛敎思想》 7 〈解脫〉(佛敎思想硏究會編, 平樂書店) 참조.

16) K. Shirasaki, Jitāri and Śāntarakṣita, *Journal of Indian and Buddhist Studies* XXVII-1.

17) 同名異人인 즈냐나가르바와의 관계와 샨타락시타와의 관계에 대해서는 다음 논문을 참조하기 바란다. 松本史郞, 〈Jñāgarbhaの二諦說〉, 《佛敎學》 제5호, 불교학연구회, pp. 109-113. 또한 위 논문은 시시하는 바가 많고 도움되는 점이 많지만, 필자는 이제설을 둘러싼 바비야와 즈냐나가르바와의 관계, *MA*에 있어서의 샨타락시타의 사상적 입장 등에 관해서는 이해를 달리하고 있다. 본고에서는 지면상 이러한 점에 대해서는 언급하지 못했다.

18) 御牧, 앞 논문, p. 100.

의 종의서(*Blo gsal grub mtha'* 14세기 전반의 저작)에서는 세간수행중관파에 찬드라키르티(Candrakirti)와 같이 배치되어 있다고 한다. 또한 15세기에 활약한 사카파의 학자 셀독판첸샤카추덴(gSer mdog pan chen Śākya mchog Idan)의 책(*dBu ma rnam par mges pa'imdzod lung rigs pa'i rgya mthsho*)에는 다음과 같은 중관파의 분파소속이 소개되고 있다.[19)]

- ① 승의제에 관련하여
  - ③ 스바탄트리카
  - ④ 프라상기카
- ② 세속제에 관련하여
  - ⑤ 경행중관파‥바비야, 즈냐나가르바.
  - ⑥ 유가행중관파‥샨타락시타, 카마라실라.
  - ⑦ 세간수행중관파‥찬드라키르티.

이와 같이 즈냐나가르바의 위치에 대한 티벳인 학자들의 견해는 제각기 다르다. 그것은 나름대로의 이유를 찾을 수 있다. 특히 이제설의 이해에 촛점을 맞추어 즈냐나가르바와 그 전후의 학자들의 견해를 비교해 보면, 그 유사점과 상이점은 확실해지기 때문이다.

바비야(Bhavya), 아바로키타브라타(Avalokitavrata)는 승의제를 승의적 승의제(無戱論·無現行의 勝義諦)와 세간적 승의제(有戱論·具現行의 勝義諦)로 구분한다. 그리고 후자의 내용으로 무분별지, 불생(不生) 등의 교설, 문(聞)·사(思)·수소성(修所成)의 혜(慧) 세 가지를 든다.[20)] 그리고 즈냐나가르바의 승의제에 관한 견해는 다음과 같이 되어 있다. 일체현현(一切顯現)하는 일이 없고 희론을 떠나며 유마(維

19) *The Complete works of gSer-mdog pan-chen Śākya-mchog-Idan*, Vol. 14, ff 419^{7}—420^{3} (Bhutan: published in Kunzang Tobgey, 1975).
20) 野澤靜證, 〈清弁の二諦說〉, 《日本佛教學會年報》 제18호, p. 27.

摩)의 침묵에 비견되는 승의제 외에, 논리학이 승의에 상응한다는 이유로 승의제의 범주에 두고 있다. 이 경우의 논리학이란 세 가지 조건을 갖는 증상(證相)에 의하여 생긴 지혜(buddhi)를 의미한다. 그러나 '생(生) 등의 부정'은 사세속(邪世俗)으로 분류한다.

또, 저자[21] 불명의 《중관의집(中觀義集)》에서도 승의제는 비이문승의(非異門勝義)와 이문승의(異門勝義)로 분류되어, 후자의 내용으로 '논리학'—《"4선택지(四選擇支)로 이루어진 생기를 부정한다." 등의 네 가지 이유》—과 '생 부정(不生)'을 들고 있다.

또, 즈냐나가르바와 챤드라키르티의 이제설(二諦說)을 비교할 때, 승의제에 관해서는 그 속에 '논리학'을 포함시키는 점에서는 견해를 달리한다. 그러나 세속을 실세속(實世俗)과 사세속(邪世俗)으로 이분하고, 그것을 복장(覆障: 덮다. 가리다. 속이다)의 뜻으로 이해하는 점, 또한 그것이 인연생(因緣生)이며, 현현하며 세간의 상식과 대립하는 것이 아니라고 하는 점에서는 두 사람의 이해는 일치하고 있다. 그렇지만, 세속의 분류 기준과 실세속의 가치관에 대해서는 두 사람의 견해가 상이하다.

챤드라키르티에게 있어 세속은 어디까지나 '거짓'이다. 실세속은 '범부의 입장에 서서'라는 한정하에서만 진리(諦, satya)로 인정하지만, 동시에 그와 같은 것을 성자의 입장에서는 유세속(唯世俗)이라 하여 그 진리성(諦性)을 거부하고 있다. 이에 비해서 즈냐나가르바는 실세속을 '현현하는 그대로의 것'으로 정의한다.

이상과 같은 즈냐나가르바의 입장을 살펴보면, 그는 어느 때는 바비야와 같은 경행중관파가 되고, 어느 때는 챤드라키르티와 같은 세간수

---

21) 江島慧敎,《中觀思想の展開》(春秋社, 1980), pp. 18-33; 長澤實導,《瑜伽行思想と密敎の研究》, 大東出版社, p. 161. 또한, CHR. Lindtner는 이 책의 청변 저자설을 지지한다. "Atiśa's introduction to the two truths, and its sources," *Journal of Indian Philosophy* No. 9(1981), p. 200, n. 14

행중관파가 되기도 한다. 그러나 필자는 그의 《이제분별론》의 서술로부터 그를 유가행중관파에 소속시켜야 한다고 본다. 그 이유는,

(1) 무형상지식론과 유형상지식론을 부정하는 점

(2) 색(色) 등 형상이 있는 것은 단지 식(識)의 현현에 지나지 않다고 생각하는 점

(3) 실세속에 대한 견해

등 모두 샨타락시타의 입장과 일치하기 때문이다. 이러한 점을 해설하는 것은 곧 유가행중관파의 교의를 명백히 하는 것이라고 생각하기 때문에 자세한 것은 뒤로 미루겠지만, 어쨌든 즈냐나가르바는 유가행중관파 수립에 선구적인 역할을 하였던 인물로 생각된다.

그리고 소위 스바탄트리카 중관파의 역사는 처음부터 경행중관파와 유가행중관파가 서로 대립관계로서 별도로 전개되었다고 하기보다는, 중간에 즈냐나가르바와 같은 인물이 개재(介在)되어 경행중관파에서 유가행중관파로 전개된 역사로 보는 쪽이 타당할 것이다. 일체법이 승의로서 무자성이며 진여인 승의제가 결코 현현하지 않는다는 점에서는 어디까지나 중관파적이지만, 한편으로는 경량부적인 사상에서 유식사상으로 전개되는 흐름이 스바탄트리카 중관파의 역사라고 하는 것도 가능하지 않을까?

5. 유가행 중관파의 사상

그러면 이제 유가행중관파의 사상이 어떠한 것인가에 대하여 살펴보자. 유가행중관파의 사상은 세속의 존재=유식(自證知)=무아로 등식화되는 데에 그 핵심이 있다고 할 수 있다. 샨타락시타는 자신의 철학을 토대로 하여 불교의 제 학파뿐만이 아니라 당시의 불교 이외의 제 학파의 철학사상에 대해서도 비판과 순위를 매겨 자신의 철학적 태도를 분명히 하였는데, 이것이 바로 샨타락시타의 철학적 입장이다. 그리고 자신의 입장으로 이끌어 가는 비판의 원리는, 일(一)인가 다(多)인가 하는, 즉 어떠한 성질을 가지고 존재하는 것으로 생각되는 모든 것(물질, 마음을 포함)이 승의에서는 본체를 갖지 않는 공이라고 한다.

1. 세속의 존재

세속의 존재란?

세속의 존재가 무엇인가하는 문제를 둘러싸고 나타난 바비야와 샨타락시타의 견해의 상이함은 두 사람의 사상적 입장을 구별하는 중요한 요소라는 것은 앞에서도 조금 언급하였다. 따라서 여기에서는 그 연장선상에서 다시 살펴보고자 한다. 샨타락시타는 세속의 존재란 단지 심, 심소(심리, 인식작용)를 본체로 하는 것이라고 생각했다. 그러면 세속의 존재란 어떤 것일까? 샨타락시타는 다음과 같이 말하였

다.[22]

충분히 검토하지 않고서도 승인할만한 것으로, 생멸하는 속성을 가지며, 효과적인 작용 능력을 자성으로 하는 것이 세속적인 것이라고 여겨진다. (《중관장엄론》 제64게)

여기에서 '세속'이란 언어의 관행표시(śabda-vyavahāra)만을 그 성질로 하는 것이 아니라, 경험되고 승인되어지는 존재이며 인연생(因緣生)인 것으로 [그것이 단일성인가 복수성인가 하는] 음미에 항거하지 못하는 것이므로 실세속(實世俗)이다.

여기에서 볼 수 있는 '실세속'이라는 말을 '사세속'과 대비시켜 카마라실라는 다음과 같이 정의한다.[23]

[그것을] 실세속이라고 하는 것은 세간에 알려진 그대로 예시적으로 표현하기(upalakṣaṇa) 때문이다. 세간에서 통용되지 않는 것을 생각하는 것, 예컨대 이슈바라(Īśvara, 自在天) 등을 생각하는 것이 사세속(邪世俗)이다.

다시 카마라실라는 실세속, 사세속의 내용을 다음과 같이 해설한다.[24]

승의를 자성으로 하는 것이 부정되었기 때문에, 모든 존재는 세속을 자성으로 하는 것임이 분명하지만, 이것은 ⓐ [말의 관행표시를 그 성질로 하는 세속]과 ⓑ 인연생의 것으로 효과적인 작용이 있으며 목동에게까지

22) *MAV*, Pek. Vol. 101, 9, 1^{2-4}.
23) *MAP*, Pek. Vol. 101, 30, $1^{8}-2^{1}$.
24) *ibid.* 29, 5^{8}—30, 1^{6}.

잘 알려진, 이른바 '계약에 의한 세속'이라는 두 가지 선택지(選擇支)가 있다. ⓐ만약 전자와 같은 경우라면, 직접지각과 대립한다. 왜냐하면 '말의 관행표시'는 일반상(一般相)만을 대상으로 하고 있기 때문에, 인연생의 존재를 상(相)으로 하는 것을 대상으로 하지 않는다. 더구나 그 일반상은 망상(遍計)된 것이기 때문에 무(無)이므로, [세속의 자성이] 그것을 자성으로 한다고 인정하는 것은 제 존재의 잘 알려진 효과적 작용을 부정하는 것이 된다. 왜냐하면 일반상은 효과적 작용을 가지고 있지 않기 때문이다. ⓑ만약 후자의 경우라면, 그 경우 [세속이라는] 명칭을 둘러싸고 의론이 있다고 생각하는 반론자가 그것을 운운한다.

만약 바른 지식(正知)에 의하여 음미되어진 그러한 인연생도 그 자성이 성립한다고 할 경우 거기에 세속이란 말을 붙인다면, 당연히 명칭을 둘러 싼 의론이 일어날 것이다. [그러나] 하나(一)인가 다(多)인가 등으로 음미되어 이것들의 자성이 확립되지 않을 때, 그러한 경우에만 세속이란 말을 붙이는 것이다. 그러므로 이것은 올바른 것으로 결코 명칭을 둘러싸고 [의론]이 일어나지는 않을 것이다.

실세속

이상의 자료로부터 샨타락시타와 카마라실라가 생각하는 실세속의 내용을 정리해 보자. 실세속은 '세간의 관행표시'라든가 '계약에 의한 세속'이라는 명칭을 갖는데, 그 내용은 다음과 같다. ⓐ충분히 검토하지 않고 승인할 만한 것, ⓑ생멸하는 성질을 가지는 것, ⓒ효과적 작용력을 가지는 것, ⓓ세간에서 경험되고 승인되는 존재.

그런데 이러한 샨타락시타, 카마라실라의 세속에 대한 견해는 즈냐나가르바의 그것과 같은 것임을 지적하고 싶다.

[여러 경전에서] 석가모니가 설하시는 승의와 세속 이제(二諦) 가운

데, "현현하는 그대로의 것"이 세속[제]이며, 그렇지 않은 것이 승의[제]이다.(《이제분별론》 제3게)

[청정한 지혜를 가진 사람, 청정한 지혜를 갖지 못한] 소 먹이는 여자를 포함한 [세간] 사람들은 지각되고 경험되어 지는 바로 그대로를 세속적인 입장에서 진리라고 결정하지만, 승의로서는 그렇지 않다. 사물의 본체(當體)는 지각 경험과 일치하여 확정되기 때문이다.[25]

그러면, 세속이란 무엇인가?

무엇인가가 어디에서 진실을 덮고 있는 것을 세속이라고 한다.(《이제분별론》 제15게 전반)

어떤 지혜가, 혹은 어떤 지혜에서 진실을 덮는 것, [진실은 덮혀 있어도] 세간에서 승인되고 있는 것, 그러한 것이 세속이다. 경전에서도 다음과 같이 설한다. 제 존재의 생기(生起)는 세속으로서 있는 것이며, 승의로서는 무자성이다. 무자성인 것에 대한 미혹[26] 그것을 실세속이라고 한다. (《입능가경》 10·429)

그것 [세속]에 의하면 일체는 진리이지만, 승의로서는 진리가 아니다. (《이제분별론》 제 15게 후반)

세속에 의하면 일체는 진리이다. 세간에 알려진 그대로 진리라는 의미다.[27]

이와 같이 즈냐나가르바에게 있어서는 '현현하는 그대로의 것'이 세속제의 기본 개념이다. 그리고 즈냐나가르바는 "현현하는 그대로의 것을 자성으로 하고 있기 때문에 이것(세속)에 대해서는 음미를 하지

---

25) *Satya-dvaya-vibhaṅga-vṛtti*(*SDV*로 약칭), Der, No. 3882, 4a$^{2-3}$.

26) 여기의 티벳역은 yaṅ dag kun rdsob ḥdod로 되어 있다. 현존하는 梵文은 niḥ svabhāveṣu yaābhrāntis tat satyaṁ saṁvṛtir bhavert로 되어 있기 때문에, '무자성인 것에 대한 迷亂이 實이며 세속이다.'로 번역된다. 이 범문이야말로 세속의 내용을 여실히 나타낸 것이라고 생각한다. 또 이 시송은 약간 말을 바꾸어 《修習次第》(*Bh.k*로 약칭) 초편, p. 202에 인용되고 있다.

27) *SDV*, Der, No. 3882, 9a$^{2-4}$.

않는다."(《이제 분별론》 제21게)라고 한다. 이것에 대한 샨타락시타의 주석은 "현현하는 그대로의 것을 자성으로 하고 있기 때문"이란 "충분히 검토하지 않고도 승인할만한 것이기 때문"이라는 것이다. 이 세속에서는 음미, 즉 검토를 하지 않는다라고 서술하고 있다.[28] 다시 말해, 승의의 음미에서는 '대항하지 못할 것'이 있지만, '현현하는 그대로의 것'으로는 '충분히 검토하지 않고 승인할만한 것'이 실세속이다.

사세속

그런데 눈병 환자에게 보이는 '두 개의 달'도 현현되는 그대로의 것이지만, 세간 사람들은 이것을 진리라고 인정하지 않는다.

이것이 바로 세속제를 실세속(實世俗)과 사세속(邪世俗)으로 분류하지 않으면 안되는 이유이다. 이러한 분류의 원리가 되는 것은 망상(遍計)된 것인가 아닌가 하는 점과 효과적 작용의 유무(有無)라는 두 점이다. 전자에 대해서는 《이제분별론》 제8게에서, 후자에 대해서는 제12게에서 각각 다음과 같이 설명하고 있다.

> 세속은 실(實)과 사(邪) 둘로 분류되는데, 그 중에서 망상(遍計)된 것이 없는 [인연에] 의하여 생한 실재적인 것만을 실세속이라 하며, 망상된 것은 사세속이다.(제8게)
>
> 망상된 것이란 승의로서의 생(生) 등, 현현하는 근본원인(pradhāna)이나 원소(元素, bhūta)의 전변(轉變) 등이다. 그것들을 결한 것 [그것이 실세속이다.] 실재적인 것만이 현현되는 그대로 효과적인 작용이 있기 때문에, 여러 가지 인연에 의하여 생한 것이 실세속제(實世俗諦)이

---

28) 《二諦分別細註》(*SDV-P*로 약칭) Pek. Vol. 100, 296, 4^8. 松本史朗, 〈Jñānagarhaの二諦說〉, p. 135 각주(5).

다. 다시 말해서 [지혜로운 자로부터] 어리석은 자에 이르기까지 그 지식 속에 똑같은 식의 원인으로부터 현현하는 한에 있어서 그것은 실세속이라고 알려진다. 지식에 현현하는 것과 일치하는 것으로서 존재가 확정되기 때문이다. '승의로서의 생 등'은 현현하는 것은 아니고 어디까지나 학파의 정설(定說)에 의하여 부탁된 것에 지나지 않는다. 그렇지 않으면, 즉 생(生) 등이 현현하는 것이라면 논쟁은 일어나지 않을 것이다. 논자 및 반론자(쌍방)의 지식에 현현하는 것에 관해서는 누구도 논쟁하지 않는다. 논쟁이 있다면 직접지각 등과 대립하는 것이 된다. '승의로서의 생 등'은 분별작용과 연결되는 것으로, 그것이 바로 사세속제이다.[29]

세속은 다시 두 가지로 설해진다.

[지식이] 현현되고 있다는 점에서는 같지만, 효과적 작용능력이 있기 때문에 '실(實)'이며, 능력이 없기 때문에 '사(邪)'라는 세속의 분류가 행해진다.(제12게)

지식은 현현이라는 형(形)과 현현을 가지고 있다는 점에서는 같을지라도 현현되는 그대로는 효과적 작용에 착란의 유무(有無)가 있다고 판단되어 물 등은 실(實)이며, 아지랭이 등은 사(邪)라고 세간 사람들은 이해한다. 일차적으로 실·사 쌍방은 무자성이라는 점에서는 자성이 서로 같다. [그러나] 현현되는 그대로 [실과 사가] 결정된다.

효과적 작용의 착란의 유무라는 것도 세간에서 승인되고 있는 것에 따를 뿐이다. 그 [효과적 작용]도 무자성이기 때문이다.[30]

이들 자료에 의하여 즈냐나가르바가 생각하고 있는 실세속, 사세속

29) *SDV-V*, Der. No. 3882, 5b$^{2-7}$.
30) *ibid*. 6b$^{5-7}$.

이 어떤 것인가를 알 수있을 것이다. 즉 실세속은 ⓐ망상(遍計)된 것이 아니며, ⓑ인연에 의하여 생하고, ⓒ효과적 작용을 가지고, ⓓ지혜로운자 내지 어리석은 자의 지식에도 현현하는 것이다. 사세속은 이 실세속에 대립하는 모든 것이라고 할 수 있는데, 여기에서는 ⓐ망상(遍計)된 것, ⓑ효과적 작용능력을 결한 것으로 표현되었다.

그리고 우리들은 곧 이와 같은 즈냐나가르바의 세속제에 대한 견해가 앞에서 살펴 본 샨타락시타, 카라마실라의 그것과 같은 것임을 알 수 있다. 다시 말해서 샨타락시타, 카라마실라의 견해가 얼마나 즈냐나가르바에 힘입고 있는가를 알 수 있는 것이다.

2. 세속의 존재＝유식(自證知)

세속과 지식(유식)

이와 같이 세속의 존재가 심(心)과 심소(心所)를 본체로 한다고 하는데, 샨타락시타는 그것을 시송(詩頌)의 형태로 다음과 같이 표명한다.

> 원인이나 결과로 존재하는 것도 단지 지식에 지나지 않는다. [외계의 영향을 받지 않고] 스스로 성립하는 것, 그것은 지식이라고 결정된다. (《중관장엄론》제 91게)
>
> 스스로 성립한다는 존재방식과는 달리 지식의 존재방식은 생각할 수 없다. 스스로 성립하고 있는 것의 본체도 꿈이나 환상 등의 형상과 같은 것이다.[31)]

이 시송에서는 '세속의 존재'가 "원인이나 결과로서 존재하는 것"이라는 말로 대치되고 있다. 그리고 그것은 "단순히 지식에 지나지 않

---

31) *MAV*, Pek. Vol. 101, 13, 1^{4-5}.

는다." 즉 세속이란 지식의 세계에 지나지 않는다(唯識). 이 점을 즈냐나가르바의 《이제분별론주(二諦分別論註)》 및 그에 대한 샨타락시타의 《세주(細註)》 속에서 살펴보자. "세속은 현현되는 그대로의 것이다."가 즈냐나가르바의 세속에 대한 정의인데, 샨타락시타는 이것을 다시 "세속이 현현되는 그대로의 것이라고 하는 것은 직접지각이라고 하는 의미이다."[32] 라고 하였다. 또 즈냐나가르바는 말한다.

> 분별이라는 악사(惡事)에 오염되지 않고, 의타기(依他起)를 자성(自性)으로 하며, 단연코 식(識)의 현현인 색(色) 등의 체는 부정할 수 없다. 만일 [부정]한다면 부정하는 사람이 후에 직접지각[이나 추리지(推理知)] 등에 의하여 배척될 뿐이다.[33]

이에 대해서 샨타락시타는 다음과 같이 해설한다.

> ['색'등의 체(體)는] 어떠한 것인가? 인과 연에 의하여 생하기 때문에 의타기(依他起)를 자성으로 한다. 어떤 까닭으로 [색 등의] 체는 분별이라는 악사(惡事)에 의하여 오염되지 않는가라고 묻는다면 [다음과 같이 답한다.] 단지 식(識)의 현현인 것으로, 무분별적인 지식의 현현이라는 뜻이다. '단지'라는 말은 분별을 수반함을 부정하고 있는 것이다.
>
> 그와 같이 색 등은 자증지이기 때문에 부정할 수 없을 뿐만 아니라, 부정을 한다면 부정하는 사람이 후에 배척당할 뿐이라고 강조한다. 무엇에 의해서인가? 직접지각 등에 의해서라고 답한다. 등(等)이 라는 말에 의하여 추리지(推理知) 등이 이 속에 포함되어 있는[34] 것이다.(밑줄 그은

---

32) *SDV-P*, Pek. Vol. 100, 299, 4^{7-8}.
33) *SDV-V*, Der. No. 3882, $12b^{2-3}$.
34) *SDV-P*, Pek. Vol. 100, 300, $1^{6}-2^{1}$.

부분은 즈냐나가르바의 말이라는 것을 표시함.)

또한 다음과 같은 표현은 카마라실라에게서도 볼 수 있다.

> 그 3성(性) 중에서, 음미하지 않고서도 승인되며, 현현하는 그대로의 것에 의하여 생하는 존재가 의타기성(依他起性)이다.[35]

이러한 자료를 첨가하면, 다음과 같은 등식이 새로 성립됨을 승인할 수 있다. 실세속＝현현되는 그대로의 것＝＜직접지각＞＝인연생＝의타기성＝유식의 현현＝＜자증지＞＝부정할 수 없는 것＝＜충분히 검토하지 않고 승인할만한 것＞. (단＜ ＞안은 샨타락시타 시대에 사용된 말)

이제까지의 지적들을 종합해 보면, 《종의 보환》에서 유가행중관파의 인식론으로 "외경(外境)을 승인하지 않고 지(知)의 자증지를 승인한다."라고 말했던 전승을 수긍할 수 있을 것이다. 이와 관련하여 《종의 보환》의 인식론에 관한 기술을 정리하면 대략 다음과 같이 된다.

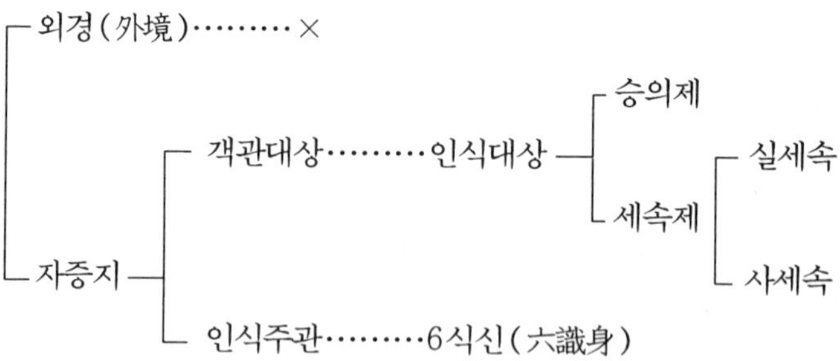

---

35) 《中觀の光》(*Madhyamakāloka, MĀ*로 약칭) Pek. vol. 101, 46, 4^{6-7}.

자증지의 세계

종의서의 기술이 간결하여 명확하지 못한 점도 있지만, 그것이 뜻하는 바를 다음과 같이 이해할 수 있을 것이다. 즉 외경(外境)이 부정되는 한,[36] 존재하는 것은 자증지(자기인식)의 세계 뿐이다. 이 자증지를 인식 주관의 측면에서 말하면 6식신(六識身)이며, 객관 대상과 인식 대상의 측면에서 말하면 승의와 세속 이제(二諦)이다.

그러나 지식, 즉 자증지의 세계는 실세속이라고 한다. 따라서 우리들이 존재하고 있는 이 세계는 자증지이며, 그 심(心)의 활동을 분석하면 여섯 가지가 된다. 이 6식(六識)이 활동하는 세계가 실세속이라고 하는 세속제이다. 거기에서 이원적인 능(能)·소(所)로 현현하는 여섯가지 식의 활동이 소멸할 때, 세속제가 그대로 승의제로 전환된다.

이와 같이 유가행중관파의 세계관에서 우리들은 인식론과 이제설과의 합체를 쉽게 볼 수 있다. 그러면 이 경우에 자증지란 어떠한 것일까? 그 사고방식의 성립, 내용 등에 관한 상세한 것은 카츠라 쇼루(桂紹隆)의[37] 논문에 맡기고, 여기에서는 그것에 관한 샨타라시타의 견해만을 소개한다. 샨타락시타가 지식에 관한 자기인식의 이론을 채용한 것은 이미 《진리강요》에 나타나고 있다. 샨타락시타는 "지식은 결코 외경을 인식하지 않는다."(《진리강요》 제1998게 후반)라고 한다. 카마라실라는 이를 받아서 "[대상의] 형상을 갖지 않은 [지식]에 의해서나 [대상의] 형상을 갖는 [지식]에 의해서, 또는 대상의

36) 외계의 존재물을 단일 내지 복수의 성질을 가지는 것이 아니라고 하여 그 실재성을 부정해 가는 제 학파의 논증을 본고에서는 지면 제한상 소개할 수 없었다. 이에 관해서는 다음 논문을 참조하기 바란다. Y. Kajiyama, Later Mādhyamika on Epistemology and Meditation", pp. 117-120.

37) 桂紹隆, 〈ダルマキールテにおげる'自己認識'の理論, 《南都佛教》 제23호.

형상과는 다른 형상을 가진 [지식]에 의해서도 외계를 파악할 수는 없다. 그 이외의 [인식의] 존재방식은 없다. 그러므로 외적인 타인의 인격이 있을 때에도 지식은 늘 자신만을 알(ātmasaṁveadnam) 뿐이다. 따라서 유식성(唯識性, vijñaptimātratā)이 성립한다."(《진리강요세주》, p. 682, 3-4행)라고 말한다.

여기에서 두 사람은 지식을 파악하는 것이란 외계의 대상이 아니라 늘 자기자신이라는 점에서 유식성이 성립함을 말하고 있다.

이와 관련하여 '유식이 지식의 자기인식임'을 천명하는 입장은 후대에 라트나카라샨티(Ratnākaraśānti)에 의해 다음과 같이 설명되고 있다.[38)]

> (반론) "이들 [일체법]은 단지 지식을 자성으로 하는 것이다."라는 말에는 어떠한 이치가 있는가? (회답) 답하리라. 여기서 제법은 그 자신의 현현(sva-prakāśa) 그 자체가 지각됨으로써 성립되고 있다. 그 현현은 빛남, 광명, 조명이라고도 불린다. 그것은 또한 물질적인 것이 아니다. 직접적인 것으로서 완전한 현현이다. 만약 그것이 성립하지 않는다면, 어떠한 사물도 현현하지 않는 것으로 되기 때문에 어떠한 것도 성립하지 않는 것이 되어 버리고 만다. [반대로 그것이] 성립한다면, 그것(현현)은 바로 지식이므로, 일체법은 지식을 자성으로 하여 성립하는 것이 된다.

그리고 샨타락시타는 《중관장엄론》에서 무형상지식론과 유형상지식론[39)]의 결합을 지적하면서[40)] 자기인식의 이론을 명확히 하고 있다.

---

38) *PPU*, Pek. vol. 114, 242, 1^{1-3}.

39) 무형상지식, 유형상지식론에 대해서는 다음 논문을 참조하기 바란다. 梶山雄一, 〈存在と知識 — 佛教哲學諸派の論爭—〉, 《哲學研究》 제500호, pp. 684-687.

40) *TS*, kk. 1999—2001=*MA* kk. 16-18.

그 경우에 ⓐ '지식은 감각적인 것'(ajaḍa)이라고 지식의 성격을 규정하며, ⓑ 지식의 자기인식은 '작자와 작용관계'에서 성립하는 것이 아니라고 하는 두 개의 견해를 표명하고 있다. 이 점에 대해서 약간의 해설을 덧붙인다.

(1) 지식의 성격 — 감각성

지식은 어떤 이유로 외경을 인식하지 않고 지식 자신만을 인식하는 것이 가능할까? 이에 대해서 샨타락시타가 준비한 첫번째 답변이 바로 다음의 시송이다.

> 지식은 무감각한 것(jaḍarūpa)으로 생하는 것이 아니다. 감각적인 것이야 말로 이것(지식)의 자기인식에 지나지 않는다. (《진리강요》 제1999게;《중관장엄론》 제16게)

외계의 존재가 모두 부정되고 지식만이 남았다. 그 지식에 다시 '감각적인 것'이라는 성격을 규정함으로써 지식의 기능 범위가 한정되었다고 말할 수 있다. 감각적인 지식은 질적으로 다른 무감각한 외적 존재를 인식할 수 없다. 지식이 작용(기능)하는 것은 자기에 대해서만이다. 즉 지식은 자기인식을 한층 선명하게 드러내는 것이다.

그 결과 지식이 인식 주체로서 자기와는 다른 대상을 파악한다고 하는 무형상 지식론은 부정된다. 나아가 이 지식의 성격 규정은 경량부의 외계 실재론에 토대한 유형상 지식론에 있어서 성립하는 자기인식의 이론적인 불철저한 면을 배제하는 것에도 성공했다고 할 수 있다. 경량부의 인식론에서는 지식은 지식 내에 투입된 형상을 인식하는 것이 된다. 그 형상이 외계의 대상과 유사성을 가졌다는 점에서 지식은 외계를 인식하고 있다고 할 수 있지만, 한편으로 그 형상이 지식 내에 투입된 것이라는 점에서는 지식은 지식 자신을 인식하고 있는 것에 지나지 않기 때문에 자기인식의 이론이 성립된다. 그러나 지식을 감각적인 것으로 규정하는 한, 형상이 외계와 유사하다는 점은 부정된다. 따라서 지식에 공간적, 시간적 한정을 주는 요소를 외계에서 구할 필요성은 없다. 이러한 의미에서 외계 실재론에 토대한 유형상 지식론은 지식의 자기인식을 성립시키는 기반을 잃어버렸다고 할 수 있다.

(2) 자기 인식의 구조

그런데, 다음으로 지식의 자기인식은 어떠한 관계에 의거하여 성립하는 것일까? 샨타락시타의 견해는 다음과 같다.

> [자기 인식이라는] 하나의 불가분적인 것에 [인식대상, 인식자, 인식수단이라는] 세 가지가 있다는 것은 불합리하기 때문에, 지식의 자기인식은 작자와 작용의 관계에 의하여 존재하는 것이 아니다. (《진리강요》제2000게 =《중관장엄론》제17게)

유형상 지식론의 인식구조는 다음과 같이 설명된다. "대상은 자기의 형상을 [지식에] 투입할 수 있고 원인적인 것이며 지각의 대상이다. 한편 지식은 대상의 자성으로 확정되어 있고 생하게 한 것이며 지각의 주체나 다름없다."[41] 즉 외계의 대상과 지식은 인과관계로 이루어져 있으며 각각 원인과 결과가 된다. 결과인 지식은 다시 인식 수단과 결과로 논리적으로 분석된다. 이 경우 인식 수단은 외계의 대상이 지식 속에 투입 되어진 자기형상에 지나지 않는다. 따라서 유형상 지식론의 자기인식은 외계의 대상(원인)이 자기의 형상(인식수단)을 지

---

41) *MAV*, Pek. vol. 101, 4, 2^{7-8}. cf. *PV*. praty. k. 247. 戸崎宏正, 《佛教認識論の研究》上巻, 大東出版社, p. 346.

식(결과) 속에 투입하여 같은 하나의 지식 내에서 인식자이자 결과인 지식이 인식 수단인 형상을 인식한다는 구조로 되어있다. 그러나 원인인 대상이 외계의 것이며 인식수단인 형상이 외계의 대상과 유사성을 가진다는 점에서, 이 인식론은 내(內)와 외(外)라는 양자 사이에서 생기는 인식작용임을 부정할 수 없다.

이처럼 여기에서는 외계실재론에 입각한 자기인식의 구조를 부정하는 것이 앞에 나온 시송의 의도였던 것이다. 샨타락시타, 카마라실라는 다음과 같이 비판한다. 지식은 지식 속에 투입된 형상을 인식한다고 할 때, 그 형상은 ⓐ 외계에서 아직 지식 속에 투입되지 않은 것이거나 ⓑ 이미 투입된 것중의 어느쪽일 것이다. 전자의 경우에는 지식 속에 있는 것은 지식으로서는 아직 존재하지 않으므로 무(無)이다. 무(無)라면 모든 효력이 없기 때문에 인식수단이 될 수 없다. 후자의 경우에는 지식 그 자체로서는 결과에 지나지 않기 때문에 이미 인식 수단이라고는 할 수 없으며, 결과가 결과에 작용하는 것은 모순이다.[42] 따라서 지식이 지식을 인식한다고 하는 자기인식의 구조는 인과적으로 연관되어져 있을지라도 다른 두 개의 사물 사이에서 성립하는 작용과 주체의 관계로서나, 혹은 알려지는 것과 아는 것의 관계로서 이해되어 져서는 안된다고 한다. 지식과 형상은 자기인식이라는 하나의 사실 가운데에 있는 논리적인 구분에 지나지 않는다.

이렇게 하여 지식이 지식 자신을 인식한다고 하는 자기인식의 구조가 내계(內界)의 지식이 외계의 대상을 파악한다고 하는 무형상 지식론에서 뿐만 아니라, 지식이 외계에서 투입된 형상을 파악한다고 하는 경량부의 유형상 지식론에서도 구조적으로 성립하지 않음이 분명해 지는 것이다. 이상과 같은 두 견해는 샨타락시타가 자기인식의 이론을 확립하는데 있어 유력한 근거였다고 할 수 있다. 전자는 특히 무형상

42) *MAV*, Pek. vol. 101, 4, 2^8-3^2;*MAP*, Pek. vol. 20. 3^8-4^5의 취지.

지식론에 대해서, 그리고 후자의 사고방식은 이미 다르마키르티의 《프라마나바르티카》(*Pramāṇavārttika*), 〈지각장(知覺章)〉(제354,357게)에서 볼 수 있는데, 경량부의 유형상 지식론에 대해서 각각 효력을 발휘하고 있다고 할 수 있다. 그러나 두 견해 모두, 특히 경량부의 유형상 지식론에서 성립하는 자기인식의 이론적인 불철저함을 경계하면서, 유식의 견해에서만 그것이 참으로 성립하는 것이라는 것을 보여주는 견해라고 할 수 있다. 즉, 샨타락시타의 자기인식에 대한 이론의 독자성은 다르마키르티의 《프라마나비스챠야》[43](*Pramāṇaviniścaya*) (1·38)에서 제시되는 자기인식의 이론—그것은 유식파에서는 물론 경량부에서도 성립하는 것—에 의거하면서도 한걸음 더 나아가 유식파의 이론에서만 참으로 성립하는 것이라는 점을 더욱 철저히 한 점에 있다고 할 수 있다. 그리고 결론적으로 다음과 같이 말한다.

> 그러므로 이것(지식)은 자각(bodha)을 그 본질로 하기 때문에 그러한 면에서 자기를 인식하는 것이 가능하다. 그러나 다른 대상의 자성을 그것이 어떻게 인식할 수 있겠는가?(《진리강요》 제2001게 =《중관장엄론》 제18게)

지식이 다른 존재를 지각하는 것이 아니라면, 자기와는 다른 지식에 의해서 그것이 지각되는 것도 아니다. 지식은 스스로 비춰지는 것이므로, 천공(天空)의 빛남(nabhastala-vartty-āloka)에 비유된다.[44]

---

43) "지식에 의해 지각되는 것은 [지식과] 다른 것이 아니다. 그 [지식]에 대하여 [그것을 포착하는] 다른 지각은 없다. 객체 주관이 별도로 존재하는 것이 아니기 때문에, 실은 그 지식 스스로 현시한다." 日譯은 桂 역, 앞 논문(上), p. 25. 이 게송의 인용에 대해서는 戸崎宏正, 〈プラマーナ·ブールティカ, 現量章の日譯硏究(16)〉, 《哲學年報》 제38집, p. 38, 각주(31) 참조.

44) *TSP*, p. 682[22].

즈냐나가르바의 비판

즈냐나가르바의 《이제분별론주》에는 자증지에 대한 기술이 명확하게 드러나지 않는다.[45] 그러나 샨타락시타가 《중관장엄론》(제16게-

45) 즈냐나가르바의 《二諦分別論註》에서의 지식의 자기인식에 관한 기술은 명확하지 않다. 그러나, "그것은 불합리하다. 自內證智에는 자기인식이 있을 수 없기 때문에"(제6게 C구)라는 표현이 있으며, 또 그 밑의 주석에 "(宗)[자내증]지는 자기가 자기를 아는 것이 아니다. (因)자기 顯示가 없기 때문에, (喩)다른 지와 같이"라는 글이 있으므로, 예컨대, 'Jam-dbyaṅs-bzad-pa'i-rdo-rje 등은 즈냐나가르바가 자증지를 인정하지 않는다거나 바비야와 같은 입장에 서는 논거로 하고 있는 듯이 보인다.(*The Colle-cted works of 'Jam-dbyans-bzad-pa'i-rdo-rje, reproduced from prints from the Bkra-sis 'khyil blocks by Ngawang Gelek Demo*, New Delhi, 1973, Vol.14, p. 851[4].)

그러나 과연 그럴까? *SDV* 제5게에서 즈냐나가르바는 非異門勝義가 一切智者의 知를 포함하여 모든 지식 상에 결코 현현하지 않는 것임을 서술한다. 그 견해가 아가마의 권위와도 일치하는 것임을 나타내기 위하여, 예컨대 《法集經》에서 볼 수 있는 "여하한 것도 보지 않는 것이 진실을 보는 것이다."(Pek. Vol, 36, 32, 1^{2-3}, 大正 No.761, 17, 637中)라는 글을 인용한다. 즈냐나가르바에 있어서 여하한 것도 보지 않는다."라는 것이 "비이문승의는 결코 현현하지 않는다."라는 것의 바탕이 되는 것이다.

그러나 이에 대하여 반론자는 이 경문의 "여하한 것도 보지 않는다."를 "변계소집성의 여하한 것도"의 뜻으로 생각한다. 반론자의 입장에서는 "변계소집성의 여하한 것도 보지 않는 것이 진실을 보는 것"이 된다. 바꾸어 말하면, 변계소집성의 無, 二無, 圓誠實性, 勝義諦를 보는 것이 진실을 보는 것이 된다. 이 경우에 그것을 보는 知는 *SDV-P*에 의하면, 自內智(praty-ātma-gati)이다. 따라서 거기에서는 자내증지(주관)가 변계소집성의 무(객관)를 본다는 인식구조가 생각되고 있는 것이 된다.

이에 대해서 즈냐나가르바는 "그것은 불합리다. 자내증지는 二無를 아는 것으로 자기인식이 있을 수 없기 때문"(제6게C구)이라고 비판한다. 자내증지가 2무서의 승의제를 본다는 구조에 있어서는 자내증지와 승의제는 두 개의 다른 것으로, 자내증지가 자기자신을 본다고 하는 자기인식이 성립하지 않음을 지적하고 있는 것이다. 따라서 즈냐나가르바는 자기인식을 부정하고 있는 것이 아니라 오히려 긍정하고 있다고 보아야 하지 않을까. 그는 반론자가 생각하는 자내증지에는 있다고 보아야 하지 않을까. 그는 반론자가 생각하는 자내증지에는 '자증'이 성립하지 않음을 *SDV* 제6게의 밑에서 논증하고 있는 것이다. 이에 의해서 역으로 즈냐나가르바는 維摩의 一默에 비길 非異門勝義가 결코 현현하는 것이 아님을 증명한 것이 된다. 이와같이 이해하지 않으면 *SDV*에 있

33게)에서 무형상 지식론과 유형상 지식론(유식설은 제외)의 불합리를 상당한 분량에 할애하여 지적한 것과는 대조적으로 즈냐나가르바는 이것을 인정하지 않는 입장을 간단하게 표명하고 있다.[46)]

ⓐ 무형상지식은 대상을 파악할 수 없다. 한편 [유형상 지식론]도 대상을 파악할 수 없다. 형상은 인식수단이 아니며 불합리하기 때문이다.

ⓑ 유일한 것(지식)에 각종 성질을 가지고 현현하는 제 형상이 어떻게 실재할 수 있을까? [실재한다면] 그것(지식)의 한 성질이 파괴되기 때문이다.[47)]

이 두 시송에서 즈냐나가르바가 무형상 지식론만이 아니라 경량부의 유형상 지식론의 인식 구조에서도 볼 수 있는 결함을 알기 쉽게 잘 지적하고 있음을 확인할 수 있다. 또, 앞에서 살펴본 바와 같이 "색 등의 체(體)는 의타기(依他起)를 자성으로 하며, 단지 식(識)의 현현이다."라고 서술하여 의타기의 세속 세계가 유식임을 표명하고 있다. 유식=자증지의 표현은 발견할 수 없지만, 그에게서도 현현하는 세계가 유식이었음을 확증할 수 있다.

3. 유식=무아

이상으로 유가행중관파는 세속의 존재를 단지 지식(唯心)에 귀착시

어서의 즈냐나가르바의 사상은 일관성이 없는 것이 된다. 왜냐하면 한편으로는 무형상 지식론 및 경량부의 유형상 지식론의 결함을 지적하고 의타기의 세속세계가 유식임을 표명하면서도, 다른 한편으로는 자증지를 승인하지 않는다는 것은 모순되고 있는 듯이 생각되기 때문이다. 즈냐나가르바가 자증지를 승인하지 않는다고 이해하는 논사는 이 모순을 해명하지 않으면 안된다.

46) *SDV-V*, Der. No. 3882,7a$^{2-3}$.

47) 본 偈는 *PV*, praty. k. 358에 해당한다.

키고자 하는 문헌적 증거를 갖고 있음을 알 수 있다. 이제는 유심(唯心)조차도 집착해서는 안된다는 것, 즉 유심이라는 것도 하나(一)와 다(多) 어느쪽의 자성도 갖고 있지 않는 승의로서는 실유가 아니라는 점을 서술하지 않으면 안된다.

샨타락시타는 《중관장엄론》 제92게에서 그 점에 대하여 다음과 같이 말한다.

> 유심(唯心)[의 이론]에 의하여 외계의 것은 무(無)라고 알아야 한다. [일체법이 무자성이라는] 이론에 의하여 [유심의 이론]도 참으로 무아임을 알아야 한다.

여기에서 유심도 무아이지 않으면 안된다는 견해를 볼 수 있다. 이것은 중관파의 일파(바비야)를 포함한 유외경론(有外境論)의 부정, 나아가서는 유심의 입장에 집착하는 것을 부정하여 최종적으로는 나가르쥬나에 이어지는 공의 입장을 견지한 그의 사상적 입장을 나타낸 교상판석이다. 샨타락시타는 《중관장엄론》 이하에서 《화엄경》 〈이세간품(離世間品)〉, 《법집경(法集經)》, 《입능가경(入楞伽經)》을 인용하여 이러한 자기의 입장을 간접적으로 증명한다. 여기에서는 그 중에서 《입능가경》의 셋 시송을 소개하도록 한다.

> ⓐ [유가행자는] 심(能取)만[이 있다는 생각]으로 외경(所取)을 분별해서는 안된다. 진여를 상(相)으로 하는 대상에 머물러, '심[이 있다는 생각]'도 초월해야만 한다. [소취가 없으면 능취도 있을 수 없기 때문이다.](10·257)
>
> ⓑ '심만[이 있다는 생각]'을 초월하므로써, [능·소가] 현현하지 않는 [지(知)에 집착하는 것]도 초월할 수 있다. 무현현(無顯現)의 상태

에 머무는 유가행자는 대승을 본다.(10·257)

ⓒ 유가행자의 경지는 이미 볼 것이 없기 때문에 [보기 위한] 노력은 불필요하다. 즉 적정(寂靜)하며 본원(本願)에 의하여 청정하다. [이 경지에 있는] 그의 지식은 가장 뛰어난 것으로 본체를 갖지 않으며, [그는 그] 무현현[의 지식]속에서 [실재성]을 보지 않는다.(10·258)

이러한[48] 셋 시송의 인용은 앞의 제92게의 간접적인 증명으로, 외

---

48) cittamātraṁ samāruhya bāhyam arthaṁ na kalpayet/
tathatā lambane sthitvā cittamātram atikramet//(X.256)
cf. *Bh. K*I. p. 210^{9}, *PPU*, Pek. vol. 114, 249, 3^{8}.
cittamātram atikramya nirā bhā sam atikramet/
nirābhāsasthito yogi mahāyānaṁ sa paś yati//(X.257)
* *Bh. K*I. p. 210:nirābhāse sthito, of, *PPU*. Pek. vol. 114, 249, 3^{8}.
añābhogagatiḥ śāntā praṇidhānair viśodhitā/
jñāman anātmakaṁ śreṣṭhaṁ nirābhāse na pasyati//(X.258)
* *Bh. K.* I.p. 210: nirātmakam nirābhāsena paś yati, cf. *PPU*. Pek. Vol. 114, 249, 4^{1}.
지금 인용한 *MAV* 티벳역을 텍스트로 하고 *MAP*를 참조하여 번역했지만, 이 《入伽經》 3시송의 해석은 매우 난해하다. 먼저 텍스트 상에서 문제가 되는 것은 258게 d구에서, 현존하는 梵文(南條本, 바이드야本) *MAV*, *MĀ* 인용의 티벳역은 nirābhāsena pasyati인데 반하여, *Bh. K*, *PPU*에서 인용한 것은 nirā bhāsena paśyati로 되어 있다.
먼저 *Bh. K*에 있어서 카마라실라의 해설에 주의하자. 카마라실라는 257게 bc 및 258게 d구에 보이는 nirābhāsa라는 같은 단어를, 257게 b구에 대해서는 dvayanirāhāsaṁ jñām, dvayanirābhāsa evādvayajñāne, advayajne로, 그리고 257게 c, 258게 d구에 대해서는 advaya-jñāna-nirābhāsa eva jñāne로 바꿈으로써, 같은 nirābhāsa라는 단어에 대하여 두 개의 다른 내용을 가지는 것으로 분류하였다. 또 256게 c구의 tathatālambane에 대해서는 advaya-lakṣaṇe tathatālambane라고 주석하고 있다. 이리하여 256게 c구의 tathatā lambane 및 257게 b구의 nirābhāsa는 무상유식파가 생각하였던 형상이 없는 빛남만을 의미하는 것이 되었다. 한편, 257게 c구 및 258게 d구의 nirā bhā sa-는 그 prakāśa-mātra까지도 초월하는 절대공을 의미하는 것이 되었다. 따라서 256게 a구의 citta-mātra는 단순히 유심 일반을 의미하는 것이 아니라 유상유식파의 입장을 나타내는 내용이 된다. 이와 같이 카마라실라가 해석하는 두 가지의 '無顯現'(nirābhāsa-)의 내용이 각각 유상유식, 무상유식의 입장에 배정됨을 지적하고, 이 3게에서

경유(外境有) → 유심(唯心) → 유심무아(唯心無我)라는 발전과정을 나타낸 것으로 이해할 수 있다. 이 경우에 '무현현'의 내용을 다시 두 가지로 분석한 것이 카마라실라였다. 거기에 카지야마(梶山) 박사의 해석을 덧붙이며, 외경유(外境有) → 유심(唯心)(유상유식과 무상유

유상유식 → 무상유식 → 중관파에로 점차 향상해 가는 과정을 발견하여, 여기에서 카마라실라가 철학과 명상의 이론적 일치를 도모하고 있다고 이해한 것이 카지야마(梶山) 박사였다.(Y. Kajiyana, Later Mādhyamikas on Epistemology and Meditation. pp. 136–138.)

그러면 *Bh. K*에서 볼 수 있는 이와 같은 해석이 *MAP*에서도 적합한지에 대해 살펴 보자. 먼저 257게 b구 "무현현을 초월한 것이다."란 "不二에 집학하는 것까지도 이 이론에 의거하여 버려야 한다라는 뜻이다."(Pek. vol. 101, 36·42)라고 주석하고 있다. 이에 해당하는 표현은 *Bh. K.* I.(p. 211[14–15])의 tatrāpy advayajñā ne vastutvābhiniveśamtyajet와 일치한다. 또한 *MAP*의 "무현현의 知에 머물러야 한다. 그러나, 그 知도 一과 多 등의 본체를 가지는지 어떤지를 명상하여, 不二를 초월하고 무현현에 들어 거기에 머무는 것이 대승에 드는 것이라고 설하고 있다."(Pek. vol. 101, 36, 4[4–5])의 글은 무상유식의 입장에서 중관파에의 향상을 나타낸 것이라고 이해할 수 있을 것이다. 또 *MAP*에서 유가행자가 知를 *Bh. K*와 같이 advaya-jñāna-nirābhāsa-jñāna라 주석하고 있다(Pek. vol. 101,36,4[7]). 이와같이 *Bh. K*에 볼 수 있는 카마라실라의 태도가 *MAP*에서도 볼 수 있는 것이다.

그러나 이 3게에 대해서 샨타락시타 자신의 해석은 없으며, *MAP*의 카마라실라의 그것도 *Bh. K*만큼 상세한 것이 아니다. 따라서 그 *MAP*의 해석을 갖고 샨타락시타의 견해와 동질의 여부를 단정하기에는 어려운 점이 있다. 여기서 샨타락시타가 《화엄경》, 《法集經》과 나란히 이 3게를 인용하는 의도는, 2경의 내용과 같이, 제92게의 방증으로서 외경유(유외경론) → 유심(유식파) → 유심무아(중관파)라는 과정을 보인것에 지나지 않다고 이해하는 쪽이 타당할지도 모른다. 유상유식 → 무상유식 → 중관이라는 과정을 보이고자 했다고 생각되는 카마라실라만큼 고도의 것은 포함되어 있지 않다고 생각해야 할 지도 모르겠다. 이렇게 말하는 것은 샨타락시타에서는 철학적 의론이 중심이며 아직 명상의 체계를 정리·확립하여 양자의 논리적 일치를 계획하는 단계에는 이르지 못했음을 보여주는 것이라고 할 수 있다.(Y. Kajiyama, *op. cit*, p. 134)

또한 이 3게의 인용은 *PPU*에도 보이는데(Pek. vol. 114, 249, 3[7]–4[2]) 거기서 락트나카라샨티는, 257게 b구의 nirābhāsa–는 제3단계에 속하는 것이며, 257게 c구의 그것은 제4단계의 것이라 하여(Pek. vol. 114, 249, 4[8]–5[2].) 양자에서 상이를 발견하고 있다.

식) → 유심무아(中觀)라는 발전과정이 나타난다고 이해할 수 있다.

이상과 같이 카마라실라는 산타락시타의 교상판석을 승인하고 있다. 그리고 카마라실라의 다음과 같은 말이 《수습차제》〈초편〉과 《중관의 빛》에서 보여 지는데 이것을 첨부하면 다음과 같다.

> 그러나 유식성(唯識性)에의 오입(悟入)만으로는 진실에 오입할 수 없다.[49]
>
> 그러므로 불이지(不二智)에의 오입이야말로 진실에의 오입이다.[50]
>
> 실로 일시에 일체법이 무자성임을 이해하지 못하는 사람은 우선 유심(唯心)에 의하여 점차로 외경의 무자성을 이해해야 한다. 그렇기 때문에 "논리적으로 검토하는 사람들에게는 소취와 능취가 다같이 부정된다."(《입능가경》 10·154 전반)고 말한다. 그 뒤에 점차로 심(心)의 자성을 음미하여 그것도 무아임을 이해하여 심원한 이취를 이해한다.[51]

그런데 즈냐나가르바의 《이제분별론주》에서도 유심 역시 무아에 지나지 않는다고 하는 전개를 나타내고 있는 것에 주의하지 않으면 안된다.

> 자비하신 분께서 분별에 속박되어 있는 사람들을 보시고 '유심' 등의 갖가지 [교설]을 가지고 속박과 해탈을 설하시었다.(《이제분별론》 제32게)
>
> 세존—행위와 결과를 판별하시고, 자비를 신체로 하시는—은 윤회의 감옥에서 분별의 족쇄에 속박된 상태로 있는 사람들을 보시고, 뜻하신대로 온(蘊)·처(處)·계(界), 유심(唯心), 일체법무아(一切法無我)의 순서로 존재

---

49) *Bh. K*, I, G. Tucci, Minor Buddhist Texts IX, 2, p. 217^{8}.

50) *Bh. K*, I, p. 217^{13-14}.

51) *MA*, Pek. vol. 101, 49, 5_{8}–50, 1_{2}.

에 대한 집착을 부정하여 속박과 해탈을 설하시었다.[52]

지식 본체 가운데 극미(極微) 및 불이(不二)한 것 자체는 현현하지 않는다. 현현하지 않는 것은 언어로 표현할 수 없다. 현현하는 것, 그것은 결코 실재의 자성이 아니다. 집합된 것이나 둘인 것도 실재하지 않기 때문이다.[53]

세존의 설법을 온, 처, 계, 유심, 일체법무아라는 순서로서 나타내고, 현현된 것은 실재의 자성이 아니라고 하는 곳에는 앞에서 기술한 샨타락시타의 교상판석을 방불케 하는 바가 있다. 이러한 모든 것은 즈냐나가르바가 샨타락시타에 선행하는 유가행중관파의 한사람이였음을 보여주는 증거라고 생각된다.

4. 불생이라는 것

샨타락시타는 《중관장엄론》 제93게를 시작하기 전에 《입능가경》 및 나가르쥬나의 《육십송여리론》에서 각각 다음과 같은 2시송을 인용하여 자신의 입장을 한층 분명히 하고 있다.

ⓐ〔5종의〕 인연에 대한 부정과 능작인의 부정〔에 의하여〕 유심을 확정하는 것이 〔유기식성(唯記識性)의 이론에서〕 '불생'이라고 나는 설한다.(《입능가경》 10·592)

ⓑ 제법은 외적인 존재도 아니고 마음에 포섭되는 존재도 아니〔라고 설하며〕, 모든 견해가 부정되므로 '불생'을 상(相)으로 한다. 〔이것이 중관파 이론에서의 '불생'에 대한 설명이다.〕(《입능가경》 10·595)

---

52) *SDV-V*, Der. No. 3882,13a$^{2-4}$.
53) *ibid.* 13b^{3}.

ⓒ [54] 어떠한 생하는 법도 없고 멸하는 법도 없다. 다만 식(識)만이 생하고 멸한다.(《육십송여리론》 제21게)

ⓓ 설하는 바 원소(大種) 등은 식(識)속에 넣을 수 있다. 그 [설한바 원소 등]이 식(識)과 분리되는 것이라면 [그것은] 잘못된 생각이 아닐까.(《육십송여리론》 제34게)

이들 인용에서 보면, 샨타락시타는 '불생'이라는 개념에서 유식파와 중관파의 사상적 접점을 끌어내고 있는 듯하다. 카마라실라의 해석에 의하면,[55] 외적인 5인(五因)과 1연(一緣)을 합한 6인(六因)을 부정하여 일체의 발생 근거를 마음으로 돌리고 유심을 확립하는 것이 유식파에서의 '불생'의 의미이다. 한편 중관파에서의 '불생'은 내적으로도 외적으로도 존재하지 않고 일체의 견해가 부정되는 것이다.

어쨌든 불생이라는 개념은 샨타락시타 자신이 의거하고 있는 기반이라고도 할 수 있다. 먼저 그 근거를 경전에서 구한 다음, 그 입장이 단지 그것 하나만이 아니라 중관파의 조사인 나가르쥬나에게서도 발견할 수 있다는 것을 나타내기 위해 유식사상의 색채가 농후한 두 시송을 《육십송여리론》에서 선별하고 있다. 그 두 시송에서는 생하고 멸하는 것은 지식뿐이며, 세존이 설하는 4대원소까지도 지식을 떠난 존재가 아니라고 말한다. 이 불생의 입장에 서면 중관파의 주장과 유식파의 주장이 서로 다르지 않다는 것을 알 수 있다. 이는 당시의 인도 불교학계에서의 중관파와 유식파와의 논쟁, 이른바 유·무의 논쟁을 반영한 것으로, 샨타락시타가 대승불교의 원점인 나가르쥬나에게로 회귀하려 목표로 한 하나의 귀결이었는지도 모른다. 《중관장엄론》 제93게에

---

54) 다음의 (C), (D) 2시송의 梵文이 *Jñānaśrimitranibandhāvali*, ed. A. Thakur의 p. 488; p. 405; p. 545에 나타난다.

55) *MAP*, Pek. vol. 101,36,5^{6-7}.

서는 '두 개의 학설'로서 중관파와 유식파를 병렬시키고 있다. 또 라트나카라산티의 말에도 "중관파와 유식파의 정설은 같은 것이다."[56] 라는 표현이 있다. 이 경우의 이론적인 뒷받침도 《육십송여리론》의 앞의 두 시송에 의거하고 있다. 그럼에도 불구하고 샨타락시타는 자신의 입장을 한 단계 위에 두고 유식파를 비판했다. 유식사상을 나가르쥬나 속에서 찾아내고 자신도 유식설의 뛰어난 점을 인정하면서도 그것을 비판한 이유는, 유식파가 너무 이론에 집착하고 정체하기 때문에 그러한 태도를 제지하기 위해서였다고 생각된다. 불생이라는 개념에서 받는 인상은 중관파적이라 할 수 있다. 모든 견해를 철저하게 부정해 가는 태도가 바로 불생의 실천적인 존재 방식이었던 것이다. 샨타락시타의 주요 저서라고 생각되는 《중관장엄론》에 실천 수행에 관한 체계적인 서술이 없는 것은 그러한 의미에서 수긍할 수 있다.

따라서 샨타락시타의 입장과 본의는 중관사상을 철저히 하는데에 있었던 것으로 결코 중관파와 유가행파의 절충과 종합은 아니었다고 생각된다. 중관사상이나 유식사상은 어디까지나 말(馬)에 지나지 않는 것으로, 목적은 그 쌍마(兩馬)에 올라타는 것이 아니라 쌍마가 끄는 마차를 타고[57] 인법이무아(人法二無我), 일체법불생(一切法不生)의 경지로 향하는 것이라고 할 수 있다. 《입능가경》이나 《육십송여리론》에서 설하는 '유심(唯心)'의 의미를 발견하고, 그것이 지향하는 바가 '일체법불생'과 동일한 것임을 간파하여 《반야경》과 나가르쥬나의 사상을 8세기 중엽 경에 드높이 천명하고 선양한 것이 샨타락시타이며, 유가행중관파의 흐름이었다고 할 수 있다. 이러한 의미에서 샨타락시타를 중심으로 한 사상적 조류는 이른바 나가르쥬나 르네상스라고도 할 수 있다. 끝으로 《중관장엄론》 제93게를 소개한다.

---

56) *PPU*, Pek. vol. 114, 241, 1^{3-4}.

57) *MA* 제93게 註로부터 뜻을 취함.

〔중관파와 유가행파라는〕 두 학설에서 이루어진 마차를 타고, 교학의 고삐를 잡은 사람들은 문자 그대로의 대승교도의 지위에 도달한다.

6. 금후의 연구과제

《종의보환》에 서술되어 있는 수도론(修道論), 불신론(佛身論), 요의(了義), 미료의(未了義) 등의 문제에 대해 본고에서는 전혀 언급할 수 없었다. 이러한 문제는 모두다 금후의 연구 성과를 기다려야 할 주요한 연구 과제이기 때문이다. 특히 수도론은 유부나 유식파의 전통적인 것과 유가행중관파의 것이 어떻게 관련되는가 하는 등 몇가지 해명해야 할 문제가 많다.

※ 본문 중에서 번역자료의 〔 〕속은 주석에 의해서, ( )속은 필자가 자의로 보충한 것이다.

참고 문헌

카지야마 유이치(梶山雄一), 《공의논리〈중관〉》(불교의 사상 3), 각천서점.

〈샨타락시타의 비판철학〉(玉城康四朗편, 《불교의 비교사상론적 연구》에 수록), 동경대학출판회.

야마구찌 스스무(山口 益), 《반야사상사》, 법장관.

우에야마 다이쥰(上山大峻), 〈샨타락시타의 이제설〉, 《인도불교학연구》 제9권 2호(1970).

〈유가행중관파에 있어서의 유식설에 대하여〉, 《인도학불교학연구제》 10

권 2호(1970).

마쯔모토 시로(松本史朗), 〈Jñānagarbha의 이제설〉, 《불교학》 5호(1978).

〈Ratnākaraśānti의 중관파 비판〉상·하, 《동양학술연구》 제19권 1·2호(1980).

〈Ita baḥi khyad par에 있어서의 중관 이해에 대하여〉, 《조동종연구기요》 제1호(1980).

D. S. Ruegg, The Literature of the Madhyamaka School of Philosophy in India, *A History of Indian Literature*, ed, by J. Gonda. Vol. VII. Fasc. I, (Otto Harrassowitz, 1981), pp. 87-100.

VI. 돈오(頓悟)와 점오(漸悟)
—카마라실라의《수습차제(修習次策)》

미마키 카쯔미(御牧 克己)

1. 서 언

8세기 후반에 티벳을 무대로 하여 행하여진 중국 선종과 인도 중관파의 논쟁, 이른바 '삼예(bSam yas)의 종론(宗論)'('라사의 종론', 또는 '티벳의 종론'이라 불리기도 함)에 대해 현재 모르는 사람은 거의 없을 것이다. 인도에서 중국으로 전파되어, 중국에서 독자적인 발전을 한 선종(禪宗)과 원래부터 인도에서 발전을 계속한 중관사상이 두 국가의 전파지인 티벳에서 마주쳐 논쟁으로 치닫는 이 사건은 거의 같은 뿌리에서 출발한 것으로 생각되는 사상이, 환경을 달리하면 그 발전 형태와 사상 내용이 어떻게 변모되는가를 보여주는 점에서 사상사적으로 매우 흥미로운 사건이라고 할 수 있다. 이때 일본에서는 때마침 헤이안(平安)으로 수도가 옮겨져 헤이안시대(平安時代)가 시작되는 바로 그 해이다.

2. 《수습차제》 3편과 카마라실라의 다른 저작

《수습차제》의 성립

여기에서 취급하는 카마라실라(Kamalaśīla, 740～795년경)의 《수습차제》(*Bhāvanākrama*) 3편은 삼예(bSam yas)의 종론 후, 티벳의 왕 치손데첸(Khri sroṅ lde btsan, 742～797)의 요청으로 작성되었다고 전해진다. 그 간의 사정은 카르마 카규파(Karma bka' brgyud pa)의 활불(活佛)인 16세기의 역사가 파보츠그락첸바(dPa' bo gTsug lag phreṅ ba, 1504～1566)의 《학자의 연(宴)》(*mKhas pa'i dga' ston*, 자료[9] Ja fol. 119b2-5)에 다음과 같이 소개되어 있다.

> 그후 왕은 스승 카마라실라에게 "문(聞)·사(思)·수(修) 3혜(慧)에 의하여 모든 것은 무아라고 확정하는 가르침이란 어떤 것인가를 문장으로 하달하여 주십시오."라고 요청하였기 때문에, [스승 카마라실라는] 《수습차제》 초편(sGom rim daṅpo)을 작성하여 〔왕에게〕 헌정하셨다.
>
> 왕은 편람(便覽)하시고, 의미를 생각한 다음 "그러면 그 의미를 한 자리(坐)에서 (한 번의 명상으로) 수습한다면, 어떻게 수습하면 좋겠습니까?"라고 물으셨기 때문에 〔스승 카마라실라는〕 《수습차제》 중편(sGom rim bar pa)을 작성하여 〔왕에게〕 헌정하셨다. 〔다시 왕은〕 "그 경우에 〔수습의〕 결과는 어떠합니까?"라고 되물으셨기 때문에, 〔수습의〕 결과를 교시한 《수습차제》 후편(sGom rim tha ma)을 〔왕에게〕 헌정한 것이다. 〔수습의〕 결과를 교시한 다음에 〔대승〕 화상(和尙) 〔마

하연(摩訶衍)〕의 견해가 잘못 되었음을 비판하여 헌정하셨다(gnaṅ). 이를 보시고 〔왕은〕 매우 기뻐하셨다. 그래서 〔카마라실라〕는 그의 의미적 주석(don 'grel)으로 경증(經證)과 이증(理證)을 통합하여 《중관광명(中觀光明)》(*dBuma snaṅ ba, Madhyamakāloka*)을 작성하여 왕에게 헌정하셨다. 보살(산타락시타)의 진의에 대해 논란이 생길 것을 염려하셨기 때문이다.

파보츠그락첸바는 위의 인용 직후에 그 자신 스스로 기록하고 있듯이, 이 기술을 삼예사(寺)의 연기록(緣起錄) '바제'(*sBa bźed*, 자료 [1] p. 63, 5-12)에 의거하고 있다. 이 기술 가운데 확인할 수 있는 것은 《수습차제》 3편이 종론 후에 작성되었다는 것 외에, 대략 다음과 같은 세 가지로 요약할 수 있다.

1. 《수습차제》 3편이 각각 문(聞), 사(思), 수(修) 3혜에 의하여 확정되어야 할 일체법무아(一切法無我)라고 하는 가르침 그 자체의 내용, 그 가르침의 수습 방법, 수습의 결과를 순차적으로 설명하기 위하여 체계적으로 작성되었다는 것.

2. 《수습차제》 후편에서 마하연을 비판하고 있다는 것.

3. 카마라실라의 중요한 저작의 하나인 《중관광명(中觀光明)》(북경판 서장대장경 vol. 101, No. 5287)이 《수습차제》 후에 똑같이 티벳에서 작성되었다는 것.

그 가운데 제1에 대해서는 정말 확실히 《수습차제》 3편은 총괄적으로 그러한 체계에 따라서 작성되었다고 생각한다. 그러나 실제로 3편 전체를 통독하여 보면, 반드시 질서 정연하게 체계적으로 이루어진 것이 아님을 누구나 느낄 수 있을 것이다. 즉 같은 의미의 내용이 3편을 통하여 계속 되풀이 되고 있는 점이 현저하게 나타나고 있다. 마치 유명한 선생이 이곳저곳의 강연에 초청되어, 연제와 중점은 달리하지만 사실은 똑같은 내용을 말하고 있는 경우와 거의 흡사하다. 《수습차제》 3편도 카마라실라가 홀로 상주하면서 체계적으로 저술했다기 보다는 왕의 요청에 의해 행해진 3회에 걸친 강연의 초고와 같은 것인지도 모른다. 뒤에서 언급하겠지만 주지하는 바와 같이 산스크리트 원전이 발견되는 것은 단지 초편과 후편에 불과한 것으로서, 빈번히 나타나는 이와 유사한 예문(parallel)을 토대로 하여 중편의 산스크리트를 재구성하는 것도 결코 불가능한 것은 아니다. 따라서 필자는 앞으로 그것을 완수할 계획이다. 제2는 뒤에서도 서술하였듯이, 확실히 《수습차제》 후편에서는 '어떤 자'의 설로서 마하연설 같은 것이 소개되고, 이어서 상당히 긴 비판이 가해지고 있다. 그렇지만 이와 유사한 비판은 후편만이 아니라, 초편, 중편의 여러 곳에서도 볼 수 있다.

주요저작의 성립순서

위의 제3의 사항은 카마라실라의 제저작의 순서를 결정하는데 중요하다. 카마라실라의 저작은 현재 티벳 대장경 가운데 10여점이 있는데, 그 중에서 특히 중요한 저작 4점, 즉 앞에서 말한 2점과 《진리강요주》(*Tattvasaṁgraha-pañjikā*, 자료(16) 북경판 vol. 138－9, No. 5765), 《중관장엄론주(中觀莊嚴論註)》(*Madhyamakālaṅkāra-pañjikā*, 북경판 vol. 101, No. 5286) 등 네 논서 사이의 저작 순서를 확립할 수 있다. 뒤의 둘은 모두 그의 스승인 산타락시타의 저작에 대한 주석이다. 티벳에 들어온 후 산타락시타는 카라마실라가 티벳에 들어올 때까지 기다리지 못하고 입적하였기 때문에, 이 두 작품은 카마라실라와 산타락시타의 접촉이 있었던 시대의 저작, 즉 인도의 니란다 대학문사(大學問寺) 시대의 저작이라고 생각해도 좋을 것이다. 스승의 사후에 제자가 주석을 만든다는 것은 불가능한 것은 아니지만, 카마라실라의 티벳 입국(794년)과 그의 입멸 연도까지는 1년[795년 입적, 자료

(17) p. 141－4] 내지는 3년 (797년 입적, 後出 야마구치(山口), 《연대고(年代考)》, p. 23) 밖에 없어, 그 사이에 《수습차제》와 《중관광명》을 저술한 것으로 되기 때문에, 이러한 방대한 주석서가 티벳에서 제작되었다고 보기는 어렵다.

따라서 《진리강요주》와 《중관장엄론주》는 인도에서 제작되었다고 단정해도 좋을 것이다. 그러나 그 양자의 선후 관계는 주석의 대상이 되고 있는 논서, 즉 샨타락시타의 《진리강요》와 《중관장엄론주》의 순서로 제작되었다고 생각할 수 있다. 샨타락시타의 두 저서의 선후 관계는 그의 《중관장엄자주(中觀藏嚴自注)》(북경판 vol. 101, No. 5285, 83b3)에 《진리강요》의 제명(題名)이 인용되고 있는 것에 의해서도 분명하다.

이상으로 카마라실라의 중요 저작은 《진리강요주》, 《중관장엄론주》, 《수습차제》, 《중관광명》의 순으로 저작된 것으로 판명된다. 카마라실라의 이름은 한역(《대정장》 32권 p. 563)으로는 '연화계(蓮華戒)'로 의역(意譯)되지만, 티벳어에서는 산스크리트를 그대로 음사하는 것이 보통이다. 그러나 때로는 Padma'iṅ aṅtshul로 의역되기도 한다(자료 2103a4, 140b6 등).

본장은 카마라실라의 《수습차제》의 해설을 주목적으로 한다. 그러나 이에 앞서 삼예의 종론과 마하연의 사상에 대하여 언급하지 않을 수 없다. 따라서 우선 현재에 이르기까지의 그들에 대한 연구사와 사료를 간단히 정리한 후에 《수습차제》를 해설하도록 하겠다.

3. 삼예의 종론(宗論)

사서(史書)의 전승

삼예의 종론을 사실(史實)과 전설을 구별하지 않고 후대의 티벳 사서(史書)에 의거하여 소개하면 다음과 같다. 삼예사(寺)의 초석을 세우고(775년), 최초의 티벳인 출가승('시험적인 6인' sad mi mi drug)을 배출하고(779년), 인도계 불교를 궤도에 올린 후에, 샨타락시타는 도래할 중국선과 인도계 불교와의 논쟁을 예언하고서 말(馬)에 차여 서거(逝去)했다. 인도계 불교와 병행하여 중국선의 흥륭도 대단하여 서로의 항쟁이 그치지 않아, 끝내 어느 한쪽으로 결착을 낼 필요성이 생겼다. 결국 치손데첸 왕의 면전에서 어전논쟁(御前論爭)이 벌어지게 되는데, 논쟁의 당사자 두 사람은 그 전에 강을 사이에 두고 시사적인 만남을 한다.

카마라실라가 지팡이를 머리 위에서 3번 돌리는 동작으로 "삼계윤회의 원인은 무엇인가?"라고 물으니, 강 건너의 마하연은 질문의 뜻을 알아차리고 겉옷의 가장자리를 잡고 땅바닥에 2번 두들기는 동작으로 "윤회의 원인은 주관과 객관을 대립시키는 잘못된 생각이다."라는 뜻의 답을 하였다. 카마라실라는 그것을 이해하고 논쟁할 가치가 있는 인물임을 알고 삼예로 향했다는 것이다.

그런데 어전논쟁은 왕을 중심으로 마하연 측은 오른쪽에, 카마라실라 측은 왼쪽에 배치되어 행해졌다. 먼저 마하연이, "흰 구름도 검은 구름도 하늘(空)에 있으면 장해가 된다. 그것과 마찬가지로 선(善)

을 행하여 천국에 가는 것도 악(惡)을 행하여 지옥에 가는 것도 다같이 윤회 속에서 벌어진 것으로, 불성을 얻는데 똑같이 장해가 된다. 윤회로부터 해탈하기 위해서는 아무것도 생각하지 않고 아무것도 궁구하지 않는 것이 중요하다. 돈오(頓悟)야말로 제십지(十地)와 동등한 것이다."라는 의미의 주장을 제출한다. 이것에 대하여 카마라실라는 "아무것도 생각하지 않고, 아무것도 궁구하지 않고서 해탈할 수 있다면 실신한다든가, 졸도했을 때에도 해탈한 것이 된다. 그렇기 때문에 중요한 것은 방편과 반야의 지(知)에 통달하고, 진리를 잘 관찰(妙觀察)하여 일체법이 무자성임을 깨닫는 것이다."라는 뜻의 비판을 행한다. 이러한 두 사람에 있어서도 소위 불사부관(不思不觀)과 돈오(頓悟)를 징표로 하는 돈문파(頓門派)의 마하연과, 방편과 반야의 지, 그리고 진리의 묘관찰을 강조하는 점문파(漸門派)로 칭해지는 카마라실라의 사상적 상이가 명료하게 나타난다. 논쟁은 그 후에 제자들에게도 발언의 기회가 주어져 계속되어 지는데, 결국 마하연이 화환을 카마라실라에게 바치고 스스로의 패배를 인정함으로써 결착이 났다. 결국 마하연은 중국으로 추방되지만, 반면에 카마라실라도 종론(宗論)후에 중국의 도살자 네 사람으로부터 허리가 졸려 암살되었다.

이상은 티벳 사서에서 볼 수 있는 '삼예의 종론'에 대한 개략적인 내용이다. 여기에서 티벳 사서란 다음과 같은 책들을 가리키는데, 이 사건은 각각 내용에는 다소의 차이가 있지만, 다음과 같은 곳에 기술되어 있다.

(1) 《바세》(*sBa bźed*)(자료 〔1〕, pp. 53.9–65.15)

(2) 《부똔불교사》(자료 〔2〕, fol. 127b6–129b7; 자료 〔3〕, II, pp. 191–196; 자료 〔4〕, pp. 571–577; 자료 〔5〕, pp. 859–863.)

(3) 《왕통경(王統鏡)》(*rGyal rabs gsal ba'i me loṅ*)(자료 〔6〕, pp. 180.

26-182.13=fol. 87a-88a. 또 해당 부분의 텍스트와 영역은 자료 〔7〕을 참조)

(4) 《신적책(新赤冊)》(*Deb ther dmar po gsar ma*)(자료 〔8〕fol.26a3-27a1 〔이 책에 한해서 엽수리(葉數裏)의 뜻〕. cf. pp. 154-155)

(5) 《학자의 연》(*mKhas pa'i dga' ston*)(자료 〔9〕, Ja fol. 113.a4-122b7)

(6) 《페마칼포 불교사》(자료 〔10〕 fol. 164b1-165a6)

(7) 《5세(五世) 달라이 왕통기》(자료 〔11〕, pp. 39. 8-18)

(8) 《파크삼죤산》(자료 〔12〕, p. 173-4)

종론전승의 문제점

티벳 사서(史書)에 의하면, 종론에서는 카마라실라가 승리하고, 이후로 인도계 불교가 크게 융성한 것 같지만, 중국에 추방되었어야 할 마하연은 종론의 수년 후에 돈황에서 대덕(大德)이라 불리면서 명성을 떨친 것이 확증되고 있으며, 또 티벳 사서만을 보더라도 마하연이 종론에서 상좌(上座)에 해당하는 왕의 오른쪽 좌석을 차지했다는 사실과 샨타락시타와 카마라실라의 부자연스런 죽음의 형태를 보더라도 사태는 반드시 인도 불교 측에 호의적이었다고는 할 수 없을 것 같다.

이상의 전설이라고도 사실(史實)이라고도 예측하기 힘든 사건을 한꺼번에 역사의 무대에 끌어 들인 것은 고(故) 드메빌(Demiéville p)의 명저,

Demiéville P, *Le Concile de Lhasa*, Paris, 1952. (《동양사연구》 17-4. 1959년, 시마다 켄지(島田虔次)의 소개 참조.)

였다. 이 책은 돈황출토 페리오 한문서 4646번 《돈오대승정리결(頓

悟大乘正理決)》의 역주를 중심으로 하여 역사적 분석을 가한 것인데, 그 취급 범위의 광범위함과 분석력의 치밀함으로 인하여, 이른바 돈황학의 단순한 내부만이 아니라 기타 동양학의 연구 영역에 있어서도 현재까지 불후의 위치를 차지하고 있다. 드메빌에 의하면, 논쟁은 산스크리트로 쓰여진 것과 중국어로 쓰여진 것에 의하여 실시되는데, 티벳 조정의 통역을 통한 티벳어가 공통의 언어였다. 돈황이 토번(吐蕃)(티벳)에 지배된 시기를 787년으로 본 드메빌은, 따라서 마하연을 돈황에서 티벳으로 데리고 온 것도 당연히 그 이후의 일이며, 《정리결(正理決)》에 적혀있는 신년(申年)에서 술년(戌年)까지 행해졌다고 하는 종론의 연차(年次)도 792~794년으로 추정했던 것이다. 문제는 그가 한자어구를 오독('정역(淨域)'을 '정성(淨城)'으로 읽었다)하여 '삼예의 종론'이 아니라 '라사의 종론'이라고 생각한 것이다. 이러한 오류는 이태리의 석학인 투지(Tucci G)에 의해서 집필된,

Tucci G, *Minor Buddhist Texts*, Part Ⅱ, Roma, 1958.

에서 티벳 사서, 주로 《학자의 연(宴)》에 의거하여 정정되었다. 그리하여 '삼예의 종론'이라고 부르는 것이 타당함이 확인되었던 것이다.

문제는 《정리결》에서는 중국선 측이 승리한 것으로 되어 있으나, 티벳 사서에는 인도 불교 측이 승리하였다고 하는 점이다. 이 모순을,

우에야마 다이쥰(上山大峻), 〈담광(曇曠)과 돈황의 불교학〉, 《동방학보》 제35책, 경도, 1964, pp. 141-214; 야마구치 즈이호우(山口瑞鳳)에 의한 서평, 《동양학보》 제47권, 1965, pp. 582-592 참조.

에서는, 논쟁은 사실 두 번 있었는데, 처음에는 라사에서 행해져 중국

선 측이 승리하였고, 두번째는 삼예에서 행해져 인도 불교 측이 승리하였다고 생각함으로써 일단의 해결을 보고 있다. 즉 돈황이 티벳에 예속되는 연대로 후지에다 아끼라(藤枝晃)의 787년설을 채용하고, 또한 787년에는 타계하였다고 생각되는 담광(曇曠)의 《대승이십이문본(大乘二十二問本)》과 종론과의 밀접한 관계를 중시한 우에야마(上山)는 '라사의 종론'을 780-782년으로 추정하여 《정리결》은 이 기록 연대에 속하는 것이라고 생각함으로써, 마하연과 카마라실라의 '삼예의 종론'은 그 이후의 일이라고 추정했던 것이다. 이러한 설명에 의해서 한문 문서와 티벳 사서 사이의 기록상의 모순은 일단 해결되어졌다. 드메빌은 이것을 다시 부연하여 다음과 같은 저서 즉,

Demieville P, Récents travaux sur Touen-houang. *T'oung Pao*, LVI, 1970, pp. 1-95.

에서, 종론은 한두 번 일시적으로 행해진 것이 아니라, 오랜 세월에 걸쳐 여러 장소에서 다분히 필기에 의해 계속되어진 일련의 논서이다. 따라서 '라사의 종론'이나 '삼예의 종론'이 아니라 '티벳의 종론' (concile du Tibet)이라고 불러야만 한다는 설을 제출하였다. (같은 논문, p. 42.)

사실성(史實性)**의 의문과 반증**

그런데 이마에다 요시로우(今枝由郎)는,

Imaeda Y, Documants tibétains de Touen-houang concernant Ie concile Tibet, *Journal Asiatique*, 1975, pp. 125-146.

에서, 마하연과 카마라실라의 종론은 후대의 픽션으로 역사적 사실

이 아니라는 새로운 설을 제출하였다. 전설의 저 편에서 역사의 무대로 등장하였던 종론이 여기에서 다시 전설이라는 의심을 받게 된 것이다. 그의 주된 논거는 《정리결》의 편집자인 왕석(王錫)이 전혀 카마라실라를 언급하지 않았다는 점, 종론에 패한 마하연이 2년 후(796년)에 돈황에서 '대덕(大德)'의 칭호를 받고 명성을 떨친 점, 《부뙨불교사》 가운데 마하연의 것으로 취급되었던 한 논서가 사실은 마하연의 저작이 아니므로, 《부뙨불교사》의 종론에 관한 기록의 역사적 신빙성이 의심스러운 점, 《대신실록(大臣實錄)》(*Blon po'i bka' thaṅ*)이 선사의 어록을 들면서도 카마라실라와 마하연의 회견에 관해서는 언급하지 않는 점, 《청책(靑冊)》(*Deb ther sṅon po*)에서 종론의 기사(記事)를 볼 수 없는 점, 15세기의 백과전서인 《해설장(解說藏)의 여의주(如意珠)》(*bŚad mdzod yid bźin nor bu, Śtapiṭaka* 78, 1969)가 점문파(漸門派)와 그 스승인 카마라실라에 대해서는 말하면서도 마하연과의 회견은 말하고 있지 않은 점 등 이다.

마지막으로 야마구치 즈이호우(山口瑞鳳)는, 〈토번왕국불교사연대고(吐蕃王國佛敎史年代考)〉, (《성전산불교연구소기요(成田山佛敎研究所紀要)》 제3호, 1978, pp. 1-52)에서 일단 이마에다(今妓)의 고증(考證)을 높이 평가하고 있다. 하지만, 설령 부뙨의 기록이 잘못되었을 지라도, 잘못이라고 확인된 부분 외의 다른 사실은 부정할 수 없다고 하는, 특히 종론의 전승을 부정할 근거가 전혀 없다고 하는 사실에 주의를 환기시키면서 '삼예의 종론'은 역사적 사실로 보아야 한다고 주장했다. 특히 그가 이 논문에서 확립한 종론 전후의 연표는 매우 귀중하다. 그의 고증에 의하면 《정리결》 가운데에 기록된 신년(申年)에서 술년(戌年)에 걸친 논쟁은 792~794(吐蕃曆 793년말) 사이에 전개되었다. 즉 《정리결》은 인도 불교계의 승려로부터 마하연에게 제출된 질의와 마하연에 의한 응답(적어도 2회 이상은 되풀이 되었다.)의 기록이며, 카마라실라의 티벳 입국과 카마라실라와 마하연과의 종론은 그 직후인 794년에 행해졌다는 것이다. 이렇게 하여 위의 우에야마(上山) 설과 거의 같은 방향에서, 상당한 수정이 가해져 《정리결》과 티벳 사서 사이의 모순은 해결되어 졌다.

결 론

이상이 오늘에 이르기까지의 삼예의 종론에 관한 연구사의 개략이다. 물론 위에서 언급한 것 외에도 많은 논문이 있지만, 커다란 논의의 전환점을 그은 것은 거의 망라하였다고 생각한다. 그러나 여기에서 우리는 하나의 기묘한 사실을 깨닫게 된다. 《정리결》이 카마라실라와 마하연의 어전논쟁(御前論爭) 이전의 사건을 기록한 문서라는 걸 확인하였다고 하여, 그렇다고 어전논쟁 당시의 확실한 문헌적인 기록이 존재하는가 하면, 실은 전혀 존재하지 않는다는 점이다. 그렇다면 이마에다(今枝)가 주장하듯이, 카마라실라와 마하연의 어전논쟁의 역사성을 완전히 의심할 수는 없다. 이리하여 두 사람의 어전논쟁은 후대의 티벳 사서에만 의존하는 것이 되어, 논의는 다시 출발점으로 되돌아가게 된다.

종론에 대한 논의는 금후에 더욱 발전할 것이다. 나아가 더욱 유력하고도 새로운 자료가 발견될 가능성이 없다고도 할 수 없다. 그러나 종론의 유무에 관계없이 사상을 달리하는 두 인물이 당시에 존재했던 것은 사실이므로, 종론에 관한 소개는 여기에서 접어두고 두 사람의 실제적인 사상 내용을 살펴 보고자 한다.

4. 마하연의 사상과 카마라실라의 비판

연구문헌과 자료

마하연의 사상과 티벳에 전해진 선(禪)에 대한 연구는 실로 무수하지만, 그것들은 다음 두 논문에 첨부되어 있는 문헌표에 거의 전부가 망라되어 있다.

—Demiéville P, L'introduction au Tibet du Bouddhisme sinisé d'après les manuscrits de Touen-houang, *Contributions aux études sur Touen-houang*, Genéve-Paris, 1979, pp. 1-16.

—Ueyama D, Études des manuscrits tibétains de Dunhuang relatifs au Bouddhisme de dhyāna bilan et perspectives, *Jouranl Asiatique*, 1981, pp. 287-295.

따라서 여기에서는 그 외의 논문과 그 후에 출판된 연구만을 소개한다.

(1) 하라타 사토루(原田覺), 〈마하연 선사고(禪思考)〉, 《불교학》제8호, 1979, pp. 109-133.

(2) 하라타 사토루(原田覺), 〈마하연 선사와 돈문〉, 《인도학불교학연구》 제28권 1호, 1979, pp. 432-428.

(3) Houston G.W, Teh system of Ha śang Mahāyāna, *Central Asiatic*

Journal, XXI－21977, pp. 105－110.

(4) 키무라 류토쿠(木村隆德), 〈돈황출토의 티벳문 선종문헌의 성격〉, 《강좌 돈황》 8, 동경, 1980, pp. 441－466.

(5) Kimura R, Le dhyāna chinois au Tibe ancien après Mahāyāna, *Journal Asiatique*, 1981, pp. 183－192.

(6) 오키모토 카쯔미(忠本克己), 〈돈황출토 서장문 선종문헌의 연구〉(1), 《인도학불교학연구》 제26권 1호, 1977, pp. 427－423.

(7) 오키모토 카쯔미(忠本克己), 〈《능가사자기(楞伽師資記)》의 연구, 장한(藏漢) 텍스트의 교정 및 장문 일역〉 (2), 《화원대학연구기요》 제11호, 1979, pp. 1－28.

(8) 오키모토 카쯔미(忠本克己), 《마하연의 사상》, 《화원대학기요》 제8호, 1977, pp. 1－22.

(9) 오키모토 카쯔미(忠本克己), 〈돈황출토 티벳문 선종문헌의 내용〉, 《강좌돈황》 8, 동경, 1980, pp. 409－440.

(10) Wayman A, Dotrinal disputes and the debate of bSam yas, *Central Asiatic Jeurnal*, XXI－2, 1977, pp. 139－144.

(11) 야마구치 즈이호우(山口瑞鳳), 〈마하연의 선〉, 《강좌돈황》 8, 동경, 1980, pp. 379－407.

이상의 제 연구에 의하여 밝혀진 마하연의 사상을 직접 서술한 제 1차 자료에는 다음과 같은 것이 있다.

① 《정리결(正理決)》－ Pch 4646, Sch 2672[이상 자료(13) 참조, 또 교정본은 자료(18) 참조], PT 21, PT 823, PT 827, PT 829(?).

② PT 116, PT 117, PT 812, PT 813, ST 468, ST 709(티벳문 돈황문서목록은 자료(14), (15) 참조)

③ 《선정등명론(禪定燈明論)》(*bSam gtan mig sgron*, 자료〔16〈〉, 《대신실록(大臣實錄)》《*Blon po'i bka' than*, 해당 부분의 텍스트와 영역은 앞의 책, Tucci, 1958, pp. 68-101 수록〕

①, ②는 돈황문서, ③은 티벳에서 저술된 문헌이다. ①은 위에서 본 바와 같이 종론과 거의 같은 시대의 자료이다. ③은 원래부터 ②나 종론보다는 약간 뒤의 문헌임이 논증되고 있으며, 《정리결》에서 볼 수 있는 '불사불관(不思不觀)'을 강조하고 6바라밀 중에서 반야바라밀을 가장 중시하는 마하연의 사상보다는 약간 발전된 단계를 보이고 있음이 확인된다.

마하연의 사상 — ST 468 일역

이하에서는 종론 이후의 마하연의 사상을 소개하는 의미에서 ST 468을 번역하고자 한다. 본 문헌에는 이미 호우스톤(Houston의 텍스트, 영역(앞의 책), 오키모토(忠本)의 일역(《일본서장학회회보》 제23호, 1977, p. 6), 야마구치(山口)의 부분 일역(앞의 책, 《강좌 돈황》 8, p. 405)이 존재하지만, 문헌의 중요성을 감안하여 재차 졸역을 시도한다.

마하연 선사의 《선정돈오문(禪定頓悟門)》

세간의 생사윤회의 근본은 분별하는 마음에 있다. 어째서인가? 무시(無始)이래의 습기(習氣)라는 원인으로부터 분별심이 움직이고, 움직인 대로 보고, 본대로 행하고, 행한대로의 결과를 얻는다. 그러므로 위로는 부처에서부터 밑으로는 지옥(sems can dmyal ba)에 이르기까지 모든 것을 스스로의 분별에 의해 변형하여 보고 있음에 지나지 않는다. [역으로, 만일] 마음이 움직이지 않는다면, 법은 먼지만큼도 얻을 수 없다.

도리(道理, don)가 이렇다고 아는 사람은 다른 행위를 버리고, 사람 사는 고을을 떠나 시끄럽지 않는 장소에서 동반자 없이(myi gñis par) 홀로 결가부좌(結跏趺坐)하여 신체를 곧게 펴고 아침, 저녁에도 눕지않을 것이다.

바야흐로 선정(禪定)에 들었을 때, 스스로의 마음을 살피어 아무 것도 생각함이 없으면 불사(不思)이다. 분별심이 움직이면 [다음과 같이] 지각(知覺)해야 한다(tshor bar bya). 어떻게 지각해야만 하는 것인가? 움직인 마음 그 자체를 움직였다고도 움직이지 않았다고도 분별하지 않는다(不觀). 있다고도 없다고도 분별하지 않는다. 좋다고도 좋지 않다고도 분별하지 않는다. 더럽다고도 깨끗하다고도 분별하지 않는다. 모든 법을 어떤 식으로도 분별하지 않는 것이다. 동요하는 마음을 이상과 같이 지각한다면 무자성이며, 그것이야말로 '법도행(法道行)'인 것이다.

마음이 동요하는 것을 지각하지 못하든가, 혹은 잘못하여 지각할 경우에는, 바르게 행하면서도 무의미한 것을 수습하는 것이 되며 이러한 자가 바로 범부이다. 처음에 새롭게 수습하는 사람이 마음을 살필 때 상념('du śes)이 생기면 위와 같은 방식으로 법을 명상해야 한다. 그리고 오랫동안 앉아서 마음이 가라 앉으면, 지각 그 자체도 분별심이라고 알아야만 한다. 이러한 것은 어떻게 가능할까? 예컨대 신체가 있기 때문에 그림자가 생기고, 그림자가 생김으로써 그늘이라는 지식이 생긴다. 이와 같이 마음이 움직이므로 지각이 생기고 지각이 생김으로써 지식이 생긴다. 따라서 지각 그 자체는 이름도 모양도 없다. 최초에 어디에서 왔는가, 그 장소도 볼 수 없고 최후에 어디로 가는지도 알 수 없다. 지각과 그 대상을 구하여도 얻을 수 없으며, 생각할 수 없으므로 불사(不思)이다. 다시 그 불사조차도 집착하지 않는 것이 여래(如來)…….

마지막은 도중에서 끝나 버려 명확하게 판명되진 않지만, 야마구치(山口)(위의 책, p. 406.)의 해석에 의하면, 마하연의 '불사불관(不思不觀)'에 의한 '청정선(淸淨禪)'에서 조금 벗어나긴 하지만 분명히 '여래선(如來禪)'이 주장되며, 돈황에서는 종론 후에도 마하연의 선이 수정되어 존속했다는 증거가 된다고 한다. 또한 사상 내용과는 직접적인 관계가 없지만, 마하연 측의 명상을 위한 외적 환경이 묘사되고 있는 점도 흥미롭다. 또한 본장의 뒷 부분에 인용한 《수습차제》 중편에 묘사되는 카마라실라측의 명상을 위한 외적 환경과 비교해 보아도 흥미롭다. 당연한 것이지만, 명상의 외적 상항은 중국선과 인도불교 양쪽 사이에 그다지 상이하지 않음을 알 수 있다.

카마라실라의 마하연 비판

한편 마하연에 대한 카마라실라의 비판은 《수습차제》 후편에 서술되어 있다. 후편만이 아니라 초편, 중편에서도 마하연 비판을 염두하고서 논술되었다고 생각되는 곳이 단편적으로 보이지만, 후편의 다음 부분이 가장 집약되어 있으므로 이 부분만을 번역해 본다.

어떤 사람(마하연)은 [다음과 같이] 생각한다. 즉 "마음의 분별에서 생한 선악의 업력에 의하여 모든 중생은 천국[에 태어나는] 등의 업과(業課)를 경험하면서 윤회한다. 한편 아무 것도 생각하지 않고 어떤 행위도 하지 않는 사람들은 윤회에서 해탈한다. 그러므로 아무 것도 생각해서는 안된다. 보시 등의 선행도 행해서는 안된다. 보시 등의 선행은 어리석은 자를 위하여 설해지고 있는 것이다." 이[와같이 생각하고 있는] 사람은 대승의 모든 것을 완전히 버린 것이 된다. 나아가 모든 승(乘)은 대승을 근본으로 하기 때문에, 그것(대승)을 버리는 것은 마땅히 모든 승을 버리는 것이다. 즉 "아무것도 생각해서는 안된다."고 말하는 사람은 진리의 묘관찰을 특징으로 하는 반야지(般若知)를 버리는 것이 된다. 바른지식(正知)은 진리의 묘관찰을 근본으로 하고 있는 것이므로 그것(진리의 묘관찰)을 버리는 것은 세간적 차원을 초월한 반야지를 버리는 것이다. 그것을 버리는 것은 일체형상지성(一切形象知性: 一切種智, 모든 것의 모습을 있는 그대로 아는 보살의 지혜)을 버리는 것이다. 또 "보시 등의 행위도 해서는 안된다."라고 말하는 사람은 보시 등의 방편을 아주 확실히 버린 자이다. 요약하면, 대승이란 반야의 지(知)와 방편으로 다하는 것이다. 예컨대 《대승가야산정경(大乘伽耶山頂經)》에서 "요약하면, 제 보살의 도는 두 가지이다. 두 가지란 무엇인가? 반야의 지와 방편이다."라고 말하고 있는 것과 같다. 또 《여래부사의비밀대승경(如來不思議秘密大乘經)》에서도 "이 반야의 지와 방편은 제 보살의 모든 바라밀(Tib으로는 道)을 거두어 들이는 곳에 사용된다."라고 한다. 그렇기 때문에 대승을 버리는 자는 큰 업의 장해를 만드는 것이다. 따라서 지자(智者)를 공경하지 않고, 여래 교설의 도리를 요해하지 않으며, 스스로도 망치고 타인까지도 망치는 그러한 사람은 이증(理證)과 경증(經證)을 손상시키기 때문에, [이처럼] 독(毒)이 섞인 말은 독이 든 식물과 마찬가지로, 자부심있는 지자는 당연히 멀리하는 것이다. 즉 진리의 묘관찰을 버리는 사람은 '가르침의 숙려함'이라는 뛰어난 깨달음의 한 요인(覺支)을 버리는 것이 된다. 진리의 묘관찰이 없이 무시(無始)이래로 되풀이 된 물질 등의 존재에 대한 집착이 어떻게 무분별성으로 바뀔 수 있겠는가.(*BhK* III, 13.16－15.9)

이어서 카마라실라의 비판은 계속되어 지는데, 요컨대 진리의 묘관찰이라는 반야지의 중요성을 강조함과 동시에, 그 반야지만이 아니라 방편도 중시하지 않으면 안된다는 것을 강조하고 있다.

여기에서 비판되고 있는 마하연의 것으로 보이는 설은 《정리결》을 비롯한 마하연 자신의 설명 속에서는 그대로의 형태로 찾아볼 수 없으며, 오히려 보당선적(保唐禪的)이라는 것이 지금까지의 연구에 의해서 분명해졌다. 그러나 인도 논서에서는 대론자의 의견을 자신에게 편리하도록 다소 왜곡시켜서 제시한 후에 비판을 가하는 것이 예사였기 때문에, 종래의 연구 성과를 고려할지라도, 여기에서 카마라실라가 대론자로서 염두하는 사람이 마하연이라고 하는 데는 별 이의가 없을 것 같다.

5.《수습차제》의 자료들

텍스트와 번역

카마라실라의《수습차제》3편에 대해서 제1차 자료와 그 번역을 중심으로 하여 나열하면 다음과 같다.

초 편

1. [Skt. 교정본] Tucci G, *Minor Buddhist Texts*, part Ⅱ, Roma, 1958(repr. Kyoto, 1978), pp.185-229. (그가 1939년 티벳 탐험 여행 때에 sPos khaṅ의 승원에서 발견한 사본에 의거함)

2. [Tib. 교정본] *ibid*, pp. 229-282.(D. N.판을 교정)

3. [서장대장경본] C. ki 22a2-42b4; D.No. 3915, ki 22a1-41b7; N. No. 3301, a 22a2-44a1; P. vol. 102, No. 5310, a 22a3-45a8.

4. [인도가판(街販) Tib. 본] *Five Bhāvanākrama of Kamalaśīla and Vimalamitra*, New Delhi(?), 1977, fol. 1-58a(=pp. 1-115).

5. [돈황출토 티벳 문헌] ST 648번 (자료[14]참조). PT 825번 (자료[15]참조).

6. [한역] 《광석보리심론》(시호(施護)역) 《대정장》 32권, 1664번, pp. 563-572[단 의역(意譯) 또는 이역(異譯)].

7. [한역 교정본] 요시무라 슈우키(芳村修基)(자료[4] pp. 457-523).

8. [한역에서 재구성(resume)] Demiéville P, *Le Concile de Lhasa*,

Paris, 1952, pp. 333-335.

9. [Skt. 에서 재구성(resume)] Tucci, *op, cit*, pp.155-182.

10. [일역 1] 요시무라(芳村)(자료[4]) pp. 300-368.

11. [일역 2] 아즈마(東武) 〈카마라실라의 교학에 대하여〉, 《문화》 제31권 제4호, 1968, pp. 752-717;《문화》 제32권 제2호, 1968, pp. 382-342.

12. [서반아어역] Gómez L.O, Primer Tratado del Cultivo Graduado, *Diálogos*, Revista del Departamento de Filosofia, Universidad de Puerto Rico, XII 29-30, 1977, pp. 177-224.

13. [불역] Van den Broeck J, *La Progression dans la meditation* (Bhāvanākrama de Kamalaśīla), traduit du sanscrit et du tibétain, Publications de l'Institut Belge des Hautes Études Bouddhiques, Série "Études et Textes" n°6, Bruxelles, 1977.

중편

1. [서장대장경본] C. ki 42b4-56b6; D. NO. 3916, ki 42a1-55b5=(*Jo bo'i chos chuṅ*) No. 4567, 206b1-219a7;N. No. 3302, a 44a1-59a7; P. vol. 102, No.5 311, a 45a8-60b8.

2. [인도가판 Tib. 본] 초편 문헌 4번 fol. 1-42a(=pp. 117-119).

3. [일역] 요시무라(芳村)(자료[4]) pp. 369-413.

후 편

1. [Skt. 교정본] Tucci G, *Minor Buddhist Texts*, part III, Serie Orientale Roma XLIII, Roma, 1971.

2. [Skt. 사본 사진] Akademia Nauk CCCR Instiut Narodov Azii (Pamjatniki Literatury Narodov Vostoka, "Teksty, Malaja Serja" XVI),

Moskva, 1963.

3. [Tib. 교정본] 요시무라(芳村)(자료[4] 권말 pp. 1-27[D.N. P. 판의 교정본]).

4. [서장대장경본] C. ki 56b6-74a4; D. No. 3917, ki 55b6-68b7; N. No. 3303, a 59a7-74a5; P. vol. 102, No. 5312, a 60b8-74b4.

5. [인도가판 Tib. 본] 초편 문헌 4번, fol. 1-38a(=pp. 201-275).

6. [Tib. 으로부터의 불역] Lamo te É, Le troisième Bhāvanākrama de Kamalaśila, Traduction de la version tibétaine, Demiéville, *op. cit*, pp. 336-353.

7. [Tib. 으로부터의 일역] 요시무라(芳村)(자료[4]) pp. 414-456.

8. [Skt. 로부터의 이태리어역] Pensa C, II Terzo Bhāvanā krama di Kamalaśila, *Rivista Degli Studi Orientali*, vol. XXXIX, 1964, pp. 211-242.

9. [서반아어역] Gómez L. O, Ultimo Tratado del Cultivo Graduado, *Diálogos* VIII 23, 1972, pp. 85-137.

그 외의 연구논문

《수습차제》에 관한 논문은 앞의 표에 있는 저서와 논문 이외에도 헤아릴 수 없을 정도로 많지만, 특기할 만한 것에 한한다면, 《수습차제》 초편의 인용 경전에 대하여 검토하고 있는 논문으로는,

(1) M. Saiqusa, Bhāvanākrama, *Zeitschrift der Deutschen Morgenlandischen Gesellschaft* Bd 115, 1965, pp.3 09-319.

(2) 유야마 아키라(湯山明), 〈Kamalaśila의 Bhāvanākrama에 인

용된 유마경〉, 《동방학》 제38호, 1969, pp. 105-125.

(3) 마쯔나미 요시히로(松濤誠達), 〈Siksasamuccaya〉《불교문고문헌해제》(동경:명저보급회, 1978) pp. 4-8.

등이 있으며, 명상계정(瞑想階程)에 대한 치밀한 논고로는,

카지야마 유이치(梶山雄一), 〈불교에 있어서의 명상과 철학〉, 《철학연구》 제512호, pp. 19-38이 있다. 《수습차제》 후편의 소개와 부분적인 번역을 시도한 것으로 일찍이

—Obermiller E, A Sanskrit Ms. from Tibet—Kamalaśīla's Bhāvanākrama, *Journal of the Greater India Society*, II, 1935, pp. 1-11.이 있는데, 이 논문은 후편 사본 사진판 출판(후편 문헌2번) 속에 러시아어로 번역 되어 수록되고 있다. 그리고 이것은 다시

—Obermiller E.E, A Sanskrit Manuscript form Tibet:The Bhāvanākrama of Kamalaśīla, (tr, Stanley Frye), *The Tibet Journal* vol. 2 No, 1977, pp. 28-34.

로 영역었다. 또 후편을 소개한 논문에 이찌시마 마사오(一島正南), 〈Bhavanakrama 제3편에 대해서〉, 《인도학불교학연구》 제21권 1호, 1972, pp.136-137이 있음을 부언해 둔다. 앞서 말한 마하연의 사상을 논한 논문은 거의 예외없이 《수습차제》에도 관계하고 있다.

돈황본에 대하여

위에서 열거한 《수습차제》의 일차 자료, 이차 자료는 모두 입수가 용이한데, 여기에서는 내용적으로 비교적 복잡한 초편의 돈황본(문헌5번)에 대해서만 약간 정리해 본다. ST 648은 머리부분(타이틀, 귀경문)과 끝부분(보충설명)이 없으며, 평균 8행 13엽으로 된 패엽본(貝葉本)이다. 대장경본(Tucci 교정본)과 대조해 보면, 중간부의 일부가 누락되어 있어, 결국 대장경본의 약 5분의 4에 해당되는 것이

분명하다. 한편 PT 825는 1엽 5행의 11엽으로 이루어진 패엽본이지만, 제5엽과 제9엽은 《수습차제》 이외의 것이 삽입된 것으로 생각되며, 그 2엽을 제외하면 전체로는 대장경본의 약 7분의 1에 해당하는 양이다. 돈황본은 두 본(本)이 모두 뒤섞여 있음이 눈에 띈다. 정리하는 의미에서 대장경본과의 대조표를 만들면 다음 항(본문 p. 284 도표)과 같다. 〔하라타 사토루(原田覺), 〈Mahāvyutpatti의 성립사정〉, 《일본서장학회회보》 제25호, 1979, 주 26과 이마에다(今枝), 위의 논문, p. 140 참조.〕

좀더 자세히 검토하면, 페리오본은 제4엽 제4행에서 스타인본의 제4엽리(裏)와 제5엽표(表) 사이에 있는 난정(亂丁)을 무시한 채 연사(連寫)되고 있기 때문에, 페리오본은 스타인본의 단순한 복사에 지나지 않는 것으로 스타인본에서 볼 수 있는 난정 역시 멀리 돈황시대의 것임을 알 수 있다. 예를 들면 돈황본 《수습차제》에, Saṁdhinirmocana(解深密經)의 역어가 Bar mtshams ma las par' grel pa(ST 648, fol. 7a1, 5, 13a8 etc.)로 통례적(通例的)인 역어 dGoṅs paṅes par 'grel pa와는 다르고, 또 Dharmasaṁgiti(法集經) Chos kun bśa pa (ST. 648, fol. 1a2 etc.) 역시 통례적인 Chos yaṅ dag par sdud pa와는 다르다. 이와 같이 기타 전반적으로 대장경본과 역어가 다른데, 이는 토번 역경사(譯經史)를 고찰하는 데에 중요하다. 흠정결정역어(欽定決定譯語, skad gsar bcad)에 의한 개정을 받기 이전, 즉 814년 이전의 역이라고 할 수 있다. 또 두 돈황본 사이에도 약간의 이독(異讀)이 확인되지만, 이는 한쪽이 다른 쪽의 글자를 복사할 때에 생긴 것으로 생각할 수 있다.

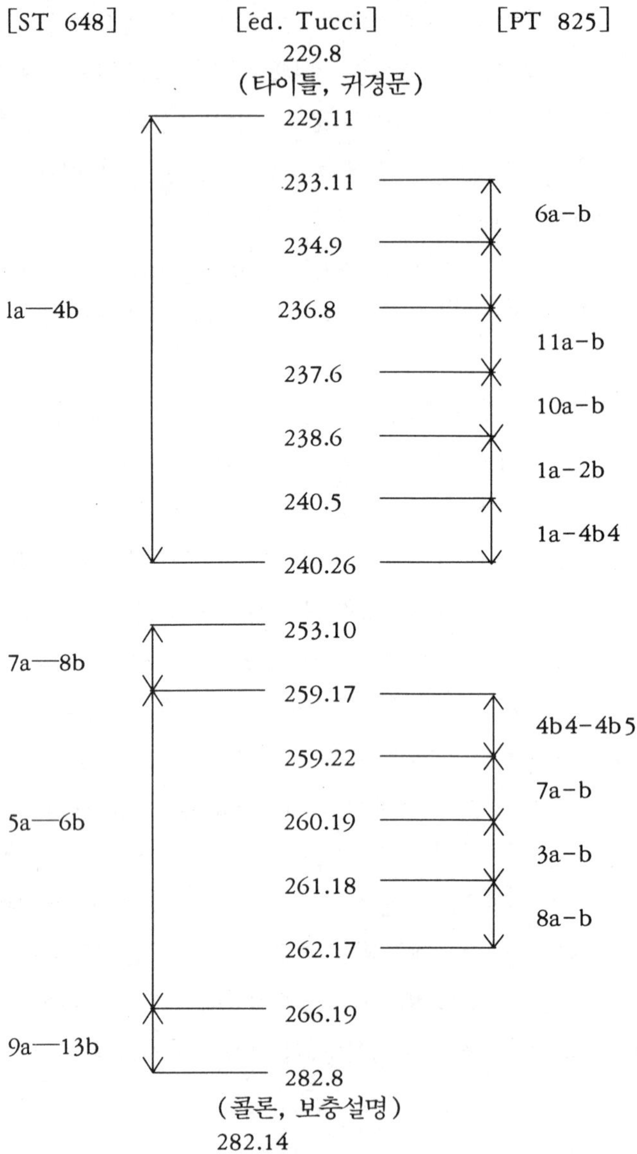

[《수습차제》 초편돈황본 대조표]

6. 《수습차제》의 내용

세 가지 요점

《수습차제》의 세부 내용에 대한 소개는 번역본에 맡기고, 여기에서는 전체의 구성만을 밝혀 두고자 한다. 초편의 서두에서

> 일체지자(一切智者)의 자리를 속히 얻고자하는 자는 결국 자비와 보리심과 실천행(sgrub pa, pratipatti) 세 가지에 힘써야 한다.(*BhK I. tib.* 229. 15-17)

라고 말했듯이, 자비와 보리심과 실천행에 대한 해설이 수습차제의 전체의 구성이다. 결국 《수습차제》 전체는 이른바 요가행자가 갖추어야 할 수도 과정을 구현하고 있는 것이다. 이 세 가지 기본점은,

> 일체지자의 지(知)는 자비를 근본으로 하고, 보리심을 원인으로 하고, 방편을 구극(究極)으로 하고 있다.〔*BhK* I Skt. 196. 19-21(tib. 244. 6-9); *BhK* II Pek. 46a2-3, 56b6(부분), 60b4-5〕

라는 《수습차제》 가운데에 4번 인용되는 《대일경(大日經)》의 이른바 3구(句)의 법문(대정장 18, 848번, p. 1중 29-하1행, 단 《대일경》 중 3구의 순서는 조금 다르다)에서, 제3구째가 완전히 일치하지는 않지만, 기조(基調)로 하고 있다고 생각한다.

자비와 보리심이 생기는 과정을,

그 가운데 모든 불법의 원인이 되는 근본은 마땅히 자비임을 알아, 가장 먼저 바로 그것(자비)을 수습해야 한다.(*BhK* I, tib. 229.17-20)

그 결과, 그 [보살]에게는 자비를 되풀이하여 수습하는 힘에 의하여 모든 중생을 구하고자 하는 서원(誓願)에 의거하여 최고의 바른 깨달음을 희구하는 보리심이 자연스럽게 생기는 것이다.(*BhK* I, Skt. 190. 14-16)

라고 서술하고, 자비와 보리심에 대하여 각각 해설을 덧붙이지만, 논서의 중심은 당연히 실천행의 해설에 두고 있다.

또한 실천행이 없이는 깨달음은 얻을 수 없다.(*BhK* I, 193, 15)

라고 말하고 있는 바와 같다. 그러면 실천행이란 구체적으로 무엇을 의미하는가?

다시 요약하면 보살의 실천행은 반야의 지와 방편이다.반야의 지만도 아니고 방편만도 아니다.(*BhK* I, 194. 6-8)

라고 말하고 있는 바와 같이, 반야의 지(知)와 방편을 양립시키는 것이다.

방편과 지(三慧)

그 중에서 방편은 반야바라밀 이외의 보시 등의 5바라밀과 나아가 4섭법(攝法)을 비롯한 모든 선교(善巧)를 일컫는 것이다. 그리고 반야의 지는 이른바 문(聞)·사(思)·수(修)의 삼혜(三慧), 즉 '청문(聽聞)에서 생하는 반야의 지'(聞所成慧), '사유에서 생하는 반야의 지'(思所成慧), '수습에서 생하는 반야의 지'(修所成慧)의 3지를 말한다. 그 가운데 청문에서 생하는 반야의 지에 대해서는,

> 그 중에서 가장 먼저 '청문에서 생하는 반야의 지'가 생해야 한다. 그 [지]에 의하여 경전의 의미를 확정하는 것이다.(*BhK* I, 198. 10–11)

라고 간단히 서술한 후, '사유로부터 생하는 반야의 지'가 설명되고 있다. 요점만 살펴보면,

> 그리고 '사유로부터 생하는 반야의 지'에 의하여 요의(了義)[경]·미요의(未了義)[경]를 결택하는 것이다. 다음에 그 [지]에 의해서 결정하고 진실한 의미를 수습해야 하며, 진실하지 못한 [의미]를 수습해서는 안된다.(*BhK* I, 198. 11–13)

라고 말하고 있다. 그러면 수습해야 할 진실의 의미란 구체적으로 무엇을 가리키는 것인가?

> 그런 까닭으로 '사유에서 생하는 반야의 지'에 의하여 경전(āgama)과 논리(yukti)의 두 가지 관점에서 묘관찰하고 제존재의 진실한 본성만을 수습해야 한다. 제존재의 본성이란 마땅히 승의로서는 불생(不生)이라고 경전과 논리에 의해 결정되어 있다.(*BhK* I, 198. 21–199.2)

라고 서술한다. 요컨대 경증(經證)과 이증(理證)을 겸함으로써 제존

재가 승의로서는 불생(不生)임을 직관하는 것이 '사유에서 생하는 반야의 지'에 의한 실천인 것이다.

다음으로 '수습에서 생하는 반야의 지'에 의한 실천행이 해설된다.

이것에는 '지(止, śamatha)'와 '관(觀, vipaśyanā)'이 있는데, 다음과 같이 설명되고 있다.

> '지(知)'는 심일경성(心一境性, cittaikāgratā)이며 '관(觀)'은 진리의 묘관찰(妙觀察, bhūta-pratyavekṣā)이다.(*BhK* III, 3.1-3; II Pek. 51b2)

라고 《보운경(寶雲經)》(대정장 16, 660번, 319중 10-11행, 658번, 233중 27-28행, 659번, 270 상21-22행)에 정의되어 있는데, 이 '지'와 '관'에 대한 기술이 《수습차제》의 중심이 되는 주제라고 할 수 있다.

'지(止)'=심일경성(心一經性)

'지'는, 위의 《보운경》의 인용과 같이, 심일경성(心의 集中專念)이라고 정의되며, 마음을 일정한 대상에 일치시키는 명상법을 말한다. 이것에 이르기까지의 과정은 요가의 외적 묘사로서 매우 흥미로운 것으로 생각되기 때문에 가장 상세한 중편에서 번역하고자 한다.

> 요가행자가 수습할 때에는 언제나 어물(魚物)과 육류 등을 끊고, 일정하게 식물의 양을 지켜서 먹어야 한다. 이와 같이 '지'와 '관'의 모든 자량(資糧)을 쌓은 보살은 수습에 들어갈 수 있다.
>
> 그래서 요가행자는 수습할 때에 가장 먼저 해야할 것을 모두 정리하고, 대소변을 마치고, 시끄럽지 않는 쾌적한 장소에서, "나는 모든 중생을 깨달음으로 이끄리라."라고 생각하여, 모든 사람들을 구제하려는 의도를 가

지고, 대자비(大慈悲)를 눈앞에 떠올리고, 시방에 계시는 모든 불·보살에 대하여 오체(五體)로서 예배하여야 한다. 또한 불·보살의 화상 등을 눈 앞에 두어도 좋고, 다른 [장소]에 [두어도] 좋고 그것들에 대해서 할 수 있는 한의 공양과 찬탄을 하여 스스로의 죄를 참회하고 모든 사람들의 복덕을 기뻐하고, 매우 부드럽고 안락한 자리에 주존(主尊)인 대일여래의 결가(結跏)와 같이 [앉아도] 좋고, 반가좌로 [앉아도] 좋고, 눈은 뜨지도 않고 감지도 않고 코끝에 두고, 신체는 너무 굽히지도 말고 뒤로 제치지도 말고 곧고 바르게 펴서 생각을 안에 두고 앉아야 한다. 그리고 어깨의 [좌우]를 같이하여, 머리는 높지도 않고 낮지도 않고 한쪽으로 기울지 않게 두고서, 코에서 배꼽에 이르기까지 곧바로 둔다. 이와 입술은 보통으로 둔다. 혀도 윗이의 뿌리에 둔다. 내는 숨과 들 숨도 소리를 낸다든가, 또는 거칠거나 격하게 하지말고, 느끼지 않도록 서서히 자연스럽게 한다는 식으로 숨을 쉬어야 한다.

그 경우, 우선 처음에는 '지(止)'를 성취하게 된다. 외계의 대상에 대한 산란이 전정되고, 내적으로 소연(所緣)에 대해서 연속적으로 자연히 일어나는 기쁨과 경안(輕安)을 가진 마음에 머물게 된다. 이것을 '지'라고 하는 것이다.(*BhK* Ⅱ, Pek, 50b8-51b1, cf. *BhK* Ⅰ, 205, 14-20; Ⅲ, 3. 8-4.12)

'지(止)'에 의하여 일정한 대상에 마음을 집중해가는 수습 도중에 마음이 산란해진다든가 어떠한 지장을 느낄 때에는 어떻게 하면 좋을까? 이에 대해서도 하나하나 자세히 적혀 있다. 탐욕 등에 의해 마음이 외계에 산란할 때에는 탐욕을 억누르도록 그와 반대의 "모든 것은 부정(不淨)한 것이다."라는 부정관(不淨觀)으로 산란함을 진정시킨다. 마음이 불만족을 경험할 경우에는 삼매의 공덕을 봄으로써 만족을 수습한다. 머리가 흐릿해지거나 졸음이 와서 수습의 대상이 흐려 질

때에는 불타의 공덕 등 즐거운 대상에 마음을 집중하여 대상을 보다 확고히 파악해야 한다. 옛날의 즐거움이나 기쁨 등이 생각나서 마음이 흥분되면, 무상관(無常觀)에 마음을 집중함으로써 흥분을 진정시킨다. 실제 이 과정은 좀더 자세하고도 생생하게 《수습차제》 3편을 통해 반복적으로 서술되고 있는데, 마치 카마라실라가 실제로 행한 명상 과정의 재현을 다시 체험하는 듯한 느낌에 빠질 정도이다. 그런데 이렇게 하여 마음을 흥분시키지도 않고 가라앉히지도 않는 평형을 유지하고 일정한 대상에 고정할 수 있다면 '지'는 실현된 것이다.

> 자연히 움직이는 마음이 대상에 대하여 자기가 원할 때에만 생한다면, 그 때에는 '지'가 완성되었다고 생각해도 좋을 것이다. 그것이 모든 '지'에 공통된 특징이다. '지'는 심일경성(心一境性)만을 본질로 하기 때문이다.(*BhK* I, 207, 2-4)

'지(止)'라고 할 때의 모든 '지'는 선정(禪定)을 총칭하는 것으로, 그 대상의 상이에 의거하여 색계(色界)의 4선(四禪), 4무색정(四無色定), 8해탈(八解脫), 8승처(八勝處) 등으로 불리는 것이다.

> 또한 이 심일경성(心一境性)은 순차적으로 고도의 감능성(堪能性)과 결부됨으로써, 또 대상 등의 뛰어난 특성과 결부됨으로써 [4]선정, [4]무색정, [8]해탈 등의 이름을 얻는 것이다.(*BhK* I, 209, 2-4)

'관(觀)'=진리의 묘관찰

다음으로 '관'이란, 단도직입적으로 위에서 인용·번역한 카마라실라의 마하연 비판에서도 문제가 되었던 '진리의 묘관찰(妙觀察)'(bhūta-pratyavekṣā 또는 pratyavekaṣaṇā)과 동의이어(同義異語)이다. 이

때 진리란 인·법2무아(人法二無我)를 가리킨다.

> 진리의 묘관찰을 '관'이라고 한다. 그런데 진리란 인·법2무아(人法二無我)이다.(*BhK* III, 5. 17-18)

그리고 이 '관'에 의한 수습의 단계는 《능가경》의 저명한 3게에 집약되어 있다.(*BhK* I, 210. 9-14 cf. *Laṅk.* X 256-8)

> [유형상] 유식(唯識)에 도달하여 외계의 대상을 분별하지 말라. [주관·객관의 두 형상의 대립이 없는] 진여를 대상[으로 하는 선정]에 머물러 [유형상] 유식을 초월하라. [유형상] 유식을 초월한 후에 [주·객 대립의] 무현현(無顯現)[인 지]에 머무는 요가행자는 대승을 본다. [그 요가행자가 도달한] 자연스런 경지는 적정이며, 서원에 의하여 정화되고 있다. [불이지(不二知)조차] 무현현(인 지)에 의하여 [앞에서 생각된] 최고의 지조차 본체를 갖지 않는다(無我)고 그는 보는 것이다.

각 괄호 안은 카마라실라의 해설에 의거하여 필자가 보충한 것이다. 원의(原意)는 소박한 것이었다고 생각되는 《능가경(楞伽經)》의 게(偈)에서 깊은 의미를 읽음으로써, 카마라실라는 외계실재론→유형상 유식→무형상 유식을 거쳐 중관의 진리에 오입(悟入)한다는 법무아 '관'의 수습 차제를 성공적으로 명료히 설하고 있다.

요결—지관쌍운(止觀雙運)과 기타

이렇게 하여 '지'와 '관'으로 이루어진 '수습에서 생하는 반야의 지'(修所成慧)의 개략이 해설된 셈인데, 거기에서는 '지'나 '관'만으로는 불가능하며 '지'와 '관'을 양립시켜야만 한다고(止觀雙運) 강조하고 있다.

> 일체법이 무자성임을 대상으로 하여 [마음의] 소침(消沈 : 사그라지고 침몰됨)이나 홍분을 떠난 지(知)가 자연히 일어날 때, 그 때에는 '지'와 '관'을 양립시키는 길이 완성된 것이다.(*BhK* I, 219, 22-220.4)

이상으로 문·사·수의 3혜, 즉 반야지(知)의 내용과 앞에서 서술한 방편을 합해서 실천행의 해설이 모두 끝나고 있다. 그렇지만 앞에서도 서술했듯이 방편과 반야지 어느 한쪽만으로는 불충분하며 양자를 양립시켜야 함을 반복해서 강조하고 있다.

> 승의를 보는 경우에도 세속을 버리지 않는 것이 제보살의 반야지와 방편을 양립시키는 길이다.(*BhK* I, 221.11-13)

이렇게 하여 자비, 보리심, 실천행이라는 《수습차제》의 구격(構格)에 대한 해설이 끝나고 《수습차제》 초편은 신해행지(信解行地), 십지(十地), 불지(佛地)라는 보살의 수행단계를 서술하는 것으로 끝맺고 있다. 정리를 위하여 《수습차제》 초편의 개략을 도표화하면 다음과 같다.

- 자 비
- 보리심
- 실천행
  - 방편
  - 반야지
    - 문혜(聞慧)
    - 사혜(思慧)
      - 경전 ┐
      - 논리 ┘ 에 의한 승의불생의 사유
    - 수혜(修慧)
      - 지(止)…심일경성(心一境性)
      - 관(觀)…진리(인법무아)의 묘관찰
- 수행단계—(신해행지·십지·불지)

이상으로 주로 《수습차제》 초편을 가지고 그 구성을 약술했는데, 중·후편에서도 이 구성은 대략 답습되고 있다. 단지 중·후편에서는 '지'와 '관'에 특히 중점을 두어, 이에 대한 묘사로 서술의 대부분을 할애하고 있다. 또 후편에서는 위에서 말한 마하연 비판이 정리된 형태로 소개되고 있는데, 본장 첫머리에서 번역한 후대의 역사서의 기술과 일치함을 알 수 있다. 당연히 후대의 역사는 《수습차제》 3편의 내용을 알고난 뒤에 쓰여진 것이므로, 후대의 역사서 쪽이 《수습차제》의 내용과 일치한다고 역으로 말해야 할 것이다.

7. 결 언

이상으로 카마라실라의 《수습차제》를 중심으로 그에 따른 당시의 사상 정황을 어느정도 밝혔다고 생각한다. 앞에서 서술한 바와 같이, 종론과 마하연에 관한 자료는 금후 다시 새롭게 발견될 가능성이 있다. 한편 카마라실라의 사상도 《수습차제》로서 끝나는 것이 아니라, 대저(大著)인 《중관광명》이나 제 경전·논서의 주석, 나아가 티벳 대장경 중에 존재하는 지금까지 주목되지 않았던 소품(小品) 등 아직도 밝혀야 할 것이 많다.

또 금후, 당시의 복잡한 연대기적 전후관계 등을 해명하기 위해서는 인도학자와 돈황학자, 티벳학자가 서로 협력하지 않으면 안될 것이다. 본장이 그러한 제 연구의 시발점의 하나가 되기를 바란다. 또 본장의 초안을 작성하는데 있어 고시마 키요타카(五島清隆) 《수습차제》 중편을 참조하여 많은 도움을 받았다. 이에 사의를 표한다.

(자 료)

(1) Stein R.A, *Une chronique ancienne de bSam-yas.* sBa-bźed Paris, 1961.

(2) *bDe bar gśegs pa'i bstan pa'i gsal byed chos kyi 'byuṅ gnas gsuṅ rab rin po che'i mdzod*, Lokesh Chandra (ed.), *The Collected Works of Bu-ston*, part 24 (Ya), Śatatapitaka Series vol. 64, New Delhi, 1971, pp. 633-1055 (212 fols, ed, 1Ha sa)

(3) Obermiller E, *History of Buddhism (Chos-hbyung) by Bu-ston*, 2 vols, Heidelberg, 1931(repr. Tokyo, 1964)

(4) 요시무라 슈우키(芳村修基), 《인도대승불교사상연구》, 경도, 1974.

(5) 佐藤長, 《고대 티벳사 연구》, 경도, 1959(77년 재판.)

(6) Kuznetsov B. I, *rGyal rabs gsal ba'i me long (The Clear Mirror of Royal Genealogies)*, Tibetan Text in Transliteration with an Introduction in English, Leiden, 1966.

(7) Houston G. W, The bSam yas Debate: according to the rGyal rabs gsal ba'i me long, *Central Asiatic Journal* XVIII, 1974, pp. 209-216.

(8)Tucci G, *Deb t'er dmar po gsar ma*, Tibetan Chronicles by bSod nams grags pa, Roma, 1971.

(9) *Dam pa'i chos kyi 'khor los bsgyur ba rmams kyi byun ba gsal bar byed pa mKhas pa'i dga' ston*, Lokesh Chandra(ed.), *mKhas-paḥi-dgaḥ-ston of Dpaḥ-bo-gtsug-lag* (also known as Lho-brag-chos-ḥbyuṅ), Śatapiṭaka Series vol. 4(Ja=part 4), New Delhi, 1962.

(10) *Chos 'byuṅ bstan pa'i padma rgyas pa'i ñin byed*, Lokesh Chandra (ed.), *Tibetan Chronicle of Padma-dkar-po*, Śatapiṭaka Series vol. 75, New-Delhi, 1968.

(11) *Gaṅs can yul gyi sa la spyod pa'i mtho ris kyi rgyal blon gtso bor brjod pa'i deb ther, rdzogs ldon gzon nu'i dga' ston dpyid kyi rgyal mo'i glu dbyaṅs* ed. Ngawang Gelek Demo, Delhi, 1967.

(12) Das S. C, *Pag sam jong zang*, Calcutta, 1908.

(13) 《돈황유서총목 색인》, 북경, 1962.

(14) De la Vallée Poussin L, *Catalogue of the Tibetan Manuscripts form*

Tun-huang in the India Office Library, London, 1961.

(15) Lalou M, *Inventaire des manuscirits tibétains de Touen-houang conservé sala Bibliothèque Nationale*, Paris, 1939, 1950 et 1959.

(16) Shastri D, *Tattvasamgraha of Ācārya Śāntarakṣita*, with the commentary of Śri Kamalaśila, Bauddha Bharati Series 1 & 2, Varanasi, 1968.

(17) Frauwallner E, Landmarks in the History of Indian Logic, *Wiener Zeitschrift fur die Kunde Sud-und Ostasiens*, Bd. 5, 1961, pp. 125-148.

(18) 長谷部好一, 〈토번불교와 선-돈오대승정리결과 관련하여〉, 《애지학원대학문학부기요》 창간호, 1971, pp. 70-88.

약 호

Pch : Pelliot chinois 돈황한문서 페리오본 (자료[13] 참조)

Sch : Stein chinois 돈황한문서 스타인본 (자료[13] 참조)

PT : Pelliot tibétain 돈황 티베문서 페리오본 (자료[15] 참조)

ST : Stein tibétain 돈황 티베문서 스타인본 (자료[14] 참조)

C. 티벳 대장경 쵸네 판

D. 티벳 대장경 데루게 판

N. 티벳 대장경 나르탄 판

P. 티벳 대장경 북경판

(부 기)

본고의 탈고 이후에 입수하여, 본고 중에 이용할 수 없었던 문헌 중에서 특히 중요하다고 생각되는 것을 열거하면 다음과 같다.

(1) Houston G. W, *Sources for a History of the bSam yas Debate*, St.

Augustin, 1980.

(2) 木村隆德, 〈돈황 티벳어선 문헌목록초고〉, 《동경대학 문학부 문화교류 연구시설 연구기요》 제4호, 1980, pp. 93-129.

(3) Mala G. et Kimura R, Additif à l'Introduction au Tibet du bouddhisme sinisé d'après les manuscrits de Touenhouang, de Paul Demiéville. Bibliographoie corrigé et compléte, *Nouvelles contributions aux études de Touen-houang*, Genève, 1981, pp. 321－7.

(4) 하라타 사토루(原田覺), 〈돈황본 sGom rim dañ po 고(考)〉, 《일본서장학회회보》 제28호, 1982, pp. 4-8.

Ⅶ. 中觀의 實踐
―寂天의 《學處要集》

타무라 치쥰(田村 智淳)

1. 보살의 수행

1. 《학처요집》과 《입보리행론》

적천(寂天, Śāntideva)[1] 의 《학처요집(學處要集)》(*Śikṣāmuccaya*)은 《입보리행론(入菩提行論)》(*Bodhicaryāvatāra*)과 함께 중관의 실천을 설한 것이다. 중관이라고 하면 공(śūnya)사상을 말한다. 따라서 공사상과 연결되는 실천이란 어떤 것이며, 또한 '공'과 실천은 서로 양립하지 않을까 하는 문제에 대하여 독자들은 흥미를 갖고 있을지도 모른다. 앞의 두 저서가 이러한 문제에 대하여 전혀 해답을 주지 않는 것은 아니다.[2] 하지만 또한 이 문제에 대하여 적극적으로 답하고 있는 것도 아니다. 두 저서의 내용은, 《학처요집》에서 적천 자신이 표명하고 있듯이, '보살수련의 안내'[3] 에 관한 것이다. 카라쿠라 엔쇼우(金倉圓照) 박사는 《입보리행론》에 대해서, 이 책은 이론상의 문제를 체계화한 것이 아니라, "오히려 저자(적천)의 심오한 종교적 체험을 탁월한 문장력에 의해서 단려한 시가(詩歌)로 나타낸 예술적 작품이

---

1) 적천은 7세기 후반의 인물이라고 한다. 저작에는 《學處要集》, 《入菩提行論》 및 《經集》(*Sūtrasamucaya*) 등 세 가지가 있다고 전해지는데, 《경집》의 원문은 아직 발견되지 않았다. 적천의 전기나 저작에 대한 자세한 것은 金倉圓照 역, 《悟りへの道》 解題와 荻原雲來, 《荻原雲來文集》, p.461 참조 바람.

2) 이 문제에 대해서는 L.de la Vallée Poussin의 "Bodhisattva": Hastings, *Encyclopedia of Religions and Ethics*, pp.752－753 참조.

3) 《學處要集》은 이후로 *ŚS*로, 그리고 《入菩提行論》은 *BC*.로 약칭한다. *ŚS*.1－10(p.1의 10항목) 참조. *ŚS*는 Bibliotheca Buddhica Ⅰ.

다."[4] 라고 해설한다. 《학처요집》에 대해서 말하자면, 시구(kārikā) 수는 27로 적은 시구로 되어있으며(《입보리행론》은 약 900), 시구에 붙여진 주석의 거의 전부가 여러 경전에서 인용하거나 혹은 단편적으로 발췌한 것으로, 시구를 빼면 적천 자신이 지은 것은 간단한 서론과 빠진 것을 조금 채운 정도에 불과하다.[5] 이러한 점으로 볼 때, 이 책은 '단려한 시가로 나타낸 예술적 작품'이라고는 할 수 없지만, 저자의 '경건한 신앙과 예민한 도덕적 정조'가 넘치는 경전의 인용집이라고는 할 수 있다. 세실 벤돌(C. Bendall)이 해설하듯이[주(5)참조], 본서가 독창성이 결여된 작품이라는 것은 저자도 겸허하게 인정하고 있다. 즉, 그는 다음과 같이 말한다. "나는 지금부터 보살의 수련(修練) 안내를 모은 경전으로 시작하지만, 이 속에서 새로운 것은 아무것도 서술할 수가 없었다. 나에게는 시작(詩作)의 재능도 없다. 따라서 나는 타인을 위하여 쓴다기보다는 나 자신의 마음을 계발하기 위하여 쓰는 것이다."(*ŚS* 1－10. *BC*. 1－2[6]) 이하에서는 《학처요집》의 시구에 따라서, 이른바 '대승 보살의 윤리'에 대한 요점을 적어보도록 한다.

2. 《학처요집》의 구성

《학처요집》은 27시구를 19장(시구를 전혀 포함하지 않은 장도 있지만)으로 나눈다. 각 장의 제목은 사본에 없는 장도 있는데, 각 장의 내용을 표명하는 것으로는 극히 불충분하다. 이제 그 내용에 따라서 각 장을 6바라밀로 나누면 다음과 같다.

---

4) 金倉, 앞의 책, p.239.

5) C. Benall. *Śikā samuccaya*, Introduction 참조. 벤돌은 몇개의 偈頌 자체도 인용문헌에 따라서 作詩되었다고 서술한다.

6) *BC*.및 *BCP*.(*Bodhicaryavatarapanjika*)는 Boddhist Sanskrit Texts－No.12.

보시바라밀(布施波羅蜜)—제1장

지계바라밀(持戒波羅蜜)—제2～8장

인욕바라밀(忍辱波羅蜜)—제9장

정진바라밀(精進波羅蜜)—제10～11장

선정바라밀(禪定波羅蜜)—제11장 끝～제13장

반야바라밀(般若波羅蜜)—제14장

전육바라밀(全六波羅蜜)—제15～19장

적천이 가장 중점을 둔 것은 '지계(持戒)'이다. 마지막 제15～19장은 육바라밀 전체의 실천을 청정하게 하고 공덕을 증대시키는 것을 가르치는 것이다.

그러나 적천 자신은 육바라밀과는 다른 관점에서 각 장을 나누었다고 생각한다. 그의 주석을 보면, ātmabhāva(신체, 때로는 身心으로 번역), bhoga(재물, 혹은 향락으로 번역), puṇya(공덕, 혹은 공적으로 번역) 셋이 주제가 되어 보살행이 설해지고 있다. 결국, 이 셋이 각각 dāna(보시, 혹은 시여로 번역), rakṣā(수호, 혹은 배려로 번역), śuddhi(정화), vṛddhi(증대)와 연결된다. '신체의 시여(施與)', '재물의 시여', '신체의 수호', '재물에의 배려' 등이 우선 육바라밀에 따라서 순차적으로 설명되고 있다.[7)]

7) *ŚS*. 18－8. "그런 까닭에 다음과 같은 신체와 재물과 공덕에 관한 순차적인 시여와 수호와 정화, 그리고 증대를 바른 순서에 따라 수습해야 한다."

2. 보살의 실천덕목

1. 발보리심

실천행의 준비단계

대승 보살의 실천 덕목은 육바라밀, 즉 보시, 지계, 인욕, 정진, 선정 그리고 지혜의 완성이다. 그러나 육바라밀의 실천에 들어가기에 앞서 어떤 준비 단계가 필요하다고 한다. 《학처요집》은 먼저 이 단계를 '발보리심(發菩提心, bodhicittotpāda)'을 중심으로 하여 설하고 있다. 제1장 최초의 시구는 다음과 같다.

> 자신에게서도 타인에게서도 공포나 고통은 싫은 것이기 때문에, 내가 타인을 버리고 자신만을 수호할 근거는 하나도 없다.(1)(*BC.* VIII－96)[8)]
>
> 고통의 소멸을 바라고 행복의 극에 도달하고자 하는 자는 신앙의 뿌리을 견고히 하고, 보리심을 견고히 해야 한다.(2)

위의 시구를 주석하여 적천은, 보살은 먼저 자타의 구별을 없애는 것(parātmasamatā), 신앙(śraddhā)을 확립하는 것, 보리심을 일으키는 것(bodhicittotpāda)이 필요하다고 설한다. 그런데 보살이 나아갈 길에 대해서 다얄(H. Dayal)은 다음과 같이 기술한다.

---

8) 최초의 시구는 《入菩提行論》 제8장 제96시구와 같은 것이다.

보살이 나아갈 길은 모든 유정(有情)을 위하여 불타가 되고자 하는 결의를 일으키는 것(발보리심)으로부터 시작된다. 다시 말해 보살은 모든 유정의 행복과 해방을 위하여 불타가 되려고 결의하며, 위대한 서원을 세우며, 그리고 그의 미래의 영광이 현전하는 불타에 의하여 예언된다. 이 셋(발보리심과 서원과 예언)이 범부와 보살을 나누는 기준이 된다. 그러나 후세의 불교도들은 일종의 견습 기간을 도입하였다. 그것은 범부가 발보리심의 단계에 이르기 전에 통과해야만 하는 것이다. 《대승장엄경론(大乘莊嚴經論)》과 《보살지(菩薩地)》는 4세기의 작품인데, '종성(種性, gotra)'[9]을 보리심에 선행하는 것으로 추가한다. 《보살지》는 다시 '신해(adhimuikti)'도 도입한다. 적천의 작품(7세기)은 이러한 견습기간을 정밀화하는 경향의 최종국면을 보여주는 것이지만, 그는 '종성'이나 '신해'를 중시하지 않고, 신앙, 숭배, 죄의 고백, 그 외의 여러가지 경건한 행위나 귀의를 발보리심에 이르기 위하여 필요한 것으로 중시한다.[10]

적천이 발보리심을 위하여 신앙이나 숭배 등을 중시하는(특히 17, 18장) 것은 다얄이 지적하는 바와 같지만, 그러나 '종성'이나 '신해'를 전혀 무시하는 것은 아니다.[11] 시구 (1), (2)의 주석에서 적천은 신앙을 찬양하는 긴 인용을 들고 나서 보리심에 관하여 다음과 같이 설명한다.

---

9) 種性이란 '태어날 때의 혈통'이라는 뜻으로, 보살의 경우에는 이미 태어나면서 佛性을 가지고 있는 것이다. 이것이 발보리심을 위하여 필요하다는 것은 소승의 성자는 아라한이라는 낮은 자리가 이미 결정되어 있으므로, 발보리심의 기회는 있을 수 없기 때문이다. Poussin, 앞의 논문(p.745), "예컨대, 아직 알 속에 있더라도 가루다 새(鳥)의 태아는 다른 새와는 달리 큰 새가 될 것이 정해져 있는 것처럼, 미래의 보살도 보리심을 발하기 전이라도 보살의 종성에 속하는 것이다." 長尾雅人, 《中觀と唯識》, p.526 참조.

10) Har Dayal, *The Bodhisattva Doctrine in Buddhist Sanskrit Literature*, p.50. 이 인용은 다얄 기술의 逐語譯이 아니라, 필요한 것만 번역한 것이다.

11) Poussin, 앞의 논문, p.745 참조.

> 대체 어떻게 해서 세속의 범인에게 발보리심이 가능한 것일까?
> 문수여, 실로 알의 껍질이 막 쪼개진 가라빈가의 새끼새들조차도 그 껍질이 완전히 깨어져 거기에서 뛰쳐나오기 전에 곧바로 가라빈가 새의 소리를 낸다. 이와 같이 문수여, 무지(無知)라는 껍질에 덮인 보살이라도 사견(有身見)이 완전히 부서져 삼계로부터 출리(出離)하기 이전에 틀림없이 불타의 소리를 낸다. 즉 공성, 무상, 무원(無願)이라는 소리를. (*ŚS.* 6－12)

위와 같은 이유에서 우리 범부들도 결코 실망할 것이 없는데, 적천이 이 인용에 의하여 준비 단계의 하나인 '종성'에 대해서 언급하고 있는 것은 분명하다.[12]

신해와 발보리심

신해에 관해서 '우차(牛車)를 타는 보살'의 얘기가 인용된다. 우차를 타고가는 보살은 진행이 느리며 목적지에의 도달도 불확실하다. 그래서 세존께서 설하시었다.

> 문수여, 이와 같이 사람은[13] 보리심을 일으켜도 대승을 수호하지 않고 배우지 않으며, 오히려 성문승을 좇아 성문들과 친밀해진다. 그러한 이유에서 그는 지혜가 퇴보하게 되며, 무상의 지혜에 이르는 길에서 역행하게 되는 것이다. 이것을 우차(牛車)에 탄 보살이라고 한다.(*ŚS.* 7－1)

적천은 이 인용을 다음과 같이 주석한다.

---

12) 註 (9) 참조.

13) 이 경전에서는 '발보리심'이 모호한 뜻으로 쓰이고 있다. 이 '보리심'은 뒤에서 서술하는 '열등한 신해'에 해당한다.

우차(牛車)에 탄 보살과 같이, '신해'의 마음과 행이 아직 뒤떨어진 자들조차도 공성에의 열의를 품고서 대승을 기쁘게 받아들이기 때문에, 뛰어난 '신해'를 실천하는 보살에게 보리심이 생하는 것은 말할 필요조차 없다고. (*ŚS.* 7－12)

그는 '신해'에 우열을 붙여, 신해가 뒤떨어진 보살, 즉 우차에 탄 보살은 뛰어난 신해(adhimātrādhimukti)의 보살이 되지 않으면 안된다고 설하는 것이다.

신해는 보살의 종성(種性)을 획득한 보살에게서 생하는 것으로, 유정을 위하여 불타가 되고 싶어하는 '열망'으로, '보리심'과 거의 같은 뜻이지만, 양자 사이에는 차이가 있다. 전자의 경우의 열망은 이른바 보리심을 생하게 하는 종자의 단계에 지나지 않으며, 소승(자신을 위하여 깨닫는 자)으로 떨어질 위험성이 있다.[14] 이에 비해서 발보리심의 보살은 불퇴전이다. 요컨대 뛰어난 신해를 얻었을지라도 그는 아직 보살 후보생에 지나지 않는 것으로, 참다운 보살은 발보리심에서 시작된다.

종성만을 획득한 보살에게[15] '신해'나 '보리심'이 생하는 것은 다음과 같은 네가지 원인에 의한다. ① 여래나 성문의 권고를 받고, ② 보살이 얼마나 훌륭한가를 듣고, ③ 괴로워하는 유정에 대한 자비에서, ④ 모두가 원만한 여래를 보고서(*ŚS.* 8－8). 이 중에서 적천이 중시한 것은 ③ 이다.

---

14) 뒤에서 서술하고 있듯이, 적천은 '발보리심'을 두 종류로 나눈다.(*BC.* 1－15) 그러나 이러한 두려움을 지닌 보살은, 가령 '뛰어난 신해'를 얻었다해도, 아직 '보리를 원하는' 단계에 있는 것이다.

15) 여기에서 인용되는 경전은 '보리심'뿐이지만, 이하의 기술을 고려할 때 '신해'도 포함시켜 해석해야 한다고 생각한다.

세존이시여, 어떤 사람에게 보리심이 생합니까? 대왕이시여, 흔들림이 없는 '깊은 결의'[16](adhyāśaya)를 가진 사람에게서 생합니다. 세존이시여, 어떤 사람에게 깊은 결의가 생합니까? 대왕이시여, 큰 자비를 가진 사람에게서 생합니다. 세존이시여, 큰 자비는 어떤 사람에게 생합니까? 대왕이시여, 일체의 유정을 못 본 체 하지 않는 사람에게서 생합니다. 세존이시여, 어떻게 하면 일체의 유정을 못 본 체 하지 않습니까? 대왕이시여, 자신의 행복을 버린다면 못 본 체 하지 않게 됩니다.(*ŚS.* 8－1)

이처럼 유정에 대한 자비는 발보리심의 원인이라고 할 수는 있지만, 그러나 이 단계의 보살은 아직 불퇴전이라고는 할 수 없다. 보리심을 원하는 보살은 드물지만, 보리를 향하여 이미 출발한 보살은 더욱 드물다(*ŚS.* 8－17). 《입보리행론》에는 "요약하면, 보리심에 두 종류가 있음을 알라. 보리를 원하는 마음과 보리를 향하여 출발하는 것이 그것이다."라고 서술되어 있다(*BC.* 1－15). 보리를 향하여 출발한 보살은 참으로 '발보리심'의 단계에 도달한 보살이다. 그러한 보살은 곧바로 증인 앞에서 맹서를 하지 않으면 안된다.(*ŚS.*11) 그 서원은, 한 마디로 보살로서의 수련을 모두 지키는 것이다. 그러나 여래가 정한 훈계는 많아서 그 전부를 지키기란 곤란하다. 그렇기 때문에 그 중에서 가장 중요한 것을 알지 않으면 안된다.

보살의 훈계는 상세히 정해져 있기 때문에 그 전부를 알기는 곤란하다. 이 훈계를 깨트리지 않기 위하여 그 중에서 가장 중요한 점을 알지 않으면 안된다.(3)(*BCP.* 48)

---

16) Poussin의 앞 논문(p.745)에 의하면, adhyāśaya는 adhimukti의 다음 단계가 된다.

모든 유정을 위하여 자신의 신체와 재물과 3세에 걸쳐 쌓은 공덕을 시여하는것, 수호하는 것, 정화 및 증대하는 것이 가장 중요한 점이다.(4)

이 시구 (4)는 보살수련의 강요(綱要)인데, 적천은 이하에서 이 3가지의 시여와 수호와 정화와 증대를 설한다.

2. 보시의 완성—신체 · 재물 · 공덕의 시여

발보리심에 도달한 보살은 곧바로 보시의 실천에 힘쓰지 않으면 안된다. 그렇기 때문에 제1장은 '보시의 완성'(보시바라밀)이라고 명명된다. 보시에 관한 행위에 대해서는 다음과 같은 인용이 있다.

타인에게 준 것은 이제 지킬 필요가 없지만, 자기 집에 있는 것은 지키지 않으면 안된다. 타인에게 주는 것은 욕망을 끊기 위함이며, 자기 집에 있는 것은 욕망을 증대시킨다. 줌으로써 모든 부처님으로부터 찬양받으며, 주지 않음으로써 우자(愚者)들로부터 찬양받는다.(*ŚS.* 19－1)

보시를 실천하는 보살은 평등심을 가지지 않으면 안된다. 만약 보살이 자기 자식에게 타인을 대하는 것보다도 더 강한 애정을 느낀다면, 그는 자신의 마음을 제지(制止)하지 않으면 안된다. 보살은 자신이나 자기 자식에게서 자연히 생겨나는 것과 같은 애정을 모든 유정에게 품지 않으면 안된다.(*ŚS.* 19－8)

다음으로 보살은 무엇을 시여할 것인가? 그것은 그의 신체와 모든 소유물과 그가 3세에 걸쳐 쌓은 공덕이 그것이다. 소유물과 같은 물질적인 것 뿐만이 아니라, 자신의 신체와 지체(肢體)까지도 유정을 위하여 희생하지 않으면 안된다. 보살은 다음과 같이 결심하여야 한다.

> 나의 신체는 모든 유정을 위하여 시여되고 희생되어야 한다. 하물며 나의 소유물은 말할 필요도 없다. 어떤 유정일지라도, 그것에 의하여 얼마만큼의 효과가 있다면 나는 그를 위하여 시여할 것이다. 손을 원하는 자에게는 손을, 발을 원하는 자에게는 발을, 눈을, 살을, 피를, 골수를, 크고 작은 지체를 시여할 것이다. 그리고 머리를 원하는 자에게는 머리까지도 나는 시여할 것이다. 하물며 나의 소유물, 즉 재산, 곡물, 금, 은, 보석, 장신구, 말, 코끼리, 차, 마을, 거리, 시장, 인민, 왕국, 도성, 하인, 자식, 딸, 종자 등은 말할 것도 없다.[17] (*ŚS.* 21－5)

보시, 혹은 넓은 의미로 박애의 정신은 대승불교의 독점물이 아니라, 옛부터 인도의 전통사상으로 전해지는 것이다. 대승불교도는 이기적인 소승불교와 구분되기 위하여 이 정신에 여러가지 색칠을 하였던 것이다. 그 근본 정신은 자신의 공덕을 쌓기 위한 것이 아니라, 타인의 이익을 위하여 시여한다는 생각이며, 동시에 보시의 범위도 자신의 소유물 뿐만이 아니라, 자신의 신체나 생명에 이르기까지 확장되었다. 그 모델은 석존의 본생담으로 생각된다. 그리하여 몇몇 경전은, 보살은 자신의 머리까지도 희생해야 한다고 가르치며, 그가 버리는 소유물에는 처자나 양친까지도 포함된다(*ŚS.* 24). 그렇지만 모든 대승불교가 이러한 무조건적인 보시를 설하고 있는 것은 아니다(注 17). 적천 자신도 '신체의 보호', 혹은 '배려'에서 설하고 있듯이 생명이나 신체

---

17) H. Dayal의 앞의 책(p.175)에 의하면, 이러한 과잉 신체 보시는 《菩薩地》의 저자에 의하여 수정된다. 그는 보살의 마음이 깨끗하면 자기의 신체나 지체를 버릴 필요가 없다고 생각한다. 적천도 같은 생각을 뒤에서 서술하고 있다.

를 쓸 데 없이 버려서는 안된다고 경고하고 있다.(*ŚS* 143 ff., *BC*. V－86, 87).

3. 회 향(廻向)—공덕의 시여

보살은 나아가 자신의 공덕까지도 타인에게 시여하지 않으면 안된다. 과거에 쌓은 공덕을 타인의 행복을 위하여 바치는 것을 회향(pariṇāma)이라고 하는데, 이것도 역시 박애정신의 대승불교적인 발전이라고 할 수 있다. 공적, 혹은 선근은 본래 선행의 과보로서 자동적으로 축적되어, 그 선행자 자신에게 반드시 구비되는 것이다. 본인이 불선(不善)을 행하여 그 공적을 소멸시키지 않는 한, 그 효력은 상실되지 않는다. 이러한 공적을 보살은 타인을 위해 바치라고(*ŚS*. 29ff.) 설한다. "바라건대, 나에게 모든 유정을 위해서 도움이 되지 않는 선근(善根) 등이 생하지 않기를."(*ŚS*. 33－11)

이렇게 하여 보살이 쌓은 선근은 자비의 힘이 된다. 자비의 실천이 전부인 보살로서는 보시 등의 선행으로 타인을 위하여 공적을 쌓음과 동시에 그 공적이 소멸되지 않도록 악행을 회피하는 것도 또한 중요한 일이다. 만약 악행을 저질러 지옥에 재생하게 되면, 타인의 행복을 위하여 봉사하는 보살도의 실천이 불가능하게 된다. 타인에게 봉사한다는 목적을 위하여 (보살은 지옥에 태어나는 것 등을 전혀 두려워하지 않으며,) 악행을 회피한다. 즉 '지계(持戒)'에 힘써는 것이다. 그리하여 제2장 '지계의 완성'이 설해 진다.

4. 지계의 완성(제2—8장)

설령, 신체 재물 공덕을 보살이 시여해야 한다고 할지라도, 그것들에 대한 수호, 혹은 배려는 필요하다.

유정의 향락을 위하여 신체 등 셋(신체·재물·공덕)이 시여된다. 그러나 만일 그것들의 수호가 없다면, 어떻게 그 향락이 가능할 것인가. 만일 향락이 없다면, 시여될 것도 없어진다.(5)

그러므로 유정의 향락을 위하여 신체 등 셋이 수호되지 않으면 안된다. 좋은 지도자(善知識)로부터 떠나지 않고, 항상 경전을 배우는 것에 의하여.(6)

지계(śīla)라는 것은 신체와 재물과 공덕에 대한 배려라고 설해진다. 보살이 이 배려를 게을리하면 이타행(利他行)이 불가능하게 된다. 그러므로 좋은 지도자에게서 떠나서는 안된다. "설령 생명을 거는 일이 있더라도 보살은 맹세를 지키고 대승에 정통한 좋은 지도자를 버려서는 안된다"[18](*BC.* V−102, *ŚS.* 34. ff.). 요컨대 보살이 공덕을 회향하려면 악행을 피해야 하며, 악행을 피하기 위해서는 먼저 좋은 지도자가 필요하다는 것이다.

지계의 실천을 위해 다음으로 필요한 것은 항상 경전을 배우는 것이다. 이것으로부터 '정법의 (설교사의) 호지(護持)'로 일컬어져, 그것이 제3장의 제목이 된다. 제2장은 신체 등 셋을 수호하기 위하여 그 전부에 공통하는 두 가지 방법이 서술되었다고 적천은 주석하고 있다.

---

18) H. Dayal의 앞의 책, p.63. 좋은 지도자는 '種性'이나 '자비'와 같은 보리심을 잃지 않는다. kalyāṇamitraparigrasampad.

지계(첫째)—신체의 수호(제3-5장)

정법의 호지에 힘쓰는 보살은 어떻게 신체를 수호할 것인가? 죄악을 피함으로써 한다. 죄악의 회피는 어떻게 가능한가? 일체의 쓸데없는 활동을 피함으로써 가능하다.(7)

보살이 자신의 신체를 수호하는 것은 유정의 향락을 위한 것〔시구(5)〕인데, 이는 죄악을 회피하는 것에 의해 가능하다. 지계란 먼저 '자기억제(ātmabhāvaraksā=self-preservation)'로 일체의 죄악을 피하는 것이기도 하다. 죄악의 회피는 일체의 쓸데없는 활동을 피함으로써 가능하다. 쓸데없는 활동이란 유정의 행복에 사용되지 않는 행동이다. 제3장에서 제5장에 걸쳐 보살이 피해야 할 죄악들이 여러 경전에서 인용된다. 그것들은 아주 구체적이면서도 상세한 죄악의 열거다. "모든 경전에 보살의 훈계가 서술되어 있다. 그런 까닭으로 경전을 읽어야 한다. 《허공장경(虛空藏經)》(*Ākāśagarbha-sūtra*)에 서술되어 있는 근본적인 죄악을 잘 반성해야 한다"(*BC.* V-104). 《입보리행론》의 세소(細疏, *Pañjikā*)및 《학처요집》(*ŚS.* 59.ff)에 인용되어 있는 《허공장경》의 근본죄악을 요약하면 다음과 같다.

(1) 관정(灌頂)의 왕족이 가지는 다섯 가지 근본죄악은 ① 영묘(靈廟)나 승단(僧團)의 재산을 훔쳐서 자기 것으로 한다. ② 3승(三乘)의 가르침을 비방한다. ③ 지계승, 혹은 파계승의 옷을 빼앗아 환속시키고 몸을 때려 감옥(牢獄)에 감금하고 생명을 빼앗는다. ④ 오역(五逆)[19] 죄 가운데 어느 하나를 범한다. ⑤ 사견을 믿고 십악업도

19) 소승과 대승에 각각 五逆罪가 있다. 소승의 5역은 (1) 어머니를 죽인다. (2) 아버지를 죽인다. (3) 아라한을 죽인다. (4) 승단을 분열시킨다. (5) 여래의 몸에서 피를 흘리게 한다(*ŚS* 60-3). 대승의 5역은 (1) 靈廟를 파괴하고 經像을 불태우며, 3보의 재보를 빼앗든가 아니면사람을 시켜 빼앗는다. (2) 3승의

(十惡業道)를[20] 습성으로 한다. 이상의 다섯 가지 근본죄악에 의하여 왕족은 그때까지 쌓은 공적을 모두 잃고 지옥에 떨어진다.

(2) 모든 보살에게 적용되는 공통적인 하나의 근본죄악은 ①촌락 등의 공동체를 분열시키는 것이다.

(3) 초심의 보살이 가지는 여덟 가지 근본 죄악은 다음과 같다. ① 아직 그 단계에 이르지 못한 범부에게 심원한 공성(空性)을 가르쳐 낙담케하여 무상의 보리에서 퇴전시킨다. ②바라밀의 실천이 얼마나 곤란한가 등을 말하여 사람들을 낙담케하고 무상의 보리에서 퇴전케하여 소승으로 향하게 한다. ③승단의 규율이나 지계 등은 무의미한 것이라고 사람들을 속이고 학문상으로만 대승으로 나아가게 한다. ④성문승의 가르침과 그 결과를 비방하고 모든 선(善)은 대승에 있다고 장담한다. ⑤명성이나 이득을 위하여 대승을 배우고, 신장시켜 다른 수행자를 비방하며 초인간적인 덕을 과시한다. ⑥수행하지 않고 학문만으로 얻은 것에 불과한 가르침을 과시하고 타인에게 그것을 부추긴다. ⑦출가자를 위협하여 영묘(靈廟)나 승단(僧團)에서 금품을 빼앗는다. ⑧불법(不法)을 행하고 법을 버리고, 경전이나 규율, 그리고 지계를 무시하면서도, 수행자로서의 허명(虛名)을 떨쳐, 참다운 수행자를 비난한다.

이상의 근본 죄악을 항상 잊지 않고 마음에 새겨두기 위하여 그것들을 요약한 하나 하나의 시구를 적천 자신이 짓고 있다.(*ŚS.* 66ff.)

다음으로 십악업도〔註(20) 참조〕와 그 과보를 상세히 서술한 경전

법을 비방한다. (3)출가자의 수행을 방해하거나 죽인다. (4)소승의 5역 중의 하나를 범한다. (5)업보를 믿지 않고 10악업도를 저지른다. 여기에서 서술되고 있는 "관정의 왕족이 가지는 다섯가지 근본 죄악"이란 '대승의 5역'인 것이다.

20) 十惡業道는 殺生, 偸盜, 邪淫의 3가지 身業과 妄語, 兩舌, 惡口, 綺語의 4가지 口業, 그리고 貪欲, 瞋恚, 邪見의 3가지 意業을 말한다.(*ŚS.* 69－75)

을 인용하여, 이러한 죄악이 얼마나 무서운 결과를 가져오는가를 설한다.(*ŚS.* 69ff.)

모든 죄악을 회피하는 보살은 그 전신(全身)과, 모든 말과, 모든 마음이 제어되며, 타인의 행복에 도움이 되지 않는 행위가 모두 없어진다. 그의 마음에 아주 작은 하나의 틈이 있어도 안된다. 마라(mala : 不淨物, 유혹자)는 아무리 작은 틈새로도 파고든다. 완벽한 마음이란 공성의 증득이기 때문에, 보살은 공성을 이해한 위에서 보살행에 힘쓰지 않으면 안된다.(*ŚS.* 117)

지계(둘째)—마음의 제어(제 6장)

보살은 '자기억제', 즉 신(信)·어(語)·의(義)의 억제를 위하여 다시 억념(憶念, smṛti)에 힘쓰지 않으면 안된다.[21)]

> 그것(쓸데없는 행위의 회피)은 항상 억념함으로써 완성된다. 억념은 진지하게 마음을 쏟음으로써 생한다. 그것이 적정(寂靜)하고도 위대한 마음이라고 깨우쳐, 억제에 힘씀으로써 생한다.(8)
>
> 삼매(三昧)에 든 사람은 사물을 여실히 안다고 성자께서 말씀하셨다. 적정하며, 마음이 외부로 향하는 것을 끊은 까닭에 마음에 동요가 없다.(9)

여기에서, 즉 지계의 완성을 위하여 설하는 억념이란 동요되기 쉽고 마라에 유혹되기 쉬운 마음을 제어하는 것이다.(*BC.* V－1) 모든 감관이 제어된 마음은 적정하다. 그것은 또 그러한 마음에 의하여 사물을 여실이 알 수 있기 때문에 "위대한 마음"이라고 말한다. "그런 까닭에 자기 심신의 수호를 원하는 사람은 억념의 근본에 이르러, 늘 억

---

21) 적천은 憶念에 대해 뒤에서 다시 해설하고 있다. *BC.* Chap. V.참조.

념에 전념하지 않으면 안된다."(*ŚS.* 120－1)

《입보리행론》에는 "심신의 상태를 언제나 반성하는 것, 그것이 바로 억념(samprajanya)의 정의이다."(*B.C.* Ⅴ－108)라고 서술한다.

지계(셋째)—재물에 대한 배려(제 7장 전반)

억념, 즉 마음의 제어에 덧붙여, 특히 재물을 탐하는 마음이 많은 죄악을 불러 일으키기 때문에, 재물에 대한 배려가 필요하다.

> 이상과 같은 신체의 수호는 약석(藥石)이나 의복 등에 의하여 가능하지만, 그러나 마음의 갈망대로 탐함으로써 부정한 죄악이 생긴다.(13)

이 시구의 전반은 이미 서술한 신체의 수호에 관한 보충 설명이기도 하다. 되풀이해서 말하지만, 보살이 자기의 신체를 수호하는 동기는 이타행을 실천하기 위하여 생명을 유지한다는 것이다. 생명의 유지를 위하여 약석(藥石)을 취하는 것인데, 그 약석은 두 종류로 나누어 진다. 하나는 항상 취하는 약석, 즉 시여되는 음식물이며, 다른 하나는 병으로 인하여 취하는 약초다. 최초의 '걸식'에 관해서는 누구에게서, 무엇을, 어느 정도, 어떻게 얻을 것인가가 구체적이고도 상세하게 서술된다. 그 가운데에는 육식(肉食)에 관한 논의도 있지만, 그 근본적 취의는 생명의 유지를 넘어선 너무 많은 것을 탐해서는 안된다는 것이다.(*ŚS.* 127－135).

다음에 약초에 관해서는, 보살은 이타행의 실천을 목적으로 병을 고치기 위하여 의발(衣鉢)까지도 팔아도 좋다.[22] 그것을 보이기 위하여 석존 스스로 약석을 사용하였다.(*ŚS.* 135－9).

의복에 관해서도 식물(食物)과 같은 취지인데, 아래옷은 수치와 죄

22) *BC.* Ⅴ－85. 원래 三衣를 파는 것을 금하고 있다.

를 겁내기 때문이며, 법의(法衣)는 수행자임을 나타내기 위해서이지 신체를 꾸미기 위한 것이 아니다. 또한 보살은 신체를 수호하기 위하여 주문(mantra)도 사용한다. 예를 들면 병을 치료하기 위한 주문이라든가, 모든 곤란이나 장해를 타파하기 위한 뇌전(雷電)의 주문이라든가, 독사에게 물렸을 때의 주문 등이다.(*ŚS.* 136ff.)

이상과 같이 보살이 그 신체를 수호하는 수단은 여러 가지가 있지만, 어떠한 경우에도 필요 이상의 것을 탐해서는 안된다.

항상 바르게 행동하고, 모든 일에 대하여 중용을 잊어서는 안된다. 이 훈계를 지키면 재물에 대한 배려는 곤란하지 않게 된다.(14)

재물에 대한 배려란 재물이나 향락의 악용, 과대평가, 과소평가를 없애는 것이다.(*ŚS.* 144−2) 이것에 이어 앞에서 서술한 과잉 시여의 금지가 설해진다. 가령 보살이 단 한 사람을 제도하기 위하여 많은 군중에게 큰 손실을 입혀서는 안된다. 이러한 행위는 보살의 자비에 어긋나기 때문이다. 그렇기 때문에 작은 선을 위하여 큰 선을 희생하는 것은 쓸데없는 무용한 짓이다.(*ŚS.* 45)

지계(넷째)—공덕에 대한 배려(제7장 후반)

자기자신의 과보에 관심을 갖지 않음으로써, 정선(淨善, 즉 공덕)에 대한 배려가 생기는 것이다.((15)의 전반)

보살의 지계는 그 공덕으로 자신이 천국에 태어나기 위한 것도, 샤카라(Śākara : Indra, 즉 帝釋天의 본명)신이 되기 위한 것도, 향락을 위한 것도, 용자단려(容姿端麗)를 위한 것도, 명예를 위한 것도, 그리고 지옥이 무서워서도 아니다. 그는 모든 유정의 행복을 위하여 계를 지키는 것이다. 그것을 위해서는 이미 타인에게 시여된(회향된) 공덕이 그의 번뇌에 오염되어 다시 그 자신을 위하여 취해지는 일이 있어서는 안된다. 그 때문에 그는 자신의 공덕도 배려하지 않으면 안된다. (*ŚS.* 147-1)

물론, 자신의 공덕을 타인에게 회향함으로써 더욱 많은 공덕이 쌓이지만, 그 공덕의 과보도 자기를 위하여 기대해서는 안된다.(*ŚS.* 147-17). 그러므로 공덕에 대한 배려를 원하는 보살은,

> 시여한 뒤에 후회해서는 안된다. 그 보시를 널리 퍼뜨려서는 안된다. 〔(15)의 후반〕

죄악은 분명히 밝히고 고백하지 않으면 안되지만, 공덕은 감추어 두지 않으면 안된다(*ŚS.* 148).

> 이득이나 명성을 구해서는 안된다. 교만한 마음은 항상 버려야 한다. 보살은 청정한 신념을 가져야 한다. 정법에 대한 의혹을 버려야 한다.(16)

이상에서 서술된 공덕에 대한 배려를 요약하면, 하여튼 공덕을 '보리'에 회향시켜 그 이외의 것에 향하지 않게 하는 것이다. 경전에서 설한다.

> 보리로 향한 선근(善根)은 보살이 보리수 밑에서 깨달음의 자리에 앉을 때까지 소멸하지 않는다. 마치 큰 바다에 흘러들어 온 물방울이 수겁이 지나도 없어지지 않는 것처럼.(*ŚS.* 158)

지계(다섯째)—신체의 정화(제8장)

제8장은 신체의 정화를 설한다.

> 보살의 신체가 정화되어 있으면, 유정의 향락이 도(道)에 맞게 되리라. 마치 쌀이 정미(釘米)되어 바르게 밥 지어진 것처럼.(17)

보살의 시체를 먹은 동물은 죽은 뒤에 신들의 세계에 다시 태어난다. 왜냐하면 그 보살의 신체가 정화되어 있기 때문이다. 이런 까닭으로 보살은 유정의 향락을 위하여 신체를 정화하지 않으면 안된다.(*ŚS.* 159). 만약 그 신체가 정화되어 있지 않으면,

> 잡초에 둘러싸인 곡초(穀草)가 생기가 없어지고 성장을 멈추듯이, 번뇌에 사로잡힌 불자(보살)는 증대할 수가 없다.(18)
>
> 신체의 정화란 불타의 교설을 좇아 노력하여 죄와 번뇌를 씻어 맑게 하는 것이다. 그렇게 하지 않으면 지옥에 떨어진다.(19)

이 시구에서 분명하게 나타나듯이, 신체의 정화는 과거의 죄를 씻어 맑게 하는 것이다. 적천은 그 때문에 네 가지를 실천하도록 설하는데, 그 중에서도 가장 강조하는 것은 (1) 과거의 죄를 고백하는 것(viduṣanāsamudācāra)이다(*ŚS.* 160ff.). 《입보리행론》에서도 '마음의 정화'가 설해지는데, 그 세소(細疏)에 의하면 "죄의 고백이란 요약하면 과거에 저지른 불선행(不善行)을 후회하고 자기의 잘못을 자책하고 그 죄를 밝히는 것"(*ECP.* 95-23)이다. 다른 세 가지는 (2) 죄의 대치(對治: 씻어 없앰)를 실천하는 것(pratipaksasamudācāra), (3) 개심(改心)의 힘(pratyāpattibala), (4) 귀의의 힘(āsrayabala)이라고 한다(*ŚS.* 171 ff.). 그 요지는, 보살은 심신의 정화를 위하여 죄를 고백하고, 선행에 전념함으로써 과거의 죄를 씻어 없애고, 불선행, 특히 살

생과 투도(偸盜)로부터 몸을 지킴으로써 개심의 힘을 얻고, 마지막으로 불・법・승에 귀의함으로써 과거의 죄를 보상한다고 하는 것이다. 적천이 설하는 '신체 및 마음의 정화'(ātmabhāvaśuddhi)는 결국 과거의 죄악에 대한 보상이다. 이것으로 '지계'에 관한 훈계가 끝난다.(제2-8장)

5. 인욕의 완성(제9장)

> 인내하라. 법을 들어라. 숲에 둔세(遁世)하라. 마음의 집중에 전념하라. 부정 등을 염하라.(20)

인내가 없으면 법을 듣는 노력이 계속되지 않는다. 법을 듣지 않고서는 삼매하는 방식을 모르며, 또 번뇌를 진정시키는 방법도 모른다. 그런 까닭에 먼저 법을 듣기 위한 인내가 필요하다. 그러나 법을 잘 새겨듣더라도, 이리저리 쏘다니면 마음의 집중이 곤란하다. 그러므로 숲속으로 은둔 할 필요가 있다.[23] 그러나 숲속에 은둔하더라도 마음의 집중에 전념해야 한다. 왜냐하면, 삼매에 든 보살이 얻는 성과는 오로지 단 하나, 번뇌의 단멸(斷滅)외에는 없기 때문이다. 그러므로 신체 등의 부정을 염해야 한다고 적천은 주석한다(*ŚS.* 179). 이 시구(20)의 "법을 경청하라." 이하는 실은 다음에 나오는 '정진'에 관한 기술이므로, 그곳에서 다시 서술된다(본문 p.269.).

인내(kṣānti)는 세 가지 종류로 나누어진다. (1)고뇌에 대한 인내(고뇌를 겁내지 않고 수용하는것), (2)법을 이해하기 위한 인내, (3)타

---

23) H. Dayal.(p.45)에 의하면 초기 대승은 사회생활과 은둔을 똑같이 중요시 했지만, 후에 대승은 "숲에서 遁世하는 소승의 이상으로 회귀했다."라고 서술하고 있다.

인으로부터 당한 해에 대한 인내 등 세 가지이다.[24] 고뇌를 두려워하는 사람은 (1)에 대한 인내가 없는 것은 말할 필요도 없지만, 쾌락을 구하는 사람도 불만 때문에 인내의 적인 절망에 빠진다. 인내하는 보살은 절망하는 일이 없다. 그는 쾌락에 마음을 기울이지 않으며, 지옥에서의 생존을 생각하고, 지옥을 즐기며, 지옥의 불꽃을 두려워하지 않는다. 또한 인내하는 보살은 득(得)과 실(失), 명예와 불명예, 칭찬과 비방, 쾌락과 괴로움 등 여덟 가지 세속적인 일에 무관심하다. '솜과 같이 연약함을 떠난 마음'으로부터 (1)의 인내는 생한다(*ŚS.* 179－11ff.). 다음에 (3)의 인내를 설하는 경전의 긴 인용이 있다[25] (*ŚS.* 184－9ff.).

보살이 많은 사람들과 마라들에 의하여 아무리 상하고 박해받더라도 전혀 성내지 않음은 무엇 때문인가? 설령 그의 몸이 찢기고, 부서져 쪼개질지라도 불타가 되려는 결의를 버리지 않고, 일체의 유정에 대한 자비를 버리지 않고, 선법에 대한 마음을 버리지 않는 것은 무엇 때문인가? 신체의 고통은 신체의 변화(kāyavivartana)에 지나지 않으며, 지옥에서의 고통에 비하면 백분의 일에도 미치지 못한다. 보살은 지옥에서도 참을 수 있으므로 사람들에 의한 박해 등으로 정법을 버린다거나, 일체 유정에 대한 자비를 버릴 이유가 없다. 보살이 자비를 버리는 것은 파멸을 가져오는 행위이다. 파멸을 가져오는 행위란 신체에 대한 애착이며, 신체에 의존하는 것이며, 신체에 집착하는 것이다. 신체를 버리면 파멸도 없어진다. 이리하여 그는 어떠한 박해에도 견디는 것이다. 신체를 버리는 것, 그것이 그의 '보시의 완성'이다. 신체가 절단되더라도 일체 유정에의 자비를 버리지 않

24) 이 3가지 인내에 대해서 Poussin(앞 논문, p. 751)은 (2)의 法忍을 大乘에서는 音聲忍, 柔順忍, 無生法忍의 3가지로 나눈다고 하지만, 적천은 이 '三法忍'을 언급하고 있지 않다.
25) 위의 주 24)에서 주의를 주었듯이 (2)의 法忍에 관한 경전은 없다.

는 것, 이것이 바로 '지계의 완성'이다. 신체가 절단되더라도 절단하는 사람들의 해방을 바라고 그것을 견디는 것, 이것이 그의 '인욕의 완성'이다. 정진에 의하여 불타가 되려는 결의를 단념하지 않고 윤회에 몸을 맡기고, 선근의 실천에 노력하는 것, 이것이 그의 '정진의 완성'이다. 신체가 파괴되어도 불타가 되려는 결의를 버리지 않고 보리에만 마음을 경주하고 마음의 적정만을 구하는 것, 이것이 그의 '선정의 완성'이다. 신체가 절단되더라도 신체는 환상에 불과한 것임을 깨우쳐, 그것을 무상, 고, 무아, 적정으로 보는 것, 이것이 그의 '지혜의 완성'이다(*ŚS.* 187).

6. 정진의 완성(제 10－11장)

다음에 정진(vīrya)이 설해진다. 제10장은 "법을 경청하라."는 시구(20)에 대한 주석이다. 인내하는 보살은 무엇보다 그 정진에 있어 법을 경청하는데 심혈을 기울이지 않으면 안된다. 법을 경청하는 사람에게 지혜가 머물며, 지혜있는 사람에게 번뇌가 소멸하기 때문이다. 그러나 여기에서 적천은 다음과 같은 일견 기묘한 《삼매왕경(三昧王經)》(1X－34)의 일절을 인용하고 있다.

> 아무리 많은 법을 수득(修得)하더라도 계를 지키지 않고, 법을 경청하는데에 교만한 자는 그 많은 법문(法聞)에도 불구하고 구원되는 것은 불가능하다. 그는 파계 때문에 지옥에 떨어지기 때문이다.[26] (*ŚS.* 189－5)

다음으로 제11장에서는 '숲속에서의 은둔(遁世)'이 설해진다. 보살은 나아가 숲속에서의 은둔에 정진하지 않으면 안된다. 숲속에서의 은

---

26) C. Bendall (p. 189) note: "The reading of Skt. and Tib. are alike doubtful in these gāthās". 이 게에서 śīla는 virya를 의미하는 것일까?

둔을 칭송하는 것은 가정 생활이나 처자에 대한 애착을 버리고, 출리(出離)의 생활을 권하기 위함이다.

> 어떠한 부처님일지라도 가정에 머물면서 이 최고의 깨달음에 이른 자는 과거에도 없었고, 현재에도 없으며, 또 미래에도 없을 것이다.(*ŚS.* 193)

이상과 같이 적천은 '정진'을 법의 경청과 숲속에서의 은둔 이 두 가지 주제로서 설명하였다.

7. 선정의 완성 (제11장의 끝—13장)

탐·진·치·삼독과 그 대치

숲에 은둔하는 보살은 나아가 '마음의 집중에 전념하지 않으면 안된다'〔시구(20)〕. 마음의 집중(samādhāna)에 의하여 '선정의 완성(dhyānapāramitā)'으로 나아가는 것이다. 그는 먼저 '부정(不淨)'을 염하지 않으면 안된다. 번뇌는 주로 탐욕·증오·미망(貪·瞋·痴) 세 가지이다. 그 중에서 탐욕을 일으키는 원인은 아름답게 화장한 여인(采女, janapadakalyāṇī)이며, 역으로 탐욕을 대치하는 것은 '부정을 염한다'는 것이다. 부정을 염한다는 것은 모발 이하 오줌까지 포함하여 이 신체를 부정한 것이라고 염하는 것이다(*ŚS.* 209). 다른 경전에서는 이렇게도 설한다.

> 지혜의 완성으로 나아가는 보살은 신체를 여실히 안다. 그는 이 신체가 지(地)·수(水)·화(火)·풍(風) 네 가지 요소에 지나지 않음을 안다.(*ŚS.* 201—3)

증오를 대치하는 것은 '자애(maitri)'이다. 자애란 타인의 행복을 원하는 것으로, 애욕이나 탐욕이나 위선과는 다른 것이다. 자애는 다음과 같은 세 종류로 설해진다. (1)모든 유정에 대한 자애, 이것은 '발보리심'에 이른 보살의 자애이다. (3)아무 것도 대상으로 하지 않는 자애, 이것은 '무생법인(無生法忍)'을 얻은 보살의 자애이다.(*ŚS.* 212) 이러한 자애를 가지고 보살은 일체의 증오를 대치한다.

미망을 대치하는 것은 '연기(緣起, pratityasamutpāda)'를 보는 것이다. 연기란, "무명(無明)에 의하여 행(行)이 있고,……생(生)에 의하여 노사(老死)가 있다. 그러나 무명이 없으면 행이 없고,……생(生)이 없으면 노사(老死)도 없다."라는 '12지연기(十二支緣起)'이다(*ŚS.* 219ff.).

이상의 기술에서 분명히 나타나듯이, 적천은 선정의 완성을 먼저 탐·진·치 3독(毒)을 끊기 위하여 각각 부정, 자애, 연기를 명상하는 것이라고 한다.[27] 그러나 선정의 완성은 이것으로 끝나는 것이 아니라, 그것을 보충하여 주는 것으로서 '사념처(四念處)'(제13장)가 설해진다.

사념처

사념처(四念處, smṛtyupasthāna)는 다음과 같은 네 가지 억념이다. (1)신체에 관한 억념(*ŚS.* 228−232), (2)감정에 관한 억념(*ŚS.* 232−233), (3)마음에 관한 억념(*ŚS.* 233−236), (4)법에 관한 억념(*ŚS.* 236−241)이다. 이 중에서 먼저 신체에 관한 억념은 이미 앞에서 서술한 "신체의 부정을 염한다."를 의미하며, 이에 관한 인용은 본장에서

27) Poussin(p.752)은 *Madhyamakāvatāra*는 선정의 주체로서 '四聖諦'와 '二諦'를 설한다고 기술하고 있지만, 적천은 이를 언급하고 있지 않다.

도 기술하였으므로 여기에서는 (2) 부터 시작한다.

(2) 감정(受, vedanā)에 관한 억념은 다음과 같이 서술된다.

감정의 본질을 간파하여 억념에 몰두하는 보살은 쾌감에 집착하는 유정을 무척 가련하게 여긴다. 행복은 감정이 생하지 않을 때에 비로소 가능하다. 그는 모든 유정의 감정을 진정시키기 위하여 감정에는 행복이 없다고 억념한다. 그러나 그 자신은 보살로서, 자신의 감정을 없애버리는 것이 아니라, 그 감정 모두를 유정에 대한 자비로 환원시켜 느끼는 것이다. 결국 그가 유쾌하게 느낄 때에는 탐욕에 빠져 있는 유정에 대한 자비를 느껴 자신의 탐욕을 버릴 때이다. 그가 고통을 느낄 때에는 증오에 휩싸인 유정에게 자비를 느껴 자신의 증오심을 버릴 때이다. 그가 기쁨도 고통도 아닌 감정을 느낄 때에는 미망에 빠져 있는 유정에게 자비를 느껴 자신의 미망을 버릴 때이다. 그는 기쁨을 느껴도 즐거워하지 않고, 고통을 느껴도 싫어하지 않으며, 불쾌불고(不快不苦)를 느껴도 미망되지 않는다. 나아가 그는 어떠한 감정도 무상이며, 고(苦)이며, 무아임을 안다[28]. 그는 쾌감에서 무상을 느끼고, 고통으로부터 가시를 느껴, 불쾌불고한 상태에서 적정을 느끼는 것이다. 실로 즐거운 것은 무상이며, 괴로운 것은 즐거움이며, 불고불쾌인 것은 무아이다.(*ŚS.* 232)

(3) 마음(citta)에 관한 억념은 다음과 같이 서술된다.

마음은 색형이 없는 것(arūpa)이며, 어떠한 부처님도 볼 수 없는

---

28) 四念處의 정형은 신체를 부정하고 受를 苦, 心을 無常, 法을 無我라고 마음에 새기는 것이다.

것, 즉 환상과 같은 것이다. 마음은 물의 흐름과 같은 것, 등불과 같은 것이다. 마음은 모든 고통을 가져오기 때문에 나쁜 친구와 같은 것이다. 마음은 고통인 것을 쾌락으로 보려고 하기 때문에 낚시 바늘과 같은 것이다. 마음은 모든 선근을 빼앗기 때문에 도적과 같은 것이다. 보살은 마음을 찾아 구하지만, 자신의 안에서도, 밖에서도, 그 양쪽에서도, 18계 중에서도, 12처 중에서도 그것을 찾을 수 없다. 그래서 그는 다음과 같이 묻는다. 마음은 어디에서 생하는 것인가라고. 가령 대상이 먼저 있어 마음이 생한다고 한다면, 마음과 다른 대상이 있을 수 있을까? 그렇기 때문에 대상이라고 하는 것, 그것이 바로 마음인 것이다. 또, 어떻게 해서 마음이 그 자신을 알 수 있는가? 칼날이 자기 스스로를 자를 수 없듯이, 손끝이 그 자신과 접촉할 수 없듯이, 마음은 마음 자신을 알 수 없다. 그러므로 마음은 환상과 같이 실재하지 않는 것이다.(*ŚS.* 234)

(4) 법(dharma)[29] 에 관한 억념은 다음과 같이 서술된다.

사물의 모습(saṁskāra)은 무상, 가련하며 점토 그대로의 항아리(아직 굽지 않은 항아리)와 같이, 혹은 사상(砂上)의 누각과 같이 파괴되기 쉽다. 모든 존재는 다양한 원인에 의존하여 생한다(즉, 그 자체로서는 존재하지 않는다)는 것을 어리석은 자는 모른다. 싹은 종자로부터 생하지만, 싹은 종자와 동일하다고도 다르다고도 할 수 없다. 그러므로 사물의 존재는 무지에 의해서만 성립하는 것이다. 그것은 진실로 존재하지 않는다. 불은 두 개의 나무조각을 마찰시키면 생하지

29) 여기에서 말하는 法이라는 것은 소위 '가르침'으로서의 의미가 아니라, '존재하는 것'을 의미한다.

30) '심'과 '법'을 憶念하는 것, 다시말해 '무상'과 '무아'의 논증은 이 책의 다른 장에서 보다 구체적으로 다루어지고 있다.

만, 그러나 누구도 불(火)의 실체가 어디에 있는지 말할 수는 없다. 결국 사물의 존재 모습, 즉 현상세계는 연기이며 공(空)이다.[30](*ŚS.* 237) 이상이 보살의 네 가지 억념이다.

8. 지혜의 완성—신체 정화의 완성(제14장)

제14장은 '신체의 정화(ātmabhvāpariśuddhi)'라는 제목이 붙어 있다. 이 주제는 이미 제8장에서 지계의 덕목의 하나로 든 것이다. 그러나 이 장의 내용은 '일체의 공성'을 설한 것이며, 이는 이 장이 '지혜의 완성(prajñapāramitā)'에 해당함을 의미하는 것이다. 적천은 '신체의 정화'라는 주제 하에서 지계의 마지막 부분(제8장), 인내(제9장), 정진(제10, 11장), 선정(제12, 13장) 그리고 지혜(般若) 등 5가지를 설하고 있다. 생각해 보면, 제8장 이후의 주제가 되는 '신체의 정화'는, 그 앞의 '신체 등 세 가지의 수호, 혹은 배려'가 '자제(自制)의 도덕(nivṛttiśila)'인데 비하여, '적극적인 도덕'(pravṛttiśila)으로 여겨진다. 다시 말해 이것은 다음과 같다. 적천은 보살의 도덕을 '수호'와 정화'로 대별한다. 그런데 전자는 제7장까지이다. '신체의 정화' 아래에서 설해진 '지계'로부터 '선정'까지는 공성에 입각하여 비로소 완성된다. 이렇게 생각하면 '지혜의 완성'이라는 제목이 '신체의 정화'로 되는 것은 이해가 가능하다.

그런데 '일체법의 공성'은 바로 중관사상의 최종적인 결론으로 지금까지 기술해 온 보살의 실천과는 그렇게 간단하게 연결되지 않는다. 따라서 '공성'에 관한 경전의 단편적인 인용을 소개할지라도 그다지 의미가 있는 것으로는 생각되지 않기 때문에, 이 문제는 이 책의 다른 집필자에게 맡기고자 한다.

9. 재물과 공덕의 정화(제15장)

먼저 '재물의 정화(bhogaśuddhi)'는,

> 바른 생활(正命)을 정화하는 것에 의하여 재물의 정화를 알게 된다. 〔(21)의 전반〕

법에 맞는 방법으로 재물을 취하는 보살은 정명(正命, samyagājīva) 보살이라고 한다. 이러한 보살은 시주에 대해서 신(身)·어(語)·의(意) 삼업(三業)을 자제하며, 보다 많은 시물을 얻으려는 태도를 취하지 않는다. 그는 시여된 재물을 자신의 사유물로 축재하지 않고, 수행자, 바라문 및 그 외의 사람들과 나누어 갖는다. 재물의 정화란 요컨대 생활의 양식을 얻음에 정직하고 절도있는 태도를 취하는 것, 즉 '정명'의 실천이다(*ŚS.* 267 ff). 이것은 이미 시구 (14)에서 설한 '재물에 대한 배려'(중용을 잊지 않음)가 보충적인 설명이라고 생각된다. 단지 그 차이는 '재물에 대한 배려'가 보살의 과잉 시여에 대한 경계임에 대해서, '재물의 정화'는 역으로 보살이 과잉 시여를 받음을 금하는 것이다.

다음으로 '공덕의 정화'에 대해서는,

> 공성과 자비로 육성된 보살행(즉, 6바라밀행)에 의해서 공덕과 정화가 있다.〔(21)의 후반〕

공성과 자비에 의하여 육성된 보살행, 예컨대 그러한 보시는 '나'라는 의식과 '나의 것'이라는 의식이 정화되고, 보시의 동기나 그 과보에 대한 기대도 정화되어, 마치 허공과 같이, 평등하고 깨끗한 보시이다. 허공이 어떠한 것에도 방해되지 않고 펼쳐지듯이, 그러한 보시는 오로지 보살에게만 향할 수 있는 것이다. 이것이 '보시의 정화'이다(*ŚS.* 270ff.).

'지계의 정화'는 다음과 같이 설해진다. 보살의 지계는 허공과 같이 깨끗하고 적정하고 오만심이 없으며, 단절이 없다. 이러한 지계가 정화된 지계이다. 보살의 인내는, 허공이 어떤 것에도 방해받지 않듯이, 어떠한 유정에게도 악의를 품지 않고 인내하는 것이다. 허공이 평등하게 펼쳐지듯이, 일체의 유정에게 평등한 마음을 품고 인내한다. 이러한 인내가 정화된 인내이다(*ŚS.* 272).

또 다시 정진 이하의 정화는 다음과 같이 설해진다.

> 신(身)·어(語)·의(意)의 정화, 즉 신·어·의가 공임을 알고, 자애라는 갑옷으로 몸을 두르고, 대자비심을 버리지 않고, '구일체묘상(具一切妙相, sarvākāravaropeta)'이라는 '공성 삼매'에 든다. 이것이 선정의 완성이며 보살행의 정화이다. 이와 마찬가지로 지혜의 완성도 잘 알아야만 한다. 바른 법륜의 바퀴를 굴리는 것, 대열반을 현시하는 것, 그리고 무엇보다도 보살행을 버리지 않는 것, 이것이 바로 보살의 대경(對境, gocara)이다.(*ŚS.* 272ff.)

이상과 같은 '공덕의 정화'는 한마디로 말해, 지혜에 의거한 자비행(보살행)의 실천이다. 예컨대 정화된 보시란 공성에 기초한 보시인 것이다. 적천이 인용한 경전에서는, '정진' 및 '지혜'의 정화에 대한 구체적인 기술은 볼 수 없지만, 6바라밀 하나하나보다는 6바라밀 전체를 자비행으로 하여 그 공덕을 '보리'에 바치고 있다. 《반야경》에서 설하듯이, '지혜의 완성', 즉 공성의 수득(修得)이야 말로 다른 5바라밀을 보리로 회향하는 것이다.

10. 신체 · 재물 · 공덕의 증대(제16—마지막 장)

수혜받는 유정은 많지만, 극히 적은 양으로 대체 어디에 쓸 수 있겠는가? 이것만으로는 최고의 만족(佛位)을 산출할 수 없다. 그러므로 증대시키지 않으면 안된다.(22)

어떻게 신체를 증대시킬 것인가? 체력과 정신력을 증대시키는 것이다. 공성과 자비로 육성된(정화된) 보시로부터 재물의 증대가 있다.(23)

다음으로 '공덕의 증대'는 모든 증대의 근본이 되는 것이다.

무엇보다도 우선 노력하여 보살에의 결의와 의욕을 견고히 하고 자비를 제일로 하여 깨끗한 공덕의 증대에 노력해야 한다.(24)

선행을 항시 존중하여, 숭배나 신앙 등의 귀의를 되풀이하여 행해야 한다. 자비와 불타를 억념하는 것도.(25)

보살은 무수히 존재하는 유정을 위하여 공덕을 더욱 증대하지 않으면 안된다. 그러기 위해서는 '신체, 재물, 공덕'을 증대시켜야 한다. 그 중에서도 특히 '공덕의 증대'가 모든 증대의 기본이 된다. 공덕의 증대를 위하여 재차 자비의 중요성이 설해진다. 경전에서는 다음과 같이 설해지고 있다.

세존이시여, 보살은 너무 많은 것을 배워서는 안됩니다. 하나의 일을 충분히 존중하여 거기에 도달해야 합니다. 그러한 보살은 불타의 모든 덕을 소유하게 됩니다. 그 중 하나가 대자비입니다. ……예컨대, 세존이시여, 태양이 떠오르면 사람들이 일에 종사하듯이, 대자비가 생하면 그 외의 보살의 행이 활동하게 됩니다.(*ŚS.* 286－7)

이어서 수많은 선행이 '공덕의 증대'를 위하여 열거된다. 숭배, 죄의 고백, 공양, 회향, 서원이 그것이다[31]. 제17장에서는 이러한 선행에 의해 어떤 공덕이 증대되는가가 서술된다. 제18장에서는 시구(25)의 '앙신등(仰信等)'을 주석하여 신앙(śraddhā), 존경(gaurava), 겸손(nirmāṇatā), 정진(virya) 및 신(信), 근(勤, 精進), 염(念), 혜(慧)의 오근(五根)과 오력(五力)에 의한 공덕의 증대가 서술된다. 이어서 자비와 염불의 공덕이, 끝으로 불(佛)·법(法)·승(僧) 삼보에의 억념이 설해진다. 이 장(章)의 제목이 '삼보의 억념'으로 되어 있는 것은 바로 이러한 이유에서이다.

11. 공덕증대의 완성(마지막 장)

언제나 '유정을 위해서'이다. 요약하면 세속을 떠난 올바른 보시와 보리심, 이것이 공덕 증대의 원인이다.(26)

바른 근행(勤行, prahāṇa)은 항시 나태(放逸)하지 않고, 항시 억념하며, 충분히 의식하고 있는 것으로부터, 그리고 또한 근본적인 마음의 집중에 의하여 완성된다.(27)

시구(26)는 지금까지 설한 선행과는 또다른 공덕의 증대 원인을 서술한다고 주석하고 있다. 그 원인이란, (1) 어떠한 경우에도 유정을 위하여 보살행을 실천한다(*ŚS.* 348 ff.). (2) 완전히 청정한 보시를 실천한다(*ŚS.* 350 ff.). (3) 보리심, 즉 모든 유정은 불타가 되려고 결의

---

31) 이러한 선행에 대해서는, 金倉圓照, 앞의 책, 제2장 참조.

하는 것이다(*ŚS*. 356 ff.). 이 세 가지에 의해 보살의 공덕이 증대된다.

마지막 시구(27)에는 다음과 같은 경전의 인용이 있다.

> 좋은 것으로 칭송되는 모든 것, 지계나 법문(法聞)이나 보시나 혹은 인내 이러한 모든 것의 근본이 되는 것은 나태(放逸)하지 않는 것이다.(*ŚS*. 356－16)

'나태하지 않음'(apramāda)에 관해서는《입보리행론》제5장에 보다 자세한 기술이 있다.

> 병으로 괴로워하는 사람이 어떠한 활동도 인내할 수 없듯이, 이것들(태만)에 대한 억념(smṛti)과 충분한 의식(samprajanya)이 없는 사람은 어떠한 보살행도 할 수 없다.(*BC*. Ⅴ－24)

나태하지 않는다는 것은 억념이나 '충분히 의식하고 있는 것(samprajanya)'과 같은 뜻으로 사용되고 있지만, 적천은 이것에 대해 다음과 같이 주석하고 있다.

> 바람직한 것의 소멸과 바람직하지 못한 것의 도래를 두려워하여 그렇게 되지 않도록 주의하는 것이다. 마치 성질이 급한 왕에게, 약용유(藥用油)가 가득 든 항아리를 들고서 미끄러지기 쉬운 곳을 걷는 하인이 주의하는 것과 마찬가지로.(*ŚS*. 356－18)

그리고 마지막 결론으로서 문수보살에 대한 귀경게를 인용하여 본서를 끝맺고 있다.

벌떼와 같은 농감(濃紺)의 몸에 가사를 걸치고, 색색으로 향기롭게 핀 화환을 손에 들고서,(1)

일순에 시방의 불국토 전체를 유행(遊行)하고, 그 대항하는 힘은 일체의 마라를 쫓아내며,(2)

작열하는 지옥과 아귀를 적정케 하는 물을 뿌리고, 윤회의 심연에 가라앉으려는 유정의 구제만을 생각한다.(3)

세계 속의 눈으로 볼 때는 기쁨인 위력과 장엄을 갖추고, 현명하고 젊고 단려하여 사람들의 경탄을 일으킨다.(4)

만쥬슈리(Mañjusrī, 文殊菩薩)라는 이름, 세계의 행복이 쌓아 올려진 곳, 응당 일체의 사람들이 전신으로 쉴새 없이 경례한다.(5)

갖가지 괴로움에 허우적거리는 사람들의 위안이며 기쁨이다. 삼계(三界)에 거주하는 중생의 갈망의 목을 채우는 대운우(大雲雨).(6)

세간이 바라는 갖가지 과실을 시방에 향응하는 여의수(如意樹), 바램이 충족되어 환희하는 세간에서 연(蓮)과 같은 눈(眼)이라 칭송된다.(7)

경탄과 기쁨으로 머리털을 거꾸로 세운 수많은 보살들에 의해 극찬(賞讚)된다. 그러한 만쥬슈리에 나(적천)는 거듭 예배하고 경례한다.(8)

괴로움을 남김없이 치유하는 사람, 행복의 보호소를 가져다 주는 사람, 우리들의 생명이 의지할 곳인 만쥬고샤(Mañjughosa, 文殊師利)여, 당신에게 나는 경례한다.(9)

이렇게 하여 승자의 아들이 경이를 초월한 소행(所行)의 작시(作詩)를 끝낸 지금, 그것에 의하여 얻어진 나의 정화된 행복, 그 공덕으로 무한한 행복, 끝없는 천공의 끝까지도 지배하는 대군주 선서(善逝)의 발 밑에까지 이르는 행복이 사람들에게 생하기를.(10)(ŚS. 365－1～366－2)

3. 결 언

이상으로 시구에 따라서 《학처요집》을 요약했는데, 이것은 한마디로 대승불교(중관에 한하지 않고)의 윤리라고 할 수 있다. 그리고 그것의 중심은 '자비'이다. 최초의 시구에 이 대승 윤리의 핵심이 나온다고 할 수 있다. 물론 '무아', '공성'도 동시에 설해지고 있다. 적천에게 '무아'란 곧 타인을 위한 '자기 희생'의 근거가 되는 것이다. 무아이기 때문에 자와 타의 구별이 없어진다. 즉 '보시'와 '인욕'에서 극단적인 자기희생이 설해지고 있기는 하지만, 시구 (14) 등에서는 불교의 전통인 '중용(중도)'도 설해지고 있다. '시여'와 '수호'가 우리들에게는 양립할 수 없는 것처럼 보이지만, 적천에게는 하등의 문제가 되지 않는다. 두 가지 모두 '어떠한 경우에도 오로지 유정을 위하여'라는 기반 위에 있는 것이다. 말하자면, 이것이 바로 '공성'에 입각한 정화된 '보시'이며 정화된 '지계'인 것이다. 그에게는 '공'이나 '자비'나 '6바라밀행' 전체가 같은 곳을 목표로 지향하는 것이다. 보살의 지·정·의(知·情·意)는 모두 '오로지 유정을 위해서'라는 점에 집약되는 것이기 때문이다.

[참고 문헌]

Cecil Bendall, *Śikṣāsamuccaya*, Bibliotheca Buddhica Ⅰ. Biblio Verlag, Osnabrück; 1970.

P.L. Vaidya, *Bodhicaryavatara*, Buddhist Sanskrit Texts－No.12, Mithila Institute, 1960.

Cecil Bendall and W.H. Rouse, *Siksasamuccaya*(English Translation), London, 1922.

Har Dayal, *The Bodhisattva Doctrine in buddhist Sanskrit Literature*, Motilal Banarsidass, 1970.

Hastings, *Encyclopedia of Religions and Ethics*, L. de la Vallée Poussin "Bodhisattva"

카라쿠라 엔쇼우(金倉圓照)역,《깨달음의 길》, 평락사서점, 1965.

Ⅷ. 티벳 불교의 中觀思想

하라다 사토루(原田 覺)

1. 티벳학의 현황

티벳학의 연구상황은 근래에 들어, 특히 1959년에 달라이라마 14세가 인도에 망명한 이래로 급속하게 변화해 왔다. 그 변화는 망명 티벳인의 활약과 이용할 수 있는 자료의 뚜렷한 증가에 의해 특히 현저하게 나타나고 있다. 많은 연구자가 인도나 네팔 등을 방문하여 망명 티벳인을 귀중한 연구 협력자, 혹은 연구대상 그 자체로서 받아들이고 있을 뿐만 아니라, 그들을 자국(自國)의 연구기관 등에 초청하여 연구를 진행시키고 있다. 나아가 그러한 티벳인 자신이 연구자가 되어 연구 활동을 개시한 예도 나오고 있다.

한편, 자료면에서는 실제로 티벳이나 라마교 문화관으로부터 가져온 것이 종래에는 그 중심이 되었지만, 그것들의 목록이 점차로 완비됨으로써 그와 함께 수십년 이래로 인도 등에서 문헌의 복제출판이 대단히 번성하게 되어 과거에 비해 그 이용이 비약적으로 용이하게 되었다. 그러한 복제본은 당연히 옥석(玉石)이 뒤섞여 있지만, 종전에는 거의 입수가 불가능한 것으로 생각되었던 문헌도 다수 찾아볼 수 있게 되었으며, 그것을 이용한 뛰어난 연구도 널리 알려지기 시작하였다.

이상과 같은 연구 상황의 급격한 변화는 일본에도 당연히 파급되었으며 앞으로 중국의 티벳 자치구와도 교통이 용이해질 가능성이 엿보이기 때문에 금후에는 한층 더 큰 변화가 생길 수도 있을 것이다.

2. 쫑카파 이전의 중관 사상

1. 토번 불교와 중관

불교가 티벳에 전파된 경위에 대해서는 여러가지 전승이 전해지고 있다. 그러나 토번 왕국에 불교가 본격적으로 도입된 것은 치손데첸왕(Khri sroṅ lde brtsan, 742－797)의 치세(治世)로 생각된다. 당시에 티벳에 초청된 샨타락시타(Śāntarakṣita) 등은 삼예(bSam yas)사(寺)의 정초(定礎)를 세우고 최초의 티벳 승려인 '시험중인 6인'(Sad mi drug)에게 수계(779)를 시행하였다. 그 후 카마라실라(Kamalaśīla:?－779)가 초청되어 '삼예의 종론'에서 마하연(摩訶衍)을 논파하였다(794).

불전의 학습이나 번역도 이러한 시기에 본격적으로 개시되었다고 생각되지만, 샨타락시타와 카마라실라는 중관파(dBu ma pa) 논사였기 때문에 이미 그 초기부터 중관파는 티벳 불교에 많은 영향을 끼친 것으로 생각된다. 814년에 성립한 《(2권본) 어합(語合)》(북경판, 144권, 5833번)에 의하면, 신(新)[흠(欽)] 정어(定語)(skad gsar gcad)의 제정에 있어서도, 다음과 같이 제정의 기준으로서 나가르쥬나의 이름을 들고 있다.

대(승과) 소승의 전적(典籍)이 어떠한가와, 옛날의 대사 나가르쥬나(Nā gārju na)와 바수반두(Basubandu) 등이 어떻게 설하였는가와 범어

문전(梵語文典, byakara ṇa)의 문법규칙은 어떠한가를 비교하여,……(73－2－1～2)

와 같이 제정의 기준에 나가르쥬나의 이름을 내세우고 있다.

또한 토번기(吐蕃期)에 성립(824/36)한 현존 최고의 경록(經錄)인 《덴카르마목록》(《북경판》, 145권, 5851번)의 〈중관논서〉(149－4－5～150－1－3)의 항목에는 33(/6)논서가 기재되어 있는데, 그 중에는 나가르쥬나의 《중론송》(《북경판》, 95권, 5224번)과 그 주석 《반야등론》(위의 책, 5253번), 《불호주(佛護注)》(위의 책, 5242번)와 《무외주(無畏注)》(위의 책, 5229번) 등의 루히겔첸(Kluḥi rgyal mtshan) 번역, 샨타락시타의 《중관장엄송(中觀藏嚴頌)》(위의 책, 5284번)과 《자주(自注)》(위의 책, 5285번)와 카마라실라의 그 《세소(細疏)》(위의 책, 5286번) 등의 예셰데(Ye śes sde) 번역, 또는 카마라실라의 《중관명(中觀明)》(위의 책, 5287번) 등의 펠책(dPal brtsegs) 번역 등이 포함되어 있다.

《어합(語合)》의 편찬과 연관되기 때문에 예셰데는 9세기 최초의 4반기(四半期)를 중심으로, 펠책은 《덴카르마 목록》의 편찬과 관련되기 때문에 9세기 제2의 4반기를 중심으로 활약했다고 생각된다. 루이겔첸은 공역자의 관계로 볼때, 펠책이나 루히반포(Kluḥi dbaṅ po)보다 선배라고 생각된다. 이 세 사람은 토번기의 3대 번역가 카·쵸·샨(sKa Cog Shaṅ〔gsum〕: 펠첵·예셰데·루히겔첸)으로 함께 불리어지지만, 번역 이외에도 저작 활동으로는 《덴카르마록록》이나 부톤(Bu ston, 1290－1364)의 《불교사》(《同全集》 24, 206b5－209a1), 혹은 츠그락텐바(gTsug lag ḥphreṅ ba, 1504－1566)의 《학자의 연(宴)》(ja 124a7－125a3)에서 알 수 있듯이 티벳 대장경 가운데 그 몇 편이 전해지고 있다. 그러나 중관사상에 관한 것은 남아 있지 않다.

2. 종의서에 보이는 중관사상

《견차별(見差別)**》**

예셰데의 저작인 《견차별(見差別)》(《북경판》 145권, 5847번)은 대장경 속에 전해지고 있지만, 돈황 티벳 자료(Pt. Nos. 814, 815, 820;St. Nos. 692, 694)의 발견에 의하여 장경본(藏經本)은 난(亂)(落) 정본(丁本)을 판본으로 한 것임이 명백해 졌다. Pt. No. 814에 따르면, 이 자료의 정식 제목은 서두의 《외계의 대상은 존재한다고 설하는 자들의 견해에 대한 구별과 3승(三乘)과 3신(三身) 등(으로) 여러 스승으로부터 들은 것, 불타의 말씀인 경부와 논서 중에 있는 의미를 요약하여 비망록으로 한 것》(lal－3)이며, 샤카촉덴(Śākya mchog ldan, 1428－1507 ;《동전집(同全集)》 4, 《중관의 표현방법》 7b5)과 챤캬 2세(lCaṅ kya Rol paḥi rdo rje, 1717－1786;《종의서》 kha 13b5) 등이 이 자료를 《견해의 비망록》(*lTa baḥi brjed byaṇ*) 이라고 약칭한 것도 수긍이 간다. 저자편에서 볼 때, 이 자료는 9세기 초엽을 중심으로 하는 티벳 중앙의 불교학을 해명하는 기본 자료이지만, 그 머리글(1a3－9b1)에는 인도 불교의 종의(宗義)가 서술되어 있다.

그 내용은 소승(la3－3al)과 유식파(3al－4a5)와 중관(4bl－9bl)으로 대별되어 지는데, 중관의 역사를 다음과 같이 서술하고 있다.

옛날에 중관의 스승인 아사려(阿闍黎 : ācārya, 스승이 될 만한 大師) 나가르쥬나(Na ga rdsu na)와 아리야데바(**A rya de va**)가 중관의 논서를 각각 저술하셨지만 두 파(派)로 나누어진 경우는 없었다. 그 후에 아사려 아상가(A saṅ ga)와 바수반두(Ba Su ban du)가 유식파(rNam par śes pa tsam du smra ba)의 논서를 지으시고, 외계(外界)의 대경(對境)은 없지만 식(識)이 대경으로서 나타나며, 청정하고 무이(無二)한 식(識)이 승의로서 존재한다고 논하였다. 그러나 후에 아사려 나가르쥬나의 사고방식의 비결과 그 성취를 획득한 바비야(ḥBaḥ phbya)라는 중관의 스승이 오셔서 유식파를 논박하여 아사려 나가르쥬나가 만드신 《중론송(中論頌)》(*dBu maḥi ka ri ka*)의 주석인 《반야등론(般若燈論)》(*Śes rab sgron ma*)과 《중관심론(中觀心論)》(*dBu maḥi sñiṅ po*;《북경판》 96권, 5255·6번)을 지으셨다. 그리고 중간적인 스승인 산타락시타(Śan ta rag śi ta)라는 분이, 아사려 아상가가 만드신 유식을 논하는 논서인 《유가론(瑜伽論)》(*rNal ḥbyor spyod pa*;《북경판》, 109－111편, 55－36－5543번)에 의하여, 세속으로서 그의 생각과 일치하는 유식을 논증하고서 승의로서의 식은 무자성(無自性)이라고 하는 중관논서인 《중관장엄론(中觀藏嚴論)》(*dBu maḥi rgyan*)을 지으셨다. 그리하여 다소 일치하지 않는 두 중관논서의 사고방식이 생겼기 때문에, 아사려 바비야(ḥBaḥ phya)가 만드신 것에 대해서는 경부행중관(經部行中觀)(mDo sde spyod paḥi dbu ma)이라고 이름하였으며, 아사려 산타락시타가 만드신(bzad/mdsad) 것에 대해서는 유가행(瑜伽行中觀)(rNal ḥbyor spyod paḥi dbu ma)이라고 이름하였다.(4b1－5b1)

이상의 내용은 후대의 종의서에서 볼 수 있는 근본중관파(gShun phyi mo dbu ma pa)와 중관자립파(dBu ma Raṅ rgyud pa)의 역사에 해당한다. 나가르쥬나와 아리야데바는 근본중관파에 해당하지만, 양자의 종의는 "세속으로서는 마치 환상처럼 존재하는 것 같지만, 승의로서는 자신과 타[자]와 무인(無因) [모두]로부터 생할 수 없는 것으로 자성도 없다."(5b2－3)고 한다. 유가행중관과 경부[행]중관은 중관자립파에 해당하며, 전자는 "세속으로 유식파와 일치하여,…… 승의로서 …… 그 마음도 무아라고 깨달아야 하는"(5b4, 6a3－b.1)것으로 이해되며, 후자는 "내외의 일체사물은……세속으로서는 인(因)과 연(緣)으로부터 생하기 때문에 환상처럼 존재하지만, 승의로서는 자신과 타자와 무인(無因)으로부터 생할 수 없는"(7a2－3) 것으로 이해된다.

이상의 종의의 개관에서 분명하듯이, 3자의 승의는 자신, 타자, 자신과 타자, 무인(無因)의 어느 것에 의해서도 생할 수 없다고 하는 이른바 4구분별(四句分別)을 뜻한다. 한편 세속에 대해서는, 나가르쥬나와 경부중관이 동일한 문맥으로 되어 있음에 반하여 유가행중관은 유식파와 동일하다.

그러므로 샨타락시타를 [중관과 유식의] 중간적인 스승으로 취급하는 것은 아닐까?

또 교판의 입장인 종의해설에서도 종의역사의 해설순서를 거꾸로 하여 경부중관을 가장 뒤에 두어 최고로 간주하면서, 경부중관의 종의에 대해 다음과 같이 결론짓고 있다.

> 아사려 카마라실라(Ka ma〔la〕si la)가 지으신 중관논서인 《중관명(中觀明)》(*dBu ma snaṅ ba*)속에서는, 2종의 중관이 세속으로서는 다소 일치하지 않지만, 승의로서는 내외의 일체 사물이 무자성이라고 여겨지기 때문에 모순이 아니라고 한다.(9a4－b1)

경부중관에 대한 높은 평가는 나가르쥬나에 대한 당시의 평가와 표리를 이룬다고 생각되지만 하나의 문제가 남는다. 즉 앞에서 살펴보았듯이, 샨타락시타와 카마라실라는 토번 불교에 커다란 영향을 주었으며, 또 전승에 의하면 양자는 사제(師弟)관계임에도 불구하고 유가행

—중관자로서 낮게 평가되고 있다. 이러한 사실은 그 전거(典據)가 되는 《중관명》도 시인하는 바이다. 현재로서는 이 문제를 해결할 만한 직접적인 논거는 전혀 없지만, 《견차별》의 정식 제목에서도 알 수 있듯이, 이를 평가하는 방식은 예세데가 임의적으로 한 것이 아니라, 분명히 어떠한 전거(典據)가 인도 불교에 있다고 생각한다. 그렇다면 카마라실라, 혹은 역사에 매몰된 누군가가 경부중관을 창도하고 토번 불교학을 정비했을 가능성도 충분히 고려하지 않으면 안되는 것이다.

기타의 종의서와 교의서

티벳 대장경중에는 이 외에 펠첵의 《견차제(見次第)》(《북경판》 83권, 4724번;《북경판》 144권, 5844번)가 있는데, 그 속에서 중관에 대해 다음과 같이 서술하고 있다.

> 유가중관[파]는, 세속은 [유식파와] 일치하며, 승의는 공(空)으로 불생(不生)[이라고] 생각한다.
>
> 경부[중관파]는 세속은 환상과 같이 모든 대상(對境)이 전도하여 나타난다고 보고, 승의로서는 [유무의] 두 변을 떠난 중관을 위대하다고 생각한다.(87—3—8～4—1 ;128—3—1～2)

즉, 두 중관파의 서열이 바뀌지 않고 있다. 또 다른 몇 가지의 돈황 티벳 자료에서 볼 수 있는 종의해설에서도 이 사정은 마찬가지다.

다만 주의할 것은 《견차별(見次別)》이 두 중관파의 하나하나에 각각 한 논사의 이름을 들어 두 논사의 사상을 변별하면서 각각 경부중관 등의 호칭을 붙이고 있는데 이러한 경향은 다른 자료에서는 그다지 명확하지 않다는 것이다. 예컨대, 오히려 후대의 종의서가 카마라실라를 유가행 중관파에 포함시키듯이, 두 중관파를 각각 하나의 독립된 학파로 기술하고 있다고도 생각할 수 있다.

또 종의를 설하는 돈황자료 중에는 티벳문 선(禪) 자료와 계속 이어져 쓰여진 것(Pt. No. 116;Pt. 121;St. Nos. 260, 666, 817;Pt. No. 812)이 있으며, 다시 《견차별》은 법성(法成)의 《도우경소(稻芋經疏)》(大正藏, 85,2782번)에서 선별적으로 한역하여 그것을 인용하고 있다. 이제 마지막으로 토번의 3대 번역가의 공역자로서 이름이 났었고, 또한 논서의 번역에도 커다란 공헌을 한 즈냐나가르바(Jñānagarbha)의 저작으로 생각되는 돈황자료(Pt. Nos. 68,120)를 기재하고자 한다.

대승중관의 견해(*Theg pa chen po dbu maḥi lta ba*). 스승 즈냐나가르바(Gña(ḥ) na ga rba[/gar ba])가 논한 것.

대승중관은 다음과 같습니다. 견해가 일체의 차별 중에서 최고이며, 대승중관의 사고방식은 세속으로서는 무시(無始)이래로 마음이 전변(轉變)하는 차별 가운데 다양한 모습으로 나타납니다. 그래서 아뢰야식과 그 소연(所緣)인 마음과 마음의 영상(映像)이라고도 하고, 능지(能知)와 소지(所知)라고도 하고, 경(鏡)과 영상(影像)이라고도 하고, 능취(能取)와 소취(所取)라고도 하고, 마음(心)과 대경(對境)이라고도 하고, 내외[의] 연기라고도 말하는 것입니다. 예를 들면, 물체와 영상과 같이 혹은 신체와 그림자와 같이 같다고도 다르다고도 설할 수 없기 때문입니다. 마음에서 생겨난 것도 아니며 마음의 전도(顚倒)에서 생겨난 것도 아닙니다. 마음 그것도 아니고 마음 이외의 것도 아니기 때문에, 번뇌의 힘의 결과에 인(緣)하여 나타난 무아인 법과 사람, 상(常)과 단(斷) 등의 극단(邊)을 떠난 것, 환상[과 같은] 것으로, 승의로서의 자성은 없습니다. 생과 멸 등의 극단에서 떠난 것을 일체의 언설로부터 탈각(脫却)시켜, 성자들 개개[의] 자증법을 법성(法性)으로 보는 것으로, 유식이라고 보는 극단과 대경이 있다고 보는 극단을 떠났기 때문에 중관입니다.

유식과 대경이 동일하다고 보아 [세속과 승의] 양쪽의 진리를 유식이라고 생각하는 사람은 유식파입니다. 다르다고 보아 양쪽의 진리를 마음과 대경 양쪽이 있다고 생각하는 사람은 성문입니다. 이와 같이 성교(聖教, lus/luṅ)에서도,

"세속으로서의 식(識)과 오온(五蘊)이란 파초(芭蕉)의 그림자와 같이 현현한 꿈[이나] 영상[과] 같은 것으로, 인식에 의해 분별해서는 안된다. 성숙(星宿)은 가냘픈 동물과 같고, 환상은 이슬방울[과] 같으며, 꿈은 번개나 구름과 같다. 유위(有爲)를 그렇게 보아야 한다. 색(色)은 포말(泡沫, dbu brdoṅ pa/brdos)[과]같으며 수(受)는 물방울과 같은며, 상(想)은 아지랑이와 같으며, 제행(諸行)은 파초와 같으며, 식(識)은 환상과 같다."

라고 석가모니(ñi̥ maḥi gñan/gñen〔gyut〕)께서 말씀하셨습니다. 승의로서는 무멸(無滅), 무생(無生), 무단(無斷), 무상(無常), 무래(無來), 무거(無去), 무이(無異), 무일의(無一義)라고 말씀하셨는데, 중관의 논서에서도 이 뜻을 널리 논하여, 그것은 성문……(결손)과 유식의 변을 떠났기 때문에 중관입니다.(이하 결손)(Pt. No.68,69－d15)

3. 란다르마와의 파불(破佛)과 그 후의 부흥

파불과 불교 후전기(後傳期)

란다르마(Glaṅ Dar ma, 809－842)왕의 치세(841－842)에 이르러 토번 불교는 파불(破佛)을 받게 되며, 토번 왕국 역시 분열되어 붕괴의 길을 걷게 된다.

티벳의 불교사 관계 서적은 란다르마왕 이전을 불교의 전전[기](前傳期, sṅa dar), 분열 이후를 후전[기](後傳期, phyi dar)로서 구

분하며, 후자를 중전[기](中傳期, bar dar)와 후전기로 구분하는 경우도 있다. 오늘날 란다르마왕 이후 린텐젠포(Rin chen bzaṅ po, 958—1055)에 이르는 사이의 불교 사정은 점차 분명해지고 있지만, 그것은 계율의 전지(傳持)에 관한 것이 중심이 되는 것으로 중관에 관해서는 거의 알려져 있지 않다. 이 시기의 계율의 전지(傳持)가 후대에 문제가 되는 것은 불교신앙의 입장에서 계율의 전지가 잠시라도 단절된 것을 인정하지 않으려는 의식과 함께 전전기에 일정한 규제를 받았던(《어합(語合)》 73—4—6～8;《학자의 연》 ja 105b1～3) 탄트라가 그 규제를 벗어나 이 시기에 어느 정도 유행했기 때문에 그러한 탄트라 불교에 대한 반발에서 비롯되었다고 여겨진다.

토번 이래의 탄트라 불교는 닝마파(rÑṅ ma pa)로 총칭되는데, 론첸랍밤파(Kloṅ chen rab ḥbyam pa, 1308—1363)에 의해 집대성되었다.

또 린첸젠포 이전에 번역되어 닝마파가 의용(依用)한 고(古)탄트라(gsañ sṅags rñiṅ ma)에 대해 그 이후의 것을 신(新)탄트라(gsaṅ sṅags gsar ma)라고 하는데 이 후전기의 번역에는 챤드라키르티(Candrakirti)의 주요 논서가 모두 포함되어 있다. 즉 《중론송》의 주석 《명구론(明句論)》(《북경판》 98권, 5260번), 아리야데바의 《사백론(四百論)》(《북경판》 5246번)에 대한《광주(廣注)》(《북경판》 5266번), 《입중론(入中論)》(《북경판》 5261—3번) 등이 그것이다. 이 3종은 모두 파차니마닥((s)Pa tshabÑi ma grags, 1055—?)에 의하여 번역 교정되었다.

주지하다시피 챤드라키르티는 중관자립파와 대립하는 귀류논증파의 논사로 후에 티벳에서 현교학(顯敎學)과 중관파 가운데 최고의 교판적 평가를 받았다. 나가르쥬나의 《육십송여리론》(《북경판》 5225번)의 《주석(注釋)》(《북경판》 5265번)도 그의 논서로 예세데에 의하여 번역되었지만, 이미 살펴보았듯이 토번의 중관사상에 영향을 미치지는 못했다.

《입중론》의 번역자 파챱

파챱에 대하여 숀누팔(gShon nu dpal, 1392－1481)의 《청사(青史)》는,

> 피챱 니마닥은 판율(ḥPhan yul)의 위 아래의 두 파챱 가운데 위의 사람으로, 젊은 시절에 캐시미르(Kha che)에 가서 사즈냐나(Sadzñā na)의 두 아들 등 많은 학자에게서 법을 듣고 23년[간] 학습한 다음 티벳에 돌아왔을 때, 체발(剃髮)한 승려의 장노가 멧돼지의 등이라는 커다란 터키석(石) 쟁반을 바치면서 간바펠(Gaṅ ba spel)이 지으신 《구사주소(俱舍注疏)》(*mDzod kyi ḥgrel bśad*;《북경판》 117권, 5594번)를 번역해 주기를 간청했기 때문에 흔쾌히 번역하였다.
>
> 판율(ḥPlan yul)로 돌아갔을 때에는 교화받은 사람이 그다지 많지 않았다. 따라서 선지식(善知識) 샬바파(Śar ba pa, 1070－1141)가 자신의 많은 학승들에게 중관을 배우게 하기 위하여 파챱에게 보냈기 때문에 그로부터 중관의 강의가 시작되어 많은 학승이 배출되었다. 《중론》, 《입중론》, 《사백론》(*rTsa ḥJug bShi*)과 《육십송여리론》(*Rigs pa drug bcu pa*) 등에 대하여 아사려 챤드라키르티(Zla ba [grags pa])가 주석한 것을 잘 번역하여 후에 라모체(Ra mo che)사(寺)에서 학자 카나카바르만(Ka na ka va rma[n])과 함께 마가다(Yul dbus)본(本)과 일치하도록 개정하였다. 《공칠십론》(*sTon ñid bdun bcu pa*;《북경판》 95권, 522번)에 대하여 아사려 챤드라키르티가 저술한 위대한 주석을 아바야(A bha ya)와 누르다르마탁(sNur Dharma grags)이 번역했는데, 파챱은 학자 무티타(Mu ti ta)와 함께 그 주석의 상[권]을 시작으로 하여 두어 권에 이

르는 번역을 개정하였다.……

많은 제자 가운데 찬파 살포(gTsaṅ pa Sar spos), 마챠 찬추베세(rMa bya Byaṅ chub ye śes), 다르 욘탄닥(Dar Yon tan grags), 샨탄샥파 예세준(Shaṅ Thaṅ sag pa Ye śes ḥbyuṅ gnas) 등을 파챱의 4대 제자라고 한다. 그들에 의하여 우(dBus)와 챤(gTsaṅ)에 중관론이 널리 퍼졌다. 특히 아사려 차파(Phyva pa, 1109－1169)의 대사자(大獅子) 마챠 찬[춥]춈[듀](Bayṅ [chub] brtson [ḥgrus])는 파챱에게 중관과 《비밀집회(秘密集會)》(*ḥDus Pa*;《북경판》 3권, 81번)을 경청하고나서 야르룬(Yar kluṅs)의 위 아래로 절을 옮겨 중관논설을 영원케 하셨다.

그리하여 찬탄파 겔바펠(bTsan thaṅ pa rGyal ba dpal) 등 많은 제자가 배출되어 중관을 널리 홍보했다.

마챠찬춈은 쿠(Khu) 번역사 도데발(mDo sde ḥbar)과 캐시미르의 쟈야아난다(Dza ya ā nanda)두 분의 제자였으며,…… 이외에도 중관에 관한 텍스트를 많이 지으신 것 같다. 샨탄삭파는 탄삭사(寺)를 건립한 후에 중관을 강의하시고,……(탄삭사에는 오늘에 이르기까지 그에 의하여 중관논설이 단절되지 않고 있다. 우와 찬의 출중히 뛰어난 선지식(善知識)에 의해서도 널리 홍보되었는데, 중관에 많은 이로움을 끼쳤다. 샨[탁삭] 뒤에 돔톤(ḥBrom ston)(?)……(25명)……좌주(座主) 로드팔린파(Blo gros dpal rin pa)에 이르기까지 《명구론(明句論)》(*Tshig gsal*)과 《입중론》(*ḥJug gi ḥgrel dhen*)을 전거로 하여 논설을 진행시켰다.

탄삭사(寺)의 논사들은 자신들의 사상적 계보를 설할 경우에 튜파이반포(석가, Thub paḥi dbaṅ po), 스승 다첸진(羅睺羅, SGra gcan zin), 나가르쥬나(Klu sgrub), 챤드라키르티, 만쥬키르티(Ma ñdzu ki rti), 데바챤드라(De ba tsandra), 바라문 린텐도제(Rin chen rdo rje), 파라히타(Pa ra hi ta), 마하수마티([Ma] ha su ma ti), 파챵 등과 같은 인도인 번역사를 논한다.(cha7b4～8b4)

라고 서술하고 있으며, 생략한 부분에서는 각각의 중관관계 저작 등이 열거되고 있다. 그러나 파찹에서 계승된 중관의 사상, 혹은 그 역사는 금후의 연구과제로 남아 있다.

4. 티벳 중관사상의 성립과 전개

종파의 흥기

불교의 후전기는 이상과 같은 번역활동이 번성해짐과 동시에 티벳의 각 종파가 성립한 시기이기도 하였다.

고(古)탄트라와 도그미(ḥBrog mi) 번역사(993－1074)의 도과설(道果說)을 전지(傳持)하고 있던 콘 콘쵸겔포(ḥKhon dKon mchog rgyal po, 1034－1102)는 1072/3년에 사캬(Sa skya)사(寺)를 건립하고 사카파의 기초를 세웠다. 그로부터 3대 뒤에 사판 쿤가겔첸(Sa paṅ Kun dgaḥ rgyal mtshan, 1182－1251)이 나와서 샤캬슈리바드라(Śākyaśrībhadra, 1127－1225)에게 사사(師事)함으로써 신(新)탄트라는 더욱 현교(顯敎)의 영향을 받게 된다. 마르파(Mar pa) 번역사(1012－1097)는 인도 등에서 나로파(Nā ro pa), 마이트리파(Mai tri pa) 등에 사사하여 카규파(bKaḥ brgyud pa)의 조사로 추앙되었다. 돔톤(ḥBrom ston, 1004－1064)은 티벳에서 온 아티샤(Atīśa, 982－10054)에 사사하고 카담파(bKaḥ gdams pa)의 조사로 숭상되었으며, 이 파는 후에 쫑카파(Tsoṅ kha pa, 1357－1419)의 개혁으로 인하여 게루그파(dGe lugs pa)에 흡수되었다.

이들 제(諸)파와 중관과의 관계에 대하여 게루그파의 찬캬 2세는 《종의서》(kha 4b3～21a5)에서 다음과 같이 약술하고 있다.

린첸젠포의 견해는 무주중관(無住中觀, Rab tu mi gnḥi paḥi dbu ma)이라고 할 수 있지만, 아티샤는 중관 귀류파에 의거하고 있으며, 카담파 역시 그에 따르고 있다. 고그(Ṅog)번역가 백생(伯甥) 두 분은 유가행 중관이며, 조낭파(Jo naṅ pa)는 중관과 유식 어느 쪽도 아니다. 파찹에 의하여 챤드라키르티의 사상이 확장되었지만, 도그미 등의 번역사들 역시 중관쪽이다. 샤캬파도 귀류파라고 생각되지만 통일이 없으며, 사판은 무주중관파이며, 레드다바(Red mdaḥ ba, 1349－1412)는 챤드라키르티에 의하며 쫑카파와 일치하고 있다. 시체파(Shi byed pa)도 기본적으로는 귀류파이며, 캬규파의 마르파, 미라레파(Mi la ras pa, 1040－1123)도 이와 마찬가지이다. 같은 파의 감포파(sGam po pa, 1079－1153), 파그모루파(Phag mo grub pa, 1110－1170), 디균파(ḥBri khun pa, 1143－1217)도 바라밀승(波羅蜜乘)을 중시했다.

이상과 같이 개설한 후에, 죠낭파와 탁샹(sTag tshaṅ) 두 번역가(1405－?)를 재차 비판하면서, 탄삭파 등의 쫑카파 이전의 견해에는 잘못이 많으며, 쫑카파에 의하여 올바른 틀(規矩)이 확립되었음을 찬양하고 있다(kha 21a5～26b1). 이와 같은 견해는 같은 게루그파의 투칸(Thuḥu bkwan, 1737－1802)의 종의서 《수정경(水晶鏡)》(《동전집(同全集)》 2), 론돌라마(Kloṅ rdol bla ma, 1719－1805)의 《중관법문》(《동전집(同全集)》, ta 10a3－ 17a4) 등에서도 기본적으로 같은 형태를 취하고 있다. 단지 이상의 여러 자료는 모두 게루그파의 것으로, 그 내용은 당연히 금후에 일일이 검증되어지지 않으면 안될 것이다.

아티샤는 린첸젠포와 함께 챤드라키르티의 《삼귀칠십(三歸七十)》(《북경판》 103권, 5366, 5478번), 나그쵸(Nag tsho, 1011－?)와 함께 《오온론(五蘊論)》(《북경판》 99권, 5267번)을 번역하였으며, 역시 나그쵸 등과 함께 바비야의 《보등론(寶燈論)》(《북경판》 95권, 5254번), 《중관심론》(《북경판》 96권, 5255번)과 자주(自註) 《사택염》(《북경판》 5256번)을 번역하였는데, 이 바비야의 교학은 고그 번역사 백생(伯甥)의 산푸 네우도그(gSaṅ phu Neḥu thog)사(寺)에 전승되었다. 찬캬 2세 등에 의하면 《보등론(宝燈論)》의 저자는 《중관심론》의 저자와는 다른 바비야라고 하고 있지만, 나그쵸는 이 외에도 바비야의 《섭중관의(攝中觀義)》(《북경판》 5258번), 찬드라키르티의 《입중론송》(《북경판》 98권, 5261번) 등을 번역하고 있다.

이상의 번역은 파찹에 앞서는 것이며, 쫑카파에서 비롯하는 게루그파의 주장에 의하면 아티샤의 주저(主著)인 《보리도등(菩提道燈)》(《북경판》, 103권, 5343, 5378번)과 그 《세소(細疏)》(《북경판》, 5344번)의 도차제(道次第)는 쫑카파 이하에 전승되는데, 그 도차제(道次第)는 귀류파를 기초로 하는 것 같다고 한다. 아티샤의 사상과 함께 이 후전기(後傳期)에 자립파와 귀류파가 설정된 경위, 또 자립파의 두 중관파에서 유가행파가 보다 높이 평가되는데, 토번기에서 뒤바뀐 경위가 밝혀지지 않으면 안된다.

귀류파의 계보

후전기에 성립한 각 종파나 사원에서는 사자상승(師資相承)의 계보를 중시하는 경향이 있었다. 이러한 경향은 앞에서 살펴본 불교사 서류나 종의서에서도 반영되어 있지만, 기원문, 전기집, 청문록 등 광범위한 티벳 자료 속에서도 그 영향을 찾아볼 수 있다. 샤캬파(고루사파) 쿤가젠포(Kun dgaḥ bzaṅ po, 1382−1456)의 《청문목록(聽聞目錄)》(사캬전집, 9−36)에는 《명구론》, 《입중론》 등의 계보가,

> 성자 나가르쥬나나, 아리야데바, 챤드라키르티, 숀누붐(gShon nu ḥ bum), 카나카바르만(gSer gyi go cha), 파챱니마닥, 마챠 챤 춈, 츌 숀누센게(mTshur gShon nu seṅ ge), 마챠 샤캬센게(rMa bya Śā kya seṅ ge), 샨쵸키라마(Shaṅ Chos kyi bla ma, ?－1241), 침남카닥(mChims Nam mkhaḥ grags, ?－1289), 촘렐(bCom ral)……(4명)……법왕 예세겔첸(Ye ses rgyal mtshan), 그가 나에게 또한 침(남카탁),…… (5명)……법왕 예세겔첸, 그가 나에게,…….(131b1－3)

로 되어 있다. 이중에서 카나카바르만은 챤캬 2세의 《종의서》(kha 16b2－3)에 의하면, 파챱이 인도에서 초청한 인물이라고 한다.

한편, 같은 샤캬파(고루사파)의 샤캬촉덴의 《중관의 표현방법》 커류파의 항목에서는,

> 존자 아티샤(A ti sa)가 티벳에 오셨을 때, 챤드라 자신의 논저는 실제로 번역되어 있지 않았지만, 이제(二締)의 장(章)(《북경판》 101권, 5298번 ; 위의 책 103권, 5380번?) 등 주석의 독립논서를 지으셨다. 그는 선지식(善知識, 돔) 돈파로 추앙되었다. 그 이래로 《삼사(三士)의 도차제(道次第)》(*sKye bu gsum lam gyi rim pa*) 가운데 심심견(甚深見)의 제(諸)부분은 챤드라키르티의 사고방식을 기초로 하여 오늘에 이르렀다. (13a1－3)

라 하고, 이어서 파챱, 카나카바르만, 샬바파, 파챱 등 네 제자에 대하여 설명(13a3－b3)한 후에,

> 샨[탄삭파]에서 10대 정도 지난 후에 말톤 숀누겔첸(dMar ston

gShon nu rgyal mtshan)이라는 한 학자가 나타났다. 그에게 우와 챤의 많은 학자가 속해 있었으며 상당히 많은 제자들이 있었다. 그 중 주(主) 론톤첸포(Roṅ ston chen po, 1367－1449)도 그의 제자였다. 후대 존왕 렌다파(Red mdaḥ pa)는 귀류적 사고법의 중관을 독독파첸포(mDog ldog pa chen po)에게서 들으셨다고 한다. 그가 누구에게서 들었는지는 알 수 없다. 렌다가 《중론》, 《입중론》, 《사백론》의 해설을 견해(見解)의 교수와 함께 지으셨는데, 그에게서 들으신 분이 쫑카파 첸포다. (13b3－5)

라고 하고 있다.

두 사람 사이에는 자료로서의 성격 차이는 있지만, 같은 고루사파이면서도 아티샤 이래의 전통을 관설하며, 특히 도차제의 전승을 귀류파로 굳히는 후자는 분명히 총카파의 영향을 받고 있다. 그는 같은 고루사파인 고람파(Go ram pa, 1429－1489)와 더불어 총카파를 크게 비판한 사람으로 알려져 있지만 이러한 비판이 행해졌다는 그 사실 자체는 이후의 티벳 불교를 생각할 때 쫑카파의 사상이 점차로 그곳에서 중요한 위치를 차지하기 시작했음을 반증하는 것이기도 하다.

3. 쫑카파 및 그 이후의 중관사상

1. 쫑카파(TSoṅ kha pa)

상승(相承)의 계보

쫑카파 로잔닥파(Blo bzaṅ grags pa)는 암도(A mde)의 쫑카에서 태어나 중앙 티벳에서 제파(諸派)의 학승에게 사사하고, 간덴(dGaḥ ldan)사(寺)를 건립(1409)한 10년 후에, 63세의 나이로 그곳에서 입적하셨다. 그후 우여곡절 끝에 달라이라마 정권이 티벳의 정치와 종교 양대 권력을 장악함에 따라 그 사상은 티벳 불교의 중심적 위치를 획득하게 되었다.

그런데 쫑카파의 《청문록》(《북경판》 153권, 6138번)에 의하면 《명구론》의 상승계보(相承系譜)를,

> 나가르쥬나, 아리야데바, 붇다파리타(Saṅs rgyas bskyaṅs), 바비야 등 네 사람에게 찬드라키르티가 들으셨다. 그에게 릭파이쿠축(rig Paḥi khu byug)이, 그리고 캐시밀의 숀누붐, 존자 마하스마티, 카나카바르만 세 사람에게 파찹이 들으셨다. 그에게 마챠 찬[춥] 예[세], 마챠 찬촌 ……(3명)……침 일체지자(一切知者), 쿄톤파(SKyo ston pa),……(3명)……보(寶)쿤[가]겔[첸](Kun [dgaḥ] rgyal [mtshan]), 그에게 내가 들었다.(159－4－7～5－1)

라고 하고 있어, 침에 이르기까지의 계보는 쿤가첸포의 것과 거의 일

치한다. 다만 인도의 계보에서 붇다파리타(Buddhapālita)와 바비야를 도입하고 있는 것은 쫑카파의 중관사상에 대응하고자 하는 것이다.

한편, 이 계보와 나가르쥬나의 5(6)여리론의 계보(159－4－5～7)를 취사·선택하여, 론톨라마 《청문록》의 5(6) 여리론의 계보(《同全集》, tsha 57a5～7)가 만들어 졌지만, 론톨라마는 따로 《입중론》의 계보(《북경판》, 59a7－b3)를 들고 있으며, 그것은 쫑카파의 《명구론》의 계보를 기초로 한 후에, 카규파의 《청사(青史)》와 촘레루를 내세우는 샤캬파계의 청문록을 취사하여 작성된 것으로 생각된다. 이 계보에 의하면 쫑카파는 《입중론》을 렌다와에게서 전수받고 있다. 이는 게루그파의 일반적인 이해임과 동시에 앞에서 서술한 샤카촘텐에 의해서도 어느 정도 보증되고 있지만, 쫑카파 자신은 렌다와의 관계에 대해서는 설명하고 있지 않다. 또 론톨라마 역시 이와는 달리 근전(近傳)으로서 부마파보도제(dBu ma pa dPaḥ bo rdo rje)로부터의 상승(《북경판》 59b7－60a1)을 지적하지만 상세한 것은 분명치 않다.

쫑카파의 저작

쫑카파의 저작은 현교(顯敎)와 밀교(密敎) 두 곳에 두루 걸쳐 있으며, 양적으로도 방대하다. 현교에 관해서는 《도차제광론(道次第廣論)》(《북경판》, 152권, 6001번), 《도차제약론(道次第略論)》(《북경판》152－3권, 6002번), 《요불료의론(了不了義論)》(《북경판》 153권, 6142번), 《입중론석》(《북경판》 154권, 6143번), 《현관장엄광석(現觀莊嚴廣釋)》(《북경판》 154－5권, 6150), 《중론석》(《북경판》 156권, 6153번) 등이 있으며, 이러한 저작이나 주석은 중관귀류파의 견해를 기초로 하여 작성된 것이다.

2. 쫑카파의 중관사상

귀류파의 특질

중관파의 역사를 《도차제광론》(130－3－6～5－7)은 근본중관파와 수지중관파(隨持中觀波, Phyogs ḥdzin paḥi dbu ma pa)로 대별하고 나서 《명구론》과 일치하는 티벳의 후전기의 제 학자의 견해에 따라서 후자를 귀류파와 자립파로 나눈 다음, 예세데의 《견차별(見次別)》을 인용하여 후자를 경부행 중관파와 유가행 중관파로 구분하고 있다. 또 승의에 대한 견해 차이에 의하여 수지파(隨持派)를(?) 환리성취파(幻理成就派, sGyu ma rigs grub pa)와 무주파(無住派)로 구분하는 방식은 인도에 그 전거(典據)가 있다고 인정하면서도 잘못된 것이라고 한다. 나아가,

> 대(大)존자 [아티샤]가 아사려 챤드라키르티의 사고방식을 중요시함에 따라 이 교계(敎誡＝도차제)를 옛날의 여러 대(大)라마들도 중시하셨다.(130－5－8～131－1－1)

라고 하면서 붇다파리타, 바비야, 챤드라키르티 중에서 바비야를 제외시킨 나머지 두 사람을 따라서 중관을 설한다고 한다.(131－1－1～4)

이러한 견해는 이후의 게루그파에 기본적으로 계승되는데, 쫑카파는 귀류파의 특질을 《입중론석(入中論釋)》에서,

> 참으로 청정한 종의의 주석으로서 다른 여타의 것과 공통되지 않는 바가 많다. 그 중 조금 주요한 몇 가지만을 설하면 다음과 같다. (1) 육식(六識, 六聚)과는 다른 자성의 아뢰야식과, (2) 자증(自證)을 부정하는 사고방식이 상이하며, (3) 자립파의 논식이 논쟁자의 마음의 상속(相續)

에 진실한 견해가 생한다는 것을 승인하지 않으며, (4) 지식을 승인하듯이 외계의 대상도 승인할 필요가 있다는 것과, (5) 성문과 독각도 사물이 무자성(法無我)임을 깨칠 수 있다는 것과, (6) 법에 대한 아집을 번뇌[장]으로 설정하는 것과, (7) 멸하는 것은 사물이라는 것과, (8) 그러한 이유 때문에 삼시(三時)의 설정방식이 똑같지 않다는 것 등이 그것이다. (52－2－7～3－3)

라고 하여 8항목을 제시하고 있다.

이들은 론톨라마의 《중관법문》(《同全集》, ta 5b6～6a7)에서도 다소 다른 면에서 열거된다

이상의 사고방식은 주로 쫑카파의 《입중론석》(*ṭīka dben dGon pa rab gsal*) 그대로다. 부정적인 면의 3가지와 논증적인 면의 5가지로서 귀류파의 8대종의(八大宗義)를 말하고 있지만, 변(邊) 등의 가운데에서 나온 것은…….(6a7～7)

그리고 나서 부차적인 12항목을 들어(6a7～7b1), 총 20항목을 제시하고 있다.

쫑카파는 위에서 기술한 특질을 강조하면서 제 주석이나 저작을 저술하고 있는데, (1), (2)는 유식파의 입론(立論)을, (3)은 자립파의 입론을 부정하고, (4)－(8)은 귀류파의 정당한 입장을 표명하고 있다. (4)에서는 외경(外境)에 대한 쫑카파의 사고방식이 경부중관에 가까운데, 그것은 바비야에 대한 그의 평가를 뒷받침하는 것이라고 생각된다. (8)은 《중관법문》에 "과거와 미래 이 둘은 유위(有爲)이며, '아님의 부정'이다. 그리고 현재는 성립한 것(사물)이며, 사물이다라고 생각하는 것"(6a6)으로 되어 있다.

도차제광론(道次第廣論)의 소설(所設)

그런데, 특히 여기에서는《도차제광론》중에서 (4)와 관련된 기술을 중심으로 하여 쫑카파의 사상을 살펴보도록 하자. 특별히 (4)를 취급하는 까닭은 거기에서 그의 세계관을 찾아낼 수 있다고 생각하기 때문이다. 또한 이 논고는 그의 저작 가운데 가장 저명한 것으로 종래의 제 연구에 의해서 쉽게 접근할 수 있는 것이다.

주지하다시피 중관의 근본사상은 공[성]인데 이 논고 가운데에 "중관의 수승한 법에 대한 인식"이라는 항목에서도 다음과 같이 기술되어 있다.

> 연기의 의미가 무자성적인 공성의 의미로 나타나는 것은 존자 나가르쥬나의 다른 설과 합치되지 않는 사고방식인 것이다. ……무자성이라는 사고방식에서 윤회와 열반의 일체의 인연이 상응한다고 말씀하셨기 때문이다.(133-4-8~5-3)

또한 같은 항목의 끝부분에서도,

> 그런 까닭에 지혜로운 자는 요의경(了義經)과 그 주석서인 참으로 청정한 중관의 제 논전으로부터 공성의 의미를 연기의 의미로 설하신 중관파 학자의 수승한 법, 특히 아사려 붇다파리타와 길상(吉祥)한 챤드라키르티가 항상 성자부자(聖者父子-나가르쥬나와 아리야데바)의 생각을 남김없이 해석한 미세한 연기에 의하여, 무자성에 대한 올바른 견해를 기르는 사고방식과 자성으로서는 공인 제 사물이 인과로서 나타나는 방식에 대하여 다른 사람이 인도할 수 없었던 바른 견해를 인도할 수 있었다.(134-4-6~ 5-1)

라고 한다. 여기서 무자성은 항상 모든 논의의 기초가 되고 있다. 이 문제에 대해서는 다음과 같이 설명한다.

따라서, 일체법에는 자체로서 성취한 것이 티끌만큼도 존재하지 않는다(=무자성이다)고 깨달음으로서 유변(有邊)에 떨어지지 않는다. 또한 그러한 경우에도 싹 등의 제 사물은 작용하는 능력에 의하여 공인 사물(=무)이 되지 않고, 각각 작용할 힘을 가지고 있다는 올바른 정해(定解)의 결정지(決定智)를 이끈다면, 무변(無邊)을 폐기하는 것이다. 무자성과 무(無)이 두 가지를 분명하게 구별할 것을 《명구론》에서도 말씀하셨다.(135-3-5~7)

또한,

따라서 사물의 자성을 말할 때와 작용할 능력을 말하는 것은 서로 다르다. 즉, 사물이 존재한다고 할때의 사물은 자성으로서 성취한 것만을 말하며, 사물이 존재하지 않는다고 할때의 사물은 작용하는 사물만을 말하는 것이다. 왜냐하면 이 두가지 경우를 배제한다면, 자성을 부정하면서 환상과 같은 인과가 존재한다고 설하는 것이 되기 때문이다.(136-1-1~2)

라고 하여, 사물은 무자성이면서도 작용할 능력이 겸비되어 있는 것으로 무(無)가 아니라고 논한다. 오히려 무자성이 아니면 작용할 능력이 없게 되는 것으로, 무자성이기 때문에 윤회나 열반이 성립하는 것이라고 강조한다.

무와 유

무(無)와 관련하여 본고(本考)에서는,

> [대론자가 이와 같이] 유무(唯無)와 무자성, 그리고 자체로서 성취한 것(=유자성)과 유유(唯有)의 차별을 구별하지 않고, 유(有)·무(無)의 변(邊)에 떨어짐[을 피할 경우],(136-2-2)

이때에는 또한,

> [대론자가] 싹의 무자성과 싹의 무, 이 둘의 상이점을 구별하지 못함이 명백하며, 그런 까닭에 싹의 유와 싹 자체로서 성취하고 있는 것(=유자성)도 구별하지 못한다. 따라서 대론자는 존재하는 것은 자성으로서의 유(=유자성)이며, 그 자체로서 성취하지 못한다면(=무자성) 무라고 생각하는 것이 분명하다.(135-2-5~7)

라고 하여, 유자성과 유(有)도 변별되지 않으면 안된다고 한다.(cf. 135-3-5~7; 161-2-5~7).

유에 대해서는 다시,

> 싹이 있다고 인식할 경우에 인식하는 방법에는 세 가지가 있다. (1) 싹에 자체로서 성취한 자성이 있다고 인식하는 제유집(諦有執)과, (2) 싹은 자체로서 성취한 것이 아니지만 환상과 같이 존재한다고 인식하는 허유집(虛有執)과, (3) 그러한 제(諦)와 허(虛) 어느 것에 의해서도 차별되지 않는 일반적인 유유집(唯有執)이 그것이다.(158-2-7~ 3-1)

라고 논하면서, 무란(無亂)의 언설지(言說智=現量=五根智)에 의하여 (3)이 시인되고, 정리(正理=智=比量)에 의하여 (1)이 부정되고 (2)가 시인된다고 한다.

이 언설지와 정리의 차이점이 본고(139－2－5～143－4－1; 137－5－1～139－2－5)에서 각각 상세하게 논해지고 있다. 여기서 [챤드라키르티는] 언설지와 관련시켜

> 모든 [언설]지는 가설된 현량(現量)이며, 그리고 모든 대상(對境)은 현량의 상(相)이 있다고 생각했다. 따라서 찬드라키르티 자신과 아사려 바비야 두 논사는 외계의 대상을 인정한 것 같지만, 모든 인식(根)[지]와 대상을 설정하는 방법은 서로 상이하다.(141－3－2～3)

라고 한다.

또 (2)에 보이는 환상에 대하여,

> 환상의 의미로 두가지를 설하셨다. (1)승의제가 환상과 같다고 설하신 경우에는 유유(唯有)로서 성취하고 있지만, 제(諦=자성)가 덮혀 있다고 설하시는 것과, (2)색(色) 등을 환상이라고 말씀하시는 것은 자기의 자성으로서 공이듯이, 색 등으로 현현한 현상이 환과 같다고 하는 것이다.(166－4－8～5－2)

라고 하는데, 특히 (1)에서는 승의제가 유자성임을 부정하면서(=무자성) 그것을 유유(唯有)라고 한다. 그리고 승의제와 세속제, 즉 이제(二諦)에 대해서 "따라서 아(我)와 같은 것을 어떻게 보는가에 따라서 자성으로서 공인 것과 무자성에서 작용하는 것이 상응하는 이제를 설정하는 방법을 안다면"라고 하여, 아(我)는 이제(二諦) 어느 쪽에서도 무자성이라고 한다.

법성과 무자성

한편, 자성이 항상 부정되는 것만이 아니다. 다시 말해,

> 사물의 무도, 오로지 무의(無爲) 자체로서 성취한(=유자성) 무라고 생각한다면, 그와 같은 사물은 없지만, 사물의 무도 부정된다.(144-3-6).

또한,

> 《육십송여리론석(六十頌如理論釋)》은 열반을 얻을 때에는 승의인 멸제(滅諦)를 현전(現前)하지 않으면 안됨을 많은 노력을 기울여 논증하였다. 따라서 눈(眼)과 같은 이러한 유위(有爲)는 자체로 성취한 자성으로서도 성취하지 못하고, 법성을 자성으로서 설정한 것으로도 성취하지 못하기 때문에, 어떠한 자성으로도 성취하지 못한다. 그리고 승의제는 법성을 자성으로서 설정한 것으로 성취하지만, 그 유위의 자성으로서 규정된 '작위없는 것과 타(他)에 의하지 않는 것'은 자체로서 성취한 그 [법성의] 자성이 조금도 없기 때문에 언설로서 성취한 것에 지나지 않는다. ……법성을 자성으로 하는 그 자성을 보기 위하여 도(道)를 수습(修習)하는 것이기 때문에 범행(梵行)도 무의미한 것이 아니라고 말씀하셨다. 제법(諸法)에 있어서 자체로서 성취한 자성을 결코 인정하지 않는 것과 홀연히 자성을 승인하는 것, 이 둘은 모순되는 것이 아니라고 설하여 《입중론》에서,……(146-4-3~8)

이처럼 정리(正理)에 의하여 부정되는 자성과는 다른 승의제의 자성인 법성을 유유(唯有)로서 시인하는데, 이것은 종교가로서의 쫑카

파의 사색의 한계를 드러내는 것인지도 모른다.

앞에 설한 환상(2)에 관해서,

> 정리지(正理智)에 의해서 현현한 유법에서의 생멸 등의 자성을 끊는 공을 허공과 같은 공성이라 하고, 그리고 그로부터 자성으로서는 공이지만 자성으로서 현현하는 색(色) 등의 현상이 나타나는 것을 환과 같은 공성이라고 옛 학자들은 말씀하셨다. 그와 같이 예배나 우요(右繞:부처를 중심으로하여 오른쪽으로 도는 예식)나 독송 등의 수행을 행할 때에도, ……그 요점을 안다면 등지(等持)에서 허공과 같은 공성을 수습하기 때문에, 그 힘의 체득으로 인하여 환상과 같은 공성이 나타나는 방식 등을 잘 알게 된다.(166-5-8~167-1-4)

라고 하지만, 이 환(幻)(2)의 뜻에 환상(1)의 의미도 포함된다고 한다.(166-5-2)

또 무자성에 대하여,

> 곤란한 것은 자체로서 성취한 자성을 남김없이 부정하는 것과 무자성인 보특가라(補特伽羅=人) 등의 업을 집적하는 자, 과보를 받는 자 등으로 설정하는 것에 대한 올바른 견해(定解)를 근저로부터 이끌어, 그렇게 설정할 수 있는 그 두 가지 모임이 미미하게 존재하는데 지나지 않기 때문에 중관의 견해는 참으로 얻기 어려운 것이다.(167-3-6~7)

라고 하여, 당연한 일이기는 하지만 불교적 가치 체계를 전면적으로 수용하고 있다. 오히려 열반에 이르기 위해서는 수습을 통하여 무자성을 깨닫지 않으면 안된다고 한다(132-5-5~133-1-6).

그리고 본고의 끝부분에서, 현교(顯教)의 수습차제에 비하여 보다

빨리 열반에 이르는 길로서 탄트라를 쫑카파는 중시하고, 《비밀차제광론(秘密次第廣論)》(《북경판》 161권, 6210번)의 위대한 작품(大著)을 저술했음이 분명하다(181－3－8～5－8).

끝으로 이 무자성이 전식득지(轉識得知)의 범주에 있음을 보이고 있다.

> 부정은 또한 주로 병을 깨는 것과 같은 것이 아니라 무를 무로 요해하는 결정지(決定智)를 생하는 것으로, 무라는 올바른 정해(定解)가 생하면 유라고 인식하는 미란지(迷亂智)가 멸하는 것이다. 그와 같이 정리(正理)에 의해서 성취하는 것은 또한 종자가 싹을 낳듯이 이전에 무였던 것을 새롭게 성취하는 것이 아니라, 있는 그대로의 법(法)이 있다고 깨치게 하는 결정지를 생하는 것이다.(147－3－8～4－2)

3. 쫑카파와 게루그파

쫑카파가 계승한 도차제(道次第)는 그의 《청문록》(159－1－4～2－1)에 의하면, 곤파바(dGon pa ba, 1016－1082) 네우줄파(sNeḥu zur pa, 1042－1118)계와 돔돈 푸토바(Pu to ba, 1027/31－1105)계의 카담파 두 계통이라고 한다. 전자는 밀교적이며 후자는 챰파(彌勒, Byams pa)의 5법 등을 전거로 하였다고 하는데, 두 학파 모두 중관귀류파와 접점이 명확하지 않다. 단지 후자 계통에 샤루와파를 들고 있을 뿐이며, 앞에서 기술한 바와 같이 그는 자기의 제자를 파챱 아래로 보냈다.

이 도차제는 게루그파에 계승되어 그 파의 기본적인 중요 경전의 하나가 되었다. 이것은 론톨라마가 《청문록》(tsa 17a4～b4, 48b4～49a2; tsha 2a1～3a1)의 도차제 상승 계보에서 게루그파의 많은 중요인물의 이름을 들고 있는 것으로도 짐작할 수 있다. 쫑카파의 교판적 태도인 귀류파를 현교의 최고 위치에 놓는 사고방식은 그대로 게루그파에 계승되었는데, 이는 게루그파에 의하여 작성된 많은 종의서의 구성 내용에서 확인된다. 물론 샤캬촉덴 등에 의한 쫑카파 비판도 행해졌지만, 세라(Se ra)사(寺)의 존자 쵸키겔첸(Chos kyi rgyal mtshan, 1469－1546) 등에 의한 반(反)비판도 역시 행해졌다.

게루그파에는 많은 사원이 소속되어 있었는데, 이러한 사원이 티벳에서 교육기관의 역할을 담당하고 있었던 것은 일반적인 사실이다. 그것은 초등교육에서 연구기관에 이르기까지의 모든 단계를 포함하지만, 그 교과목은 오명처(五明處)로 총칭된다. 넓은 의미에서의 현밀의 불교학이었다. 현교학에 대해서 본다면, 각 사원마다 그 조직은 다르지만, 저명한 대사원은 몇 개의 학당으로 구성되었으며, 각각의 학당은 10－20여개의 기숙사를 구비하고 있었다. 예컨대, 간덴사에는 찬체(Byaṅ rtse)와 샬체(Śar rtse)의 두 학당이 있었고, 각각의 학당에는 각각 13개의 기숙사가 갖추어져 있었다(《론돌라마 전집》 za 12b7－13b1). 그리고 각 학당의 교과 과정도 다소 차이가 나는듯 한데, 교과목은 (1) 논리학, (2) 반야 중관학, (3) 중관학, (4) 율학, (5) 구사학의 다섯 분야에 걸쳐 있었으며, 거의 이 순서에 따라서 전 과정이 13－16단계로 나누어져 있었다.

각 과정에 사용되는 교과서도 각 학당마다 독자적으로 선택하였지만, 학당의 발전과 함께 그 학당 출신 가운데 대(大)학자의 저작이 차례로 사용되어졌던 것 같다. 앞에 서술한 교과목의 (2), (3) 이 중관에 관한 것인데, (2) 에서는 《현관장엄론(現觀藏嚴論)》(《북경판》 88권, 5184번)의 하리바드라(Haribhadra) 《소주(小注)》(《북경판》 90권, 5191번), (3) 에 속하는 것은 쫑카파의 《입중론》석에 대한 주석이나 해설이 그 중심을 차지하는 것처럼 보인다(《론돌라마 전집》

ra 39a3～43b6). 쫑카파 이후의 게루그파에서 그의 중관사상이 어떻게 발전했는가에 대한 여부는 이러한 교과서와 함께 종의서나 주석서 등을 연구함으로써 명백해질 것이다.

학당에 속하는 학승들은 각 과정에 따라 정해진 경론 등을 암송하고, 교과서류에 의하여 그들이 배운 것에 대한 이해를 검토하고 토론하면서 그 이해의 깊이를 더 하였다. 이러한 학습을 뛰어난 성적으로 수료한 자는 다시 밀교를 학습하거나 강설, 논쟁, 저작에 노력하였다. 학승들의 학습목적이 스스로 일체지자(一切智者)가 되는 것임은 저명한 학승들의 전집의 내용영역이 오명처(五明處)의 거의 전부에 이르는 것으로 보아도 명백하다. 이러한 의미에서 그러한 전집은 각각 티벳 불교학, 혹은 티벳학에 관한 백과전서로서의 역할도 한다. 예컨대, 《론돌라마 전집》은 독립된 연구대상은 되지 못하지만, 백과전서로서의 이용가치는 예전부터 인정되어 왔다. 물론 그러한 저작은 저자가 속하는 학파·학계의 일방적인 견해나 단순한 잘못을 으레 포함하는 경우도 있기 때문에 그 이용에 있어서 충분한 주의를 기울이지 않으면 안된다.

끝으로, 티벳 불교는 아직 그 현황이 충분히 밝혀지지 않았지만, 현재 중국, 인도, 네팔, 부탄 등지에서만이 아니라, 내외 몽골, 소련, 나아가 미국 등지에 살아 있다는 것을 부기하여 둔다.

[보 충]

티벳 중관의 역사와 사상을 개관하였지만, 많은 문제가 아직도 해결되지 않은 상태로 남아 있으며, 필자의 오류도 있을 것이라고 생각한다. 즉 티벳 중관은 대체로 미개척 연구분야라고 할 수 있다. 이하에서는 본문의 각 항목에 해당하는 제(諸)자료, 혹은 종래의 제(諸)연구 등을 개관하였는데, 《北京版》은 西藏大藏經硏究會編, 《西藏大藏經(影印北京版)》1－168권(《總目錄(影印北京版)》165－8권)(동경 경도, 1955－61)(西藏大藏經硏究會編, 《總目錄(影印北京版)》(鈴木學術財團, 1962)을 가리킨다. 또 上杉隆英, 西岡祖秀를 비롯한 많은 분들로부터 교시를 받았지만, 여기에서는 굳이 각주를 생략한다.

티벳학의 현황

망명 티벳인의 활약의 일단은 나루키 가반 톤돗푸의 〈티벳인에 의한 티벳 연구의 현상〉, 《日本西藏學會會報》(《西藏報》라 약칭) 제21호(1975)(티벳어 원문은 별책부록) 등에 나타난다. 또 티벳 문헌이나 티벳 불교의 학승을 이용한 연구는 일찌기 스체르바스키(Th. Stcherbatsky)를 비롯한 레닌그라드 학파에 의해 큰 성과를 올렸지만, 그 후에는 단절되었다.

목록류의 간행은 東北大學, 大谷大學, 東京大學, 東洋文庫 등 각 소장기관 등에서 하고 있지만, 상세한 것은 御牧克己의 〈티벳어 불전에 대하여〉, 《실크로드와 불교문화(속)》, (동양철학연구소, 1980) 등 참조; 복제본의 출판은 北村甫의 〈인도에서의 티벳인의 문헌복제에 대하여〉, 《西藏報》 제17호(1971); 立川武藏의 〈티벳 불교 문헌의 기여를 받는다〉, *Sambhasa* Vol.1(名古屋佛教學 硏究會, 1979) 등에 소개되고, 立川武藏 편, 《常樂寺西藏文獻目錄》, *Studia Asiatica* No. 4(名古屋大學文學部印度哲學硏究室, 1979) 등의 목록이 있다. 복제본은 일본의 각 연구기관 등에 개별적으로 수집되어 있지만, 출판된 복제본의 일부를 포함하여 대장경 등 다수의 문헌이 Teh Institute for Advanced Studies of World Religions (IASW), State University of New York에 의하여 마이크로 필름화되어 있다. 복제본의 가장 광범한 목록은 월간 *Accession*

List, India(New Delhi : Library of Congress offce－India, 1962～)와 동류의 잡지인 *Nepal*(1965～) 등의 티벳어 항을 참조하기 바란다.

토번 불교와 중관

토번 불교사는 山口瑞鳳의 〈티벳 불교〉, 《講座, 東洋思想》 제5권(동경대학출판회, 1967)을 비롯하여 山口瑞鳳, 〈토번 왕국 불교사 연대고〉, 《成田山佛教研究所紀要》 제3호(1978) 등 다수의 연구가 있다. 《語合》에 관해서는 山口瑞鳳, 〈二卷本譯語釋研究〉, 앞의 책, 제4호(1979);졸평(拙評), 〈(회고와 전망) 티벳〉, 《사학잡지》 제89권 제5호(1980) 등 참조, 《덴카르마 목록》, 예셰데와 펠첵의 관계에 대해서는 山口, 〈토번 왕국 불교사 연대고〉 등을 참조하기 바란다. 단 목록의 성립을 824년으로 하는 논거는 아직은 불충분하다고 생각된다. 푸돈의 《불교사》는 Lokesh Chandra ed., *The Cdlcted Works of Bu－ston. Śata－pitaka－series(ŚPS)* Vol. 41－68. (New Delhi, 1965－71)의 Vol 64(＝part 24)(4), (1971) 수록판을 이용했지만, 영역에 Obermiller, E, *History of Buddhism. Materialialien zum Kunde des Buddhismus,* Heft 18－9(Heidelberg, 1931－2) 등이 있다. 《학자의 연》은 Lokesh Chandra ed, *Mkhas Paḥi dgaḥ ston. ŚPS,* Vol. 9(part 1－4), (1959－62)를 이용함.

견차별(見差別)

Pt.는 펠로트(P. Pelliot)가 수집한 돈황 티벳 자료로 Bibliothèque National에 보존되어 라로우(M. Lalou) 여사에 의해 그 목록이 발간되었다. St.는 스테인(A. Stein)씨가 수집한 똑 같은 자료로서 India offce Libraray에 보존되어 푸셍(L. de La Vallée Poussin) 등에 의하여 그 목록이 발간되었다(御牧, 〈티벳어 불전에 대하여〉 등 참조). 두 자료는 이미 마이크로 필름화되어 있어, 전자는 근일 중에 이용 될 것이며, 후자는 이미 동양문고 등에 소장 이용되고 있다. 《견차별》의 소개연구는 上山大峻, 〈大蕃國 大德三藏法師沙門法成의 硏究(下)〉, 《東方學報》 제39책(경도, 1968); 上山大峻, 〈예세데의 불교강요서〉, 《불교학연구》 32·23호(1977); 졸고, 〈돈황장문자료에 있어서의 종의계 논서(1)(2)〉, 《인도학 불교학 연구》(《印佛硏》이라 약칭) 제26권 제1호 제29권 제1호(1977 80) 등이 있다. 上山은 위의 자료에서 유가행 중관을 제일 위에 두고 있다고 하지만, 중관의 역사기술에 따른 것으로는 인정할 수 없다. 《중관의 표현하는 방법》은 Kunzang Tobgey ed, *The Conplete Works (gSuṅ 'bum) of gSer−mdog Paṇ−chen Śakya−mchog−ldan.* Vol. 1−24, Thimphu Bhutan, 1975−8의 Vol. 4(3), (1975)의 수록판을 이용하였다. 챤캬 2세의 《종의서》는 Lokesh chandra ed. *Buddhist philosophica Systems, ŚPS* Vol. 233(1977)의 수록판을 활용했다. 후자의 중관파에 관한 장은 袴谷憲昭의 〈중관파에 관한 티벳의 전승〉, 《三藏》 제17호(대동출판, 1976) 등에서 소개 연구되고 있다. 사구분별(四句分別)은 《中論》 제1장 제1게 등 여러 곳에서 나타나는데, 나가르쥬나의 기본사상으로 많은 연구가 이루어지고 있다.

그 외의 종의서와 교의서

《견차제(見次第)》는 津田眞一, "Classification of Tantras in dPal brtseg's *lTa baḥi rim pa bśadpa* and Its problems", 《인불연》 제13권 제1호(1965) 등에 소개·연구되어 있다. 그 외의 돈황 티벳자료에 대해서는 졸고, 〈돈황 장문자료에서의 종의계 논서〉 등을 참조하기 바란다. 그리고 法成에 의한 《견차별》의 한역 인용은 芳村修基의 〈서역본에 의한 유가행중관파〉, 《인불연》 제2권 제1호(1953)에서 일찌기 주목 받았다. 즈냐나가르바 및 《대승중관의 견해》는 松本史朗의 〈Jñāgarbha의 2

제설〉, 《불교학》 제5호(1978)에 소개 연구되었는데, 그 일역은 Pt. No. 120에 의거하고 있다. 8불게(八不偈)는 《중론》 서두(冒頭), 귀경게에 나타나는 것으로, 《중론》의 전체적 구조를 나타내는 것으로 중시되어 왔다. 이와 관련된 논문으로는 立川武藏의 〈중론에 있어서의 연기〉, 《나고야 대학 문학부 30주년 기념 논집》(1979) 등을 참조하기 바란다.

란다르마왕의 파불과 그 후의 부흥

후전기의 역사 일반에 대해서는, 山口의 〈티벳 불교〉 등을 참조하기 바란다. 티벳 불교사의 시대적 구분은 羽田野伯猷의 〈티벳의 불교수용 조건과 변용원인〉, 《일본 문화연구소 연구 보고》 제4집(1968) 등을 참조하고, 파찹에 관해서는 稲葉正就, 〈티벳초기에 있어서의 반야중관논서의 번역(상)(하)〉, 《불교학 세미나》 제45호(1966·1967) 등을 참조하기 바란다. 《青史》는 Lokesh Chandra ed, *The Blue Annals*, *ŚPS*, Vol. 212 (1974) 수록판을 이용했지만, 영역에는 Roerich, G. N, The Blue Annas. part 1－2. *The Royal Asiatic Society Bengal Monograph Series* Vol. 7 (Calcutta, 1949 · 1953) 등이 있다. 또 인용문에 보이는 돔톤은 연대적으로 카담파의 조사와는 다른 인물이라고 생각되지만, 그렇다면 rGyal사의 돔톤(1078－1143)이 아닐까?

종파의 흥기

대표적 종파에 대해서는 稲葉正就·佐藤長 공역의 《후란·데푸텔》(法藏館, 1964) 등을 참조 바란다. 또 《青史》의 카담파장의 주석에는 羽田野伯猷의 〈카담파사〉, 《東北大學文學部研究年報》 제5호(1954)가 있다. 《水晶鏡》은 Ngawang Gelek Demo ed. *Collected Works of Thu'u－bkwan Blo－bzang Chos－kyi－nyi－ma*. Vol. 1－10. *Gedan Sungrab*

Minyam Gyunphel Series (*GSMGS*) Vol. 1-10(New Delhi, 1969-71)의 Vol. 2(1)(1969) 수록판을 이용하였다. 위 책의 사카파장은 立川武藏의 《西藏佛教宗義硏究》 제1권, *Studia Tibetica* No. 3(東洋文庫, 1974)에 시체파장은 西岡祖秀의 앞의 책, 제2권, No. 4(1978)년 등에 일역 연구되었으며, 다른 몇 개의 장에 대한 번역연구를 전자에게서 볼 수 있다. 《中觀法門》은 Lokesh Chandra ed. *The Collected Works of Longdol Lama*. part 1-2. *ŚPS*, Vol. 100(9)(1973)으로 출판되었지만, 동경대학 장외 215-47번의 론돌라마 전집 223번을 이용하고, 다른 론돌라마의 저작도 모두 동경대학 장외를 이용하였다. 아팃, 린첸젠포, 고그 번역사는 도엽(稻葉)의 〈티벳 중세초기에 있어서의 반야중관 논서의 번역〉 등을 참조하였다.

귀류파의 계보

몇 가지의 귀류파 계보가 立川武藏의 〈티벳 자료에 보이는 중관 프라상기카파의 계보〉, 《아세아문화》 제10권 등에 소개되고 있지만, 쿤가잔포의 《聽聞目錄》 출전이 잘못되어 있다. 《사캬파 전서》는 bSod nams rgya mtsho ed. *Sa skya paḥi bkaḥ ḥbum*. Vol. 1-15, *Bibliotheca Tibetica* I(Tokyo:Toyo Bunko, 1968-9)이다. 본문에서는 언급하지 않았지만, 《中觀의 表現方法》 자립파항의 계보가 松本史朗의 〈Saskya paṇ ḍi ta의 교학에 관한 고찰〉, 《西藏報》 제24호(1978)에 보인다. 코란파의 전집은 사판과 함께 《샤캬파 전집》에 실려있다.

쫑카파

그의 전기는 長尾雅人의 《西藏佛教硏究》(岩波書店, 1954) 등에 연구되어 있지만, Blo bzaṅ tshul khrims (1740-810)의 쫑카파전 소개와 역주를 Kaschewsky, R, *Das Leben des Lamaistischen Heiligen Tsongkhapa Blo-*

bzaṅ-grags-pa. Teil 1-2. *Asiatische Forschungen Band* 32(Wiesbaden:Otto harrassowitz, 1971)에서 볼 수 있다. 또 우마파와의 관계도 일찍부터 주목되고 있었지만, 松本史朗의 "On the Mādhyamika Philosophy of Tsoṅ kha pa" 제28회 일본 서장학회대회 배부자료, 동양대학에서(1980. 11. 29)는 커류파에 관한 쫑카파의 독특한 사상 속에서 우마파의 영향을 입증하려고 하며, 이는 금후의 과제이기도 하다. 쫑카파 전집은 《북경판》에 실려있는 것에 의존했지만, bKra śis lhun po판이 Ngawang Gelek Demo ed, *The Collected Works (gSuṅ 'bum) of rJe Tsoṅ-kha-pa Blo bzaṅ grags pa.* Vol. 1-27, *GSMGS* Vol. 79-105(1975-77)에 있으며, Shol판이 IASW에서 출판되었다. 또 《北京版》과 동북대학 소장판(Shol판)의 내용 대비가 酒井紫朗의 〈쫑카파 존자의 全書本에 대하여〉, 《密教文學》 제117호(1977)에 보인다. 《道次第廣論》은 한역에 法尊역, 《菩提道次第廣論》, 《世界佛學苑 漢藏敎理院 叢書》 제1종(重慶, 1936)이 있으며, 근년의 복각본도 있다. 부분역에 長尾의 《西藏佛敎硏究》;Wayman, A, *Calming the Mind and Discerning the Real*(New York:Columbia University press, 1978) 등이 있다. 또 同論에 대한 구라파에서의 연구사가 平川彰 譯의 《불교 연구의 역사》(춘추사, 1975) 등에 단편적으로 실려 있다. 《道次第略論》은 한역에 대용(大勇) 法尊 역, 《菩提道次第略論》(重慶:漢藏敎理院, 1942(?))과 (臺北:新文豊出版, 1975) 등의 복각본이 있다. 《了不了義論》은 한역에 법존 역 《弁了不了義善說藏論》(1935(?))이 있으며, 《佛敎大藏經》 제48책(논부 14)(臺北:佛敎出版社, 1978) 등의 복각본이 있다. 또 이 논문의 과문은 츠르침젠산의 〈Tsoṅ kha pa의 *Draṅ ṅes legs bś ad sñiṅ po*《未了義·了義善說心髓》에 대하여〉, 《印佛硏》 제26권 제2호(1978)에 보인다. 《입중론석》은 부분역에 小川一乘의 《空性思想의 硏究》(文榮堂, 1976) 등이 있다. 小川一乘은 본서에서 法尊 역이 있다고 하지만 미상이다. 또 찬드라

키르티의 《入中論》의 한역에 법존 역의 《입중론》(重慶:漢藏敎理院, 1942년(?))이 있으며, 최근의 복각본도 있다. 《中論釋》은 부분적 한역에 譚影의 《中論略義》 등이 있으며, 《西藏佛敎敎義論集(2)(西藏佛敎專集之四)》, 현대불교학술총간, 제78책(臺北:大乘文化出版社, 1979) 등의 복각본이 있다. 同論의 科文은 高橋壯의 "Table Schématique du *Rigs Paḥi rgya mtsho*", 《名城大學人文紀要》 제15집(1974)에 보인다. 쫑카파를 중심으로 하는 게루그파 교학의 연구는 法尊을 비롯한 中華民國의 학승들에 의해서 정력적으로 추진되었는데, 근년에 그들의 업적이 대량으로 복각되어 《道次第廣論》, 《入中論》, 《了不了義論》을 비롯한 다수의 번역이 《佛敎大藏經》에 수록되고, 《了不了義論》을 비롯한 번역과 다수의 연구가 《西藏佛敎(1—2), 西藏佛敎敎義論集(1—2)(西藏佛敎專集之 1—4), 漢藏佛敎關係研究》, 現代佛敎學術叢刊, 제75—9권에 수록되었다. 그외에도 많은 연구가 있다. 또 《(중화민국 60년 이래의)불교논문목록》(대북:중국불교회문헌위원회, 1975) 등을 참조하기 바란다.

쫑카파의 중관사상

환리성취파(幻理成就派)와 무주파(無住派)에 대해서는 磯田熙文의 〈Pāramitā—yāna와 mantra—yāna〉, 《東北大學 文學部 研究硏報》 제28호(1979) 등을 참조하기 바란다. 《入中論釋》의 8항목을 小川一乘의 《空性思想의 研究》에서는 5항목이라고 하지만, 松本의 "On the Mādhyamika philosophy of Tsoṅ Kha pa" 등이 지적하는 바와같이 잘못이다. 론톨라마의 20항목은 Ruegg, D.S, "On the dGe lugs pa Theory of the Tathāgatagarbha", *Pratidānam, Indian Iranian & Indo European Studies presented to F.B.J. Kuiper on his Sixtieth Birthday*(The Hague:Mouton, 1968)에 번역되어 있지만, 필자는 보이지 않는다. 《도차제광론》의 중관사상에 대해서는 나가오 長尾雅人의 《서장불교연구》와 〈중관철학의 근본적 입

장〉, 《철학연구》 제31권 제9·11책;제32권 제1·2책(1957－8) 등 참조. 《秘密次第廣論》은 과문의 표시와 한역에 法尊 역, 《密宗道次第廣論》(重慶:漢藏敎理院, 1939년(?))이 있으며, 《佛敎大藏經》 제49책(논부15)(1978) 등의 복각본이 있다. 또 부분역에 高田仁覺의 《(인도티벳) 眞言密敎의 硏究》(密敎學術振興會, 1978) 등이 있다.

쫑카파와 게루그파

도차제의 상승은 羽田野의 〈카담파사(史)〉 등을 참조하기 바란다. 쵸키겔첸 등의 반비판은 *lTa ngan mun sel*. Vol. 1－2(New Delhi, 1969) 등이다. 사원에서의 교육에 대해서는 長尾雅人의 《蒙古學問寺》(全國書房, 1947)와 御牧의 《티벳어 불전에 대해서》 등을 참조하기 바란다. 또 데푼사(ḥBras spuṅs), 고만(sGomaṅ) 학당의 간단한 소개가 쓸팀케산(新井慧譽 역)의 《티벳의 학문불교》, 壽德寺文庫(2)(山喜房佛書林, 1979) 등에 실려 있으며, 간덴사의 소개는 Cham pa Thupten Zongtse. *History of the Monastic University dGa'－ldan phun－tshogs－gliṅ, Veröffentlichungen des Seminars für Indologie und Buddhismuskunde der Universität Göttingen* Nr. 1(1977) 등에 있다. 또 몇몇 학당의 중관학 교과서가 bsTan pa rgyalmtshan ed. *Madhyamika Text Series* Vol. 1－8(New Delhi, 1972－4)에 수록되어 있다. 근·현대의 티벳 불교 현상의 일단은 水谷幸正의 〈라마교 문화의 확충〉, 《아세아불교사 중국편 Ⅴ(실크로드의 종교)》(成出版社, 1975) 등에 약술되어 있다.

역자의 말

중관불교는 원시불교와 부파불교를 섭렵·용해하여 유식불교와 밀교를 창출한 불교의 중심사상이다. 따라서 불교의 모든 사상은 중관사상으로 관통되어 있다고 해도 과언이 아니다. 이 책은 바로 이러한 인도 중관불교에 대한 체계적이고 개괄적인 입문서인 동시에 전문 연구서이기도 한 중관사상의 종합적 성과물이다.

즉, 제1장의 카지야마(梶山)의 논문은 중관사상 전체를 총론적으로 개괄한 것으로 중관사상 전반의 흐름을 일목요연하게 파악할 수 있도록 하였다. 그리고 제2장에서 제8장까지의 7편의 논문은 중관파의 발전과정을 초기, 중기, 후기로 나누어 각 시대를 대표하는 사상가를 중심으로 상세하게 취급하고 있어 전문적인 성격을 띠고 있다. 그러므로 중관사상을 총괄적으로 조망하고자하는 초심자나 전문적으로 공부하는 연구자, 나아가 원시불교와 부파불교 그리고 유식, 밀교, 심지어 선종의 전체적 흐름이 중관사상을 축으로 어떻게 전개되는가 하는 불교 전체의 조감도를 연구하고자 하는 모든 사람에게 꼭 필요한 책이라 할 수 있다. 특히 아직 우리 학계에서는 연구가 미진한 티벳불교에 관한 하라다(原田)의 논문은 중관파를 중심으로 티벳불교사를 개설하고 있을 뿐만 아니라 쫑카파의 사상을 명확하게 분석하고 있어 티벳불교 연구자들에게는 많은 도움을 줄 것이다.

사실 중관사상은 불교의 핵심 가운데 하나로 가장 논리적이고 학문적인 성격을 띠고 있어 서양과 일본 등지에서는 매우 활발하게 연구되었음에 비하여 우리 학계에선 이에 대한 총괄적인 개론서는 물론 전문적이고 체계적인 연구서 내지 번역서가 거의 전무한 실정이다. 우리나라의 불교 역사가 1600년이나 되었음을 생각해 볼 때 중관학을 연구하는 역자로서는 이러한 현실이 아타까울 따름이다.

역자는 중관학에 대한 정확한 이해 없이는 원시불교, 부파불교, 유식, 밀교 그리고 중국의 삼론, 화엄, 천태, 선종 등 불교 전반에 대한 올바른 이해가 불가능하며 중관학의 학문적 발전 없이는 불교 전반의 균형있는 발전이 제대로 이루어지지 않을 것이라고 생각한다. 이 책의 번역은 중관학의 이론적 토대를 우리 학계에 견실히 구축하고자 하는 역자의 조그만 바램의 첫단계로서 시작되었다. 거의 2년에 걸쳐 매달렸지만 번역이 진행될수록 더욱 깊은 좌절과 참담함을 느껴야만 했다. 원어가 생략된 채 카타까나로 표기된 산스크리트어, 빨리어, 티벳어, 독어, 불어 등의 그 정확한 원어를 찾아내기란 여간 힘들지 않았다. 또한 헤아릴 수 없는 많은 각주와 여러 논서에서 인용된 원문들은 그 원문자체가 생략된 채 집필자 나름대로 일어로 해석한 인용문이었기 때문에 그 원문자체를 구할 수 없는 것들은 이중 번역이 되지 않을 수 없었다. 나름대로 정확한 원의를 살리고자 했지만 미흡한 부분이 많을 것이다. 앞으로 이러한 부분은 계속 수정·보완해 나갈 것이다. 독자 여러분의 많은 지적이 있기를 기대한다.

이 책이 나오기까지 많은 분들의 도움을 받았다. 먼저 연구차 일본 타이쇼(大正)대학에 가 계시던 김용환 선생님께서는 바쁘신 와중에서도 일본학자들의 이름(표기법)을 일일이 적어 보내 주시며 항상 염려해 주셨다. 이 자리를 빌어 깊이 감사드린다. 그리고 중관학에 남다른 애정을 갖고서 지도해 주신 김승동, 장만용 두분 선생님께도 진심으로 감사를 드린다. 또한 일일이 열거할 수 없을 정도로 많은 선후배의 도움을 받았다. 그들 모두에게 진심으로 감사드린다. 끝으로 하마터면 영원히 이 세상에서 빛을 볼 수 없었을지도 모를 역자의 원고를 어려운 여건에도 불구하고 책으로 출간하여 주신 경서원 이규택 사장님께도 다시한번 감사의 말씀을 전하고 싶다.

1995년 8월 27일

윤 종 갑

집필자 약력

梶山雄一 1925년생. 東京大學 哲學科 졸업.
현재 東京大學 교수.

瓜生津隆眞 1932년생. 龍谷大學 佛教學科 졸업.
현재 京都女子大學 교수.

立川武藏 1942년생. 名古屋大學 哲學科 졸업.
현재 名古屋大學 교수.

江島惠教 1939년생. 東京大學 印度哲學 梵語科 졸업.
현재 東京大學 교수.

一鄕正道 1941년생. 東京大學 佛教學科 졸업.
현재 東京産業大學 교수.

御牧克己 1947년생. 東京大學 哲學科 졸업.
현재 東京大學 교수.

田村智淳 1941년생. 東京大學 哲學科 졸업.
현재 宮崎大學 교수.

原田 覺 1947년생. 早稻田大學 東洋哲學科 졸업.
현재 東邦學院 강사.

역자 약력

尹 種 甲 부산대 철학과를 졸업하고 同대학 철학과 대학원에서 박사 과정을 수료하였다. 현재 부산대 철학과 강사로 있으며,
주요 논문으로는,
龍樹의 '空의 論理'에 대한 硏究 —《中論》을 中心으로—,
《中論》의 諸註釋書에 대한 文獻學的인 比較·檢討,
龍樹의 緣起觀,
老莊思想의 無와 佛教의 空—사상사적 전개과정을 중심으로— 등이 있다.

中觀思想 —講座·大乘佛教 7—

지은이——카지야마 유이치 외 7人
옮긴이——윤 종 갑
펴낸이——이 규 택

佛紀 2539년(1995) 12월 30일 초판 1쇄 발행
佛紀 2541년(1997) 10월 15일 초판 2쇄 발행
佛紀 2549년(2005) 3월 10일 초판 3쇄 발행

펴낸곳——經 書 院
주 소——110-170
서울·鍾路區 堅志洞 55-2
登錄 1980. 7. 22 제1-37호
편집 (02) 733-3345
☎ 영업 733-3346
FAX (02) 722-7787

값 24,000 원